吕文郁 著

# 春秋战国文化史

新世界出版社
NEW WORLD PRESS

## 图书在版编目（CIP）数据

春秋战国文化史 / 吕文郁著 . -- 北京 : 新世界出版社 , 2018.6（2019.5 重印）

ISBN 978-7-5104-6480-5

Ⅰ.①春… Ⅱ.①吕… Ⅲ.①文化史－中国－春秋战国时代 Ⅳ.① K225.03

中国版本图书馆 CIP 数据核字 (2018) 第 043783 号

# 春秋战国文化史

作　　者：吕文郁
责任编辑：余守斌
责任校对：宣　慧
责任印制：王宝根
出版发行：新世界出版社
社　　址：北京西城区百万庄大街 24 号（100037）
发 行 部：（010）6899 5968　（010）6899 8705（传真）
总 编 室：（010）6899 5424　（010）6832 6679（传真）
http://www.nwp.cn
http://www.nwp.com.cn
版 权 部：+8610 6899 6306
版权部电子信箱：nwpcd@sina.com
印　　刷：河北盛世彩捷印刷有限公司
经　　销：新华书店
开　　本：880mm×1230mm　1/32
字　　数：368 千字　印张：16
版　　次：2018 年 6 月第 1 版　2019 年 5 月第 2 次印刷
书　　号：ISBN 978-7-5104-6480-5
定　　价：66.00 元

版权所有，侵权必究
凡购本社图书，如有缺页、倒页、脱页等印装错误，可随时退换。
客服电话：（010）6899 8638

# 目 录

导　言 | 轴心时代与轴心文化　/001

第一章 | 深刻剧烈的社会变革　/011

　　第一节　从统一到分裂　/011
　　第二节　土地公有制的崩溃　/016
　　第三节　分封制度的瓦解　/025
　　第四节　血缘纽带的松弛　/034

第二章 | 百家争鸣局面的形成　/051

　　第一节　多元政治下的文化氛围　/052
　　第二节　区域文化格局与学派特色　/058
　　第三节　士阶层的崛起　/080
　　第四节　百家起源论　/098

## 第三章 | 诸子人物及其著作 /119

第一节　儒家人物 /119
第二节　儒家著作 /140
第三节　道家人物 /150
第四节　道家著作 /154
第五节　墨家人物 /162
第六节　墨家著作 /167
第七节　法家人物 /169
第八节　法家著作 /179
第九节　名家人物 /182
第十节　阴阳家人物 /186
第十一节　纵横家人物 /188
第十二节　兵家人物 /195
第十三节　兵家著作 /201
第十四节　杂家人物 /212
第十五节　杂家著作 /214

## 第四章 | 教　育 /217

第一节　官学的没落和私学的勃兴 /217
第二节　私学与士阶层 /224
第三节　春秋战国时期的教育家 /228

## 第五章 | 礼仪风俗 /231

第一节 婚姻 /232

第二节 丧葬 /239

第三节 祭祀 /243

第四节 宴飨 /245

第五节 朝觐 /247

第六节 聘问 /249

第七节 会盟 /250

第八节 蒐狩 /252

第九节 节日 /253

## 第六章 | 科学技术 /258

第一节 天文学 /259

第二节 历法 /262

第三节 医学 /265

第四节 数学 /268

第五节 光学和声学 /270

第六节 地理学 /272

第七节 生产工艺与技术 /278

第八节 建筑 /286

## 第七章 | 衣食住行 /289

第一节 服饰 /289
第二节 饮食及器皿 /298
第三节 宫室和起居 /306
第四节 车马 /310
第五节 道路和水运 /315

## 第八章 | 文　学 /318

第一节 《诗经》 /319
第二节 诸子散文 /349
第三节 史传文学 /368
第四节 《楚辞》 /401

## 附　录 | 近半个世纪出土文献与先秦诸子研究的重大突破 /419

## 参考文献 /492

# 导　言　轴心时代与轴心文化

德国哲学家雅斯贝斯（Karl Jaspers，1883—1969 年）在其所著的《历史的起源与目标》（*The Origin and Goal of History*）一书中，提出并系统地论述了轴心时代（Axial Period）的理论。

雅斯贝斯认为，人类的发展经历了四个历史阶段：（1）史前阶段，即普罗米修斯时代。这个时代，人类产生了语言，学会了制造简单的工具和使用火，人类在这一时代最终脱离了动物而变成人。（2）古代文明产生阶段，即有了文字，产生了国家，有了高大的建筑和美妙的艺术品的时代。（3）轴心时代，即以公元前 500 年为中心，从公元前 800 年到公元前 200 年，是奠定了人性之精神基础的时代，这个时代产生了我们至今仍在思考的各种基本思想，创立了人类不断赖以生存的世界宗教。（4）科学技术时代，这个时代自中世纪末期萌芽，十七世纪建立了理论基础，十九世纪全面开展，这个时代使欧洲成为世界的中心。

雅斯贝斯曾这样描述轴心时代：

> 最不平常的事件集中在这一时代。在中国，孔子和老子非常活跃，中国所有的哲学流派，包括墨子、庄子、列子和诸子百家，都出现了。像中国一样，印度出现了《奥义书》（Upanishads）和佛陀（Buddha），探究了一直到怀疑主义、唯物主义、诡辩派和虚无主义的全部范围的哲学可能性。伊朗的琐罗亚斯德传播一种挑战性的观点，认为人世生活就是一场善与恶的斗争。在巴勒斯坦，从以利亚（Elijab）经由以赛亚（Isaiah）和耶利米（Jeremiah）到以赛亚第二（Deutero-Isaiah），先知们纷纷涌现。希腊贤哲如云，其中有荷马，哲学家巴门尼德、赫拉克利特和柏拉图，许多悲剧作者，以及修昔底德和阿基米德。在这数世纪内，这些名字所包括的一切，几乎同时在中国、印度和西方这三个互不知晓的地区发展起来。
>
> 这个时代的新特点是，世界上所有三个地区的人类全部开始意识到整体的存在，自身和自身的限度。人类体验到世界的恐怖和自身的软弱。他探询根本性的问题。面对空无，他力求解放和拯救。通过在意识上认识自己的限度，他为自己树立了最高目标。他在自我的深奥和超然存在的光辉中感受到绝对。
>
> ……
>
> 这个时代产生了直至今天仍是我们思考范围的基本范畴，创立了人类仍赖以存活的世界宗教之源端。无论在何种意义上，人类都已迈出了走向普遍性的步伐。

这一过程的结果是,以前无意识接受的思想、习惯和环境,都遭到审查、探究和清理。一切皆被卷入旋涡。至于仍具有生命力和现实性的传统实体,其表现形式被澄清了,因此也就发生了变质。[1]

雅斯贝斯把公元前800年至公元前200年的数世纪称为"历史的轴心",意为这个历史时代在人类的全部历史上处于中心和枢纽的地位。

历史上较早注意到轴心期历史事实的是拉索尔克斯(Lasaulx)和维克多·冯·施特劳斯(Victor Von Strauss)。拉索尔克斯说:

公元前600年,波斯的琐罗亚斯德、印度的乔达摩·释迦牟尼、中国的孔子、以色列的先知们、罗马的努马王[2],以及希腊的爱奥尼亚人、多利亚人和埃利亚人的首批哲学家,全都作为民族宗教的改革者而几乎同时出现,这不可能是偶然的事情。[3]

维·冯·施特劳斯说:

在中国老子和孔子生活的数百年里,所有开化民族都经历了一场奇异的精神运动。在以色列、耶利米·哈巴谷、但以理

---

[1] 雅斯贝斯著,魏楚雄、俞新天译:《历史的起源与目标》,华夏出版社1989年版。
[2] 努马·庞皮利马斯,传说中的罗马国王,创立了宗教历法和各种宗教制度。
[3] 《历史哲学新探》(*Neuer Versucheinr Philosophieder Geschichte*),慕尼黑1856年版,第115页。

和以西结[1]作着他们的预言,而新一代人在耶路撒冷建立了第二座圣殿。希腊人当中,泰勒斯[2]依然健在,阿那克西曼德[3]、毕达哥拉斯、赫拉克利特和色诺芬[4]崭露头角,巴门尼德[5]也已诞生。在波斯,琐罗亚斯德对古代教义的重要改革看来已经得到了贯彻,印度则产生了佛教创始人释迦牟尼。

拉索尔克斯和维·冯·施特劳斯虽然注意到轴心时代的文化现象,但他们并未对此进行深入研究和探索,也并未提出"历史轴心"这样的概念。最早提出"历史轴心"概念的是黑格尔。他认为耶稣基督的启示和活动相当于决定性的历史分界线。黑格尔说:

> 所有的历史都来自耶稣基督,而且走向耶稣基督。上帝之子的降临是世界历史的轴心。[6]

黑格尔是站在基督教徒的立场上来观察历史的。他虽然最先提出了"历史轴心"这一概念,但他的认识只能被基督教徒所接受,因而并不具有普遍的意义,也不符合人类历史的实际。

---

[1] 哈巴谷、但以理、以西结均为古代希伯来的先知者。
[2] 泰勒斯(Thales,前624—前546年),古希腊哲学家。——译者注
[3] 阿那克西曼德(Anaximander,前611—前516年),古希腊哲学家。——译者注
[4] 色诺芬(Xenophanes,前430—前354年),古希腊历史学家、作家。——译者注
[5] 巴门尼德(Parmenides,前611—约前547年),古希腊哲学家、天文学家。——译者注
[6] 黑格尔:《历史哲学》。

雅斯贝斯认为，如果历史确有一个轴心的话，那么这种轴心必须依靠经验在世俗的历史中来寻找，而不可能在宗教的教义中去寻找。它必须给所有人带来一种信念，提供一种共同的历史观点。雅斯贝斯认为这个历史的轴心只能在公元前800年至公元前200年的精神过程中找到。于是，雅斯贝斯明确提出了"轴心时代"理论，并对这一理论进行了全面系统的阐发。这是雅斯贝斯在历史学领域的重要贡献。

根据雅斯贝斯的论述，我们可以把轴心时代的特点概括如下：

（1）人类的文明尽管起源很早，但在轴心时代之前，人类文明史上从未产生过重要的精神运动。轴心时代的精神运动是人类历史上第一次伟大的精神飞跃，并且在许多领域里取得了重大的突破。在这一时期，人类的聪明才智得到充分的发挥，其精神成果决定了直到现今的全部人类的历史。人类一直靠轴心期所产生、思考和创造的一切而生存。每一次新的飞跃都是对这一时代的回顾，轴心时代潜力的苏醒和对轴心时代潜力的回忆，或曰复兴，总是提供了精神动力。这一时期的精神成果标志着人类历史上发生了最伟大的精神变革。

（2）前轴心时代文化，如巴比伦文化、埃及文化、印度河流域文化和中国的黄河流域文化，其规模可能十分宏大，但却没有显示出某种觉醒的意识。"与轴心期的光辉的人性相比，以前最古老的文化十分陌生，似乎罩上了面纱，人仿佛未真正苏醒过来。"[1] 轴心期的精神运动表明了人类真正的觉醒。人们对以往的历史不约而同地进行理性的批判和反思，正是这种精神觉醒给后

---

[1] 《历史的起源与目标》，第13页。

世以永恒的启迪。我们可以把轴心时代产生于上述三个地区的文化称为"轴心文化"。

（3）中国、印度和希腊同时成为轴心时代的精神辐射中心。生活在轴心期三个地区以外的人们，或者与这三个精神辐射中心保持隔绝，或者开始与其中的某一个中心进行接触。凡与某一个精神辐射中心进行接触的，便被拖进了历史，如西方的日耳曼民族和斯拉夫民族，东方的日本人、马来亚人和暹罗人。对许多原始民族来说，这种交往导致了他们的灭绝。凡与三个精神辐射中心隔绝的民族，则继续保持原始状态，过着非历史的生活。

（4）在轴心时代，中国、印度和希腊的社会状况基本类似。这三个地区都存在许多小国和城邦。在国家与国家、城邦对城邦之间进行着无休止的斗争。在中国，由于周王朝的衰落，专制统治大大削弱，各诸侯国获得了较大的独立性和自主权。在希腊和近东，那些城邦小国，甚至包括那些被波斯征服的城邦，都享有独立地位。印度的许多邦国也大抵如此。随着生产力的发展，这三个地区都呈现出惊人的经济繁荣和财富的积累，这些都为当时的精神运动准备了必要的政治条件和物质前提。

（5）轴心时代的三个精神运动中心的结局是相同的。长期的自由主义思想倾向和分裂的政治局面必然促使无政府状态日益严重，政治上的纷争和侵扰对生产、科技乃至精神运动本身都造成严重影响，这种不堪忍受的混乱必然使人们渴求一种新的秩序，其结果是帝国制度的产生。在中国，秦始皇完成了统一大业，建立了以郡县制为基础的中央集权制的秦帝国。在印度，由旃陀罗笈建立了孔雀王朝。在西方，则出现了希腊帝国和罗马帝国。

关于轴心时代的特点，还可以列举一些。

雅斯贝斯虽然提出了轴心时代的理论，列举了轴心时代的历史事实，并力图对轴心时代及其文化作出理论说明。但他仍然认为：轴心时代的起因在人类历史上是个最大的奥秘。他疑惑不解的是：（1）为什么相同的事情会发生在三个彼此没有联系的独立的地区？（2）为什么轴心时代在三个地区开始、结束及其主要过程在时间上是如此同步？（3）为什么轴心时代的文化在三个地区的发展水平是如此相似？雅斯贝斯认为这是人类文明史上的千古之谜。他说：

> 轴心期的内容是如此卓越和包罗万象，以致任何人都不敢断然把它归结为一个原因，即使仅把这个原因视为一项必要的先决条件……
>
> 无人能充分理解在此所发生并成为世界历史轴心的东西！必须从所有方面去理解这一突破的种种真相，它们的许多方面必须铭刻脑海，必须理解其意义，以便获得关于轴心期的暂定概念。这概念变得越神秘，我们就越要严密地检验它。[1]

在雅斯贝斯之前，虽然没有系统的轴心时代理论提出，但却有许多学者都注意到了轴心时代的历史事实，而且很多学者都试图对这一奇特的文化现象作出解释。在轴心时代，不同地区产生的文化现象的确有许多相似之处，例如，希腊哲学家赫拉克利特（Heracritos，约前540—前470年）曾提出"四元素说"（《论自然》），认为世界万物均由水、火、土、气四种元素组成。而中国在春秋战国则流行"五行说"，认为世界是由水、火、木、金、土

---

[1] 《历史的起源与目标》，第25—26页。

五种元素构成。古希腊的亚里士多德（Aristoteles，前384—前322年）把世界万物以灵魂分成四个阶梯，认为矿物灵魂最差，植物较低，动物较高，而人的灵魂最高。中国战国时代的思想家荀况也有类似的划分方法。荀况说：

> 水火有气而无生，草木有生而无知，禽兽有知而无义，人有气有生有知亦且有义，故最为天下贵也。[1]

令人感到惊异的是，生活在两个相互隔绝的地区，彼此毫无联系的人们会在相同的时代提出相同的问题，并得出相同的结论。不仅如此，甚至那个时代在不同地区产生的伟大人物，其所处地位以及他们的品格、气质也有某些相似之处。冯友兰早就注意到这个问题。他曾这样写道：

> 孔子颇似苏格拉底……苏格拉底自认为负有神圣的使命，以觉醒其国人为己任。孔子亦然，所以有"天生德于予"，"天之未丧斯文，匡人其如予何"之言。苏格拉底以归纳法求定义（亚里士多德说），以定义为吾人行为之标准。孔子亦讲"正名"，以"名"为吾人行为之标准。苏格拉底注重人之道德的性质，孔子亦视人之完全人格，较其"从政"之能力为尤重。故对于子路、冉有、公西华，虽许其能在"千乘之国""治赋""为宰""与宾客言"，而独不许其为"仁"（《论语·公冶长》）。苏格拉底自己不著书，而后来著书者多假其名（如柏拉

---

[1] 《荀子·王制》。

图之《对话》)。孔子亦不著书,而后来各书中"子曰"极多。苏格拉底死后,其宗派经柏拉图、亚里士多德之发挥光大,遂为西洋哲学之正统。孔子之宗派,亦经孟子、荀子之发挥光大,遂为中国哲学之正统。[1]

冯友兰又说:

> 孔子在中国历史中之地位,如苏格拉底之在西洋历史,孟子在中国历史中之地位,如柏拉图之在西洋历史,其气象之高明亢爽亦似之;荀子在中国历史之地位,如亚里士多德之在西洋历史,其气象之笃实沈博亦似之。[2]

对于诸如此类的文化现象,有的学者用"多源趋同"的理论来加以解释。这种理论认为,物质的、制度的、心理的文化层面,都可以找到许多趋同的现象。这是因为人们遇到的对象、要解决的问题基本是相同的,所经历的发展过程也基本一致,因而就会有许多共同的现象[3]。这当然只是诸多解释中的一种。

---

[1] 冯友兰:《孔子在中国历史中之地位》,见《古史辨》第二册,第209—210页。
[2] 冯友兰:《中国哲学史》上册,商务印书馆1961年版,第140页。冯友兰在他的另一篇文章中也说过类似的话:"如果孔子似苏格拉底,孟子在儒家中之地位及其注重理想,及其高明亢爽之气象,便似柏拉图;荀子在儒家中之地位及其注重现实、及其沉潜赅博之气象,便似亚里士多德。"(《儒家对于婚丧祭礼之理论》,原载《燕京学报》第三期,转引自《古史辨》第二册,第215页—216页)
[3] 庞朴:《文化的民族性和时代性》,见《中外文化比较研究》,三联书店1988年版,第34页。

雅斯贝斯是一位存在主义哲学家。他认为客观历史过程和人们主观对历史的认识是合而不分的,他否认历史的普遍规律的存在。他说:

> 把历史安排在根据一个普遍适用的概念自动推断出的价值体系中,是完全不可能的。[1]

雅斯贝斯的这种历史哲学和马克思主义的唯物史观是格格不入的。但是雅斯贝斯的轴心时代理论却给我们研究人类文明发展史提出了新的课题,同时也给我们以新的启迪。

这部《春秋战国文化史》所要记述的,正是雅斯贝斯所说的轴心时代的文化。春秋战国时代在中国文化发展史上的重要性是无与伦比的。这的确是一个伟大的时代,人才辈出的时代,发生重大社会变革的时代,其文化成果在中国文化史和人类文明史上都产生深远影响的时代。

---

[1] 《历史的起源与目标》,第29页。

# 第一章　深刻剧烈的社会变革

春秋战国时代是中国历史上发生重大社会变革的时代。这一变革使中国社会产生了剧烈的震荡,经过数百年的震荡、整合,中国的国家形态、经济制度、政治制度、阶级关系等等都发生了深刻的变化。正是这场重大的社会变革,使春秋战国时代的文化更加光辉灿烂。

## 第一节　从统一到分裂

中国的大一统局面形成于西周。周人推翻了殷商的统治之后,在政治上实行大分封制度。原来殷商的盟国、属国都接受了周人的统治，他们都承认周王为天下共主，向周王俯首称臣。周王为了巩固自己的政治统治，大规模地"封建亲戚以蕃屏周"（《左传·僖公二十四年》），使那些战略要地都由周王的亲信直接统治、管理。这样，周王就成为全部统治区域的最高主宰。所有的诸侯及其臣民都是周王的臣属。故《诗经·小雅·北山》云："溥天之下，莫非王土；率土之滨，莫非王臣。"这在一定意义上反映了西周时代的大一统局面。

　　大一统局面的破坏是从王权的衰落开始的。《史记·周本纪》说："懿王之时，王室遂衰，诗人作刺。"《汉书·匈奴传》说："至穆王之孙懿王时，王室遂衰，戎狄交侵，暴虐中国，中国被其苦，诗人始作，疾而歌之，曰：'靡室靡家，猃允之故'；'岂不日戒，猃允孔棘'"[1]。周懿王之孙周厉王暴虐而又好利，他宠信奸佞小人荣夷公，不听召穆公和芮良夫等人的劝谏，任命荣夷公为卿士，民怨沸腾，厉王乃派官吏监视国人，有出怨言者则杀之，结果"诸侯不享，王流于彘"[2]。周厉王被国人赶跑，十四年后死于彘，其子周宣王即位。宣王号称中兴之主，他力图重振周室权威，然而已回天无力。他不听大臣劝阻，强行立鲁武公之庶子戏为鲁国君位继承人，是为鲁懿公。鲁国人根本不买宣王的账，杀了鲁懿公而另立其兄伯御。宣王因鲁国不听王命而擅自立君，出兵伐鲁，另立懿公之弟孝公为鲁国之君，"诸侯从是而不睦"[3]。更有甚者，周宣王因得罪诸侯杜伯，杜伯挟嫌报复，结果周宣王被杜伯用箭射死[4]。周王的威风简

---

[1]　所引之诗见《诗经·小雅·采薇》。
[2]　《国语·周语上》。
[3]　《国语·周语上》。
[4]　《国语·周语上》韦昭注引《周春秋》云："宣王杀杜伯而不辜，后三年，宣王会诸侯田于圃。日中，杜伯起于道左，衣朱衣，冠朱冠，操朱弓、朱矢，射宣王，中心折脊而死也。"

直扫地以尽。西周初期周天子那种至高无上的权威已经一去不复返了。

王室东迁以后，由于西部王畿全部丧失，王室直接管辖的土地还不及西周的二分之一。王畿缩小了，王室的财政收入大大减少。随着王权的衰落，很多诸侯不再向王室缴纳贡赋，王室的经济来源几近枯竭，财政状况日益拮据，就连祭祀、庆赏、丧葬、嫁娶等基本费用都难以筹措，以致不得不向诸侯求借。《春秋·隐公三年》："武氏子来求赙。"《春秋·桓公十五年》："天王使家父来求车。"《春秋·文公九年》又说："毛伯来求金。"《春秋》中记述的武氏子、家父、毛伯都是周王派去求借的使者。堂堂周天子，竟然不得不向自己的臣属伸手求借，其财政之窘迫可想而知。

在王权衰落的同时，霸权在逐渐形成。由于周天子失去了对诸侯的约束力，一些实力较强的诸侯通过兼并、扩张，领土不断增加，经济和军事实力不断膨胀。西周初年，臣服于周王的殷商旧方国和周王分封的诸侯国共一千多个。到春秋初年，见于记载的仅余二百一十余国[1]。到春秋末期，已如鲁国大夫子服景伯所说："今其存者，无数十焉。"[2] 可见，那些弱小的诸侯方国都被大国吞并。

最早称霸的齐国因东临大海，擅渔盐之利，在王室东迁时，是实力较强的东方大国。"王纲解纽"之后，齐国乘势扩张。《韩非

---

[1] 清人顾栋高在《青秋大事表·春秋列国爵姓及存灭表》中列举见于春秋经传之列国共209个，其中仅155国属于春秋尚存之国。陈槃在《不见于春秋大事表之春秋方国叙论》中又列举见于其他史料记载的春秋方国60个，可知春秋时见于记载的尚存之方国共215个。

[2] 《左传·哀公七年》。

子·有度》篇云："齐桓公并国三十，启地三千里。"孟子说："霸必有大国。"[1]齐桓公凭借武力吞并了四周的邻国，领土迅速扩大了十几倍，他依靠如此雄厚的实力，才能"九合诸侯，一匡天下"[2]，成为威势显赫的霸主。

晋国的霸权也是在扩张的基础上建立起来的。《韩非子·难二》篇载行人烛过对赵简子说："昔者吾先君献公并国十七，服国三十八。"[3]《左传·襄公二十九年》叔侯对鲁襄公说："虞、虢、焦、滑、霍、杨、韩、魏，皆姬姓也，晋是以大。若非侵小，将何所取？武、献以下，兼国多矣！"叔侯提到的虞、虢等八国，都是被晋国吞并的姬姓国。晋国为了扩张领土，不惜灭掉周围的同姓小国，至于同姓以外的国，那就更不在话下了。梁启超在谈及晋国扩张历史时说："百余年间，尽灭群狄，凡狄地及狄人所掠诸夏之地，皆入于晋也。"[4]晋文公能够继齐桓公之后成为又一霸主，正有赖于他的前辈数十年的大规模扩张。

楚国在西周末年和春秋初年，还是一个比较弱小的南方诸侯国。《左传·昭公二十三年》楚臣沈尹戌说："无亦监乎若敖、蚡冒至于武、文，土不过同。"若敖是两周之际的楚国之君，蚡冒和楚武王、楚文王都是春秋初年的楚国之君。一同为方百里之地，可见楚国当时领土相当狭小。自楚武王时开始扩张，其后经楚文王、楚成王、楚穆王继续侵吞、兼并，至楚庄王时，楚国已成为疆域最

---

[1]　《孟子·公孙丑上》。
[2]　《史记·管晏列传》。
[3]　《吕氏春秋·贵直》篇载此事云："兼国十九。"
[4]　梁启超：《中国历史上民族之研究》。

大的诸侯国。《吕氏春秋·直谏》篇说"荆国兼国三十九"[1],《韩非子·有度》篇说楚庄王"并国二十六,开地三千里"。楚庄王称霸时,北方的"汉阳诸姬",南方的百濮、群蛮,尽入楚之版图,疆域之广大,无出其右者。

秦国的始祖非子以善养马事周孝王,孝王封非子为附庸。非子之重孙秦庄公因伐西戎有功,周宣王封秦庄公为西垂大夫,以秦为邑,在西周末年为王畿西部边陲的采邑。周幽王昏庸无道,众叛亲离,申侯与犬戎率诸戎伐周,周幽王被杀于骊山脚下。秦庄公之子秦襄公勇救周难,派兵护送周平王东迁洛邑,立下了大功,被周平王封为诸侯,并把岐山以西的王畿之地封赐秦襄公。《史记·秦本纪》说:"襄公于是始国,与诸侯通使聘享之礼。"秦穆公时,秦国大举扩张,西戎之地,皆为秦所有。李斯在《谏逐客书》中说秦穆公"并国二十,遂霸西戎";秦孝公"获楚、魏之师,举地千里";秦惠王"拔三川之地,西并巴、蜀,北收上郡,南取汉中,包九夷,制鄢、郢,东据成皋之险,割膏腴之壤"[2]。秦国能够称霸,也是几代国君不断扩张的结果。

王权的衰落与霸权的形成可谓互为因果。春秋中后期,周王朝的实力和地位已经下降为中等诸侯国。少数诸侯强国不仅在经济和军事实力方面超过了周王室,在政治上也逐渐取代了王室的地位。王权式微,政由方伯。那些霸主开始主持朝聘盟会,并对诸侯们发号施令,这就是孔子所说的"礼乐征伐自诸侯出"[3]的时代。西周时代那种以周天子为权力核心的大一统局

---

[1] 《说苑·正谏》及《艺文类聚》所引均作"兼国三十",无"九"字。
[2] 《史记·李斯列传》。
[3] 《论语·季氏》。

面已不复存在。到战国时期,周天子名存实亡,分裂状态进一步加剧,正如刘向所说:"晚世益甚,万乘之国七,千乘之国五,敌侔争权,盖为战国。贪饕无耻,竞进无厌。国异政教,各自制断。上无天子,下无方伯。力功争强,胜者为右。兵革不休,诈伪并起。"[1]

春秋战国时代中国的政治由统一走向分裂,这是极为重要的变化。这种变化对该时代的文化产生了深刻而重要的影响。政治上的多元化必然导致文化的多元化发展。春秋战国时代诸子蜂起,百家争鸣,这与当时的多元政治是密切相关的。

## 第二节　土地公有制的崩溃

周代实行的是井田制。史籍中对井田制有许多记载。《汉书·食货志》云:

> 理民之道,地著为本。故必建步立亩,正其经界。六尺为步,步百为亩,亩百为夫,夫三为屋,屋三为井,井方一里,是为九夫。八家共之,各受私田百亩,公田十亩,是为八百八十亩,余二十亩以为庐舍。出入相友,守望相助,疾病相救,民是以和睦,而教化齐同,力役生产可得而平也……三岁更耕之,自爱其处。

---

[1] 刘向:《战国策书录》。

《韩诗外传》对井田制也有记载：

> 古者八家而井田。方里为一井，广三百步、长三百步为一里，其田九百亩。广一步、长百步为一亩，广百步、长百步为百亩。八家为邻，家得百亩，余夫各得二十五亩。家为公田十亩，余二十亩共为庐舍，各得二亩半。八家相保，出入更守，疾病相忧，患难相救，有无相贷，饮食相召，嫁娶相谋，渔猎分得，仁恩施行。是以其民和亲而相好。[1]

《孟子·滕文公上》有一段孟子关于井田制的论述：

> 卿以下必有圭田，圭田五十亩，余夫二十五亩。死徙无出乡，乡田同井，出入相友，守望相助，疾病相扶持，则百姓亲睦。方里而井，井九百亩，其中为公田，八家皆私百亩，同养公田。公事毕，然后敢治私事，所以别野人也。此其大略也。

类似的记述还有很多。

通过对上述记载的分析，我们大体可以看出井田制度有如下几个特点：

（1）井田中分为公田和私田两部分，公田的收获物全部归公，私田的收获物归耕作者所有。耕作者必须首先完成公田的耕作任务，然后才能耕作私田。对公田的耕作实质上是耕作者的劳役地租。

---

[1] 《韩诗外传》卷四，第一三章。

（2）同一井中的农户是一个密切协作、患难与共的集体。他们要共同耕种公田，要互相帮助，互相照顾，共同抗御灾害，战时还要共同承担作战任务。这样的组织实质上就是古代的农村公社，即马尔克。[1]

（3）井田制度下的土地必须划分为面积完全相等的条块，这样做是为了便于定期重新分配。因为土地的肥沃程度不同，同样的劳作可能得到数量不等的收获物，因此要定期轮换，其目的是"爰土易居，平肥硗也"[2]。

实行井田制度的前提条件是土地公有制。国家把土地平均分配给广大农户耕种，这些农户对土地只有使用权，而无所有权。耕作者耕种的都是国家的土地，因而才能够定期轮换，重新分配，以保证每个农户都享有完全平等的权利和机遇。由此可知，没有土地公有制，也就不可能存在井田制度。井田制度一旦瓦解，也就意味着土地公有制的崩溃。

周代的土地公有制，或称土地国有制，在不同的历史阶段其具体含义是各不相同的。西周时代，九州一统，周天子享有至高无上的统治权力。通过分封，无论是殷商时代旧方国的首领，还是周王新封的诸侯，都承认周王为"天下共主"，周王对全部统治区域的土地享有最高所有权，《诗经》所谓"溥天之下，莫非王土"[3]，反映的就是这种观念。周王虽然在法律上对全部领土享有主权，实际

---

[1] 马克思和恩格斯认为进入文明社会以后，出现了"最早的没有血统关系的自由人社会联合"，他们称这种联合体为"马尔克"，又称作农村公社或农业公社，见《马克思恩格斯全集》第19卷，第449页。中国古代典籍中一般称作"社"或"书社"。

[2] 《孟子·滕文公上》赵岐注。

[3] 《诗经·小雅·北山》。

上周王直接管辖的区域是千里王畿，王畿以外的大片领土，周王授权各国诸侯去管辖。诸侯对本国的领土享有使用权和管理权。对已经分封给诸侯的土地周王是不能随意收回的，这些土地将世世代代由各国诸侯统治、管理。因此，诸侯对本国的领土享有次一级的所有权。东迁以后，王室衰微，周王对全部领土的最高所有权因不断遭到侵犯而逐渐丧失。那些实力强大的诸侯无视王权，通过兼并、扩张而占据了大片领土，这些原本属于周王的土地被诸侯占为己有。这些诸侯，事实上已经成为用暴力掠夺来的大片领土的所有者。随着这些大国诸侯领土的扩大，他们开始为本国的卿大夫封授采邑。那些获得了封地的采邑主往往不以自己的采邑为满足，也像他们的封主那样四处扩张，于是他们的采邑便迅速膨胀。有的采邑主不仅掠夺他人的采邑，还肆意侵吞公室土地，结果少数采邑主的经济和军事实力逐渐赶上甚至超过了公室。他们凭借自己的实力威逼公室，操纵朝政，形成了"礼乐征伐自大夫出"[1]的局面。这样，原本属于诸侯的土地所有权就落入了卿大夫手中。可见，从西周到春秋，土地所有权是逐级下移的。开始是周王对全部领土享有最高所有权，王室衰微以后，诸侯大国的实力迅猛增强，领土远远超过王畿，于是土地所有权下移到大国诸侯手中。诸侯国领土扩大以后，采邑制度在诸侯大国普遍实行。诸侯国的卿大夫以采邑为基地向外扩张，其实力逐渐赶上并超过了公室，于是土地所有权又下移到大国卿大夫手中。特别值得注意的是：春秋时代土地所有权虽然多数掌握在大国卿大夫手中，但土地公有或国有的性质并未改变。当时的采邑是王朝和诸侯国之下的一级国家政权，而不是采邑主自

---

[1] 《论语·季氏》。

家的宗族组织[1]。大国卿大夫手中掌握的土地所有权并不是他们个人的私有财产权。这是因为：第一，这些卿大夫把持朝政，诸侯分封采邑主的权力实际上由把持朝政的卿大夫控制，他们篡夺了诸侯手中的一部分土地所有权，他们可以把诸侯（公室）的土地封授给其他采邑主；第二，那些把持朝政的卿大夫往往都是诸侯国中最大的采邑主，在采邑扩张到一定规模时，他们把采邑内的土地封授给陪臣，或委托陪臣代为管理；第三，采邑主是采邑内的最高统治者，正如诸侯在诸侯国内是最高统治者一样，采邑内的臣民称采邑主为"君"或"主"[2]。采邑之内实行的仍是井田制度。井田中公田的收获物不是交给诸侯，而是直接交给采邑主。采邑内全部公田的收入就是这个采邑主全年的俸禄。由此可知，春秋时代诸侯大国的卿大夫（大采邑主）虽然掌握一部分土地所有权，但并不意味着土地已变为私有。正如西周时代周天子享有全部领土的最高所有权，但并不意味全部领土都是周天子个人的私有财产一样。

井田制度的破坏从根本上来说有两个方面的原因：其一，由于农具和耕作技术的改进，农民的劳动生产率有所提高，除耕种自己的百亩私田和共同耕种公田以外，劳动力还有剩余。于是便在井田以外开垦荒地。孟子曾说过：

　　夏后氏五十而贡，殷人七十而助，周人百亩而彻，其实皆

---

[1] 参见吕文郁：《周代采邑制度研究》第四章，台湾文津出版社1992年版，第135—165页。
[2]《左传·昭公十四年》："群臣不忘其君，畏子以及君，三年听命矣。子弗图，费人不忍其君。"三处称君，皆指鲁国采邑主季孙氏。《国语·晋语九》："君行臣不从，不顺，主将适蝼而麓不闻，臣敢烦当日？"这里的君、主皆指晋国大采邑主、执政之卿赵简子，史黯则对赵简子自称为臣。

什一也。[1]

孟子的意思是说：夏代每个农夫授田五十亩，缴纳的是实物地租；商代每个农夫授田七十亩，缴纳的是劳役地租；周代每个农夫授田一百亩，实物地租和劳役地租双轨并用，其缴纳地租的标准大约都是十分之一。那么为什么有"夏后氏五十""殷人七十""周人百亩"的区别呢？前人的解释众说纷纭，莫衷一是。金景芳认为：

> 其实，夏商周三代授田之所以有五十、七十、百亩之不同，主要在于夏商周三代的生产力发展水平不同。大体上说，夏代生产力水平最低，一夫只能耕五十亩；殷代生产力水平有了发展，故一夫改授七十亩；周代生产力水平又向前发展，故一夫授田百亩。[2]

吾师用生产力发展水平的差异来解释夏商周三代授田亩数的不同，可谓独具慧眼。"周人百亩而彻"的制度大约是西周初年制定的。到了春秋时代，生产力水平又有了新的发展，"一夫百亩"显然已不能满足需要，于是在井田之外另垦荒地者大有人在。其二，由于各国统治者生活日益奢侈以及兼并战争的日益频繁、激烈，仅仅依靠井田的"什一"地租或军赋已无法维持局面，各国统治者不能不扩大赋税，加重对广大农民的剥削。《论语·颜渊》记载了鲁哀公和孔子弟子有若的一段对话：

---

[1] 《孟子·滕文公上》。
[2] 金景芳：《论井田制度》，齐鲁出版社1982年版，第37页。

> 哀公问于有若曰："年饥，用不足，如之何？"有若对曰："盍彻乎？"曰："二，吾犹不足，如之何其彻也？"

鲁哀公因公室的费用不足而咨询有若，有若问他为什么不按十分之一的"彻"法收取地租，鲁哀公坦白地说：鲁国现在收取十分之二的赋税还不够用，怎么还能收取十分之一的地租呢？可见这个有若多少有些迂。不过鲁哀公的话倒很能反映鲁国加重剥削的事实。

在井田之外垦荒和打破"什一"的"彻"法而加重剥削，这就从根本上破坏了传统的井田制度。春秋时代各国陆续出台了一些新政策。这些新政策正是井田制度逐步瓦解的真实记录。

公元前645年，即鲁僖公十五年，秦晋两国战于韩原，晋军大败，晋惠公被秦军俘虏，晋国陷于困境。晋国大夫瑕吕饴甥为团结晋国臣民共度难关，以国君名义宣布晋国作爰田，作州兵[1]。爰者，易也。"作爰田"即改变原先井田的疆界，增加农田面积，承认农夫在井田以外开垦的荒地为合法之田。这是晋国在局部废除井田的重要步骤。"作州兵"与"作爰田"密切相关，为的是扩大晋国的军队编制，增强晋国的军事实力。

公元前594年，即鲁宣公十五年，鲁国宣布实施"初税亩"[2]。四年后，即公元前590年，又宣布"作丘甲"[3]。《左传·宣公十五年》说："初税亩，非礼也。谷出不过藉，以丰财也。"《春秋穀梁传·宣公十五年》解释说：

---

[1] 见《左传·僖公十五年》及《国语·晋语》。《国语·晋语》之"爰田"作"辕田"。
[2] 《春秋·宣公十五年》。
[3] 《春秋·成公元年》。

> 初者,始也。古者什一,藉而不税。初税亩,非正也。古者三百步为里,名曰井田。井田者九百亩,公田居一。私田稼不善则非吏,公田稼不善则非民。初税亩者,非公之去公田,而履亩十取一也。以公之与民为已悉矣。

《左传》和《穀梁传》的解释是正确的。鲁国为了改变财政窘迫、入不敷出的局面,在收取公田劳役地租的基础上又按亩加收租税,这就叫初税亩。这种政策的实施,也就从根本上动摇了井田制的基础。古代的田制与军制密切相关。田制变革,军制也必然随之变革。鲁国的"作丘甲"也与晋国的"作州兵"一样,是与田制改革配套的措施,目的是扩大兵源,加强本国的军事实力。

春秋中后期,井田制度遭受破坏的现象在各国普遍发生,有的国家维护井田与破坏井田的斗争十分激烈。如公元前563年,郑国的执政子驷为维护井田制,抑止郑国臣民乱垦荒地、破坏井田的行为,因而引起郑国的一场内乱。《左传》对此事有详细记载:

> 初,子驷为田洫,司氏、堵氏、侯氏、子师氏皆丧田焉。故五族聚群不逞之人因公子之徒以作乱。于是子驷当国,子国为司马,子耳为司空,子孔为司徒。冬十月戊辰,尉止、司臣、侯晋、堵女父、子师仆帅贼以入,晨攻执政于西宫之朝,杀子驷、子国、子耳,劫郑伯以如北宫。[1]

司臣、侯晋等人因私自垦荒而获得大片土地。子驷以恢复井田、整

---

[1] 《左传·襄公十年》。

顿田界为名，没收了他们开垦的荒地，因而司臣等人被激怒，联合起来发动叛乱，杀死子驷、子国和子耳三位大夫，并把郑国国君郑简公抢走。此后，郑国私下垦荒、破坏井田的现象仍在蔓延。公元前543年，即郑子驷因"为田洫"引起内乱的事发生二十年之后，郑国的执政之卿子产再次整顿田制，"使都鄙有章，上下有服，田有封洫，庐井有伍"[1]。郑国两次整顿井田，反映了一种新的土地制度的产生和确立，要经历怎样艰难曲折的历程。

春秋战国之际，各国已经普遍实行了根据土地面积和质量征收赋税的制度，井田制度仅在局部地区残存。《左传·哀公二年》云："初，周人与范氏田。公孙尨税焉。"杜预注云："尨，范氏臣，为范氏收周人所与田之税。"战国初年的墨子曾说：

> 今农夫入其税于大人，大人为酒醴粢盛，以祭上帝鬼神。[2]

又说：

> 以其常正（征），收其租税，则民费而不病。民所苦者，非此也，苦于厚作敛于百姓。[3]

可见，按亩收税在战国初期似已成定制。到战国中期，声势浩大的变法运动在各国普遍展开，对井田制度的残余进行了最后的扫荡。如秦孝公时秦国推行商鞅新法，其中最重要的内容之一是"为田开

---

[1]《左传·襄公三十年》。
[2]《墨子·贵义》。
[3]《墨子·辞过》。

阡陌封疆，而赋税平"[1]。阡陌、封疆均指井田制度留存的田界。开阡陌封疆，即彻底打破井田制的限制，允许开荒、兼并和土地买卖。日本学者泷川资言解释"开阡陌"说：

……尽开阡陌，悉除禁限，而听民兼并买卖，以尽人力；垦辟弃地，悉为田畴，不使有尺寸之遗，以尽地力；使民有田，即为永业，而不复归授，以绝烦扰欺隐之奸；使地皆为田，田皆出税，以覆阴据自私之辜。[2]

商鞅变法，允许土地的兼并和买卖，允许开垦荒地，承认土地为"永业"，这表明国家公开承认并保护土地私有。经过数百年的曲折历程，以土地公有制为前提的井田制度终于彻底崩溃了，土地私有制终于取代了土地公有制，这是历史发展的必然，也是中国历史上亘古未有的重大变革。

## 第三节　分封制度的瓦解

分封制度是周代最重要的政治制度。这种政治制度在中国历史上曾产生极为深远的影响。在春秋战国这个大变革的时代，分封制

---

[1] 《史记·商君列传》；《史记·秦本纪》亦云"为田开阡陌"，无"封疆"两字。
[2] [日]泷川资言：《史记会注考证》卷五，上海古籍出版社1986年版《史记会注考证附校补》，第132页。

也经历了由盛转衰、终归瓦解的历史过程。

史学界目前对周代分封制度的性质有不同的认识。有的学者认为，西周的分封制度实质上是征服之后的武装殖民[1]；有的学者则认为分封是周代的国家政体[2]；有的学者把周代分封形成的诸侯国称作周王朝下属的行政区域[3]；还有的学者把周王分封的诸侯国称作城邦或城市国家，而把周王朝称作城邦联盟。[4]

笔者认为，周代的分封制度实质上是中国古代的一种地方分权制度。这种制度是与秦汉以后的中央集权制度完全不同的另一种政治制度，它是国家形态尚未充分发展的时代出现的政治制度，是最高统治者无法对广大区域实行有效统治的时代的必然产物。

政治制度的产生和发展受社会生产力发展水平的制约。周人推翻了殷商的统治之后，很快就征服了殷人的属国和盟邦，广大中原及其周边地区都被周人控制。受当时的交通、运输、军备设施等各方面条件的限制，周王根本无法对这样广大的区域实现直接有效统治和管理。唐代的开国元勋长孙无忌曾深有感慨地说："缅维三代封建，盖由力不能制，因而利之。"[5] 这是非常精辟的见解。为了维护和巩固周人的政权，镇压殷商统治者及其盟邦的反抗，周王选派

---

[1] 见郭沫若：《中国古代社会研究》；李玄伯（宗侗）：《中国古代社会新研》，开明书店1948年版；杜正胜：《周代封建的建立》，历史语言所集刊第五十本三分册（1979年）。
[2] 黄中业：《西周分封制是国家政体说》《史学月刊》1985年第2期。
[3] 李志庭：《西周封国的政区性质》，《杭州大学学报》1981年第2期。
[4] 侯外庐：《中国古代社会史论》，人民出版社1955年版；杜正胜：《周代城邦》，台北联经出版事业公司1979年版；日知：《古代城邦史研究》，人民出版社1988年版。
[5] 《资治通鉴》卷一九三。

一大批功臣和亲信到战略要地建立诸侯国,赋予他们相对独立的政治权力,让诸侯们直接控制那些战略要地,监视殷商贵族,协助周王安定政局。与此同时,安抚那些臣服于周人的殷商时代旧方国,承认他们的统治权力,并要求他们对周王承担政治义务,这就是周初的大分封。《左传·僖公二十四年》说:"昔周公吊二叔之不咸,故封建亲戚以蕃屏周。"《左传·昭公二十六年》说:"昔武王克殷,成王靖四方,康王息民,并建母弟,以蕃屏周。"所谓"蕃屏周",就是让那些诸侯充当周王室的藩篱和屏障,维护周王的统治。

西周时代的分封制度是与当时的生产力和国家的发展水平相适应的,在当时具有进步的意义,对中国后代历史上长期的大一统局面有深远影响,对巩固周人政权、安定社会秩序、促进生产力的发展起到了积极的推动作用。但是随着历史的发展,分封制的形式和内容也在不断地发生变化。西周时代分封的权力掌握在周天子手中,周天子在王畿以外大规模地分封诸侯,与此同时,在王畿以内为王室公卿大夫封授采邑。东迁以后,王权衰落,分封的大权落入大国诸侯手中。这些大国诸侯通过兼并、侵吞,领土迅速扩大,他们为了对扩张后的大片领土实现有效的政治统治,于是大规模地为本国的卿大夫封授采邑。后来,由于卿大夫专权,公室衰落,分封的权力便逐渐落入大国卿大夫手中。这些卿大夫在采邑内分封陪臣,终于导致一些诸侯国发生了"陪臣执国命"[1]的局面。

史学界普遍流行所谓"三级分封说",即认为周代同时存在三种级别不同的分封,第一级是周天子分封诸侯,第二级是诸侯分封卿大夫,第三级是卿大夫分封士。其实,这是对周代分封制度的误

---

[1] 《论语·季氏》。

解。通过上面的分析我们不难看出，从西周初年直到春秋末年，任何一个时期都不曾存在这种三级分封制。所谓"三级分封"，实际上是周代不同历史阶段上依次出现的政治制度，是分封制度在不同历史阶段上的不同表现形式。西周时代的诸侯国面积狭小，不可能也没有必要在国内分封卿大夫，那时只有王朝的卿大夫才有权在畿内获得采邑。在春秋前期，那些大国诸侯已开始为本国卿大夫封授采邑，可是当时这些卿大夫采邑规模不大，还没有能力在自己的采邑中分封士。卿大夫分封家臣已是春秋晚期之事，当时的分封制度已接近尾声。可见，周代分封制度在不同历史时期的内容和形式是很不相同的。大体上说，西周时期主要是"天子建国"（即分封诸侯）的时代，春秋前期和中期主要是"诸侯立家"（即封授采邑）的时代，而春秋后期，主要是卿大夫分封陪臣（即给士授田）的时期。所谓"三级分封"之说实质上抹杀了周代分封制的阶段性特征，混淆了不同历史时期分封内容和形式的重大差别，把不同历史阶段上依次出现的政治制度说成周代各历史阶段共同存在的政治制度，显然这是不符合周代历史事实的。

分封制度的最大弊病就是封主对受封者缺乏有效的控制措施，因而很容易形成"尾大不掉"的局面。当封主实力雄厚、有崇高威望时，受封者可能还有所收敛，一旦封主实力衰落，权威下降，受封者便会肆无忌惮，目无封主，甚至在羽翼丰满之后反过来威逼封主。春秋前期那些霸主就是如此，而周天子对霸主们无可奈何。春秋中后期的采邑主们也是这样来对付诸侯的，而诸侯因公室衰微，对这些采邑主也无可奈何。春秋末期出现的三桓专鲁、田氏代齐、三家分晋、戴氏篡宋等重大政治事件，都与分封制的弊病密切相关。分封制的这种弊端，春秋时代的有识之士早已指出。公元前

531年，楚国在陈、蔡、不羹三处筑城，并准备封公子弃疾为蔡公，即把蔡这个战略地位很重要的大城封授给公子弃疾作采邑。当楚灵王征询申无宇的意见时，申无宇不无忧虑地说：

> 郑京、栎实杀曼伯，宋萧、亳实杀子游，齐渠丘实杀无知，卫蒲、戚实出献公。若由是观之，则害于国。末大必折，尾大不掉，君所知也。[1]

郑国的京、栎，宋国的萧、亳，齐国的渠丘，卫国的蒲、戚，都曾作为大采邑而封给卿大夫，结果都因"尾大不掉"而酿成祸乱。楚灵王不听申无宇之劝阻，依然把蔡封给公子弃疾。时隔两年，即公元前529年，公子弃疾与公子比、公子黑肱等发动乾谿之变，楚灵王被迫上吊自杀，公子弃疾篡夺了楚国君位，是为楚平王。

正是曾劝阻楚灵王慎封陈、蔡、不羹的申无宇，在总结历史上封主为控制受封者而采取的政治措施时说：

> 地有高下，天有晦明，民有君臣，国有都鄙，古之制也。先王惧其不帅，故制之以义，旌之以服，行之以礼，辨之以名，书之以文，道之以言。既其失也，易物之由[2]。夫边境者，国之尾也，譬之如牛马，处暑之既至，虻蜹之既多，而不能掉其尾，臣亦惧之。不然，是三城也，岂不使诸侯之心惕惕焉？

可见，封主们用以约束受封者的，不过是道德、礼义、名物、

---

[1] 《左传·昭公十一年》。
[2] 《国语·楚语上》。

言辞之类。政治关系是很难用道德礼义来维持的，真正需要的是强有力的法律和行政手段。在封主和受封者的关系刚刚确立时，道德礼义可能暂时发挥一定的作用，随着时间的推移和双方实力对比的变化，道德礼义之类就会变得软弱无力，甚至完全失去约束力量。当受封者拥地自大以后，那些曾为封主的天子、诸侯往往对他们束手无策。有鉴于此，孟子痛心疾首地说：

> 五霸者，三王之罪人也；今之诸侯，五霸之罪人也；今之大夫，今之诸侯之罪人也！[1]

孟子之所以对他们口诛笔伐，就是因为"五霸"、"今之诸侯"和"今之大夫"都曾是受封者，可是他们羽翼丰满后目无封主，为所欲为，对道德礼义等肆意践踏，所以孟子气愤地称他们为"罪人"。其实，正是分封制度自身的弊端造成这种历史局面，孟子的批评带有一定的主观色彩，并不完全符合历史事实。正是由于分封制度存在着严重的弊端，而且这种弊端危害极大，所以春秋后期各国统治者都在积极寻求和探索新的政治制度，以便取代已经过时、带有严重弊端的分封制度。这种新的政治制度终于找到了，这就是县制。

"县"字的本义是"悬"。《说文解字·㬎部》云："县，系也。"段玉裁注云："古悬挂字皆如此作，引申之，则为所系之称。"故周代的王畿称"天子之县"，意为系于天子，即天子直接管辖的土地。王畿之内的土地分采邑和公邑两类，采邑是公卿大夫的私邑，公邑则由王室派出的官吏直接管理，故公邑亦称县。《周礼·秋官·县

---

[1]　《孟子·告子下》。

士》郑玄注云:"都县,野之地,其邑非王子弟公卿大夫之采地,则皆公邑也,谓之县。"春秋时代各诸侯国普遍实行采邑制。由于采邑制的弊端逐渐暴露,一些诸侯国在取得新的领土后不再封授卿大夫作采邑,而由国君派官吏直接管理。《史记·秦本纪》记载:"武公十年。伐邽、冀戎,初县之。""(武公)十一年,初县杜、郑,灭小虢。"这是秦国设县的最早记载。《左传·宣公十二年》记载楚军攻入郑国都城,"郑伯肉袒牵羊以逆,曰:'……若惠顾前好,徼福于厉、宣、桓、武,不泯其社稷,使改事君,夷于九县,君之惠也。'"杜预注云:"楚灭九国以为县。"陆德明《经典释文》释"九县"曰:"庄十四年灭息,十六年灭邓,僖五年灭弦,十二年灭黄,二十六年灭夔,文公四年灭江,五年灭六,灭蓼,十六年灭庸。"可知当时楚国每灭掉一国,则设为一县。这些县均由国君派官吏管理,这些官吏有的称为县大夫,如晋国;有的则称为县尹或县公,如楚国。由于县是国君直接管辖的领域,其赋税收入直接归公室所有。国君可以随时罢免或调换县公、县大夫,从而不仅增加了公室的财政收入,也加强了国君的权力。

春秋时代各国设县早晚不同,县的规模大小相差很大,对县的管理方式也不尽相同。有的虽然也较早地设了县,但对县管理不力,晋国就是如此。春秋时代晋国的县与采邑没有大的区别,县的设置和县大夫的委派之权掌握在卿大夫手中,所以晋国的县形同虚设,既没有增加公室的财政收入,也没有加强国君的权力。晋国被六卿专权,后来又被韩、魏、赵三家瓜分,这与晋国县制的失败大有关系。由于秦、楚两国设县较早,对县的管理也比较成功,因而春秋战国之际秦、楚两国实力大大增强,这表明县制确比分封制有很大的优越性。

在县制产生不久，一些诸侯国产生了郡。《国语·晋语二》载晋惠公入主晋国前许赂秦穆公："君苟辅我，蔑天命矣！亡人苟入扫宗庙，定社稷，亡人何国之与有？君实有郡县，且入河外列城五。"这是春秋时代最早见于记载的郡。郡在刚产生时，其规模小于县，地位也不如县重要。《左传·哀公二年》晋国正卿赵简子在阵前发布誓辞："克敌者，上大夫受县，下大夫受郡，士田十万。"清人黄汝成《日知录集释》卷二十二引姚鼐之说："吾意郡之称盖始于秦晋，以所得戎翟地远，使人守之，为戎翟民君长，故名曰郡。如所云阴地之命大夫，盖即郡守之谓也。赵简子之誓曰：'上大夫受县，下大夫受郡'，郡远而县近，县成聚富庶，而郡荒陋，故以美恶异等，而非郡与县相统属也。"[1] 姚鼐之说颇为精当。到战国时，郡县的对比发生了明显变化，郡的规模超过了县，县逐渐变成了郡的下属。《史记·樗里子甘茂列传》载甘茂对秦武王曰："宜阳，大县也，上党、南阳积之久矣，名曰县，其实郡也。"甘茂之言足以证明当时的郡规模已超过县。《史记·秦本纪》载秦惠文王十年，即公元前328年，"魏纳上郡十五县"。这表明秦魏等国的郡之下已设县若干，郡成为统辖县的上一级行政区域。郡、县的这种变化为秦统一以后在全国确立郡县制打下了基础。

县制产生于春秋时代，到战国时代各国已普遍实行县制。秦孝公时商鞅在秦国变法，"集小乡邑聚为县，置令、丞，凡三十一县"[2]。此时秦已在全国废除了分封制，代之以县制。其他各国的县制也都陆续取代了分封制。

---

[1] 《日知录集释》（外七种），上海古籍出版社1985年据清道光十四年嘉定黄氏西谿草庐重刊定本影印，中册，卷二二，第8页。

[2] 《史记·商君列传》，《史记·秦本纪》"三十一县"作"四十一县"。

可见，郡县制绝不是某一位先哲圣贤的发明创造。郡县制度是在分封制度的各种弊端充分暴露，统治者无法在自己的疆域内实现有效统治的情况下终于找到的政权组织形式。郡县制度是分封制度自身异化的必然结果，是适应历史发展的客观要求，作为分封制度的直接对立物而产生的一种全新的政治制度。

春秋战国时代，（郡）县制逐步取代了分封制，这是中国政治制度发生的最大变革。战国中后期，县制在各国已普遍确立。县制的确立强化了国君的权力，增加了国家的财政收入。凡是县制确立得早、实行得彻底的诸侯国，都不同程度地壮大了本国的实力，大规模的兼并统一战争更使这种新的政治制度经受了考验，并不断地得到加强和完善。

分封制度在战国中后期虽然从整体上说已经退出了历史舞台，但这种制度的影响还是根深蒂固的。在县制已经普遍确立之后，分封制还以残存的形态存在于各国。这种分封制的残余形态就是战国时期的封君制。

封君制就是战国时期的国君对少数功臣、贵戚或宠臣给予某种特权的政治制度。封君制与西周和春秋时代的采邑制有一定的渊源，也有某些相似之处，但实质上是两种不同的政治制度。这两种制度的主要区别在于：采邑实质上是一个政治实体，采邑主是采邑的最高主宰，采邑内的居民都是采邑主的臣民，采邑主在采邑内既享有政治特权，也享有经济特权；而封君在封地内仅享有经济特权，没有政治特权。封地内的居民由国君委派的官吏进行管理，封君不是封地内的行政长官，封君只享有封地内的税收，或在封地内经营手工业、商业或信贷等经济活动。采邑由采邑主世袭，而封君的封地除少数贵戚外多数不能世袭。采邑主在采邑之内既享有治民权,也享有治军权,而封君在封地内则既无治民权,更无治军权。采邑主因为有治民权,故可以在采邑内各自为政;因为有治军权,故可以凭借武力扩张、掠夺,甚至颠覆公室,而封君则绝无凭借封地与国君抗衡的可能。[1]

战国封君制是与县制并存的政治制度,战国时代这种制度在各国均不占主导地位,它是分封制度的残存形态。在郡县制产生初期,封君制既是县制的对立物,也是县制的一种补充形式,是政治制度大变革时代的特殊产物。

## 第四节 血缘纽带的松弛

恩格斯说过:

> 一定历史时代和一定地区的人们生活于其下的社会制度,受着两种生产的制约:一方面受劳动的发展阶段的制约,另一方面受家庭的发展阶段的制约。劳动愈不发展,劳动产品的数量、从而社会的财富愈受限制,社会制度就愈在较大程度上受血族关系的支配。[2]

---

[1] 详参吕文郁:《周代采邑制度研究》之第八章,即"采邑制的衰败及其在中国历史上的残存形态",该书第249—264页。
[2] 弗·恩格斯:《〈家庭、私有制和国家的起源〉1884年第一版序言》,《马克思恩格斯选集》第四卷,第2页。

西周在中国社会发展史上处于文明社会的早期。当时的社会生产力发展水平还比较低，社会制度在许多方面还保留着氏族社会的影响。特别是血缘关系在社会生活中还发挥着较大的作用。春秋战国时代，随着社会生产力的迅速发展和政治变革的不断深入，社会上的阶级关系在不断强化，而血缘关系则逐步削弱。周代的宗法制度正是在春秋战国时代日趋瓦解的。

宗法制度是西周统治者为了防止血缘关系对王权和君权的干扰，对血缘关系进行改造、限制和利用，使之为王权和君权服务而创立的一种宗族制度。

宗法一词最早见于宋人张载的《经学理窟·宗法》篇。张载说：

> 管摄天下人心，收宗族，厚风俗，使人不忘本，须是明谱系世族与立宗子法。宗法不立，则人不知统系来处……宗子之法不立，则朝廷无世臣。[1]

张载所说的宗法即宗子之法。先秦典籍中并无宗法一词，但却有宗、大宗、小宗、宗子等名称。《白虎通·宗族》篇云："宗者何谓也？宗者，尊也。为先祖主者，宗人之所尊也。"全族人所共尊者称作宗子，宗法制度也就是关于宗子的制度。

《礼记·丧服小记》云："别子为祖，继别为宗，继祢者为小宗。"[2] 这段记载是理解周代宗法制度的关键。何为别子？《仪礼·丧服传》云："诸侯之子称公子，公子不得祢先君。公子之子称公孙，公孙不得祖诸侯，此自卑别于尊者也。"清儒程瑶田《宗

---

[1] 《张载集》，中华书局1978年版，第258—259页。
[2] 《礼记·大传》中也有内容完全与《丧服小记》相同的记载。

法小记》说:"诸侯之子曰公子,自卑别于尊,曰别子。"在周代,诸侯的君位(也包括周王的王位)是由嫡长子继承的。嫡长子以外的庶子与君位(或王位)无缘,他们不能直接祭祀死去的先君(先王),必须从君统中分离出去另立一宗,表示与尊贵的君位相分别,所以称为别子。别子有两层含义:其一是自卑别于尊,这是对周王或诸侯而言;其二是自尊别于卑,这是对王族或公族以外的其他人而言。因为他们毕竟是周王或国君之子,虽然他们无权继承王位或君位,但他们的地位毕竟比一般人要尊贵得多,因此要另立一宗,成为这一宗的始祖,这就是"别子为祖"。别子的嫡长子则被族人尊为大宗,其大宗之位世代由嫡长子继承,这就是"百世不迁之宗",别子的庶子也要自别于大宗,其嫡长子则被族人尊为小宗。小宗"五世则迁",因为五世以后,其血缘关系已远,则族人不再尊其为宗,这就是"五世则迁之宗"。《礼记·丧服小记》郑玄注曰:"五世而迁,谓小宗也。小宗有四:或继高祖,或继曾祖,或继祖,或继祢,皆至五世则迁。"在周代的宗法制度下,一个大宗族里,族人同时有五个宗子,其中一个是大宗,四个是小宗,大宗百世不迁,小宗五世则迁。这是周代宗法制度最基本的内容。

大宗是宗族里的最高主宰。每宗之内可能有若干族。《左传·昭公三年》晋国大夫叔向说:"肸之宗十一族,唯羊舌氏在而已。"每一族的主宰由小宗担任。小宗要尊大宗为宗。大宗有权祭祀祖先,因为大宗是祖先的代表。宗族之内有大事必须找大宗商议,有了纠纷最终要由大宗裁决。大宗有权代表全宗族与其他宗族打交道。大宗如果死了,全宗之人,包括五服之外的族人,都要为大宗服齐衰三月之服,与庶人为国君所服之服相同,可见大宗的族权与诸侯的君权是相似的,只是权力的适用范围不同而已。

宗法制与嫡长子继承制有极为密切的关系。嫡长子继承制是宗法制产生的前提和基础。没有嫡长子继承制，也就不会有宗法制。可以说，宗法制是嫡长子继承制的产物，同时又是为嫡长子继承制服务的。

嫡长子继承制是西周统治者总结前代历史经验而创立的一种王位继承制度。商代的王位继承没有很严格的制度。商王死后，其王位或由其弟继承，或由其子继承。历代帝王都是一夫多妻，商代也如此。每一代商王都有很多兄弟，也有很多儿子。由于王位继承问题没有严格的制度，往往因争夺王位而引起宫廷内乱。《史记·殷本纪》说："自中丁以来，废嫡而更立诸弟子，弟子或争相代立，比九世乱，于是诸侯莫朝。"可见，王位继承问题关系到王朝的兴衰存亡。如无严格的制度，危害极大。西周统治者有鉴于此，制定了嫡长子继承制度，较好地解决了王位继承问题。这一制度的确立，在中国历史上产生了极为深远的影响，成为历代王朝长期遵循的继统制度。

所谓嫡长子即嫡妻所生的第一个儿子。周代在王室首先确立了嫡庶制，即在周王的众多妻妾中，确立一位为正妻，即王后，称之为嫡。嫡妻所生之长子即为嫡长子，嫡妻以外的妻妾均为庶妻，庶妻所生之子均称庶子。周代的嫡长子继承制严格规定，王位只能由嫡长子继承，庶子是绝不可以染指的。嫡长子继承制一经确立，便很快推广于诸侯国的君位和卿大夫的爵位继承。于是，嫡长子继承制就成为周代普遍实行的一种继承制度。王国维在《殷周制度论》中说：

> 是故由嫡庶之制而宗法与服术二者生焉。商人无嫡庶之

制,故不能有宗法,藉曰有之,不过合一族之人奉其族之贵且贤者而宗之,其所宗之人,固非一定而不可易,如周之大宗小宗也。周人嫡庶之制,本为天子诸侯继统法而设,复以此制通之大夫以下,则不为君统而为宗统,于是宗法生焉。[1]

王氏关于嫡庶制与宗法制关系的论述是非常正确的。同时,王氏又提出了君统与宗统的新概念,这对我们正确理解周代的宗法制及其作用极富启发意义。

君统与宗统这二者既有密切的联系,又有严格的区别。就君统而言,国君与族人是政治关系,君臣关系,国君需要臣下的辅佐和服务,但绝不允许臣下以宗族关系侵犯和干扰君权。就宗统而言,宗子与族人是血缘关系,宗子和族人可因血缘关系而得到国君的庇荫,同时也可以对国君和公室起到藩屏和保卫的作用。《诗经·大雅·板》云:"大邦维屏,大宗维翰,怀德维宁,宗子维城。"郑笺曰:"大邦,成国诸侯也;大宗,王之同姓之嫡子也;王当用公卿诸侯及宗室之贵者,为藩屏垣干,为辅弼,无疏远之。"[2]《左传·僖公二十四年》富辰说:"昔周公吊二叔之不咸,故封建亲戚以蕃屏周。"又说:"周之有懿德也,犹曰'莫如兄弟'[3],故封建之。其怀柔天下也,犹惧有外侮,扞御侮者,莫如亲亲,故以亲屏周。"《左传·昭公二十八年》晋大夫成鱄说:"昔武王克商,光有天下,其

---

[1] 王国维:《观堂集林》第二册,中华书局1959年影印商务印书馆本,第458页。

[2] 《毛诗正义》卷一七,《十三经注疏》上册,中华书局影印世界书局本,第550页。

[3] 《诗·小雅·常棣》:"常棣之华,鄂不韡韡。凡今之人,莫如兄弟。"

兄弟之国者十有五人，姬姓之国者四十人，皆举亲也。"《荀子·儒效》篇说："（周公）兼制天下，立七十一国，姬姓独居五十三人。"[1] 周初大分封时，周王利用血缘和宗族关系以维护王权，这对巩固周人的政治统治确实发挥了重要作用。同时，通过大分封，把周人的宗法制度扩展到四面八方。可见，宗法制不仅与嫡长子继承制关系密切，与分封制也有着极为密切的关系。此外，周代的宗法制与世官世禄制、等级制也都有着不可分割的联系。也可以说，西周时代实行的各种制度，无一不体现着宗法制度。由此不难看出，血缘关系的作用在西周时代是何等重要。

在文明社会的初期，历史发展的基本趋势是人们的阶级关系在逐步强化，而血缘关系则日益削弱。这一趋势在西周至战国的历史发展中表现得尤为明显。

西周的大分封如前所述，完全依赖于血缘关系。周王所分封的同姓诸侯，都是周王的叔伯、兄弟或子侄。分封之初，这些同姓诸侯因与周王的血缘关系亲近，因而能够恪尽职守，全力维护王室权益。可是随着时间的推移和宗族的繁衍，这些诸侯与周王的血缘关系势必日益疏远。数代之后，彼此的关系已如同路人。虽然周天子仍称同姓诸侯为"伯父""叔父"[2]，实际上仅依靠这种同姓关系已很难起到"藩屏周"的作用了。如晋国的始封之君是周成王之弟唐叔虞。周王室东迁以后，晋国为扩张领土，不断蚕食王畿，把王畿的

---

[1] 《左传·昭公二十八年》成𫚉之言，"五十三"当为"五十五"之讹。《史记·汉兴以来诸侯王年表序》云："武王、成康所封数百，而同姓五十五"，与成𫚉之言正相同。
[2] 《仪礼·觐礼》云：周天子称诸侯，"同姓大国则曰伯父，其异姓则曰伯舅，同姓小邦则曰叔父，其异姓小邦则曰叔舅"，《左传》中此类称呼颇多。

大片领土据为己有。如虢、虞都是王畿之内的采邑，其战略地位非常重要。公元前655年，晋献公借道于虞以伐虢。虞公不听宫之奇的谏阻，晋国大军灭掉了虢，虢公醜逃亡。晋军班师途中，发动偷袭，顺便灭掉了虞国[1]。这样，王畿自渑池迄灵宝以东的大片领土都被晋国攫取。尤为重要的是，晋国控制了崤函天险，使秦国不敢东向出兵，这为晋国霸权的建立奠定了坚实的基础。公元前635年，晋文公乘王室之乱，为"取威定霸"[2]，出兵纳周襄王，杀死发动叛乱的王子带。晋文公自以为功高，竟然向周襄王"请隧"，即允许他死后以天子之礼下葬。襄王对晋文公的这种僭越行为当然不能容忍。但晋文公咄咄逼人，襄王总得有所表示，于是就把黄河北岸的南阳之地阳樊、温、原、欑茅等邑"赏"给了晋文公，"晋于是始启南阳"[3]。由于王室衰微，周襄王对黄河以北的王畿之地已无力管辖，襄王知道这片土地迟早会落入晋国手中，于是就送了个"顺水人情"，以满足晋文公的奢望，此即所谓"己弗能有，而以与人"[4]。晋文公可谓善于巧取豪夺者。这片土地对周王虽已成负担，可是对一心想称霸的晋国却实在是不可或缺的战略要地。

郑国是同姓诸侯中与周王室血缘关系最亲近的。郑国始祖郑桓公是周厉王之少子，周宣王之庶弟，受封于周宣王，是西周最晚受封的诸侯国。而且郑桓公、郑武公、郑庄公相继三世以诸侯的身份入为王朝卿士。平王东迁时，郑武公还有护驾之功[5]，可见郑国与

---

[1]　《左传·僖公五年》。
[2]　《左传·僖公二十七年》。
[3]　《左传·僖公二十五年》。
[4]　《左传·隐公十一年》。
[5]　《左传·隐公六年》周桓公对桓王说："我之东迁，晋郑是依。"杜预注云："平王东徙，晋文侯、郑武公左右王室，故云晋、郑是依也。"

王室的关系绝非其他诸侯所能比。然而曾几何时，周郑之间便因利害冲突而交恶。郑庄公为平王卿士时，因平王重用西虢公而君臣猜疑，故平王与郑庄公互相交换人质，此举开周天子与诸侯交换人质之先河。"王子狐为质于郑，郑公子忽为质于周。王崩，周人将畀虢公政。四月，郑祭足帅师取温之麦。秋，又取成周之禾，周、郑交恶"[1]。公元前717年，郑庄公朝周，周桓王因即位之初郑国不来朝觐，有意冷落郑庄公。[2]两年后，即公元前715年，郑庄公不经桓王允许，私下用助祭太山的汤沐之邑祊邑换取鲁国的许田[3]。公元前712年，周桓王夺取郑国的邬、刘、芳、邘之田，而把位于黄河北岸的温、原、缔、樊等十三邑交给郑国，这些田邑也是郑国所无力管辖的[4]。公元前707年，因周、郑之间矛盾加剧，桓王罢免郑庄公王朝卿士之职，郑庄公从此不向周王朝觐，于是桓王率陈、蔡、虢、卫四国军队讨伐郑国，双方战于繻葛，结果王师大败，桓王肩部被郑国的祝聃用箭射伤[5]。从郑桓公到郑庄公，受封仅三代，周桓王与郑庄公的血缘关系尚未出"五服"，然而矛盾已如此激化，甚至不惜大动干戈。可见，与政治关系相比，血缘关系显得何等脆弱！

阶级的分化随着社会变革的深入而加剧，这对宗族势力和血缘关系势必造成很大冲击。很多奴隶主贵族日趋没落，甚至被深刻的社会变革抛入庶民阶层。

《国语·周语下》说："天所崇之子孙，或在畎亩。"春秋末年

---

[1] 《左传·隐公三年》。
[2] 《左传·隐公六年）。
[3] 《左传·隐公八年》。
[4] 《左传·隐公十一年》。
[5] 《左传·桓公五年》。

的太史墨对赵简子说:"三后之姓,于今为庶。"[1]上文提到的郑庄公也说:"王室而既卑矣,周之子孙日失其序。"[2]《左传·昭公二十二年》载:"王子朝因旧官、百工之丧职秩者,与灵、景之族以作乱。"就连王室贵胄都难逃衰败的厄运,其他贵族就可想而知了。晋国政治家叔向在与齐国大夫晏婴谈论齐晋两国的政局时说:"栾、郤、胥、原、狐、续、庆、伯,降在皂隶。"[3]又说:"肸之宗十一族,唯羊舌氏在而已。"[4]叔向所说的八氏、十一族原来都是晋国的权门望族。在社会大变革中他们的地位江河日下,很快由大贵族降至社会最底层。孔子曾说:"禄之去公室,五世矣;政逮于大夫,四世矣。故夫三桓之子孙微矣。"[5]"三桓"是鲁国势力最强大的三家世卿,此时也已日薄西山。在阶级社会里,宗族势力和血缘关系归根到底要受到阶级关系的制约。血缘关系不能阻挡阶级的分化,而阶级的分化必然导致血缘关系的松弛。与大批贵族地位下降同时发生的是部分庶民地位的上升。从春秋后期开始,战争越来越频繁,战争的规模也越来越大。再像以前那样完全依靠"国人"进行战争已无法满足对兵源的需求,于是,一向被轻视的"野人"也加入作战的行列,国、野的界限被逐步打破,"野人"也有了"执干戈以卫社稷"的权利,这标志"野人"社会地位的提高。自西周以来,受教育一直是贵族的特权。庶民地位上升后普遍产生了学习知识的愿望。适应这种历史的需要,私人办学之风兴起了,"学在官府"

---

[1] 《左传·昭公三十二年》。
[2] 《左传·隐公十一年》。
[3] 《左传·昭公三年》。
[4] 《左传·昭公三年》。
[5] 《论语·季氏》。

的局面打破了，庶民也有了受教育的权利。一些有真才实学的人从庶民阶层中涌现出来，并得到了社会的承认。

对人才的客观需要，迫使各国统治者必须打破旧的宗法观念和等级观念，不拘一格地选拔有用的人才，这也是血缘关系日益松弛的重要原因。

西周以来实行的是世官世禄制度。周王朝和各诸侯国的重要职位全都被少数贵族所垄断。这些贵族父子相继，职务、爵位、采邑世世代代被同一家族子孙承袭。这些贵族虽然都享有受教育权，但多数不学无术，或昏聩无能，或骄奢淫逸。但因族大多宠，盘根错节，周王或诸侯对他们无可奈何。春秋后期至战国时期，诸侯国之间兼并加剧，客观局势迫使诸侯们必须选拔确有真才实学的人担任官吏，否则随时都有被吞并的危险。成书于战国时期的《管子》一书写道：

> 古之圣王，所以取明名广誉，厚功大业，显于天下，不忘于后世，非得人者，未之尝闻。暴王之所以失国家，危社稷，覆宗庙，灭于天下，非失人者，未之尝闻。今有土之君，皆处欲安，动欲威，战欲胜，守欲固。大者欲王天下，小者欲霸诸侯。而不务得人，是以小者兵挫而地削，大者身死而国亡。故曰：人不可不务也。[1]

《管子》的这段议论表明，"得人"已成为国君们的共识，再让那些昏庸的世袭贵族尸位误国，无异坐以待毙。同时也表明，春秋战国之际，各国的用人方针已经由任人唯亲变为任人唯贤，这是官吏选

---

[1] 《管子·五辅》。

拔制度的重大变革。

要真正选拔有才能者担任要职，就必须彻底打破旧的等级观念。在宗法严密、等级森严的时代，一个出身低贱者无论具备怎样的才能，都很难厕身于卿大夫之列。《管子》曾这样概括等级社会的基本原则：

> 贱不逾贵，少不陵长，远不间亲，新不间旧，小不加大，淫不破义。[1]

春秋时期鲁国叔孙昭子的司马鬷戾说："我，家臣也，不敢知国。"[2] 可见那时出身卑贱的家臣只能老老实实地管自己分内之事。超出等级名分，谓之僭越，那就是大逆不道。春秋时的卫国大夫石碏谏卫庄公时说："贱妨贵，少陵长，远间亲，新间旧，小加大，淫破义，所谓'六逆'也。"[3] 这与《管子》之言若合符契。到战国时期，一些有识之士已开始为扫荡宗法等级制度、打破宗法等级观念而大造舆论。战国初期的墨翟提出：

> 古者圣王之为政，列德而尚贤。虽在农与工肆之人，有能则举之，高予之爵，重予之禄，任之以事，断予之令。曰：爵位不高，则民弗敬；蓄禄不厚，则民不信；政令不断，则民不畏。举三者授之贤者，非为贤赐也，欲其事之成。故当是时，以德就列，以官服事，以劳殿赏，量功而分禄。故官无常贵，

---

[1]　《管子·五辅》。
[2]　《左传·昭公二十五年》。
[3]　《左传·隐公三年》。

而民无终贱。有能则举之，无能则下之。[1]

墨子打着"古者圣王"的旗号，意在以古论今，加强说服力。墨子"尚贤"的主张，正是在为出身卑贱者而呼喊，希望他们能有机会参与国事，更好地发挥自己的才能。战国末期的荀况也曾造过这样的舆论：

请问为政？曰：贤能不待次而举，罢不能不待须而废……虽王公士大夫之子孙也，不能属于礼义，则归之庶人；虽庶人之子孙也，积文学，正身行，能属于礼义，则归之卿相士大夫。[2]

荀子的学生韩非则主张：

故明主之吏，宰相必起于州部，猛将必发于卒伍。[3]

随着宗法等级制度的破坏，君臣之间的关系也发生了重大的变化。春秋以前，臣对君来说，是一种永久性的附属关系，即所谓"一朝委质，终生为臣"。《左传》中曾记载这样一段故事：晋惠公死后，晋怀公即位，他下令凡跟随公子重耳流亡在外的晋国之臣必须在限期内回到晋国。大夫狐突的两个儿子狐毛、狐偃随重耳流亡，到限期后还未回来。晋怀公把狐突抓来，对他说：你的两个儿子回来就放了你，狐突对晋怀公说：

---

[1] 《墨子·尚贤上》。
[2] 《荀子·王制》。
[3] 《韩非子·显学》。

> 子之能仕，父教之忠，古之制也。策名、委质，贰乃辟也。今臣之子名在重耳，有年数矣。若又召之，教之贰也。父教子贰，何以事君？[1]

最后晋怀公还是杀了狐突。然而狐突之言却反映了春秋以前的君臣关系。《国语》中也记载一个故事，说的是晋国之卿中行穆子率兵攻克了白狄族的鼓国，鼓国之臣夙沙釐随鼓国之君离去，被晋国的军吏捉住。中行穆子让夙沙釐留下来为晋国新任命的鼓君服务。夙沙釐对中行穆子说：

> 臣委质于狄之鼓，未委质于晋之鼓也。臣闻之：委质为臣，无有二心。委质而策死，古之法也。君有烈名，臣无叛质。敢即私利以烦司寇而乱旧法？其若不虞何！[2]

中行穆子听了夙沙釐的话，大为赞叹。后来中行穆子回到晋国都城，向晋顷公汇报了情况，晋顷公就把河阴之田封给了鼓君，并让夙沙釐辅助鼓君，可见晋顷公对夙沙釐的言行也很赞赏。夙沙釐和狐突的话反映的是春秋前期和中期人们的宗法等级观念和君臣关系。到了战国时期，君臣关系已经发生了很大变化。各国国君完全可以根据自己的实际需要，随时授人以高官厚禄，而那些才能之士也完全可以根据自己的意愿决定去留。"且握权则为卿相，夕失势则为匹夫"[3]，这在战国时代是屡见不鲜的。君臣关系几乎变成了

---

[1] 《左传·僖公二十三年》。
[2] 《国语·晋语九》。
[3] 扬雄：《解嘲》。

可以随时缔结或废除的契约关系。"士无常君，国无定臣"[1]，这两句话恰当地反映了战国时期君臣之间的真实关系。韩非则说得更为直截："主卖官爵，臣卖智力"[2]。"臣尽死力以与君市，君垂爵禄以与臣市"[3]。国君利用权力和爵禄作诱饵去招募愿为自己效劳的人才，才能之士则凭借自己的智慧和本事向国君讨价还价。君臣关系变成了以自愿为原则的平等交易关系。这与春秋以前的君臣关系形成了鲜明的对照。在宗法等级观念盛行的时代，国君用人的标准正如《左传·昭公十一年》楚国大夫申无宇所说："五大不在边，五细不在庭，亲不在外，羁不在内。""五大"指国君之亲信。贾逵注云："五大谓太子、母弟、贵宠公子、公孙，累世正卿也。"[4]"五细"与"五大"相对，指那些与国君无任何血缘亲属关系或羁旅之臣。由于血缘纽带的松弛，等级制度的破坏，国君可以而且必须唯才是举。客卿制度就是在这种历史条件下产生的。国君用人不看出身贵贱，也不问血缘关系的远近，甚至不管所用之人出生在哪一国。如魏文侯任用的子夏和吴起都是卫人，白圭为周人。燕昭王重用的乐毅为魏人，邹衍为齐人，剧辛为赵人。客卿在秦国最受重用。战国时的秦国自孝公以后，相邦这一重要的职务都由出生于其他国的客卿来担任。宋人洪迈说：

> 七国虎争天下，莫不招致四方游士。然六国所用相，皆其宗族及国人……独秦不然。其始与之谋国以开霸业者，魏人公

---

[1] 扬雄：《解嘲》。
[2] 《韩非子·外储说右下》。
[3] 《韩非子·难一》。
[4] [日]竹添光鸿：《左氏会笺·昭公十一年》引贾逵之注。

孙鞅也。其他若楼缓赵人,张仪、魏冉、范雎皆魏人,蔡泽燕人,吕不韦韩人,李斯楚人。皆委国而听之不疑,卒之所以兼天下者,诸人之力也。[1]

在相邦之外,秦国其他重要官职也多用异国之人来担任。在战国七雄中,任用客卿最多的就是秦国。清人洪亮吉对此有详细的统计。他写道:

> 孝公用商鞅,惠文君用公孙衍、张仪、司马错、乐池、魏章,武王用甘茂、陈轸、齐明、周最,昭襄王用田文、楼缓、寿烛、向寿、白起、任鄙、吕礼、蒙武、尉斯离、客卿胡伤、客卿竈、王龁、司马梗、张唐、范雎、蔡泽、将军摎,庄襄王用吕不韦、蒙骜,及始皇用麃公、王齮、茅焦、尉缭、桓齮、杨端和、王翦、李斯、羌瘣、昌平君、昌文君、王贲、李信、王绾、冯劫、王离、赵亥、隗林、冯毋择、王戍、赵婴、杨樛、蒙恬、辛胜,类皆异国人也。[2]

以上自秦孝公至秦始皇,秦国六君共用客卿五十三人。须知洪氏的统计并不十分准确,秦国的客卿还有一些未统计在内。秦国在战国时能够蒸蒸日上,最后终于灭掉六国,实现统一,与秦国重视客卿,善于吸引他国人才为本国服务有重大关系。

总之,春秋战国时代随着社会变革的深入发展,宗法等级制度

---

[1] 洪迈:《容斋随笔》卷二。公孙鞅为卫国人,洪氏误为魏人。
[2] 洪亮吉:《洪北江诗文集·更生斋文甲集》卷二,见四部丛刊初编"集部"二九八。

日趋衰落,人与人之间血缘纽带日益松弛,而阶级关系则逐步强化。这是历史发展的必然。同时,这种变化又反过来对这个时代的政治、经济和思想文化产生了深远的影响。

明末清初的著名学者顾炎武曾特别关注春秋战国之际的社会变革。他有一段关于周末风俗的论述,很能代表他对当时社会变革的基本认识。他说:

> 《春秋》终于敬王三十九年庚申之岁。西狩获麟又十四年,为贞定王元年癸酉之岁,鲁哀公出奔,二年卒于有山氏,《左传》以是终焉。又六十五年,威烈王二十三年戊寅之岁,初命晋大夫魏斯、赵籍、韩虔为诸侯。又一十七年,安王十六年乙未之岁,初命齐大夫田和为诸侯。又五十二年,显王三十五年丁亥之岁,六国以次称王,苏秦为从长,自此之后事乃可得而纪。自《左传》之终以至此,凡一百三十三年,史文缺轶,考古者为之茫昧。如:春秋时犹尊礼重信,而七国则绝不言礼与信矣;春秋时犹宗周王,而七国则绝不言王矣;春秋时犹严祭祀、重聘享,而七国则无其事矣;春秋时犹论宗姓氏族,而七国则无一言及之矣;春秋时犹宴会赋诗,而七国则不闻矣;春秋时犹有赴告策书,而七国则无有矣。邦无定交,士无定主,此皆变于一百三十三年之间,史之缺文而后人可以意推者也,不待始皇之并天下而文武之道尽矣。[1]

顾氏从六个方面概括和对比了周末风俗的变化,基本上都是符

---

[1] 顾炎武:《日知录》卷一三《周末风俗》。

合历史实际的。但顾氏认为这种变化都发生在春秋战国之交的一百三十三年之间，则未免过于绝对化。春秋战国时代的社会大变革是一个渐进的历史过程。有一些变革实际上在春秋中期甚至早期就已开始，不过春秋战国之际这种变革显得更加激烈而已。事实上有一些重要的社会变革战国时代仍在继续。因此，我们应当说：春秋战国时代是社会大变革时代，而不应当说春秋战国之交是社会大变革时代。

# 第二章　百家争鸣局面的形成

春秋晚期和战国时代，诸子蜂起，百家争鸣，这是中国乃至人类文明史上的伟大奇观。这种局面的形成，有其深刻的经济、政治和历史文化背景。金属工具和农具的发明、使用，畜力耕作的推广、普及，极大地提高了劳动生产率，为精神文化的发展提供了可靠的物质保证。交通运输业的发展大大缩短了人们交往的空间距离，为文化事业的繁荣提供了更加广阔的舞台。王权衰落，诸侯争霸，多元的政治局面促成了宽松的文化氛围，为思想和学术的发展提供了前所未有的自由和民主空气。区域文化格局的形成，有利于带有鲜明地方特色的学术团体和学术派别的产生和发展。士阶层是春秋战国时代精英文化的创造主体，这个阶层的崛起为文化的繁荣准备了充分的人才资源。

这一切遂使春秋战国时代的文化云蒸霞蔚,气象万千。今择其主要者概述如下。

## 第一节 多元政治下的文化氛围

思想的活跃和学术的繁荣离不开宽松的文化氛围。在政治和思想文化方面实施专制主义,必然导致思想窒息,学术凋敝。中国乃至人类文化发展的历史充分证明:宽松的氛围是思想和学术繁荣发展所必备的基本条件。

从西周到春秋战国,中国政治上的最大变化就是由统一到分裂,由一元政治变为多元政治。在一元政治的西周时代,"礼乐征伐自天子出"[1],周天子有至高无上的权威,不仅掌握着"礼乐征伐"的大权,当时的宣传舆论和文化教育的大权也由周王或周王委派的"王官"直接掌管。刘向曾说:

> 周室自文武始兴,崇道德,隆礼义,设辟雍、泮宫、庠序之教,陈礼乐弦歌,移风之化,叙人伦,正夫妇,天下莫不晓然论孝悌之义,惇笃之行……周之流化,岂不大哉![2]

《周礼》一书对周代掌管教育的官吏及其职责有详细的记载。《周礼·地官司徒》说:

---

[1] 《论语·季氏》。
[2] 《战国策书录》。

……乃立地官司徒，使帅其属而掌邦教，以佐王安扰邦国。教官之属大司徒卿一人，小司徒中大夫二人，乡师下大夫四人，上士八人，中士十有六人……

《周礼·大司徒》之职云：

以乡三物教万民而宾兴之：一曰六德：知、仁、圣、义、忠、和；二曰六行：孝、友、睦、姻、任、恤；三曰六艺：礼、乐、射、御、书、数……以五礼防万民之伪而教之中，以六乐防万民之情而教之和……

《周礼·地官·师氏》之职云：

……以三德教国子，一曰至德，以为道本；二曰敏德，以为行本；三曰孝德，以知逆恶。教三行：一曰孝行，以亲父母；二曰友行，以尊贤良；三曰顺行，以事师长……凡国之贵游子弟学焉。

《周礼·地官·保氏》之职云：

……而养国子以道，乃教之六艺：一曰五礼，二曰六乐，三曰五射，四曰五驭，五曰六书，六曰九数。乃教之六仪：一曰祭祀之容，二曰宾客之容，三曰朝廷之容，四曰丧纪之容，五曰军旅之容，六曰车马之容。

此外,《周礼·地官》中的其他官吏,如小司徒、乡师、乡大夫、州长、党正、族师,等等,也都承担教育的职责。《周礼》中《地官》以外的其他各官的许多官职也都负有教育的责任。这反映了西周时代政教不分、官师不分的制度。春秋以前各级政权的代表都可以称作君。郑玄在《仪礼·丧服》注中说:"天子、诸侯及卿大夫有地者,皆曰君。"故官师不分亦可称作君师不分。古代典籍中常把君师并称。《国语·晋语一》说:"民生于三,事之如一;父生之,师教之,君食之。"《礼记·学记》云:"能为师然后能为长,能为长然后能为君。故师也者,所以学为君也。"《大戴礼记·礼三本》云:"君师者,治之本也。"可见中国古代官师不分,由来已久。清人章学诚对古代政教不分,以吏为师的制度有一段精彩的论述。他说:

> 以吏为师,三代之旧法也。秦人之悖于古者,禁《诗》、《书》而仅以法律为师耳。三代盛时,天下之学,无不以吏为师。《周官》三百六十,天人之学备矣。其守官举职,而不坠天工者,皆天下之师资也。东周以还,君师政教不合于一,于是人之学术,不尽出于官司之典守。秦人以吏为师,始复古制。而人乃狃于所习,转以秦人为非耳。秦之悖于古者多矣,犹有合于古者,以吏为师也。[1]

我们从《周礼·地官》中的师氏、保氏等职可以知道,这些负责教育的主要官吏教育的对象主要是"国子",或称"国子弟""国之贵游子弟"。郑玄注云:"国子,公卿大夫之子弟,师氏教之,而

---

[1] 章学诚:《文史通义·史释》,见《文史通义校注》上册,中华书局1994年版,第232页。

世子亦齿焉,学君臣父子长幼之道。"又云:"贵游子弟,王公之子弟。游,无官司者。"[1]可见,当时的教育大权掌握在王官手中,受教育者主要是王公贵族的子弟,普通平民是没有受教育的权利的。教育的内容完全体现统治者的政治需要。也就是说:在西周王权统治下,政治上实现了一元统治,在思想、教育等方面也实行一元统治。任何不利于政治统治的思想和言论都将受到严格的控制。

周室东迁以后,王权逐渐衰落,诸侯国的实力不断增强,政治上的一元格局日益破坏。到了春秋中期,周天子已经失去了对诸侯发号施令的权威,出现了"礼乐征伐自诸侯出"的局面。"王道既微,诸侯力政,时君世主,好恶殊方"[2]。多元政治格局的形成,为多元文化勃兴创造了绝好的机会。

王权的衰微,首先使学在王官的制度被打破。据《左传·昭公十七年》记载,郯国的国君到鲁国朝见鲁昭公,鲁昭公宴请郯子,鲁卿叔孙昭子在席间向郯子问起少皞氏以鸟名官的典故。郯子就从黄帝以云纪谈起,一直谈到少皞氏以鸟名官的缘由,并历数少皞氏所设各官的名称、职责。郯子身为东方小国之君,谈起上古历史掌故却滔滔不绝,如数家珍,使鲁国的君臣相形见绌,也深感惊讶。当时二十七岁的孔子听说此事,特地去拜访郯子,虚心地向郯子学习这些上古历史知识。孔子回来后深为感慨地说:"吾闻之,'天子失官,官学在四夷',犹信。"[3]意思是说:我听他人说过:周天子的官吏都丧失职守了,本应由他们掌管的学术、文化转移到了边远地

---

[1] 《周礼·地官·师氏》郑玄注,《十三经注疏》卷一四。
[2] 《汉书·艺文志》。
[3] 通行本作"天子失官,学在四夷",梁履绳《左通补释》据石经和《孔子家语》王肃注,增一"官"字,金泽文库本亦重"官"字,今从梁说。

区。我见到郯国的国君，才相信这话是真的。《左传》中的这段记载反映了春秋后期学术、文化的重大变化。《论语·微子》篇说：

> 大师挚适齐，亚饭干适楚，三饭缭适蔡，四饭缺适秦，鼓方叔入于河，播鼗武入于汉，少师阳击磬襄入于海。

乐师是周代礼乐文化的代表者。在礼乐文化兴盛时代，周天子每次用餐时都要奏乐。《论语·微子》篇所提到的这些乐师都曾是专为周天子进餐时奏乐的。由于礼坏乐崩，天子失官，这些乐师不得不逃往他处另谋生路。这些乐师逃往各诸侯国和边远地区，正是"天子失官，官学在四夷"的生动体现。这些流落四方的王官都有较高的文化修养，他们不自觉地充当了向边远地区传播文化的使者，从而为落后地区文化的普及和发展作出了重要的贡献。

学在官府局面被打破的另一生动体现是私学的兴起。春秋中后期，由于天子失官，王官已无法垄断教育大权，于是政教分离，官师分离。无官无职的平民也可以凭借自己的学识去招收门徒，兴办教育，于是迥异于官学的私学产生了。私学的兴起是中国文化史、教育史上开天辟地的大事件。邓析、孔丘、少正卯等都是中国最早兴办私学的人物，其中尤以孔丘兴办的私学规模最宏大、影响最深远。私学和官府之学的主要区别有三：

其一，私学的兴办者不代表任何官府，纯以私人的名义招收门徒，其办学的经费和场所不依赖官方，因而不受官方的制约，办学者完全按照自己的意愿决定如何办学，办什么样的学。

其二，私学的课程设置和教学内容不带有任何官方色彩，完全由办学者根据自己的专长、兴趣或学生们的要求而自行决定。办学者可以尽情地讲授自己的学术观点，宣传自己的政治主张，这样就很容易形成特色鲜明的学术派别。春秋战国时期的很多学派都是由私人办学而形成的。没有私学的兴起，就不会有许许多多标新立异的学术派别和学术团体，没有这些各具特色的学术团体和派别，也就不可能出现百家争鸣的文化景观。

其三，私学的教育对象不受出身贵贱的限制。这就打破了学在官府时代只有贵族子弟才可以入学受教育的特权，从而使许多平民子弟也有了受教育的权利。私学摧毁了贵族阶级对教育的垄断，使文化知识逐渐向广大平民普及，这对春秋战国时期士阶层的崛起具有十分重要的意义。孔子首先提出了"有教无类"的口号，他的学生中有许多出身贫贱，经过孔子的教育，他们中的一些人终于成为世人瞩目的优秀人才。稍晚于孔子的墨翟招收的门徒大多数都是社会底层手工业者或其他平民，后来有许多成为墨家学派的"钜子"或中坚。

由此不难看出，私学的兴起对春秋战国时代诸子蜂起、百家争鸣局面的形成起到了重大的推动作用。

历史经验证明：严酷的文化专制政策只有在统一的中央政权存在的历史条件下才有可能全面推行。中国秦汉时代的文化专制主义如此，明清时代的文化专制主义也是如此。春秋战国时代，随着王权的衰落和消亡，大一统的中央政权已不复存在。诸侯国各自为政。在这种历史条件下，任何一种思想或学说都丧失了官方色彩，都不可能以权威自居。任何一个国家都不可能再依靠行政手段去强制推行或限制某种思想和学说。因而，各种各样的思想和学说都应运而生。《庄子·天下》篇说：

> 天下大乱，贤圣不明，道德不一，天下多得一察焉以自

好。譬如耳、目、鼻、口，皆有所明，不能相通。犹百家众技也，皆有所长，时有所用……天下之人各为其所欲焉以自为方。悲夫！百家往而不返，必不合矣！后世之学者，不幸不见天地之纯，古人之大体，道术将为天下裂！

历史为学术争鸣提供了自由、平等的社会条件，所有的学者、学派、团体都享有最充分的民主权利，他们可以自由地著书立说，平等地参加争鸣。这种极其开放、极其宽松的文化氛围在中国历史上是绝无仅有的。更何况，各诸侯国的"时君世主，好恶殊方，"一些人往往避其所恶，投其所好，因而各种各样的思想、学说都可能找到欣赏者，从而获得大发展的绝好机会。

## 第二节　区域文化格局与学派特色

中国地域广阔，不同的地区因其自然环境不同，居民的构成及其来源不同，人们在生产、生活习惯等方面存在着较大的差异，因而不同地区的风土、人情和文化传统会存在明显的差别。特别是在政治上的大一统局面被打破、诸侯国各自为政的历史条件下，具有鲜明地区特色的区域文化会得到充分发展。中国的区域文化格局正是在春秋战国时代逐渐显现的，但是区域文化特色的形成却是一个漫长的历史过程。《诗经》是中国最早的一部诗歌总集。这部诗集中的三百多篇诗歌绝大多数都产生于西周和春秋时代。《诗经》中的《国风》包括十五国和地区的民歌，这些民歌生动地反映了各地区的风土人情和文化特色。公元前544年,即周景王元年,吴国的公子季札访问鲁国,鲁国的乐工为季札演奏《诗经》中的诗歌和乐舞。季札是一位有很高文化修养和鉴赏能力的人。当乐工演奏《周南》和《召南》时,季札赞叹说:"美哉!始基之矣,犹未也,然勤而不怨矣。"当演奏《邶》《鄘》《卫》三国诗歌时,季札赞美道:"美哉渊乎!忧而不困者也。吾闻卫康叔、武公之德如是,是其《卫风》乎!"当演奏《齐风》时,季札又赞美说:"美哉,泱泱乎!大风也哉!表东海者,其太公乎!国未可量也。"[1]以下每演奏一个单元,季札都能依据乐舞和歌曲准确地判断是《诗经》中的哪一部分,并发表简短的评论。可见,区域文化的特点在《诗经》中得到充分反映。司马迁在《史记·货殖列传》中除详细地记载各地的交通、物产外,还描述了不同地区的风土人情和文化特点,表明这位伟大的历史学家对区域文化的重视。《诗经》中的《国风》里没有《楚风》,这使后世的许多文学史家深以为憾。然而稍后出现的《楚辞》却以浪漫、瑰丽的诗篇生动地反映了战国时代灿烂辉煌的楚文化风貌。

区域文化对人才的造就、学风的培育和学派的形成有重要而又深远的影响。"百家争鸣"时代所以会学派林立,群星闪烁,和当时那种区域文化格局的形成有重要关系。

### (一)齐鲁文化

齐鲁文化是中国最早形成的区域文化之一,以其浓郁的地方特色和悠久的文化传统而闻名遐迩。二十世纪以来,考古工作者发现的大汶口文化、龙山文化和岳石文化遗址遍布山东各地。这些丰富

---

[1] 《左传·襄公二十九年》。

的文化遗存向世人昭示：位于黄河下游的齐鲁大地是华夏文明最早的发祥地之一。周人灭商之后，开始在其全部统治区域进行大规模的诸侯分封。为周人建立和巩固政权而立下汗马功劳的两位重要人物都被分封到如今的山东：太公吕尚被封于齐，周公旦被封于鲁。《史记·周本纪》说："于是封功臣谋士，而师尚父为首封。封尚父于营丘，曰齐，封弟周公旦于曲阜，曰鲁。"从此，齐鲁文化便在这得天独厚的土地上茁壮生长。司马迁指出："故泰山之阳则鲁，其阴则齐。齐带山海，膏壤千里，宜桑麻，人民多文绕布帛鱼盐。临菑（齐国都城）亦海、岱之间一都会也。其俗宽缓阔达，而足智，好议论，地重，难动摇，怯于众斗，勇于持刺，故多劫人者，大国之风也。其中具五民。"[1]《史记集解》引服虔注"五民"云："士、农、商、工、贾也"。又引如淳曰："游子乐其俗不复归，故有五方之民。"春秋时代齐桓公得贤相管仲辅佐，凭借这里的优越条件而成就霸业，使齐国威震天下。战国时代，七雄纷争，齐国仍是东方大国，在相当长的时期成为唯一可以与强秦抗衡的势力。齐威王时，苏秦为合纵抗秦，曾到齐国游说。他说：

齐南有太山，东有琅邪，西有清河，北有渤海，此所谓四塞之国也。齐地方二千里，带甲数十万，粟如丘山……临淄甚富而实，其民无不吹竽、鼓瑟、击筑、弹琴、斗鸡、走犬、六博、蹹踘者。临淄之途，车毂击，人肩摩，连衽成帷，举袂成幕，挥汗成雨，家敦而富，志高而扬。[2]

---

[1] 《史记·货殖列传》。
[2] 《战国策·齐策一》。《史记·苏秦传》称此事在齐威王时，《齐策一》则云所说为齐宣王，据《战国纵横家书》推断，此事当在齐闵王时。

苏秦的游说之辞虽有夸张，但大体上反映了齐国当时的国力和民俗。从春秋到战国，齐国曾产生一大批赫赫有名的军事家，如春秋时代的孙武、司马穰苴，战国时代的孙膑、田忌等。《孙子兵法》《司马法》《孙膑兵法》等军事著作都是中国古代兵书中的经典。齐国兵家辈出，可能与齐国的始祖太公吕尚善于用兵有关。《史记·齐太公世家》说："周西伯昌之脱羑里归，与吕尚阴谋修德以倾商政，其事多兵权与奇计，故后世之言兵及周之阴权皆宗太公为本谋。"除兵家以外，阴阳家也多出于齐国。战国时代最著名的两位阴阳家代表人物邹衍和邹奭都是齐国人。战国中后期，齐国的稷下[1]成为学者荟萃之地，因而齐国一度成为"百家争鸣"的中心。《史记·孟子荀卿列传》说：

> 自驺衍与齐之稷下先生，如淳于髡、慎到、环渊、接予、田骈、驺奭之徒，各著书言治乱之事，以干世主，岂可胜道哉！……于是齐王嘉之，自如淳于髡以下，皆命曰列大夫，为开第康庄之衢，高门大屋尊崇之。览天下诸侯宾客，言齐能致天下贤士也。

《史记·田敬仲完世家》也有记载：

> 宣王喜文学游说之士，自如驺衍、淳于髡、田骈、接予、慎到、环渊之徒七十六人，皆赐列第，为上大夫，不治而议论。是以齐稷下学士复盛，且数百千人。

---

[1] 稷下即齐国都城临淄西城门外的稷山之下，临淄西城门亦称稷门。齐国在稷下设有学宫以招徕天下学士，遂称稷下学宫。

在齐国稷下学宫中"不治而议论"的稷下先生并非都是齐国人，他们来自四面八方。稷下学宫能长时期保持兴旺，学者达"数百千人"，固然与齐国统治者为标榜自己能"览天下诸侯宾客"，"能致天下贤士"有关，但更重要的是因为齐国有更加开放和民主的学术氛围，能够兼收并蓄，包容百家。齐威王在接受了邹忌的讽谏之后，曾下令齐国："群臣吏民能面刺寡人之过者，受上赏；上书谏寡人者，受中赏；能谤议于市朝，闻寡人之耳者，受下赏。"[1]统治者能有如此开阔的胸襟，也就不难理解齐国的稷下学宫为什么能延续长达一个半世纪之久。

鲁国的都城曲阜是少昊之墟[2]。殷商时代曾一度建都于此[3]。武王灭商以后，淮夷等殷商盟国曾在这里发动反抗周人的暴乱，周公率军东征，平息了叛乱。这表明曲阜一带受殷商文化传统影响极深。周公被封于曲阜时，曾分给周公殷民六族，命他们"因商奄之民"，"使之职事于鲁"[4]。这表明鲁国拥有大量的殷商遗民。周人推翻殷商统治时，其文化远不如殷人发达，因此周人在很多方面都需借鉴殷人的文化，故孔子云："周因于殷礼[5]。"可见，鲁国建国之初在文化方面比其他诸侯国有较高的基础。由于鲁国始祖周公旦是文王之子、武王之弟、成王之叔父，又功勋卓著，在周王室中地位特殊，故王室给鲁国许多特殊待遇。《史记·鲁周公世家》说："于是成王乃命鲁得郊祭文王。鲁有天子之礼乐者，以褒周公之德也。"

---

[1] 《战国策·齐策一》。
[2] 《史记·鲁周公世家》。《左传》"少昊"作"少皞"。
[3] 盘庚迁殷之前商人以奄为都城，奄即今曲阜。见《竹书纪年》和《尚书序》。
[4] 《左传·定公四年》。
[5] 《论语·为政》。

这种特殊政策也对后来鲁国文化传统的形成和发展产生了重要的影响。鲁国一方面保留了较多的殷商文化，同时又较好地继承和发扬了周人的礼乐文化。春秋时代，王权衰落，礼坏乐崩。礼乐文化在王城洛邑已丧失殆尽。公元前524年，即周景王二十一年，诸侯到曹国参加曹平公的葬礼，周大夫原伯鲁也前往参加。事后鲁国使者拜见原伯鲁，谈话时，原伯鲁表现出对学问毫无兴趣。鲁使者回国后对鲁国大夫闵子马说了这件事，闵子马大为感慨，并预言："周其乱乎！……夫学，殖也。不学将落，原氏其亡乎！"[1]作为周王朝大夫的原伯鲁无意于学问，结果被诸侯们耻笑，这正是王权衰落、天子失官的见证。然而在礼坏乐崩的春秋晚期，鲁国所保留的礼乐文化传统却比王室还要多。公元前540年（即周景王五年）春，晋国新任执政之卿韩宣子聘于鲁，由鲁国的太史氏陪同参观鲁国公室的图书典籍，韩宣子见到了鲁国保存的《易象》和《鲁春秋》，不由得惊叹："周礼尽在鲁矣！吾乃今知周公之德与周之所以王也。"[2]鲁国春秋时代的这种文化背景成为儒家学派诞生的温床。孔子为殷人后裔[3]。鲁国的居民也有很多都是殷商遗民的后裔。殷商文化传统和周人的礼乐文化相结合，于是孕育出温柔敦厚、崇尚礼义、重视传统、善于守成的儒家文化。《史记·货殖列传》说：

> 而邹、鲁滨洙、泗，犹有周公遗风，俗好儒，备于礼，故其民龊龊。颇有桑麻之业，无林泽之饶。地小人众，俭啬，畏罪远邪。及其衰，好贾趋利，甚于周人。

---

[1]《左传·昭公十八年》。
[2]《左传·昭公二年》。
[3] 详见本志第三章第一节。

《史记·儒林列传》也说：

> 及高皇帝诛项籍，举兵围鲁，鲁中诸儒尚讲诵习礼乐，弦歌之音不绝，岂非圣人之遗化，好礼乐之国哉？

司马迁善于从大处着眼，根据各地的物产和风俗，准确地描绘出该地区的文化风貌。《淮南子·要略》篇也曾谈到儒家学派与鲁文化的关系：

> 周公受封于鲁，以此移风易俗。孔子修成、康之道，述周公之训，以教七十子，使服其衣冠，修其篇籍，故儒者之学生焉。

齐、鲁两国的文化虽然存在诸多差异，但因两国为近邻，在政治、经济、文化方面两国交往密切，在长期的历史发展中相互影响，彼此吸收，因而两国的文化也存在许多共同点，故被称为齐鲁文化。西周初封时，两国同为东方大国，两国的始祖又同为周王朝的重臣，齐鲁两国共同承担着"股肱周室""镇抚诸侯"[1]的重任。周代实行严格的同姓不婚之制。齐为姜姓，鲁为姬姓，两国公室长期结为婚姻关系，这对两国间政治、经济和文化的交流发挥了重要作用。齐鲁两国民风都比较朴实，官方对学术、教育都比较重视，因而文化都比较发达。太史公司马迁说：

---

[1] 《淮南子·要略》。

> 天下并争于战国，儒术既绌焉，然齐鲁之间，学者独不废也。……夫齐鲁之间于文学，自古以来，其天性也。[1]

这里所说的"文学"，意为文化、学术，并非现代意义的文学。所谓"天性"，是指齐鲁间文化传统的深厚、悠久。战国中后期，由于稷下之学的繁荣，齐鲁间的文化交流更加频繁，出生于各国的儒家学派的大师如孟轲、荀况都曾到稷下游学。荀况在齐国稷下讲学时间最长，在稷下先生中"荀卿最为老师"，曾先后"三为祭酒焉"[2]。孟轲、荀况等在稷下游学，这就扩大了儒学的影响，直至战国之末，韩非仍称儒学为"世之显学"[3]。这种深厚的儒学根基一直保留到西汉初年。王明荪指出："就汉初学术的承传来看，传自齐人的要多于鲁人，可知到战国晚期齐国的儒学之风，当不在鲁之下，这与齐国礼尊稷下学士有关。"[4]这个说法是符合实际的。这表明齐鲁两国在文化上虽有诸多差异，但通过战国中后期的交流、融会和相互渗透，两国文化的合流趋势已日益明显，而儒学则在这种文化合流的趋势中发挥了黏合剂的作用。战国以后，齐鲁文化的共同性则逐渐掩盖了相互间的差异性，从而在中华文化中成为一支有重大影响的区域文化。

---

[1] 《史记·儒林列传》。
[2] 《史记·荀卿列传》。
[3] 《韩非子·显学》。
[4] 《人杰地灵——历代学风的地理分布》，见《中国文化新论·学术篇》，三联书店1991年影印版，第417页。

## （二）三晋文化

公元前403年，晋国的赵、魏、韩三家灭晋而三分其地，从而晋国分裂成三个国，史称"三晋"。"三晋"之称最早见于《战国策》。《战国策·楚策一》说："陈轸，夏人也，习于三晋之事。"《战国策·赵策一》亦云："齐不从，三晋之心疑矣。"又云："三晋合而秦弱，三晋离而秦强。"可见，"三晋"一般是指战国时代的赵、魏、韩三个国。而本节所说的"三晋"是一个区域概念，它既包括三家分晋之前晋国的统治区域，也包括战国时代韩、魏、赵三国的领域。

晋国是西周初年分封的一个重要诸侯国。始封者是周武王之子、周成王之弟叔虞。其始封之地称作唐，故叔虞又称唐叔。唐叔之子名燮父，因其所居之地临近晋水，始称晋侯，以后叔虞所封之国遂称晋国。《诗经》中有《唐风》，即晋国之民谣。因其地为唐尧之旧都，故称《唐风》[1]。《左传·定公四年》祝佗说：

> 昔武王克商，成王定之，选建明德，以蕃屏周。……分唐叔以大路、密须之鼓、阙巩、沽洗，怀姓九宗，职官五正，命以《唐诰》而封于夏虚，启以夏政，疆以戎索。

《史记·晋世家》说：

> 武王崩，成王立，唐有乱，周公诛灭唐……于是遂封叔虞于唐。唐在河、汾之东，方百里，故曰唐叔虞。

---

[1] 见《毛诗谱·唐谱》，《十三经注疏》中华书局影印原世界书局本，第360页。

《史记正义》引《括地志》云："故唐城在绛州翼城县西二十里，即尧裔子所封。"唐代的绛州翼城县即今山西省南部的翼城县。叔虞的封地在黄河东岸，都城唐位于汾水之东，故云"在河、汾之东"。《左传》云唐叔"封于夏虚"，"夏虚"即夏代的旧都。服虔和顾炎武都认为"夏虚"即《左传·昭公元年》所说的"大夏"。服虔云"大夏在汾、浍之间"[1]，即今山西翼城、隰县、吉县一带。顾炎武说："窃疑唐叔之封以至侯缗之灭，并在于翼。《史记》屡言'禹凿龙门，通大夏'；《吕氏春秋》言：'龙门未辟，吕梁未凿，河出孟门之上。'则所谓大夏者，正今晋、绛、吉、隰之间。"[2]徐旭生也力主夏虚在山西南部，不赞成夏虚在山西中部的太原一带。[3]

新中国建立以来，在山西翼城凤家坡和洪赵坊堆村都发现了西周初年的铜器墓和西周遗址，说明这一带在西周初年确有周人贵族居住[4]。同时，在临汾、翼城、襄汾、绛县、新绛、曲沃、侯马等地都发现了夏文化遗址，说明夏人在这一带曾长时间定居[5]。因此，《左传》说叔虞所封之唐即夏虚是可信的。《左传·定公四年》关于叔虞封于夏虚的记载极为珍贵，为我们探讨三晋文化的源流及其特点提供了重要线索。叔虞所封之唐既然是夏虚，那么我们完全有理由推断三晋文化受夏文化影响较深。祝佗又说"启以夏政"，杜预注云："亦因夏风俗，开用其政也。"夏代的风俗政教，因史料不足证，我们只能知其大概。《说苑·修文》篇云：

---

[1]　杨伯峻：《春秋左传注·昭公元年》"迁实沈于大夏"注引服虔语。
[2]　《日知录》卷三一。
[3]　见徐氏《1959年夏豫西调查"夏虚"的初步报告》，《考古》1959年第11期，第595页。
[4]　邹衡：《夏商周考古学论文集》，文物出版社1980年版，第236页。
[5]　邹衡：《夏商周考古学论文集》，文物出版社1980年版，第236页。

> 夏后氏教以忠,而君子忠矣。小人之失野,救野莫如敬,故殷人教以敬,而君子敬矣。小人之失鬼,救鬼莫如文,故周人教以文,而君子文矣。小人之失薄,救薄莫如忠。

《史记·货殖列传》说:"夏人政尚忠朴。"《史记·高祖本纪赞》亦云:

> 夏之政忠,忠之敝,小人以野,故殷人承之以敬;敬之敝,小人以鬼,故周人承之以文;文之敝,小人以僿,故救僿莫若以忠。

汉人董仲舒说:

> 故王者有改制之名,亡变道之实。然夏上忠,殷上敬,周上文者,所继之捄,当用此也。[1]

《礼记·表记》篇中引用了不少孔子关于夏代文化的论述。如:

> 子曰:"夏道尊命,事鬼敬神而远之,近人而忠焉。先禄而后威,先赏而后罚,亲而不尊。其民之敝,蠢而愚,乔而野,朴而不文。"
> 子曰:"夏道未渎辞,不求备,不大望于民,民未厌其亲。"
> 子曰:"虞夏之道寡怨于民,殷周之道不胜其敝。"

---

[1] 《汉书·董仲舒传》。

> 子曰:"虞夏之质,殷周之文,至矣!虞夏之文不胜其质,殷周之质不胜其文。"

以上所援引,都是后世学者对于夏文化的论述,不见得完全可信。但这些论述大体上反映了夏文化的基本特点,即质朴、忠厚、勤俭。夏文化的这些特点我们也可以从墨家学派的主张中得到印证。《淮南子·要略》篇说:"墨子学儒者之业,受孔子之术,以为其礼烦扰而不说(悦),厚葬靡财而贫民,久服伤生而害事,故背周道而用夏政。"墨子主张尚同、兼爱、非攻、节用、非乐、节葬,等等,这些主张确实与夏文化有很多相似之处。因而《要略》篇说墨子"背周道而用夏政",绝非空穴来风之论。夏文化是中国由氏族社会向文明社会过渡时期的夏人文化,其原始、质朴、忠厚等特点不能不对三晋文化产生影响。

三晋在地域上靠近戎狄,在与戎狄等少数民族政权长期融合的过程中,不能不受这些少数民族的影响。殷周时代,河套一带为少数民族寄居之地,殷代称"鬼方",周代称"玁狁"或"昆夷",其部族和名类繁多,主要分为赤狄和北狄两大部族。西周春秋时代,赤狄和北狄经常南下入侵王畿和秦晋等国,这在《诗经》和铜器铭文中多有记载。晋国初封时,分给唐叔虞"怀姓九宗",王国维认为即当时处于汾、晋间之诸狄。文献中记载的隗姓之狄实即分给唐叔的"怀姓","隗""怀"两字,古代同音。王国维说:"则赤、白二狄疑皆隗姓,皆鬼方、玁狁后裔或同族。及春秋中叶,赤狄诸国皆灭于晋。河南、山北诸戎亦多为晋役属。"[1] 舒大刚也说:"白狄

---

[1] 《鬼方昆夷玁狁考》,见《观堂集林》第一三卷"史林五",中华书局影印商务版第二册,第606页。

分散居住在陕北、晋北、冀中，与赤狄相比，赤狄密迩于晋，白狄则更在其外，盖晋灭赤狄而有其地，白狄不得不在赤狄以外的土地上活动。至后晋灭白狄各部，晋北、冀中土地又为晋国所有了。"[1] 晋国自献公以后逐渐强大，晋文公入主晋国之后励精图治，遂称霸诸侯。文公之后，晋国的霸权曾保持几代，成为北方实力最强大的诸侯国。春秋晚期晋国的行人烛过对执政之卿赵简子说："昔吾献公即位五年，兼国十九。"[2] 晋国司马女叔齐对晋平公说："虞、虢、焦、滑、霍、杨、韩、魏，皆姬姓也，晋是以大。若非侵小，将何所取？武、献以下，兼国多矣。"[3] 女叔齐所说的虞、虢等八国，都是被晋国兼并的姬姓国。晋国为了扩张领土，不惜灭掉众多的同姓国。至于晋国在扩张过程中吞并的夷狄之国那就更多了。梁启超说，晋国"百余年间，尽灭群狄，凡狄地及狄人所掠诸夏之地皆入于晋也"[4]。梁氏的这一说法完全符合晋国的历史实际。晋国在初封之时就分得"怀姓九宗"，以后在扩张、兼并过程中又灭掉众多的夷狄之国。可见，相当多的晋国居民属于夷狄血统。这些夷狄之人在与华夏族融合的过程中，把北方游牧民族的文化传统也融入华夏文化之中。春秋战国时代，三晋地区恰好是北方游牧民族的文化与中原文化交会之处，这为三晋文化带来了活力，也使中原文化的某些传统在晋国受到了较大冲击。最突出的实例就是战国时代赵武灵王的改革。赵国当时的处境是："东有河、薄洛之水，与齐、中山

---

[1] 《春秋时期少数民族的分布和迁徙》，1993年吉林大学研究生院博士论文打印稿，第17页。
[2] 《吕氏春秋·贵直》。
[3] 《左传·襄公二十九年》。
[4] 《中国历史上民族之研究》。

同之，而无舟楫之用。自常山以至代、上党，东有燕、东胡之境，西有楼烦、秦、韩之边，而无骑射之备。"[1] 为了富国强兵，摆脱困境，故赵武灵王决定变革旧俗，实行"胡服骑射"。这不仅仅是一次军事改革，实际上也是一次重大的政治改革和文化改革。当保守派公子成等反对改革时，赵武灵王说："夫服者所以便用也，礼者所以便事也。是以圣人观其乡而顺宜，因其事而制礼，所以利其民而厚其国也……是以乡异而用变，事异而礼易。"又说："故势与俗化，而礼与变俱，圣人之道也。……观时而制法，因事而制礼，法度制令各顺其宜，衣服器械各便其用。故治世不必一其道，便国不必法古……然则反古未可非，而循礼未足多也。"[2] 赵武灵王排除了干扰，坚决地实施"胡服骑射"，终于"攘地北至燕、代，西至云中、九原"，并灭掉中山国[3]。赵武灵王所以能在赵国大刀阔斧地改革并获得成功，与三晋的文化背景有密切关系。因为三晋文化融入了北方游牧民族的文化传统，与中原其他诸侯国和地区比较，其文化心态更为开放，较少旧传统的束缚。加之三晋具有夷狄血统的居民较多，对"胡服骑射"容易接受。司马迁曾这样描述三晋的风土人情：

  地边胡，数被寇，人民矜懻忮，好气，任侠为奸，不事农商。然迫近北夷，师旅亟往，中国委输时有奇羡。其民羯羠不均，自全晋之时固已患其僄悍，而武灵王益厉之，其谣俗犹有赵之风也。……中山地薄人众，犹有沙丘纣淫地余民，民俗懁

---

[1] 《战国策·赵策二》。
[2] 《战国策·赵策二》。
[3] 《史记·赵世家》。

急,仰机利而食。丈夫相聚游戏,悲歌忼慨,起则相随椎剽,休则掘冢作巧奸冶,多美物,为倡优。女子则鼓鸣瑟,跕屣,游媚贵富,入后宫,遍诸侯。[1]

司马迁是西汉夏阳(今陕西省韩城市)人,春秋战国时代其地长期属于三晋,故司马迁对三晋的风土人情堪称熟悉。

春秋战国时代,法家的代表人物以三晋为最多。这与晋国的文化传统关系密切。早在晋文公时代,晋国就"先定其民,作被庐之法"[2]。颜师古注引应劭之语云:"搜于被庐之地,作执秩以为六官之法,因以名之也。"春秋晚期,法家先驱人物郑子产在郑国"铸刑书"[3],是为中国历史上第一部成文之法。后来郑国被韩国灭掉,这一重法的传统被三晋所继承。公元前513年,"晋赵鞅、荀寅帅师城汝滨,遂赋晋国一鼓铁,以铸刑鼎,著范宣子所为刑书焉"[4],这是晋国最早的成文法。战国时代,有一批法家学派的代表人物出生于三晋,他们著书立说,鼓动或实施变法革新运动。如邓析、申不害、韩非是韩国人,慎到、处子[5]是赵国人,李悝、尉缭为魏国人[6]。还有一些法家代表人物虽不生于三晋,但却活跃于三晋。如吴起为卫国人,曾在魏国事魏文侯和魏武侯,卓立功勋。出生于赵国的荀况虽非法家,但他能援法入儒,他的两位高足韩非和李斯都成

---

[1] 《史记·货殖列传》。
[2] 《汉书·刑法志》。
[3] 《左传·昭公六年》。
[4] 《左传·昭公二十九年》。
[5] 《汉书·艺文志·诸子略·法家》中有《处子》九篇,注云:"《史记》云赵有处子。"
[6] 参见王明荪:《人杰地灵——历代学风的地理分布》。

为法家学派的杰出代表。

除法家学派外，三晋也是战国时代纵横家最为集中的地区。在著名的纵横家中，张仪、公孙衍（犀首）、陈轸都是魏国人。庞煖是赵国人。苏秦、苏厉、苏代三兄弟虽自称为东周洛阳人，然战国时其地处韩、魏之间，又曾被韩国吞并，故称其为三晋之人亦未尝不可。司马迁说："三晋多权变之士，夫言纵横强秦者，大抵皆三晋之人也。"[1] 此言得之。战国之时三晋居天下之中，东有强齐，西有强秦，燕国居北，楚国在南。在七雄虎争之际，三晋是争夺得最为激烈的战略要地。为了求生存、求发展，除了依靠实力，还必须依靠这些"权变之士"去开展积极的外交斗争。这就使一大批纵横家应运而生。

### （三）荆楚文化

楚国王室是帝颛顼的后裔。颛顼又称高阳氏。屈原的《离骚》开头便说："帝高阳之苗裔兮，朕皇考曰伯庸。"屈原出自楚王室，与楚王室同姓，故自称"帝高阳之苗裔"。高阳氏的裔孙名曰鬻熊，殷末周初时曾事周文王。周成王时封鬻熊之曾孙熊绎于丹阳[2]，以其地盛产楚木，于是就把熊绎所封之国称为楚国。楚是一种带刺的灌木，又称作荆。《说文解字·木部》云："楚，丛木，一名荆也。"同书《草部》云："荆，楚木也。"可见楚、荆本是同一种树木的两种不同称谓，因此楚国又称荆国，有时又合称为荆楚或楚荆。这种称谓由来已久。西周的铜器铭文上已有这种称呼。如《史墙盘》铭

---

[1] 《史记·张仪列传》。

[2] 关于丹阳之地望，历来学者颇多争议，迄无定论。有当涂说，有秭归说，有枝江说，有丹浙说，有荆山丹阳说，还有商县丹阳说。详参罗运环：《楚国八百年》，武汉大学出版社1992年版，第79—89页。

文云："弘鲁邵王，广纰楚荆"，邵王即周昭王。《𫘥御簋》铭文中有"从王南征伐楚荆"的记载。《诗经·商颂·殷武》说："挞彼殷武，奋伐荆楚"。又说："维女荆楚，居国南乡。"《竹书纪年》也记载："周昭王十六年，伐楚荆。"[1] 清人俞樾说："盖荆楚之名，犹殷商也。合言之曰荆楚，而分言之则或为荆，或为楚。犹合言之为殷商，分言之则或为殷，或为商也。"[2] 俞氏之说颇为恰当。

楚国在西周时代因地处蛮荒，人民稀少，是比较落后的南方小国。楚国的右尹子革说："昔我先王熊绎辟在荆山，筚路蓝缕以处草莽，跋涉山林以事天子，唯是桃弧棘矢以共御王事。"[3] 直到春秋早期，楚国的实力仍不能与中原大国诸侯相比。春秋后期楚臣沈尹戌对令尹囊瓦说："无亦监乎若敖、蚡冒至于武、文，土不过同。"[4] 杜预注云："方百里为一同。"若敖、蚡冒、楚武王、楚文王是春秋前期楚国的四位国君。楚文王公元前689年至公元前677年在位，比春秋时代第一位霸主齐桓公早即位四年。当时楚国的领土仍很狭小。从楚文王开始，楚国的实力大增，并开始向外扩张[5]。《吕氏春秋·直谏》篇称楚文王"兼国三十九"[6]，《韩非子·有度》篇称楚庄王"并国二十六，开地三千里"。楚国仅文王、庄王两世就灭掉周围六十余国。如果把其余各王所灭之国都计算在内，那么楚国在扩张过程中灭掉的国家总数就远不止这些了。楚国经过几代扩张，北

---

[1] 《初学记》卷七地部下引。
[2] 《春在堂全书·宾萌集卷三·释荆楚》。
[3] 《左传·昭公十二年》。
[4] 《左传·昭公二十三年》。
[5] 《史记·楚世家》云："文王……六年，伐蔡，虏蔡哀侯以归，已而释之。楚强，凌江汉间小国，小国皆畏之。十一年，齐桓公始霸，楚亦始大。"
[6] 《说苑·正谏》篇作"兼国三十"。

方的"汉阳诸姬",南方的百濮、群蛮以及百越之地,尽入楚国版图,到春秋后期,楚国已经成为疆域最大的诸侯国。战国时纵横家苏秦为赵国合纵,到楚国游说。苏秦对楚王说:

楚,天下之强国也。大王,天下之贤王也。楚地西有黔中、巫郡,东有夏州、海阳,南有洞庭、苍梧,北有汾陉之塞、郇阳,地方五千里,带甲百万,车千乘,骑万匹,粟支十年,此霸王之资也。[1]

苏秦的游说之辞虽不无夸张,但他所概括的楚国当时疆域大体符合实际。

楚国向来被中原各国视为蛮夷之邦。《诗经·小雅·采芑》云:"蠢尔蛮荆,大邦为雠。"又云:"显允方叔,征伐猃狁,蛮荆来威。""蛮荆"即指楚国。《诗经·大雅·荡》写道:"用戒戎作,用遏蛮方。"蛮方亦指楚国。王子朝发动叛乱后,逃奔楚国,向诸侯发布文告说:"兹不穀震荡播越,窜在荆蛮。"[2]晋国的政治家叔向曾说:"昔成王盟诸侯于岐阳,楚为荆蛮,置茅蕝,设望表,与鲜卑守燎,故不与盟。"[3]楚人自己也从不讳言楚国为蛮夷。西周中后期的楚国国君熊渠说:"我蛮夷也,不与中国之号谥。"[4]春秋前期的楚武王熊通对随国国君说:"我,蛮夷也。今诸侯皆为叛相侵,或

---

[1] 《战国策·楚策一》。苏秦游说之楚王,《楚策一》云是楚威王。据《战国纵横家书》所载,苏秦与齐宣王、燕昭王同时,其游说之楚王应是楚顷襄王,与楚威王无涉。
[2] 《左传·昭公二十六年》。
[3] 《国语·晋语八》。
[4] 《史记·楚世家》。

相杀，我有敝甲，欲以观中国之政，请王室尊吾号。"[1]自视为蛮夷的楚国向外扩张的重点是南方。自春秋中期以后，数百年间楚国侵吞了百濮、群蛮、百越的大片领土，楚国的文化融会了南方各族土著居民的文化。后来，楚国又占有了西方的巴蜀和东方的淮夷、东夷乃至吴越之地，在蜀文化中又陆续融入了巴蜀文化和吴越文化的基因。楚国自西周时代就与周王朝和中原诸侯有交往。楚灵王曾对右尹子革说："昔我先王熊绎与吕伋、王孙牟、燮父、禽父并事康王。"[2]春秋时代楚国经常参与诸侯的朝聘会盟。后来汉上诸侯及陈、蔡、杞、莒等国也被楚吞并，楚国的北部边界推进到泗水流域[3]。一批中原诸侯国被楚国兼并以及楚国与中原各国日益频繁的交往，也使楚国受中原文化的影响更加深刻。楚国的大夫在重要的外交场合，能与中原各国的使臣一样赋诗言志，以其高度的文化修养赢得了各国的尊重。公元前546年，楚国的大夫芴罢到晋国去订立盟约。晋平公设宴招待芴罢。宴会即将结束时，芴罢离席赋《诗经·大雅》中的《既醉》篇。这首诗的前两章说：

既醉以酒，既饱以德。
君子万年，介尔景福。
既醉以酒，尔殽既将。
君子万年，介尔昭明。

---

[1] 《史记·楚世家》。
[2] 《左传·昭公十二年》。《史记·楚世家》云"俱事成王"，与《左传》有异。
[3] 《史记·楚世家》："惠王……四十四年，楚灭杞……广地至泗上。"

这首诗既赞扬了主人菜肴的丰盛和精美，同时也表达了客人对主人的感谢和祝福。在这样的宴会上赋《既醉》这首诗，恰当而又得体，如果没有高深的文化修养，没有对诗篇的精确理解和高度纯熟，那是难以做到的。芮罢的表现赢得了晋国政治家叔向的尊敬和赞誉。他说："芮氏之有后于楚国也，宜哉！承君命，不忘敏，子荡（芮罢之字）将知政矣。敏以事君，必能养民，政其焉往？"[1] 芮罢回到楚国不久，果然晋升为楚国令尹。[2]

春秋中后期的楚国以其广大的疆域和雄厚的经济、军事实力称霸于诸侯。作为南方的泱泱大国，在人文景观上显示了楚文化浓郁的地方特色和独有的魅力。荆楚文化以大海融纳百川的恢宏气势，荟萃了中原文化、荆楚文化以及群蛮百越文化，从而使荆楚文化更加丰富多采，美不胜收。公元前516年，王子朝因叛乱失败而逃奔楚国，他们把周王室收藏的大批珍贵典籍也带到了楚国，史称典籍南迁[3]。这是中国文化史上的重大事件。典籍南迁使荆楚文化如虎添翼，一时间，楚国俨然成为中国文化的中心。楚国不仅是经济和军事大国，在文化上也堪称大国。当时楚国群英荟萃，人才辈出。蔡声子论楚材晋用，历数楚国的王孙启、析公臣、雍子、申公巫臣、椒举，等等[4]，皆一时之秀，因不得志而逃往他国，结果使楚蒙受巨大损失。清人洪亮吉曾著《春秋时楚国人文最盛论》，对楚国人才胪列甚详，兹援引如下：

---

[1] 《左传·襄公二十七年》。
[2] 楚国的令尹即执政之正卿，相当于后世的宰相，是国君之下职位最高的官吏。
[3] 《左传·昭公二十六年》有载："王子朝及召氏之族、毛伯得、尹氏固、南宫嚣奉周之典籍以奔楚。"
[4] 《国语·楚语上》。

春秋时人才惟楚最盛。其见用于本国者不具论，其波及他国者，蔡声子言之已详，亦不复述。外此则百里奚霸秦，伍子胥霸吴，大夫种、范蠡霸越，皆楚人也。刘向《新序》：百里奚，楚宛人。《吴越春秋》：范蠡，楚宛县三户人；大夫种，亦楚人。他若文采风流，楚亦较胜他国，不独左史倚相能读《三坟》《五典》《八索》《九丘》也。《史记·楚世家》：析父善言故事。《楚语》：共王博士亹能通训典、六艺，观射父能辩山川、百神。盖楚之先鬻熊为周文王师，著《鬻子》二十二篇，其后即诸子百家，亦大半出于楚。《史记》：老子，楚苦县厉乡曲仁里人，老莱子，亦楚人。《汉书·艺文志·道家·老莱子》十六篇，楚人。又《文子》九篇，班固注：老子弟子，并与孔子同时。今读其书，有《与平王问答篇》，盖楚平王，班固以为周平王，误也。又有《蜎子》十三篇，班固注：名渊，楚人，老子弟子。《鹖冠子》一篇，注：楚人，居深山，以鹖为冠。《楚子》三篇，不注姓名。又孔子、墨子皆尝入楚矣。《史记·孔子弟子列传》[1]：公孙龙、任不齐、秦商，郑康成注：皆楚人。《艺文志·公孙龙》十六篇[2]，即为坚白之论者。《儒林传》：澹台子羽居楚。至庄子，虽宋蒙县人，而踪迹多在楚。观本传及《越世家》等可见。《孟子列传》载：环渊，楚人，著书上下篇，即《蜎子》也。又云：楚有尸子、长庐。刘向《别录》：楚有尸子。张守节《正义》：长庐，楚人，有《长庐》九篇。《孟子》内篇言：陈良，楚产也，悦周公、仲尼之道。又为神农之

---

[1] 即《史记·仲尼弟子列传》。

[2] 《汉书·艺文志·名家》中有《公孙龙子》十四篇，班固注：赵人。洪氏盖误。

言者许行亦楚人。《鬼谷子》，皇甫谧注：楚人。荀况则尝为楚兰陵令，《艺文志·儒家》有楚兰陵令《荀卿》[1]三十三篇是也。其他在七十子以后传经者，《易》则楚人馯臂子弓，《礼》则东海人孟卿，《春秋》则楚大傅铎椒，《艺文志》有《铎氏微》二篇。《诗》则毛、鲁二家，《春秋》则左氏，皆出于楚兰陵令荀卿是矣。至词赋家则又原始于楚，屈原、唐勒、景差、宋玉诸人皆是。盖天地之气盛于东南，而楚之山川又奇杰伟丽，足以发抒人之性情，故异材辈出，又非仅和氏之璧、随侯之珠与金木、竹箭、皮革、角齿之饶所得专其美矣。[2]

洪氏的论题是《春秋时楚国人文最盛论》，但洪氏列举的许多楚国人已下延至战国时代。从洪氏的论述中，我们不难看出春秋战国时代楚国人文景观是何等隆盛。在这样的文化土壤中孕育出诸如《老子》《楚辞》那样光耀百代的伟大作品，就是顺理成章的事了。

春秋战国时代，中国其他地方的区域文化，如吴越文化、秦陇文化、巴蜀文化等也已初具规模，但其影响远不如齐鲁文化、三晋文化和荆楚文化那样深远、广大，兹不详述。

---

[1] 《汉书·艺文志·儒家》有《孙卿子》，非曰《荀卿》。
[2] 《洪北江诗文集·更生斋文甲集卷二》，见四部丛刊"集部·清人文集"。

## 第三节　士阶层的崛起

士是中国古代一个特殊的社会阶层。这个阶层的崛起，是春秋战国时代最引人注目的社会现象，也是中国文化史上最重大的历史事件之一。认真地分析士阶层的崛起、发展、演变及其社会根源，对我们全面、深入地研究春秋战国时代的文化奇观有重大意义。

**（一）特殊的社会群体**

"士"在古代典籍中经常用来称呼某种身份或职务的人。这种称呼主要有以下几种含义：

（1）男子，特指青年男子。如，《诗经·郑风·褰裳》："子不我思，岂无他士。"《邶风·匏有苦叶》："士如归妻，迨冰未泮。"《卫风·氓》："于嗟女兮，无与士耽。"《郑风·溱洧》："士与女方秉蕑兮，女曰观乎？士曰既且。"《周易·归妹》："士刲羊，无血。"《周易·大过》："老妇得其士夫。"

（2）军士，多指甲士。如，《左传·文公十二年》："两君之士，皆未憖也。"《左传·宣公十二年》："三军之士，皆如挟纩。"《司马法》："长毂一乘，甲士三人。"《荀子·王霸》："王者富民，霸者富士。"《楚辞·九歌·国殇》："矢交坠兮士争先。"《尉缭子·武议》："甲胄之士不拜。"

（3）商、西周和春秋时代的卿大夫可统称为士。如，《尚书·多士》："用告商王士。"又："尔殷遗多士。"《尚书·多方》："告尔……殷多士。"《诗经·大雅·文王》："殷士肤敏。"《左传·桓公二年》："乂士犹或非之。"杜预注："盖伯夷之属。"《庄子·让王》："昔周之兴，有士二人，处于孤竹，曰：伯夷、叔齐。"《诗经·周颂·清庙》："济济多士，秉文之德。"孔颖达疏："士，朝廷之臣也。"《诗经·大雅·文王》："凡周之士，不显亦世。"又："思皇多士，生此王国。"《周颂·桓》："桓桓武王，保有厥士。"《左传·襄公十年》："有灾，其执政之三士乎？""三士"即指郑国的三大夫子驷、子国和子耳。

（4）法官、狱官。如，《尚书·尧典》："汝作士，五刑有服。"《尚书·吕刑》："士制百姓于刑之中。"马融注："士，狱官之长。"《左传·僖公十二年》："士荣为大士。"杜预注："士，治狱之官。"《左传·成公十八年》："齐侯使士华免以戈杀国佐于内宫之朝。"《左氏会笺》曰："士，士官也，掌刑政。"《孟子·尽心上》："皋陶为士。"《孟子·告子下》："管夷吾举于士。"赵岐注："士，狱官也。"《周礼·地官·大司徒》："其附于刑者归于士。"郑众注："士，谓主断刑之官。"

（5）读书人。如，《论语·泰伯》："士不可以不弘毅。"《论语·里仁》："士志于道。"《荀子·儒效》："彼学者，行之曰士也。"《荀子·尧问》："知如士，不与士争知。"《孟子·公孙丑上》："尊贤使能，俊杰在位，则天下之士皆悦。"《孟子·尽心上》："故士穷不失义，达不离道。"

从以上征引中我们不难看出，"士"在古代典籍中是一个内涵和外延都极广泛的概念。有时是指官职，有时就性别而言，有时就道德或社会地位而言。

本志所记述的士不是指某种具体职务的或身份的个人，而是指由不同身份和职务的人共同组成的一个社会群体，我们可以把这个群体称为士阶层。

## （二）春秋时期的士

古代社会是等级社会。所有的社会成员因其社会地位不同被划分为许许多多的社会阶层。马克思曾指出：

> 在过去的各个历史时代，我们几乎到处可以看到社会完全被划分为各个不同的等级，看到由各种社会地位构成的多级的阶梯。[1]

中国古代社会正是这样一个由"多级的阶梯"构成的等级社会。西周和春秋时期的等级制度尤为森严。《左传·昭公七年》芋尹无宇说：

> 天有十日，人有十等。下所以事上，上所以供神也。故王臣公，公臣大夫，大夫臣士，士臣皂，皂臣舆，舆臣隶，隶臣僚，僚臣仆，仆臣台。马有圉，牛有牧，以待百事。

《左传·桓公二年》师服说：

> 吾闻国家之立也，本大而末小，是以能固。故天子建国，诸侯立家，卿置侧室，大夫有贰宗，士有隶弟子，庶人、工、商，各有分亲，皆有等衰。是以民服事其上，而下无觊觎。

《国语·晋语四》记载晋文公内修政务的措施：

---

[1] 《马克思恩格斯选集》第一卷，第239页。

> 公食贡，大夫食邑，士食田，庶人食力，工商食官，皂隶食职，官宰食加。政平民阜，财用不匮。

汉人贾谊说：

> 古者圣王制为列等，内有公、卿、大夫、士，外有公、侯、伯、子、男，然后有官师、小吏，施及庶人。等级分明而天子加焉。[1]

《礼记·王制》说：

> 王者之制爵禄，公、侯、伯、子、男，凡五等。诸侯之上大夫卿、下大夫、上士、中士、下士，凡五等。[2]

以上资料可证明，无论是统治阶级还是被统治阶级，都被严格地划分为许多等级。从统治阶级的最上层到被统治阶级的最下层，构成一个长长的社会阶梯，上下级之间，等级分明，不可逾越。

士阶层属于统治阶级的最下层。他们虽然居于被统治阶级之上，但其社会地位与庶民比较接近。在奴隶制度日趋没落的春秋时代，深刻、剧烈的社会大变革对士阶层的冲击最为严重。这些因素决定了春秋时期的士阶层有如下特点：

---

[1] 《新书·阶级》。
[2] 《孟子·万章》的说法与《礼记·王制》之说略有出入。孟子说："天子一位，公一位，伯一位，子、男同一位，凡五等也。君一位，卿一位，大夫一位，上士一位，中士一位，下士一位，凡六等。"

（1）这个阶层经常处于动荡之中。一方面，随着社会变革的加剧，大批上层贵族的成员不断下降为士，成为士阶层的新成员；另一方面，士阶层中也有相当多的人被抛入庶民阶层，甚至"降在皂隶"，因而，士阶层是广大庶民的后备军。与此同时，庶民中的一些人也可以上升为士。西周、春秋时代有选士、贡士制度。《周礼·地官·乡大夫》说："此谓使民兴贤，出使长之；使民兴能，入使治之。"意为从庶民中选拔贤者、能者，让他们担任官职。管仲佐齐桓公治齐，对桓公说："其庶民之能为士者，必足赖也。"[1]《诗经·小雅·甫田》云："烝我髦士。"毛传："烝，进也。"《尔雅·释言》："髦，俊也。"邢昺疏云："毛中之长毫曰髦，士之俊选者借譬为名焉。""烝我髦士"也即从庶民中选拔贤能者。清人俞正燮说：

> 太古至春秋，君所任者，与共开国之人及其子孙也。虑其不能贤，不足共治，则选国予教之。上士、中士、下士。府、史、胥、徒，取诸乡兴贤能……所谓兴之为伍长乡吏者，子其中兴之，而无美仕大权。[2]

俞氏所论极是，完全符合西周和春秋时代的历史实际。可见当时庶民中的贤能者是有机会上升为士的。

（2）士阶层的经济收入虽然比不上诸侯卿大夫那样丰厚，但他们的经济生活远比广大庶民优裕。只要不失职丢官，他们的生活是有保障的。《礼记·曲礼下》："问士之富，以车数对。"说明他们有相当的财产。他们用不着参加生产劳动，对商业活动更不屑一顾。

---

[1] 《国语·齐语》。
[2] 《癸巳类稿·乡兴贤能论》。

《韩诗外传》说：

> 天子不言多少，诸侯不言利害，大夫不言得失，士不通财货，不贾于道。

《荀子·大略》也说：

> 从士以上皆羞言利而不与民争业。

士仅仅凭借自己的智慧和技能为统治者或大贵族服务。他们的地位决定这个阶层必须绝对忠于职守。《礼记·射义》说："士以不失职为节。"《国语·周语上》载内史过之言："士日恪位著以儆其官。"《左传·昭公二十六年》晏婴说："士不滥，官不滔。"杜预注："不滥，不失职；滔，慢也。"《韩诗外传》说："大夫擅官，士保职。"《孟子·滕文公下》说："士之失位也，犹诸侯之失国家也。"又说："传曰'孔子三月无君，则皇皇如也，出疆必载质。'"可见春秋时期士对职位是何等重视。《孝经·士章》："忠顺不失以事其上，然后能保其禄位而守其祭祀。"《国语·鲁语下》公父文伯之母说：

> 士朝受业，昼而讲贯，夕而习复，夜而计过，无憾而后安。

绝大多数士为了"保其禄位"，只好兢兢业业而又小心谨慎地为主子效劳。孔子的学生仲由（子路）为卫国大夫孔悝之家宰。卫国发生内乱时，仲由的同窗子羔在城门口劝阻仲由不要进城去送死，仲由说："食焉，不避其难。"又说："利其禄，必救其患。"意思是：既然拿了人家的俸禄，主人有了危难就必须挺身而出。结果仲由在这场内乱中被剁成了肉酱[1]。仲由的话代表了春秋时期士阶层共同的观念和生活准则。当时士阶层的特殊地位造就了他们的特定气质：他们缺乏独立的人格，在政治上、经济上不得不依附于高级贵族。

（3）春秋时期的士都有一定的文化知识。他们接受的是西周以来的礼乐文化和"乡三物"教育。奴隶主贵族根据本阶级的需要力图把士阶层培养成自己的鹰犬、爪牙和奴仆。因而当时的士阶层受传统的宗法观念和礼乐制度的禁锢极严。《左传·襄公九年》："其大夫不失守，其士竞于教。"《礼记·曲礼下》："国君死社稷，大夫死众，士死制。"《逸周书·程典》："士之子不知义，不可以长幼。"《荀子·议兵》："凝士以礼"，"礼修而士服"。这些都反映了传统礼教对士阶层的束缚。正因为如此，春秋时期的士绝大多数思想是比较保守的，他们消极因循，墨守陈规，安于现状，不图进取。春秋时期的士阶层是一个未获得解放的社会阶层。尽管这个阶层有着巨大的潜在能量，但在当时的社会上没有造成多大影响。只有这个阶层的少数幸运者才在历史上留下了他们的业绩。

春秋史称"五霸"时期。这个时期的最大特点就是大国争霸。这个时期的"霸主"都是有才能、有远见、比较贤明的国君。他们为了争当霸主或保持霸主的地位，不能不破格招徕一些有用的人材，这就为少数豪杰之士施展才能提供了机遇。

齐桓公是春秋时期最早破格用士的霸主。管仲原为"齐之贾人"[2]，他曾与鲍叔牙共同经商，后事桓公政敌公子纠。公子纠死后，

---

[1] 《左传·哀公十五年》。
[2] 《战国策·秦策五》。

桓公不念前嫌，举以为相。"管仲既用，任政于齐，齐桓公以霸，九合诸侯，一匡天下，管仲之谋也。"[1]齐桓公为拜访有才能的小臣稷，"五往乃得见之"[2]。宁戚出身卑贱，曾饭牛悲歌，被齐桓公授以卿位[3]。正如《国语·齐语》所说：桓公"唯能用管夷吾、宁戚、隰朋、宾胥无、鲍叔牙之属而伯（霸）功立"。

晋文公也是依靠出身低微的士而成就霸业的人物。《史记·晋世家》说：

> 晋文公自少好士，年十七，有贤士五人，曰赵衰，狐偃咎犯，文公舅也，贾佗，先轸，魏武子。

赵衰等五人都是有才能的士。文公在外流亡十九年，由赵衰等人陪同。他们不仅帮助文公入主晋国，而且辅佐文公修政令、纳襄王、败楚人于城濮，取威定霸，如果没有赵衰等人的辅佐，晋文公可能会一事无成。

秦穆公和楚庄王称霸，也全靠贤士帮助。百里奚原为虞国庶人，后沦为晋国奴隶，被晋国当媵臣送往秦国，途中逃亡于楚。穆公以五羖羊皮赎之，"授之国政，号曰五羖大夫"[4]，百里奚"谋无不得，举必有功"，"三置晋国之君，一救荆国之祸，发教封内而巴人致贡，施德诸侯而八戎来服"[5]。秦穆公还设计招纳逃亡西戎的由余，

---

[1] 《史记·管晏列传》。
[2] 《韩非子·难一》，亦载于《新序》及《韩诗外传》。
[3] 《新序·杂事五》，亦见于《吕氏春秋》。
[4] 《史记·秦本纪》。
[5] 《史记·商君列传》。

又"使人厚币迎蹇叔,以为上大夫"。[1]

正如李斯所说:

> 昔缪公求士,西得由余于戎,东得百里奚于宛,迎蹇叔于宋,来丕豹、公孙支于晋。此五子者,不产于秦,而缪公用之,并国二十,遂霸西戎。[2]

楚庄王任用"期思之鄙人"孙叔敖,"十二年而庄王霸"[3]。《吕氏春秋·情欲》篇说:

> 荆庄王好周游田猎,驰骋弋射,欢乐无遗。尽付其境内之劳与诸侯之忧于孙叔敖。孙叔敖日夜不息,不得以便生为故,故使庄王功迹著乎竹帛,传乎后世。

《说苑·尊贤》篇说:

> 楚庄王用孙权敖、司马子反、将军子重,征陈从郑败强晋,无敌于天下。

由此可见,秦穆公和楚庄王的霸业也都是依靠那些贤能之士建立起来的。

春秋时期,由于宗法制度、世卿制度尚存,破格用士在各国并

---

[1] 《史记·秦本纪》。
[2] 《史记·李斯列传》。
[3] 《吕氏春秋·赞能》。

非普遍现象。士作为一个阶层,在春秋时期是遭受压抑的。但"五霸"破格用士的事实已经告诉人们:士阶层一旦获得了解放,蕴藏在这个阶层内部的巨大能量便会爆发出来。春秋时期有"五霸"破格用士,为战国时期各国君主"礼贤下士"树立了榜样。尽管春秋时期有幸展现才华的士为数不多,可是他们的活动已经为春秋战国之际士阶层的崛起拉开了历史的序幕。

(三)士阶层的演变与崛起

从春秋到战国,士作为一个社会阶层发生了重大演变。这种演变突出表现在两个方面。

其一是士阶层的队伍迅速壮大。

春秋时期的士大多数都是有公职的。社会上可供士占据的位置毕竟是有限的,因此士阶层的人数大体上是固定的。清代经学家沈彤在《周官禄田考》中,对《周礼》五官(不包括已佚之"冬官")中的士作过详细的统计,统计的结果是:上士1150人、中士4496人、下士共19507人,其不见经注而可推知者,上士、中士、下士凡5039人,共计为31565人。如果把冬官中的士也考虑在内,士的总数约在38000人上下,这个数字是很小的。到战国时期,随着经济和文化教育事业的大发展,社会上涌现出大批知识分子。以前曾经有公职、有禄位的很多士失去官职后,地位下降了,但仍称作士。后来通过学习掌握了文化知识和某种技能的人无论有无公职,也不管职位高低,也都称作士。于是,"士"就由低级官吏逐渐变成一般知识分子的通称了。由于这些士有知识,有才能,因而受到各国统治者的重视。一些统治者不惜重金,广招贤士,礼贤下士在战国时代蔚然成风。这种风气客观上又促使更多的人去发愤读书,以期得到统治者的重用。战国时养士之风大为盛行。著名的战国四公子,即齐国的孟尝君、赵国的平原君、魏国的信陵君、楚国的春申君养士都在三千以上,燕国太子丹、秦相吕不韦也都以善养士而名满天下。由于士在社会上很受重视,当时社会上各种身份的人都以"士"相标榜,并纷纷加入士的行列,这不仅壮大了士阶层的队伍,也使士阶层的成分更复杂,品类更繁多。在战国时期的士阶层中,有权势显赫的卿相,如李斯、商鞅、申不害等;有奔走四方的说客,如张仪、公孙衍、苏氏三兄弟等;有攻城野战的将帅,如乐毅、赵奢、白起、王翦等;有运筹帷幄的谋士,如郭隗、范雎等;有创立学派的大师,如墨翟等;有著书立说的学者,如庄周、孟轲、荀况、韩非等;有蔑视权贵、不图利禄、专门为人排忧解难的高士,如段干木、颜斶、鲁仲连等;有重义气、轻生死、浪掷其身家性命的侠客,如聂政、田光、荆轲等;此外还有亡命异乡的逃犯、歹徒;有混迹市井的酒鬼、赌棍。其他如俳优、术士、医生、屠夫,乃至抱关击柝、舞剑扛鼎之徒,鸡鸣狗盗、引车卖浆之流,所有这些人构成了一个以知识分子为核心和骨干的庞大社会群体,这就是战国时期的士阶层。

其二是士阶层的社会地位大大提高。

春秋时期,士处于统治阶级的最下层。他们的社会地位仅仅高于庶民,在高级贵族眼里,士是卑贱的。到了战国时期,情况发生了很大变化。一个普普通通的布衣之士竟可以傲视王侯。《韩诗外传·卷九》有这样一段记载:

> 田子方之魏,魏太子从车百乘而迎之郊。太子再拜,谒田子方,田子方不下车。太子不悦,曰:"敢问何如可以骄人矣?"田子方曰:"吾闻以天下骄人而亡者有矣,以一国骄人

而亡者有矣。由此观之,则贫贱可以骄人矣。夫志不得,则授履而适秦、楚耳。安往而不得贫贱乎?"于是太子再拜而后退,田子方遂不下车。[1]

《战国策·齐策四》载有这样一个故事:

> 齐宣王见颜斶,曰:"斶前!"斶亦曰:"王前!"宣王不悦。左右曰:"王,人君也。斶,人臣也。王曰'斶前',亦曰'王前',可乎?"斶对曰:"夫斶前为慕势,王前为趋士。与使斶为慕势,不如使王为趋士。"王忿然作色曰:"王者贵乎?士贵乎?"对曰:"士贵耳,王者不贵。"王曰:"有说乎?"斶曰:"有!昔者秦攻齐,令曰:'有敢去柳下季垄五十步而樵采者,死不赦!'令曰:'有能得齐王头者,封万户侯,赐金千镒。'由是观之,生王之头,曾不若死士之垄也。"王默然不悦。[2]

像田子方、颜斶这样的普通知识分子在王公贵胄面前傲岸不屈,毫不谦让,这在春秋以前是不可想象的。孟子曾评论道:

> 古之贤王好善而忘势,古之贤士何独不然?乐其道而忘人之势,故王公不致敬尽礼,则不得亟见之。见且由不得亟,而况得而臣之乎?[3]

---

[1] 《史记·魏世家》及《说苑·尊贤》亦载此事,唯文字稍异。
[2] 颜斶,《春秋后语》作王斶。钱穆:《先秦诸子系年考辨》卷四认为王斶可能系颜斶之误。
[3] 《孟子·尽心上》。

孟子之言，反映了当时士阶层社会地位的重要变化。春秋以前的士"无美仕大权"，战国时则不然。只要统治者看中，就可以"朝为布衣，夕为卿相"。出身贫寒的读书人甚至可以被王侯奉拜为师。魏文侯曾拜孔子的学生卜商（子夏）等三人为师，《史记·魏世家》说：魏文侯"东得卜子夏、田子方、段干木，此三人者，君皆师之"。《新序·杂事五》云：

魏文侯过段干木之闾而轼，其仆曰："君何为轼？"曰："此非段干木之闾乎？段干木，盖贤者也，吾安敢不轼？且吾闻段干木未尝肯以己易寡人也，吾安敢高之？段干木光乎德，寡人光乎地；段干木富乎义，寡人富乎财。地不如德，财不如义。寡人当事之者也。"遂致禄百万而时往问之，国人皆喜，相与诵之曰："吾君好正，段干木之敬；吾君好忠，段干木之隆。"[1]

《史记·儒林列传》说：

自孔子卒后，七十子之徒散游诸侯，大者为师傅卿相，小者友教士大夫，或隐而不见。故子路居卫，子张居陈，澹台子羽居楚，子夏居西河，子贡终于齐。如田子方、段干木、吴起、禽滑釐之属，皆受业于子夏之伦，为王者师。

《史记·孟子荀卿列传》说：

---

[1] 事又见皇甫谧：《高士传》、刘安：《淮南子·修务》及《吕氏春秋·期贤》。

（骆衍）适梁，惠王郊迎，执宾主之礼。适赵，平原君侧行撇席。如燕，昭王拥彗先驱，请列弟子之座而受业，筑碣石宫，身亲往师之。

此类记载还有很多。如鲁缪公拜孔子之孙子思为师[1]，周威公拜以农民出身的宁越为师[2]，燕昭王则拜一个二流的知识分子郭隗为师[3]。战国时代国君们竞相招贤纳士，对他们礼敬有加，甚至"高屋大厦尊宠之"，这表明士阶层的社会地位的确发生了很大变化，表明知识和人才受到各国统治者的普遍尊重。

孔子和孟子都是士阶层中的佼佼者。但他们生活于两个不同的时代。孔子生活于春秋晚期，孟子生活于战国中期。我们对比一下孔、孟两人的不同境况，足以证明士阶层社会地位的重大变化。

孔子是儒家鼻祖，他创立了儒家学派，成为一代宗师，又开私人办教育风气之先，名声不可谓不大。然而孔子在世时社会地位并不高。

孔子为了推行自己的政治主张，带领一群弟子周游列国，"干七十余君而无所是遇"[4]，经常受到统治者的冷遇或奚落，栖栖遑遑，"累累若丧家之狗"[5]。《列子·杨朱》曾这样描述孔子的不幸遭遇："孔子明帝王之道，应时君之聘，伐树于宋，削迹于卫，穷于商、周，围于陈、蔡，受屈于季氏，见辱于阳虎，戚戚然以至于死。"可见孔子当年处境之狼狈。

---

[1] 事见《孟子·万章下》，《汉书·艺文志》本注。
[2] 事见《吕氏春秋·博志》。
[3] 见《说苑·君道》及《战国策·燕策》。
[4] 《史记·儒林列传》。
[5] 《史记·孔子世家》。

孟子是孔子之孙孔伋（子思）的再传弟子[1]。他是战国时代儒家学派的主要旗手，曾代表儒家参与"百家争鸣"。他的学说也与孔子一样"迂远而阔于事情"[2]，因而不受统治者的欢迎。可是孟子周游列国时，"后车数十乘，从者数百人，以传食于诸侯"[3]，那气派比起孔子师徒可是大得多了。孔子为生计所迫，就连佛肸那样一个"中牟之宰"在图谋叛乱时派人来请他，他竟欲前往奉事[4]。孟子则不然。齐宣王答应要在齐国都城给他一栋房屋，"养弟子以万钟，使诸大夫国人皆有所矜式"，他竟悖然辞去[5]。孔子和他的弟子们在背地里咒骂"今之从政者"为"斗筲之人，何足算也"[6]，可是在国君面前却不得不"踧踖如也"，"鞠躬如也"[7]。孟子则相反。他强调"说大人则藐之，勿视其巍巍然"[8]。他甚至公开宣布"民为贵，社稷次之，君为轻"[9]。孔子明明知道鲁昭公娶同姓违背传统礼俗，可是当别人问他鲁昭公是否知礼时，他却违心地说昭公"知礼"[10]。孟子竟可以毫无顾忌地当面挖苦梁惠王"以五十步笑百步"，他还劈头盖脑地质问齐宣王，问得他张口结舌，"顾左右而言他"[11]，他甚至还以威胁的口吻对齐宣王说："君有大过则谏，反复之而不听，则易

---

[1] 《史记·孟子荀卿列传》说孟子"受业子思之门人。"
[2] 《史记·孟子荀卿列传》。
[3] 《孟子·滕文公下》。
[4] 《新序·义勇五》，又见于《论语·阳货》。
[5] 《孟子·公孙丑下》。
[6] 《论语·子路》。
[7] 《论语·乡党》。
[8] 《孟子·尽心下》。
[9] 《孟子·尽心上》。
[10] 《论语·述而》。
[11] 《孟子·梁惠王下》。

位！"吓得齐宣王"勃然变乎色！"[1]孔子一听说国君要召见他,就乐颠颠地"不俟驾行矣"[2]。而孟子却因为齐宣王没有主动"就见"他而大为不满,当齐宣王派近臣邀请孟子进朝时,他立刻摆起架子回敬齐宣王："不幸而有疾,不能造朝。"[3]

孔子和孟子的不同遭遇以及他们对待统治者的不同态度,不能用他们个人的性格和品质来解释。因为他们处于两个不同的时代。从春秋晚期的孔子时代到战国中期的孟子时代,士阶层的地位发生了很大的变化。

史学界有一种颇为流行的观点,即认为春秋末期以前的士都是武士,从春秋到战国,士阶层的主要变化就是由武士变为文士。最明确表述这种观点的是顾颉刚。他说：

> 吾国古代之士,皆武士也……
> 
> 自孔子殁,门弟子辗转相传,渐倾向于内心之修养而不以习武事为急,浸假而羞言戎兵,浸假而惟尚外表……以与春秋之士较,画然自成一格局,是可以觇士风之丕变矣……有此等人出,其名曰士,与昔人同,其事在口舌,与昔人异,于是武士乃蜕化而为文士。[4]

把春秋末期以前的士都说成"武士"是不对的。中国古代不存在单纯以习武为业的武士阶层。士固然有"执干戈以卫社稷"的权利和

---

[1] 《孟子·万章下》。
[2] 《论语·乡党》,《孟子·万章下》作"君命召,不俟驾而行"。
[3] 《孟子·公孙丑下》。
[4] 《史林杂识》初编,中华书局1963年版,第85—88页。

义务。古代文武不分，凡受教育者都要习武。孔子办私学，"六艺"是他教育学生最基本的课程，其中的"射""御"两科是习武之课。不能因为他们曾习武就称之为"武士"。孔子说："行己有耻，使于四方，不辱君命，可谓士矣。"（《论语·子路》）管仲说："昔圣王之处士也，使就闲燕。"（《国语·齐语》）韦昭注："士，讲学道义者。"管仲还说："令夫士群萃而州处，闲燕则父与父言义，子与子言孝，其事君者言敬，其幼者言弟。"（《国语·齐语》）管仲论士，无一字涉及习武作战，可见管仲时代的士并非武士。汉魏六朝时代人们对"士"的解释是："士者事也，任事之称也。"（《白虎通·爵》）"德能居位曰士。"（何休：《公羊解诂》）"学以居位曰士"（《汉书·食货志》）。"通古今、辨然否谓之士"[1]。"以才智用者谓之士"（《后汉书·仲长统传》）。"士者，知义理之名"（皇侃：《论语义疏》）。以上这些解释虽未必都确切，但却说明士的主要特征不是懂武艺、会打仗，而是有才能、明事理。因此，把古代的士都称为武士，是没有根据的。既然春秋末期以前的士并非都是武士，那么，把士阶层的演变说成由武士蜕变为文士也就毫无根据了。

  从春秋到战国，士阶层演变的过程也就是从默默无闻到迅速崛起的过程。数十万知识分子异军突起，他们在剧烈动荡的社会里风云际会，虎跃龙腾。他们奇迹般地驰骋于群雄纷争的历史舞台上，在政治、经济、军事、外交、科学、艺术等各个领域都充分显示了他们的创造才能，成为当时社会上一支举世瞩目的生力军。士阶层的才情和智慧不仅使那些依靠世袭而占据高位的达官显贵相形见绌，就连那些"千乘之君""万乘之主"在他们面前也显得黯然失

---

[1] 《白虎通》引传文。

色。李斯说过:"今万乘方争时,游者主事。"(《史记·李斯列传》)这并非夸张。战国时代的才能之士不仅可以影响一个国家的强弱,甚至可以左右一个时期的局势。所谓"商鞅入秦而秦兴,乐毅去燕而燕衰",信非虚语!《史记·仲尼弟子列传》说:

故子贡一出,存鲁、乱齐、破吴、强晋而霸越。[1]

与孟轲同时代的景春曾这样赞叹:

公孙衍、张仪岂不诚大丈夫哉!一怒而诸侯惧,安居而天下熄。[2]

《战国策》的作者在评论苏秦时说:

故苏秦相于赵而关不通。当此之时,天下之大,万民之众,王侯之威,谋臣之权,皆欲决苏秦之策。不费斗粮,未烦一兵,未战一士,未绝一弦,未折一矢,诸侯相亲,贤于兄弟。夫贤人在而天下服,一人用而天下从。故曰:式于政不式于勇,式于廊庙之内,不式于四境之外。当秦之隆,黄金万溢为用,转毂连骑,炫熿于道,山东之国,从风而服,使赵大重。

且夫苏秦特穷巷掘门、桑户棬枢之士耳。伏轼撙衔,横历

---

[1] 又见《越绝书·越绝外传本事第一》。
[2] 《孟子·滕文公下》。

天下，廷说诸侯之王，杜左右之口，天下莫之能伉。[1]

这段评论虽多溢美夸张之辞，但士在当时的重要地位是显而易见的。士的确是这个历史时代的主角。他们在当时的历史舞台上表演得极为出色。他们用自己的不朽业绩为战国的历史谱写了光辉的篇章。

## 第四节　百家起源论

关于百家起源问题，历代学者多有论述，但各家的观点分歧颇大，对这一问题的争论很多，从先秦一直持续到现代，众说纷纭，莫衷一是。约略言之，代表性观点有以下几种：

### （一）百家源于王官说

此说以《汉书·艺文志》为代表，其发明权当归于刘歆的《七略》。《汉书·艺文志》说：

> 儒家者流，盖出于司徒之官，助人君、顺阴阳、明教化者也……
>
> 道家者流，盖出于史官，历记成败、存亡、祸福、古今之道，然后知秉要执本，清虚以自守，卑弱以自持，此君人南面之术也……
>
> 阴阳家者流，盖出于羲和之官，敬顺昊天，历象日、月、

---

[1] 《战国策·秦策一》。

星辰，敬授民时，此其所长也……

法家者流，盖出于理官，信赏必罚，以辅礼制。《易》曰："先王以明罚饬法"，此其所长也……

名家者流，盖出于礼官，古者名位不同，礼亦异数，孔子曰："必也正名乎！名不正则言不顺，言不顺则事不成。"此其所长也……

墨家者流，盖出于清庙之守……

从横家者流，盖出于行人之官……

杂家者流，盖出于议官。兼儒墨，合名法，知国体之有此，见王治之无不贯，此其所长也……

农家者流，盖出于农稷之官……

小说家者流，盖出于稗官，街谈巷语、道听途说者之所造也……

古代政教不分，官师合一，学在王官，三代之旧法，皆以吏为师。官吏之职守，不仅分管行政，还要负责本职之教育和学术。由此看来，刘歆认为诸子之学，渊源于古代之王官，似有一定的道理。此说对后世影响至深。《隋书·经籍志》即对百家源于王官之说深信不疑，故每论一家，均在《周官》中溯其根源。如认为法家源于《周官》中的司寇、司刑之职，即《汉书·艺文志》所说的"理官"；墨家源于《周官》中的宗伯、肆师之职，即《汉书·艺文志》中的"清庙之守"；纵横家源于《周官》中的掌交之职，即《汉书·艺文志》所说的"行人之官"；小说家源于《周官》中的诵训和职方氏之职，相当于《汉书·艺文志》所说的"稗官"。又如认为兵家源于《周官》中的大司马之职，天文学家源于《周官》中的冯相之职，历数家源于《周官》中的太史之职，五行家源于《周官》中的保章、冯相、卜师、筮人、占梦、视寝、太史之职，医方家源于《周官》中的医师之职等等。从中，都可以看出深受刘歆百家源于王官说的影响[1]。直至近现代，仍有一些学者赞同刘歆之说，清末民初的国学大师章太炎便是一例。章太炎说：

> 古之学者多出王官，世卿用事之时，百姓当家则务农商畜牧，无所谓学问也；其欲学者不得不给事官府，为之胥徒，或乃供洒扫为仆役焉。故《曲礼》云"宦学事师"。学字本或作御，所谓宦者，谓为其宦寺也。所谓御者，谓为其仆御也。……《说文》云："仕，学也。"仕何以得训为学？所谓学官于大夫，犹今之学习行走耳；是故非仕无学，非学无仕。[2]

章太炎又说：

> 是故九流皆出王官？及其发舒，王官所不能与；官人守要，而九流究宣其义，是以滋长。[3]

对于百家源于王官说，亦有持激烈反对意见者。梁启超即是其一。他认为刘歆、班固提出的百家出于王官说纯属穿凿附会，他说：

> 其述各派渊源所自，尤属穿凿附会。吾侪虽承认古代学术

---

[1] 见《隋书·经籍志》子部。
[2] 章太炎：《国学讲演录·诸子略说》。
[3] 章太炎：《原学》。

皆在官府,虽承认春秋战国间思想家学术渊源多少总蒙古代官府学派之影响,但断不容武断某派必出于某官。[1]

胡适也坚决反对百家出于王官说。胡适曾撰《诸子不出于王官论》,认为刘歆之说皆属汉儒附会揣测之辞,其言全无凭据,甚至斥之为"陋说"。胡适说:

> 诸子之学不但决不能出于王官;果使能与王官并世,亦定不为所容而必为所焚烧坑杀耳。此如欧洲教会尝操中古教育之权,及文艺复兴之后,私家学术隆起,而教会以其不利于己,乃出其全力以抑阻之……是故教会之失败,欧洲学术之大幸也;王官之废绝,保氏之失守,先秦学术之大幸也。而世之学者,乃更拘守刘歆之谬说,谓诸子之学皆出于王官,亦大昧于学术隆替之迹已。[2]

胡适认为把先秦诸子分为十家九流,亦为汉儒之陋说,是没有根据的。胡适特别指出古无"名学"之家,"名家"不成为一家之言。他说:

> 汉儒固陋,但知掇拾诸家之伦理政治学说,而不明诸家为学之方术,于是凡"苛察缴绕"之言,概谓之"名家",名家之目立,而先秦学术之方法沦亡矣。刘歆、班固承其谬说,列

---

[1] 梁启超:《〈汉书·艺文志·诸子略〉考释》,见《饮冰室合集》,中华书局1989年版,第十册,《饮冰室专集》之八四。
[2] 胡适:《诸子不出于王官论》,见《古史辨》第四册,第6—7页。

> "名家"为九流之一,而不知其非也……知汉人所立"九流"之名之无征,则其九流出于王官之说不攻而自破矣。[1]

胡适可谓反对百家出于王官说的代表人物,他对此说批判最激烈,否定亦最彻底。

### (二)百家源于"六经"说

"六经"或称"六艺",或称"五经",因此这种观点也可称之为"百家源于六艺说"或"百家源于五经说"。最早提出"百家源于六经说"的是《庄子》中的《天下》篇。《天下》篇云:

> 《诗》以道志,《书》以道事,《礼》以道行,《乐》以道和,《易》以道阴阳,《春秋》以道名分[2]。其数散于天下而设于中国者,百家之学时或称而道之。天下大乱,贤圣不明,道德不一……天下之人各为其所欲焉以自为方。悲夫!百家往而不反,必不合矣!后世之学者,不幸不见天地之纯,古人之大体,道术将为天下裂!

在《天下》篇作者看来,"六经"是天下学术之源,而诸子百家则是天下学术之流,因天下大乱,道术分裂,"六经"之学遂散乱于天下而流变为百家之学。

---

[1] 同上书,第4—5页。
[2] 以上六句,马叙伦、张恒寿、徐复观、陈鼓应等均以为是后人对上句"《诗》《书》《礼》《乐》"的注释,后在传抄过程中误入正文,因此主张这六句应当从正文中删去。他们的主要依据是这六句的文气与上下文均不合,其实《庄子》散文中的用语变化多端,语气上岭断云连之处颇多,不能据此怀疑以上六句为衍文。

《汉书·艺文志》虽然明确地提出了诸子百家源于王官说,这基本上是刘歆的观点,但在该志的"诸子略"之后有一段总括性文字,也提到了诸子的起源问题,并且指出诸子是"六经之支与流裔",实际上阐明了诸子百家与"六经"有密切的关系。换言之,认为"六经"是源,诸子百家是流。因《汉书·艺文志》是删改刘歆的《七略》而成,下面这段文字很可能代表班固的观点:

> 诸子十家,其可以观者九家而已。皆起于王道既微,诸侯力政,时君世主,好恶殊方,是以九家之术蜂出并作,各引一端,崇其所善,以此驰说,取合诸侯。其言虽殊,辟犹水火,相灭亦相生也。仁之与义,敬之与和,相反而皆相成也。《易》曰:"天下同归而殊途,一致而百虑。"今异家者各推所长,穷知究虑,以明其指,虽有蔽短,合其要归,亦六经之支与流裔。使其人遭明王圣主,得其所折中,皆股肱之材已。仲尼有言:"礼失而求诸野。"方今去圣久远,道术缺废,无所更索,彼九家者,不犹愈于野乎?若能修六艺之术,而观此九家之言,舍短取长,则可以通万方之略矣。

赞成"百家源于六经说"的,还有著名的文学批评家刘勰。刘勰说:

> 逮及七国力政,俊乂蜂起。孟轲膺儒以磐折,庄周述道以翱翔,墨翟执俭确之教,尹文课名实之符,野老治国于地利,驺子养政于天文,申、商刀锯以制理,鬼谷唇吻以策勋,尸佼兼总于杂术,青史曲缀以街谈,承流而枝附者,不可胜算。并飞辩以驰术,餍禄而余荣矣……然繁辞虽积,而本体易总,述

道言治，枝条五经。[1]

刘勰是从文学发展史的角度来论述百家与"六经"关系的。尽管诸子的思想与儒家不尽相同，有的甚至与儒家对立很严重，但从文章学角度看，说百家"枝条五经"，未为不可。清代学者章学诚也赞成"百家源于六经说"。他说：

> 周衰文弊，六艺道息，而诸子争鸣。盖至战国而文章之变尽，至战国而著述之事专，至战国而后世之文体备……战国之文，其源皆出于六艺，何谓也？曰：道体无所不该，六艺足以尽之。诸子之为书，其持之有故而言之成理者，必有得于道体之一端，而后乃能恣肆其说，以成一家之言也。所谓"一端"者，无非六艺之所该，故推之而皆得其所本。非谓诸子果能服六艺之教，而出辞必衷于是也。老子说本阴阳，庄、列寓言假象，《易》教也；邹衍侈言天地，关尹推衍五行，《书》教也；管、商法制，义存政典，《礼》教也；申、韩刑名，旨归赏罚，《春秋》教也。其他杨、墨、尹文之言，苏、张、孙、吴之术，辨其源委，挹其旨趣，九流之所分部，《七录》之所叙论，皆于物曲人官得其一致，而不自知为六典之遗也。[2]

章学诚认为"六艺"是先圣之遗典，是"道体"的集中体现，也是对"道体"最全面、最详尽的阐释，而诸子百家之学各自"有得于

---

[1] 刘勰：《文心雕龙·诸子》。
[2] 章学诚：《文史通义·内篇·诗教上》，见《章学诚遗书》，文物出版社1985年版，第5页。

道体之一端",因此诸子之学皆统摄于"六艺",发端于"六艺"。与章学诚观点相类似的还有现代新儒家早期代表人物之一马一浮。马一浮认为天下一切道术皆统摄于"六艺",而"六艺"实统摄于一心,他认为国学实际上也就是"六艺"之学。他说:

> 六艺者,即是《诗》《书》《礼》《乐》《易》《春秋》也。此是孔子之教,吾国二千余年来普遍承认一切学术之原,皆出于此,其余皆六艺之支流。故六艺可以赅摄诸学,而诸学不能赅摄六艺。[1]

马一浮援引《礼记·经解》中的孔子言论和《庄子·天下》篇,用以证明"六艺"之学统摄一切学术,同时也代表了人对于知识或道德发展的全面追求[2],至于其他各家之学,对于道之全体来说,则有得有失,只能看作是"六艺"的流变或对"六艺"某一方面的发展。因此马一浮又说:

> 《汉志》诸子十家,其可观者九家,其实九家之中,举其要者,不过五家,儒、墨、名、法、道是已。出于王官之说,不可依据……墨家统于《礼》,名、法亦统于《礼》,道家统于《易》……观于五家之得失,可知其学皆统于六艺,而诸子学之名,可不立也。[3]

---

[1] 马一浮:《泰和会语·楷定国学名义:国学者六艺之学也》。
[2] 参见方克立、郑家栋主编:《现代新儒家人物与著作》,南开大学出版社1995年版,第99页。
[3] 马一浮:《泰和会语·论六艺赅摄一切学术》。

以上为"百家源于六经说"。

(三) **百家源于史官说**

一些学者认为,春秋以前,鬼神术数,天人之学,皆掌于史官,因而后世之学术,实肇端于史官。清儒汪中说:

> 问者曰:天道、鬼神、灾祥、卜筮、梦之备书于策者,何也?曰,此史之职也。其在《周官》,大史、小史、内史、外史、御史,皆属春官;若冯相氏、保章氏、视寝,司天者;大祝、丧祝、甸祝、司巫、宗人,司鬼神者也;大卜、卜师、龟人、菙氏、簭人。司卜筮者也;占梦,司梦者也,与五史皆同官。周之东迁,官失其守,而列国又不备官,则史皆得而治之,其见于典籍者,曰瞽史、曰祝史、曰史巫,曰宗祝、巫史,曰祝宗、卜史,明乎其为联事也。[1]

梁启超也有类似的看法。他认为中国古代的史官为一切学术思想之所萃,也是全部道术之源泉,当然也就是百家之学的源泉。他说:

> 吾中华既天祖并重,而天志则祝司之,祖法则史掌之。史与祝同权,实吾华独有之特色也。重实际故重经验,重经验故重先例,于是史职遂为学术思想之所荟萃。《周礼》有大史、小史、左史、右史、内史、外史,六经之中,若《诗》、若《书》、若《春秋》,皆史官之所职也,若《礼》、若《乐》,亦史官之支裔也。故欲求学者,不可不于史官。周之周任、史佚

---

[1] 汪中:《述学·左氏春秋释疑》,《四部丛刊》初编三〇七卷,第3页。

也，楚之左史倚相也，老聃之为柱下史也，孔子适周而观史记也，就鲁史而作《春秋》也，盖道术之源泉，皆在于史。[1]

清儒龚自珍也认为天下之学皆出于史官。他认为"五经"是"周史之大宗"，而诸子是"周史之小宗"，从而认定百家之学源于周史官。他说：

> 周之世官大者史，史之外无有语言焉，史之外无有文字焉，史之外无人伦品目焉。……夫六经者，周史之宗子也。《易》也者，卜筮之史也；《书》也者，记言之史也；《春秋》也者，记动之史也……故曰：五经者，周史之大宗也。孔子殁，七十子不见用衰世，著书之徒蜂出泉流，汉氏校录，最为诸子。诸子也者，周史之小宗也。故夫道家者流称辛甲、老聃，墨家者流称尹佚，辛甲、尹佚官皆史，聃实为柱下史。若道家，若农家，若杂家，若阴阳家，若兵，若术数，若方技，其言皆称神农、黄帝。神农、黄帝之书又周史所藏，所谓三皇五帝之书者是也……任天之史，宜为农家祖……任约剂之史，宜为法家祖……任名之史，宜为名家祖……任文之史，宜为杂家祖……史之任讳恶者，于材最为下也，宜为阴阳家祖……任喻之史，宜为纵横家祖……任本之史，宜为墨家祖……任教之史，宜为小说家祖。刘向云道家及术数家出于史，不云余家出于史，此知五纬二十八宿异度，而不知其皆系于天也，知江河异味，而不

---

[1] 梁启超：《论中国学术思想变迁之大势》，见《饮冰室合集》第一卷，"文集之七"，第9页。

知皆丽于地也。故曰：诸子也者，周史之支孽小宗也。[1]

主张百家源于史官者，以龚自珍最为代表。从前面的大段征引中可以看出，他全面系统地阐述了史官职守及其在文化、学术方面的地位和作用，史官对后代学术的影响，百家之学与古代史官的密切关系。近现代学者邓实也倡导百家源于史官说。他说：

> 夫春秋以前，天下之学，归于鬼神术数。春秋以降，天下之学归于史官。是故鬼神术数者，神州学术之原也。史官者。神州学术之微也……是成周一代之学术、艺文、典章制度，其寄于文字典籍者，莫不掌之于史官。不特鬼神术数之学之掌于史也。夫史为古今天下学术一大总归。文书之库，而知识之府，故史之权于通国为独重，而史之识亦于通国为独高。春秋之季，民智日启，鬼神术数之学，不足以统一天下之思想，于是而有老、孔、墨三家之学，是为神州学术后起之三大宗。然三家者，又各为其师弟子，其学固同出于史官者也……
>
> 神州学术自孔、老、墨三宗而外，则有诸子百家之学，并起于周秦之际……诸子九流之学，溯其所自，皆出于《周官》之典守，其于孔、老、墨三宗之司出于史官者，未有异也。[2]

如前所述，清代著名学者章学诚是主张"百家源于六经说"

---

[1] 龚自珍：《定庵续集·古史钩沉论二》，《四部丛刊》三〇七卷，第1—3页。
[2] 邓实：《国学微论》，原载《国粹学报》第二期，转引自蒋大椿主编：《史学探源》，吉林教育出版社1991年版，第911—916页。

的。与此同时，章氏又认为"古无经史之分"，认为"六艺古史之遗，后人不尽得其渊源，故觉经异于史耳"[1]。章学诚说："六经皆史也。古人不著书，古人未尝离事而言理，六经皆先王之政典也。"[2]章氏又说：

> 愚之所见，以为盈天地间，凡涉著作之林，皆是史学。六经特圣人取此六种之史以垂训者耳。子集诸家，其源皆出于史。末流忘所自出，自生分别，故于天地之间，别为一种不可收拾、不可部次之物，不得不分四种门户矣。[3]

章学诚既主张"百家源于六经说"，又宣扬"百家源于史官说"，两说看似矛盾。其实章氏认为"六经皆史"。既然"六经皆史"，那么在章氏看来，"百家源于六经说"与"百家源于史官说"实质上是一回事，两者并无冲突。这正如邓实所说："知六艺之为史，而又知六艺为九流之所共，则九流固同出于史也。"[4]

### （四）百家源于政治说

所谓"百家源于政治说"，即认为先秦诸子的起源，决定于春秋战国之时势，与当时的政治密切相关。最早提出这种观点的是孟轲。孟轲曾说：

> 世衰道微，邪说暴行有作，臣弑其君者有之，子弑其父者

---

[1] 章学诚：《丙辰札记》，见《章氏遗书外编》第3卷。
[2] 《文史通义·内篇·易教上》，见《章学诚遗书》，第1页。
[3] 《报孙渊如书》，见《章学诚遗书》，第86页。
[4] 邓实：《国学微论》。

有之。孔子惧，作《春秋》。……圣王不作，诸侯放恣，处士横议，杨朱、墨翟之言盈天下……我亦欲正人心，息邪说，距诐行，放淫辞，以承三圣者。岂好辩哉？予不得已也。[1]

孟轲虽然只谈到孔子、墨翟、杨朱和自己学说的起因，实际上孟子的观点也适用于其他诸子学说。他认为诸子百家中任何一家学说的产生，都离不开当时的政治需求。都是时势政治的产物，他自己的学说也不例外。他之所以奋起批驳杨、墨，并非生性好辩，是不得已而为之，是在"世衰道微""杨墨之言盈天下"的时局下奋起捍卫圣王之道。对"百家源于政治说"阐述最为详尽的，当推《淮南子·要略》篇。《要略》篇综述各家产生的原由，认为儒家学派的产生是因为"孔子修成康之道，述周公之训，以教七十子，使服其衣冠，修其篇籍，故儒者之学生焉"。表明孔子是为了继承文、武、周公以及成、康的道统，才创立了儒学。墨家学派的产生是因为："墨子学儒者之业，受孔子之术，以为其礼烦扰而不说，厚葬靡财而贫民，久服伤生而害事，故背周道而用夏政"，于是"节财薄葬闲服生焉"。墨子虽然受教于儒者，但对儒家学说有保留，认为儒家学说不能适应当时社会的需要，于是创立了墨家学派。说管子学派的产生是由于"（齐）桓公优中国之患，苦夷狄之乱，欲以存亡继绝，崇天子之位，广文武之业，故管子之书生焉"。晏婴学派的产生与齐国政治密切相关：由于"齐景公内好声色，外好狗马，猎射亡归，好色无辨"，晏子不得已而谏之，于是产生晏婴学派。纵横家的产生更是与战国时代的局势密切相关，当时"下

---

[1] 《孟子·滕文公下》。

无方伯，上无天子，力征争权，胜者为右"，各国"约重致，剖信符，结远援，以守其国家，持其社稷"，谋臣术士各以其术游说诸侯，于是纵横学派产生了。刑名法术之学的产生与三晋的时局关系密切：由于韩国为"晋之别国"，又"介于大国之间"，"晋国之故礼未灭，韩国之新法重出；先君之令未收，后君之令又下，新故相反，前后相缪，百官背乱，不知所用"，于是刑名法术学派产生了。商鞅学派的产生则是秦国政局的产物。因为"秦国之俗，贪狼强力，寡义而趋利；可威以刑，而不可化以善；可劝以赏，而不可厉以名……孝公欲以虎狼之势，而吞诸侯"，商鞅为秦孝公变法图强，于是商鞅学派产生了。刘安和他的门客可以称为淮南学派。这是一个以道家学说为主的杂家学派。刘安对自己学派的产生也作了探讨，即"观天地之象，通古今之事"，"合三王之风"，为的是"统天下，理万物，应变化，通殊类。非循一迹之路，守一隅之指，拘系牵连之物，而不与世推移也"。这是淮南学派产生的政治背景。

总之，《淮南子·要略》篇认为诸子百家都是应运而生，是为了拯救时弊而创立的。胡适在力辟刘歆的"百家源于王官说"的同时，积极赞同"百家源于政治说"。胡适认为《淮南子·要略》篇所论，"虽间有考之未精，然其大旨以为学术之兴，皆本于世变之所急，其说最近理。即此一说，已足摧破九流出于王官之陋说矣"。胡适接着又说：

吾意以为诸子自老聃、孔丘至于韩非，皆忧世之乱，而思有以拯济之，故其学皆应时而兴，与王官无涉……故诸子之学,皆春秋战国之时势世变所产生。[1]

### (五)百家源于诸因综合说

一些学者全面地研究了诸子百家起源问题后认为,百家学说的起源是由诸多方面原因促成的,不能简单地归结为某一种原因。孤立地强调百家源于某一种原因,是片面的、不符合实际的。我们把这种观点归纳为"百家源于诸因综合说"。梁启超为此说的代表人物。他认为周末学术思想之勃兴,"如春雷一声,万绿齐茁于广野,如火山乍裂,热石竞飞于天外。壮哉盛哉!非特中华学界之大观,抑亦世界学史之伟迹也"[2]。他认为这种大观、伟迹出现之原因有七个方面,现摘录如下:

1. 蕴蓄宏富

……文明者,非一手一足所能成,非一朝一夕所可几也。传记所载,黄帝、尧、舜以来,文化已起,然史公犹谓搢绅难言焉。观夏殷时代质朴之风,犹且若此,则唐虞以前之文明,概可想矣……自豳岐以至春秋,又数百年,休养生息,遂一脱蛮野固陋之态。观于《左传》,列国士大夫之多才艺娴文学者,所在皆然矣。积数千年民族之脑精,递相遗传,递相扩充,其机固有磅礴郁积,一触即发之势……

2. 社会变迁

……获麟以后迄于秦始,实为中国社会变动最剧之时代。上自国土政治,下及人心风俗,皆与前此截然划一鸿沟。而其

---

[1] 胡适:《诸子不出于王官论》。
[2] 梁启超:《论中国学术思想变迁之大势》,见《饮冰室文集之七》,第11页。

变动之影响，一一皆波及于学术思想界……周室之势既微，其所余虚文仪式之陈言，不足以范围一世之人心，遂有"河出伏流，一泻千里"之概……

3. 思想言论自由

……周室为中央一统一祖，当其盛也，威权无外……盖思想言论之束缚甚矣。周既不纲，权力四散，游士学者，各称道其所自得以横行于天下。不容于一国，则去而之他而已，故仲尼干七十二君，墨翟来往大江南北。荀卿谓："无置锥之地，而王公不能与之争名；在一大夫之位，则一君不能独畜，一国不能独容。"言论之自由，自是而极……盖政权之聚散，影响于学术思想者，如是其甚也。

4. 交通频繁

……春秋战国之时，兼并盛行，互相侵伐，其军队所及，自濡染其国政教风俗之一二，归而调合于其本邦……其在平时，则聘享交际之道，常为国家休戚所关……而当时通商之业亦渐盛。豪商巨贾，往往与士大夫相酬酢。如郑商弦高，能以身救国，子贡废著鬻财于曹鲁之间，结驷连骑以聘享诸侯，所至国君，无不分庭与之抗礼。而阳翟大贾吕不韦，至能召集门客，著《吕氏春秋》。盖商业之盛通，为学术思想之媒介者，亦不少焉。若夫纵横捭阖之士，专以奔走游说为业者，又不待言矣。故数千年来，交通之道，莫盛于战国。

5. 人才见重

……衰周之际，兼并最烈。时君之求人才，载饥载渴，又不徒奖励本国之才而已，且专吸他国者而利用之。盖得之则可以为雄，失之则且恐其走胡走越，以为吾患也。故秦迎孟尝，而齐王速复其位。商鞅去国，而魏遂弱于秦。游士之声价，重于时矣。贵族阶级，摧荡廓清，布衣卿相之局遂起。士之欲得志于时者，莫不研精学问，标新领异，以自取重……而学问以辩而明，思潮以摩而起，道术之言，遂遍于天下。

6. 文字趋简

中国文字……改易最剧者，惟周末为甚……《说文序》云："诸侯力政，分为七国，言语异声，文字异形。秦始皇帝初兼天下，丞相李斯乃奏闻之，罢其不与秦文合者。"然则当时各国，各因所宜，随言造文，转变非一……《汉书·艺文志》谓"秦始造隶书，起于官狱多事，苟趋省易"，其实日趋简易者，人群进化之公例。积之者已非一日，必非秦所能骤创也。文字既简，则书籍渐盛。墨子载书五车以游诸侯，庄子亦言"惠施多方，其书五车"。学者之研究日易，而发达亦因之以速，势使然也。

7. 讲学风盛

前此学术既在世官，则非其族者不敢希望。及学风兴于下，则不徒其发生也骤，而其传播也亦速。凡创一学说者，辄广求徒侣，传与其人，而千里负笈者，亦不绝于道。孔子之弟子三千，墨子之钜子遍于宋、郑、齐之间，孟子后车数十乘，从者数百人，许行之徒数十人，捆屦织席以为食。盖百家莫不皆然，此实定、哀以前之所无也。故一主义于此，一人倡之，百人和之；一人启其端，而百人扬其华，安得而不昌明也！[1]

---

[1] 梁启超：《论中国学术思想变迁之大势》，《饮冰室文集之七》，第11—15页。

梁启超亦曾主张古代史官为一切"学术思想之所荟萃",认为中国"道术"之源泉皆在于史,他认为这是中国胚胎时代学术发展之特征,也可以说是百家起源的远因,而上面所列之七个方面,乃是百家起源的近因。因而在梁启超看来,这两种说法并不矛盾。吕思勉在这一问题上的观点与梁启超非常接近。他说:

> 诸子之学之起源,旧说有二:(一),出《汉·志》,谓其原皆出于王官。(二),出《淮南·要略》,谓皆以救时之弊。予谓二说皆是也。何则?天下无无根之物;使诸子之学,前无所承,周秦之际,时势虽亟,何能发生如此高深之学术?且何解于诸子之学,各明一义,而其根本仍复相同邪?天下亦无无缘之事;使非周秦间之时势有以促成之,则古代浑而未分之哲学,何由推衍之于各方面,而成今诸子之学乎?[1]

吕思勉认为《汉书·艺文志》与《淮南子·要略》篇各举一端,本不相背。亦且相得益彰矣。前者言其因,后者言其缘[2]。吕思勉认为胡适《诸子不出于王官论》"极诋《汉书·艺文志》之诬,未免一偏矣"[3]。吕思勉特别注意到周秦之际学在官府和世卿世禄制度的破坏对诸子之学的影响。他说:

---

[1] 吕思勉:《经子解题·论读子之法》,见《论学集林》,上海教育出版社,1987年版,第274—275页。
[2] 吕思勉:《先秦学术概论》,中国大百科全书出版社1985年版,第16页。
[3] 吕思勉:《经子解题·论读子之法》,见《论学集林》,上海教育出版社,1987年版,第274—275页。

春秋以降，弑君三十六，亡国五十二，诸侯奔走，不得保其社稷者，不可胜数。向之父子相传，以持王公取禄秩者，至此盖多降为平民，而在官之学，遂一变而为私家之学矣。世变既亟，贤君良相，竞求才智以自辅，仁人君子，思行道术以救世；下焉者，亦思说人主出其金玉锦绣，取卿相之尊。社会之组织既变，平民之能从事于学问者亦日多，而诸子百家，遂如云蒸霞蔚矣。[1]

吕氏之说虽简略，但他认为百家之兴起，有远因，有近缘，古代学在官府，文化教育均掌于王官，历代之文化蓄积，渐趋丰厚，此为诸子百家之学兴起之远因；周秦之际的社会变革、世官世禄制度的破坏、王官失守和私人办学的兴起等等，均为诸子百家之学兴起之近缘。总之，诸子之学的兴起非由某一种原因促成，而是由多种因素共同促成的。这种看法与梁启超的观点非常接近。

蒋伯潜也主张"百家源于诸因综合说"。他在《诸子学纂要》一书中归纳了百家兴起的四方面原因，现把蒋氏论述摘要如下：

1. 政治方面

秦以前是封建制度时代，秦以后是郡县制度时代。春秋初世，封建制度已开始崩溃；七雄之所以成为大国，或由兼并，或由篡夺，或由瓜分，都是摧毁旧有的诸侯国，因此战国时代是分封制度向郡县制度转变的重大政治变革时代。这种政治变革势必在思想文化领域引起剧烈震荡，这正是百家学说勃兴的重要原因。

---

[1] 吕思勉：《先秦学术概论》，中国大百科全书出版社1985年版，第16页。

2. 社会方面

夏、商、周三代中国社会是等级社会,各等级之间壁垒森严,难以逾越。从春秋时代开始,等级制度开始崩溃。"三后之姓,于今为庶"[1];"栾、郤、胥、原、狐、续、庆、伯,降在皂隶"[2],与此同时,一些出身低贱的平民因有才能而受到统治者重用,朝为布衣而夕为卿相,真可谓"高岸为谷,深谷为陵"[3]。这种阶级变迁为大批才能之士创造了脱颖而出的机会。

3. 经济方面

中国古代为典型的农业社会,自给自足的自然经济导致商业贸易很不发达。春秋以降,随着农业、手工业的发展,商业逐渐发达。孔子的学生子贡以经商致富,竟结驷连骑,与诸侯分庭抗礼;吕不韦为投机商人,竟然打入政界,身居秦国相位,表明商业受到重视,商人地位有了很大的提高。经济的发展为大批专门从事脑力劳动的知识分子阶层的出现创造了前提。

4. 教育方面

古代受教育是贵族的特权,庶人不能参政,也没有受教育权。自孔子首创私学,学在官府的局面被打破,出身低贱的人也可以入学深造。孔子的学生中有很多出身贫寒者。由于私人教育的兴起,使一大批出身低下的知识分子苍头突起,成为社会上令人瞩目的一个新阶层,他们之中的很多人在文化教育和学术活动中异常活跃。[4]

蒋伯潜最后总结说:

---

[1] 《左传·昭公三十二年》。
[2] 《左传·昭公三年》。
[3] 《诗·小雅·十月之交》。
[4] 见蒋伯潜:《诸子学纂要》,台湾正中书局1981年版,第9—14页。

上述四个方面的剧变,是周秦之际的特殊情形,为后来三国、南北朝、五代十国时所无。加以政治黑暗,战争连年,社会纷乱,贫富不均,民生困苦,而且适值各国分立,思想言论绝对自由。于是才智之士,志在救世救民,主张改革制度,而其所见又各不同,及立说著书,互相辩难,聚徒讲学,各树风格了。师弟传受,或一脉相承,或枝派旁衍;门户各别,或入主出奴,或旗鼓相当;遂成十家九流蜂起一时的景象,在学术史上,放一异彩。[1]

---

[1] 见蒋伯潜:《诸子学纂要》,台湾正中书局1981年版,第14—15页。

# 第三章 诸子人物及其著作

## 第一节 儒家人物

### (一) 孔子

孔子名丘,字仲尼,春秋晚期鲁国陬邑(今山东曲阜东南)人。生于鲁襄公二十二年(前551年),卒于鲁哀公十六年(前479年)。孔子祖先为宋国公族,后因宋国内乱,逃奔鲁国安身。宋国的始封者微子为殷商后裔,故孔子自称"丘也殷人也"(《礼记·檀弓上》)。孔子之父名曰叔梁纥,是鲁国的武士,曾做过陬邑大夫,为鲁国立过战功。孔子之母姓颜氏,名徵在。孔子出生不久,其父不幸死去,孔子由其母抚养、教育。孔子在十六七岁时其母又不幸病故,从此孤苦伶仃,开始独自一人谋生。孔子少年时从事过许多笨重的体力劳动,给贵族当过委吏(管理仓库)和乘田(管理畜牧)等杂役,所以孔子后来说:"吾少也贱,故多能鄙事。"(《论语·子罕》)孔子自幼刻苦好学,"为儿嬉戏,常陈俎豆,设礼容"(《史记·孔子世家》)。他虽然没有资格进贵族学校接受正规教育,可是他靠自学精通"六艺",特别是对典章制度和各种礼仪有浓厚的兴趣。孔子学无常师,不耻下问。他曾不远千里奔赴洛邑,向周朝守藏史老聃问礼,并通过老聃得以借阅王室典藏的图书。他又向师襄学鼓琴,向苌弘学习音乐,向郯子请教历史。因为他勤学好问,学业大进,三十多岁便以学识渊博而著称。孔子当时满怀济世经邦之志,希望在政治上一展宏图。可是鲁国因"三桓"专政,陪臣跋扈,报国无门。孔子不得已而兴办私学。由于孔子学识渊博,又有很高的道德修养,从而赢得了人们的尊重,很多人都慕名投奔到他的门下。特别是那些没有机会进贵族学校的贫苦青年,都来拜孔子为师。孔子的私学越办越兴旺,他的门徒越来越多。孔子的名声也与日俱增,甚至像孟懿子和南宫敬叔那样的贵族青年,也宁愿舍弃官学,受业于孔子门下。孔子的学生中不仅有鲁国人,还有很多人来自他国。孔子主张"有教无类"(《论语·卫灵公》)。他说:"自行束脩以上,吾未尝无诲焉。"(《论语·述而》)有些入学前曾有劣迹的人就教于孔子,孔子也不嫌弃他们。他"正身以俟,欲来者不距,欲去者不止"(《荀子·子道》)。在孔子的教育下,这些人有很多都成为名士或有专长的人材。孔子善于因材施教,根据弟子们的性格特点、专长和智力高低,分别使用不同的方法,教授不同的内容,使每个学生的智能都得到充分发展。孔子循循善诱,经常用启发式教学法教育学生。他说:"不愤不启,不悱不发;举一隅不以三隅反,则不复也。"(《论语·述而》)因此很多人在孔子的教诲下充分发挥了自己的专长。司马迁说:"孔子以《诗》《书》《礼》《乐》教,弟子盖三千焉,身通六艺者七十有二人。"(《史记·孔子世家》)孔子是中国最早兴办私人教育的伟大教育家,他的教育方法和教育思想对后世有着极为深远的影响。由于私人教育事业的兴起,打破了中国上古时代学在官府的局面,对于士阶层的崛起和百家争鸣局面的形成起了重大的推动作用。

鲁定公九年(前501年),曾经飞扬跋扈、不可一世、把鲁国上下搅得乌烟瘴气的家臣阳虎被"三桓"赶出鲁国,从而鲁国少了一大祸患,这为孔子在鲁国出仕扫平了障碍。就在这一年,孔子被任命为中都之宰。《史记·孔子世家》说:"孔子为中都宰,一年,四方皆则之。"因政绩突出,第二年便被任命为鲁国的小司空,即掌管土木建筑工程的司空之副职。不久,孔子又被提升为鲁国的大司寇,即掌管国家司法、刑狱和社会治安的最高长官。鲁定公十年,齐、鲁两国在齐国的夹谷(今山东省莱芜县)举行了一次重要的双边会谈。孔子作为鲁定公的傧相参加了这次会谈。齐景公企图以武力要挟鲁定公,由于孔子果敢沉着,以大智大勇挫败了齐国的阴谋,并迫使齐国把被其强占的汶阳之田归还鲁国。夹谷之会是孔子一生在政治活动中最为光彩的一页。他在重大的外交斗争中捍卫了鲁国的利益和尊严,为鲁国立下了大功,同时也提高了自己的政治声望。夹谷之会过后不久,孔子以大司寇之职而摄行相事,即代替鲁国执政之卿管理鲁国最高行政事务。这表明鲁定公对孔子更加信任。孔子鉴于鲁国屡次发生家臣叛乱、危害国家的事件,他决心为鲁国铲除祸根。他认为:"陪臣执国命,采长数叛者,坐邑有城池之固、家有甲兵之藏故也。"[1]于是孔子向鲁定公提出"堕三都"的主张，即摧毁季孙氏费邑、叔孙氏郈邑和孟孙氏成邑的高大、坚固的城墙，以防邑宰们凭借城墙兴风作浪。鲁定公十二年夏，在孔子指挥下先堕了郈邑。可是在堕费邑时，却遇到了费邑之宰公山弗扰等人的反抗，险些闹出乱子。最后在堕孟孙氏的成邑时，因孟孙氏阳奉阴违，成邑之宰公敛处父以防备齐国入侵为借口，带领私卒坚守成邑，公室军队久攻不克，只好撤退。"堕三都"是孔子在鲁国实行的最重大的改革措施，这一措施的失败对孔子的政治前途是一个沉重的打击。加上孔子看不惯"三桓"的专横、僭越和荒淫无度，他感到悲愤。鲁定公十三年春，五十四岁的孔子不得已而离开了鲁国，开始了他长达十四年的羁旅生涯。

孔子带领他的弟子们周游列国，一方面是为了宣传自己的政治主张，另一方面希望得到统治者的重用，从而能够推行自己的主张，实现自己的政治理想。孔子师徒一行先到了卫国，又从卫国向北出发，准备去北方的晋国，适逢晋国贤大夫窦鸣犊和舜华被晋国执政赵简子杀害，孔子未渡黄河而返回卫国。卫灵公死后，卫国内乱，孔子一行决定去陈国避乱。途中路经曹国和宋国。因为孔子得罪了宋国司马桓魋，遭到桓魋的迫害，又逃奔郑国。后来又向东南进发，来到了陈国。正赶上吴国出兵伐陈，楚军救援陈国，孔子师徒仓皇逃走，因兵荒马乱，到处弄不到粮食，断炊七八天，只好靠吞食野菜度日。多亏叶公沈诸梁的接济，师徒才免于饿死。摆脱困境后，孔子一行由陈到蔡，又由蔡去楚。后来又从楚国回到了卫国。他们到处流浪，飘泊不定。各国的国君对孔子的主张都不予采

---

[1] 何休：《公羊解诂·定公十二年》引孔子语。

纳，更不肯重用孔子。社会上的一些人士对孔子师徒这样栖栖遑遑、四处奔波也感到不可理解。这一切都使孔子萌发了思乡之情。鲁哀公十一年秋，鲁国的执政之卿季康子派人送礼物给孔子，并邀请孔子回国，于是，六十八岁的孔子结束了漫长的羁旅生涯，回到了他时时思念的故乡。

孔子回到鲁国后，季康子尊孔子为国老，享受退休大夫的待遇。孔子自知年岁已高，在政治上不可能再有什么大的作为了，于是，除继续教育学生外，把主要精力都用于整理古代文化典籍。孔子以《诗》《书》《礼》《乐》《易》《春秋》为教授学生的讲义，后人称这六种典籍为"六经"。这些典籍在长期流传过程中有的内容芜杂，有的体例不完善，有的残缺不全，有的讹误较多。还有的思想深刻，不易被人理解。孔子为了使这些典籍更便于学生接受，也更便于在社会上广泛流传，花费很多精力对这些典籍进行整理，有的删繁就简，有的完善体例，有的修残补缺，有的校正讹误，还有的重新编定了篇目，对内容艰深、不易理解的则为之训释、解说。这些典籍能够广泛流传并被后人理解，孔子是有巨大功劳的。孔子不仅是伟大的思想家、教育家，也是中国历史上最伟大的文献学家。

**（二）孔门弟子**

孔门弟子三千余人，其中贤达者七十余人。此事古史颇多记载。《吕氏春秋·遇合》篇云："孔子周流海内……委质为弟子者三千人，达徒七十人。"《淮南子·泰族》篇云："孔子弟子七十，养徒三千人，皆入孝出悌，言为文章，行为仪表，教之所成也。"《史记·孔子世家》云："孔子以《诗》《书》《礼》《乐》教，弟子盖三千焉，身通六艺者七十有二人，皆异能之士也。"在孔门三千弟子中，绝大多数姓名、事迹已不可考。《史记·仲尼弟子列传》中介绍有姓名的孔门弟子七十七人，清代朱彝尊、梁玉绳等博采众书，又增加三十二人，共一百零九人。这一百零九人中有一多半只知其姓名，事迹可考者仅三十余人。现就孔门弟子中事迹昭著、影响较大者介绍如下：

1. 仲由

姓仲[1]，名由，字子路，亦称季路。鲁国卞邑（今山东泗水县东）人，少孔子九岁。他是孔门弟子中年龄较大、与孔子关系最为亲密者。他出身贫贱，为"卞之野人"（《荀子·大略》），年轻时勇猛好斗，尝"冠雄鸡，佩猳豚，陵暴孔子。孔子设礼稍诱子路，子路后儒服委质，因门人请为弟子"（《史记·仲尼弟子列传》），在孔子教导下，终于成为一个勇敢、果断、有行政才能的人。他既是孔子的学生，又是孔子的朋友，与孔子外出，常充任孔子的保镖。他性格坦诚、直率，从不隐瞒自己的观点，深受孔子的喜爱。孔子曾多次赞扬过子路心胸坦白，敢于直言的优点，同时也多次批评过子路粗鲁、莽撞的缺点。孔子曾说："吾自得由，恶言不闻于耳。"（《史记·仲尼弟子列传》）子路曾为鲁国季孙氏当过家宰，在卫国时曾被任为蒲邑大夫。孔子归鲁之后，子路又当了卫国执政之卿孔悝的邑宰。在卫国的一场内乱中，子路战死，享年六十三岁。

2. 闵损

姓闵，名损，字子骞，鲁国人。闵子骞在孔门弟子中，以德行著称，与颜渊等三人同被孔子列入德行科。闵子骞又以孝闻名于孔门。《艺文类聚·人部四》引《说苑》云："闵子骞兄弟二人，母死，其父更娶，复有二子。子骞为其父御车，失辔，父执其手，衣

---

[1] 本章所称之姓，是沿用秦汉以后的习惯称谓，实际是指氏。因春秋时代男子称氏而不称姓。秦汉以后姓氏合一，不复分别。

甚单。父则归，呼其后母儿，持其手，衣甚厚温。即谓其妇：'吾所以娶汝，乃为吾子。今汝欺我，去！无留！'子骞前曰：'母在一子单，母去四子寒。'其父默然。故曰：孝哉子骞！一言其母还，再言三子温。"[1]孔子曾称赞他："孝哉闵子骞！人不间于其父母昆弟之言。"（《论语·先进》）闵子骞高尚其事，不肯与贪官污吏为伍。司马迁称其"不仕大夫，不食污君之禄"（《史记·仲尼弟子列传》）。有一次，鲁国的季孙氏派人来请闵子骞担任费邑之宰，闵子骞十分坚决地回绝道："善为我辞焉！如有复我者，则吾必在汶上矣。"（《论语·雍也》）

3. 端木赐

姓端木，名赐，字子贡，卫国人。端木赐是孔门弟子中最有才华者之一。在《论语》一书中，孔子与子贡之间的问答最多。子贡对孔子的学识、道德和思想体系有精深的理解，因而对孔子极为崇敬。有人曾公开说："子贡贤于仲尼。"子贡回答说："譬之宫墙，赐之墙也及肩，窥见室家之好，夫子之墙数仞，不得其门而入，不见宗庙之美，百官之富。得其门者或寡矣。夫子之云，不亦宜乎！"（《论语·子张》）可见子贡对老师孔子推崇备至。子贡娴于辞令，善雄辩，有杰出的外交才能，孔子把他列入言语之科，并称他为"瑚琏"，意为庙堂之重器。他曾多次奔走于诸侯之间，排难解纷，平息了多次重大的矛盾冲突。太史公司马迁说："子贡一出，存鲁，乱齐，破吴，强晋而霸越；子贡一使，使势相破，十年之中，五国各有变。"（《史记·仲尼弟子列传》）此说虽不无夸张，但子贡在当时所扮演之重要角色是显而易见的。子贡又长于经商理

---

[1] 《艺文类聚》所引及《说苑》佚文，今本则无。

财,尤其善把握市场行情。孔子曾说:"赐不受命,而货殖焉,亿则屡中。"(《论语·先进》)司马迁也说:"子贡既学于仲尼,退而仕于卫,废著鬻财于曹、鲁之间,七十子之徒,赐最为饶溢。原宪不厌糟糠,匿于穷巷。子贡结驷连骑,束帛之币以聘享诸侯,所至,国君无不分庭与之抗礼。夫使孔子名布扬于天下者,子贡先后之也。"(《史记·货殖列传》)

4. 冉求

姓冉,名求,字子有,又称冉有,鲁国人。有行政才能,孔子把他列入政事科。孔子不止一次地称赞"求也艺"(《论语·雍也》及同书《宪问》),并说:"千室之邑,百乘之家,求也可使治其赋。"(《史记·仲尼弟子列传》)鲁哀公十年,冉求任鲁国正卿季康子之家宰,次年齐鲁交兵,冉求率季氏之私卒出击齐军,大获全胜,受到季康子赏识。冉求又善于理财。季氏"用田赋",即提高土地税率,孔子表示反对,可是冉求却积极推行季氏的政策,帮助季康子聚敛财富,孔子对此极为不满。他曾气愤地对学生们说:"非吾徒也,小子鸣鼓而攻之,可也!"(《论语·先进》)

5. 宰予

姓宰,名予,字子我,亦称宰我。鲁国曲阜人。以能说善辩著称,孔子把宰我列入言语科。宰我初入孔门,学习不甚刻苦,白天躲在室内睡觉,孔子严厉地批评说:"朽木不可雕也,粪土之墙不可杇也!"(《论语·公冶长》)他又认为服三年丧时间太长,应改为一年,孔子斥责说:"予之不仁也!"(《论语·阳货》)后来发愤读书,很有长进,孔子也逐渐改变了对他的看法。尤其赞赏他的口才。宰我对老师孔子的思想逐渐有了深入理解。他对孔子评价很高,曾说:"以予观于夫子,贤于尧、舜远矣。"孟子称:"宰我、子贡、有若，智足以知圣人。"（《孟子·公孙丑上》）宰我后来做了齐国的大夫。《史记·仲尼弟子列传》说宰我"与田常作乱，以夷其族，孔子耻之"。《淮南子·人间》、《盐铁论·殊路》、《颂贤》、《说苑·正谏》及《指武》等篇也有类似的说法。实因《吕氏春秋·慎势》篇误以齐国阚止（亦字子我，与宰予之字相同）为宰予所致。此事许多学者均作过考证。[1]

6. 颜回

姓颜，名回，字子渊，亦称颜渊，鲁国人。其父颜繇亦为孔门弟子。颜回出身贫寒，但刻苦钻研、好学深思，孔子称赞他说："一箪食，一瓢饮，在陋巷，人不堪其忧，回也不改其乐，贤哉回也！"（《论语·雍也》）颜回在孔门弟子中又以品行端正、道德高尚著称，孔子把颜回列入德行科之首。颜回对孔子思想领会深透，且善于融会贯通，就连孔门弟子中佼佼者也都对颜回非常佩服。有一次孔子问子贡："女与回也孰愈？"子贡回答说："赐也何敢望回？回也闻一以知十，赐也闻一以知二。"孔子对子贡的回答表示赞同。（《论语·公冶长》）颜回是孔子最得意的门生，孔子经常赞扬颜回，对颜回评价极高。孔子说过："回也其心三月不违仁，其余则日月至焉而已矣。"（《论语·雍也》）有人向孔子打听颜回的人品，孔子说："回之为人也，择乎中庸，得一善则拳拳服膺，而弗失之矣。"（《礼记·中庸》）孔子称颜回为"仁人也"（《淮南子·人间》）。甚至说："回之仁贤于丘也。"（《列子·仲尼》）可惜的是颜回身体不好，加之生活清贫，学习又刻苦，"年二十九，发尽白"，不幸夭折，死

---

[1] 参见司马贞《史记索隐》，苏轼《东坡志林》，苏辙《古史》，洪迈《容斋随笔》，王应麟《困学纪闻》，阎若璩《四书释地又续》，崔述《洙泗考信录》，赵翼《陔余丛考》等书。

时年仅四十一岁，或云死时仅三十二岁[1]。颜回死后孔子非常悲痛。他发出这样的感叹："噫！天丧予！天丧予！"（《论语·先进》）别人问孔子为啥哭得那样悲伤，他说："有恸乎？非夫人之为恸而谁为！"（《论语·先进》）后来鲁哀公问孔子："弟子孰为好学？"孔子回答说："有颜回者好学，不迁怒，不贰过，不幸短命死矣！今也则亡，未闻好学者也。"（《论语·雍也》）

7. 卜商

姓卜，名商，字子夏，卫国温邑（今河南温县西南）人[2]。子夏出身低微，荀子说："子夏家贫，衣若悬鹑。"（《荀子·大略》）子夏进入孔门后，勤勉好学，善于独立思考，常能举一反三，孔子把子夏和子游同列入文学科，子夏在孔子晚年的弟子中是最有才华者之一。他曾协助孔子整理中国古代文化典籍。孔子在修订《鲁春秋》时，子夏曾为孔子到处借阅、查找资料，成为孔子得力的助手。他曾任鲁国莒父宰。孔子死后，儒家分裂为许多支派。子夏居西河（今陕西韩城县）自立门户，广招门徒，教授子弟，成为儒家诸派中一派的代表人物[3]。他曾讲学魏国，魏文侯礼贤下士，拜子夏为师。战国前期的许多名士，如段干木、田子方、吴起、禽滑釐等均出于子夏之门。

---

[1] 《公羊传》云颜回死于鲁哀公十四年（前481年），当时孔子七十一岁。《史记·仲尼弟子列传》云颜回少孔子三十岁，则颜回死时年四十一。《孔子家语》一书则云颜回卒年三十二岁。

[2] 《史记集解》引郑玄云，卜商温国人。而《孔子家语》云子夏卫国人。《礼记正义·檀弓》云子夏为魏国人。

[3] 《韩非子·显学》所列儒家八派中无子夏。而《荀子·非十二子》中却有"子夏氏之儒"。

8. 言偃

姓言，名偃，字子游，吴国人[1]。言偃在孔门弟子中以擅长文化典籍著称，孔子把他和子夏列入文学科。言偃注重礼乐教化，有远大理想。他任鲁国武城宰时，一心想在他所治理的地方实现自己的理想。有一次，孔子到言偃治理的武城，听见到处都有弦歌之声，孔子莞尔曰："割鸡焉用牛刀？"言偃回答说："昔者偃也闻诸夫子曰：君子学道则爱人，小人学道则易使也。"孔子听后马上说："二三子！偃之言是也，前言戏之耳。"言偃所治之武城虽小，可他却一心想用礼乐来教化百姓，实现自己的政治理想。孔子死后，言偃亦自立门户，广收弟子，被人称为"子游氏之儒"。《礼记·礼运》记载孔子与言偃观蜡礼而畅谈大同、小康及礼的功用，是研究中国春秋战国时代社会历史观和礼学思想的重要文献，学者认为这篇文献反映的是"子游氏之儒"的观点。荀况称"子游氏之儒"为贱儒，盖因门户之见也。

9. 曾参

姓曾，名参，字子舆，鲁国南武城[2]人，其父曾点，字子皙，亦为孔子弟子。曾参出身贫苦，性格内向，但刻苦自砺，对孔子学说领会深刻，并能身体力行。他说："士不可以不弘毅，任重而道远。仁以为己任，不亦重乎？死而后已，不亦远乎？"（《论语·泰伯》）他特别注重个人品德修养，他说："吾日三省吾身：为人谋而不忠乎？与朋友交而不信乎？传不习乎？"（《论语·学而》）又说：

---

[1] 《史记·仲尼弟子列传》云言偃为吴人，而《孔子家语》云言偃为鲁国人，《史记索隐》认为《家语》盖因言偃曾为鲁国武城之宰而误耳。当以吴人为是。但清人崔述，今人钱穆、蒋伯潜等均以言偃为鲁人，今从《史记》。
[2] 南武城即言偃任邑宰之武城，当时鲁国另有北武城，故称。

"自天子以至庶人，壹是皆以修身为本。"(《礼记·大学》)他把孔子的学说用"忠""恕"二字加以概括。他说："夫子之道，忠恕而已矣。"(《论语·里仁》)可谓得孔子学说之精髓。曾参特别重视并极力推行孔子倡导的孝道。他说："夫孝者，天下之大经。"又说："身者亲之遗体也，行亲之遗体，敢不孝乎？"(《大戴礼记·曾子大孝》)大小戴《礼记》及其他古籍中对曾参关于孝的言行记载很多。有的学者认为《孝经》即曾参及其后学者所作。《汉书·艺文志·诸子略》中有《曾子》十八篇，其中一部分保存于《大戴礼记》中。

10. 有若

姓有，名若，鲁国人，或云郑人[1]。有若年轻时以勇力闻名，吴军侵鲁时，曾被选入三百人组成的敢死队，欲夜袭吴军，吴王闻之，一夕三迁[2]。入孔门后，矢志向学。他博闻强识，善于体会和阐发孔子学说。他提出："孝弟也者，其为仁之本与！"(《论语·学而》)"礼之用，和为贵。先王之道，斯为美；小大由之"(《论语·学而》)。他针对鲁哀公提高赋税比例、加重人民负担的举措说："百姓足，君孰与不足？百姓不足，君孰与足？"(《论语·颜渊》)这些都与孔子的思想一脉相通。孔子死后，孔门弟子出于对老师的深切怀念，提出要把外貌、体形颇似孔子而又善于领会孔子学说的有若当作孔子来侍奉[3]，可见有若在孔门弟子中是很有威望的。

---

[1] 见《论语集解》引郑玄之说。
[2] 《左传·哀公八年》。
[3] 此事后来未果行，据《孟子·滕文公上》，是因为曾参反对这样做，而《史记·仲尼弟子列传》却另有说法。

## 11. 宓不齐

姓宓，名不齐，字子贱。鲁国曲阜人。宓字或作虙、伏，《颜氏家训》云汉初传《尚书》的伏生即宓不齐之后。宓不齐在孔门弟子中以德行著称。孔子曾称赞他说："子贱君子哉！鲁无君子，斯焉取斯？"（《史记·仲尼弟子列传》）宓不齐曾任鲁国单父宰。他从单父回来对孔子说："此国有贤不齐者五人，教不齐所以治者。"孔子说："惜哉！不齐所治者小，所治者大，则庶几矣！"（《史记·仲尼弟子列传》）可见孔子对他期望之高。《汉书·艺文志》儒家中有《宓子》十六篇，已佚，《论衡·本性》云："故世子作《养书》一篇，宓子贱、漆雕开、公孙尼子之徒亦论情性，与世子相出入，皆言性有善有恶。"从中可窥见宓子贱思想之一斑。

## 12. 颛孙师

姓颛孙，名师，字子张，陈国人[1]，或云鲁国人[2]。子张是孔门晚年弟子，因为性格开朗、豁达大度，在孔子晚年弟子中有重要影响。《论语》中记载有关子张的言论共二十余章。大小戴《礼记》中关于子张的言论也多有记载。有一次，子夏的学生向子张请教交友之道。子张问："子夏云何？"子夏的学生回答说："可者与之，其不可者拒之。"子张回答说："异乎吾所闻：君子尊贤而容众，嘉善而矜不能。我之大贤与，于人何所不容？我之不贤与，人将拒我，如之何其拒人也？"（《论语·子张》）有一次，子张向孔子请教如何求禄位，孔子告诉他："多闻阙疑，慎言其余，则寡尤；多见阙殆，慎行其余，则寡悔。言寡尤，行寡悔，禄在其中矣。"（《论语·为政》）子张思想比较激进，这与孔子提倡的中庸之道有抵触，因此孔子不止一

---

[1]　《史记索隐》引郑玄《目录》云：阳城人，阳城县名，属陈郡。
[2]　《吕氏春秋·尊师》云："子张，鲁之鄙家也。"

次地批评过子张。如："参也鲁，师也辟"（《论语·先进》），"辟"即偏激。又说："师也过，商也不及。"（《论语·先进》）"过"即超越正常的限度。孔子死后，子张聚徒讲学，和他的门徒形成一个学派，《韩非子·显学》中把"子张之儒"列为儒家八派之首。子张死后，其子申详传其学。荀子曾说："弟佗其冠，神襢其辞，禹行而舜趋。是子张氏之贱儒也。"（《荀子·非十二子》）荀子颇有门户之见，他把儒家后学的许多门派均斥为"贱儒"，且不就其学说宗旨立论，只抓住某些细枝末节进行攻击，显非公允之论也。

13. 原宪

姓原，名宪，字子思，亦称原思、仲宪，鲁国人，或云宋人[1]。在孔门弟子中，原宪以安贫乐道著称。孔子任鲁国司寇时，原宪为孔子做家宰，孔子每年给原宪九百斛粟。原宪认为给的太多，推辞不要，孔子说："毋！以与尔邻里乡党乎！"（《论语·雍也》）孔子卒后，原宪隐居不仕。有一次原宪向孔子请教什么叫耻辱。孔子回答说："邦有道，谷；邦无道，谷，耻也。"（《论语·宪问》）原宪对此铭记在心，不肯与那些贪官污吏同流合污。《韩诗外传》有这样的记载："原宪居鲁，环堵之室，茨以蒿莱，蓬户瓮牖，揉桑而为枢。上漏下湿，匡坐而弦歌。子贡乘肥马，衣轻裘，中绀而表素，轩车不容巷而往见之。原宪楮冠黎杖而应门，正冠则缨绝，振襟则肘见，纳履则踵决。子贡曰：'嘻，先生何病也？'原宪仰而应之，曰：'宪闻之，无财谓之贫，学而不能行之谓病。宪贫也，非病也。若夫希世而行，比周而友，学以为人，教以为己，仁义之匿，车马之饰，衣裘之丽，宪不忍为之

---

[1] 《史记集解》引郑玄云鲁人，而《孔子家语·弟子解》则云宋人。

也。'子贡逡巡,面有惭色,不辞而去。原宪乃徐步曳杖,歌《商颂》而反,声满于天地,如出金石。"[1] 原宪就这样贫困终生,他被后世文人奉为志向高洁、安贫乐道的楷模。

### 14. 漆雕启

复姓漆雕,名启,字子开,鲁国人,或云宋人[2]。汉代避景帝刘启之讳,改启为开,故今本《论语》及《史记》等书均称漆雕开[3]。漆雕启虚心向学,不愿仕进。有一次孔子鼓励漆雕启去做官,漆雕启说:"吾斯之未能信。"意为:我对做官还没有信心。孔子对他的回答很满意。孔子死后,漆雕启自立门派,韩非把"漆雕氏之儒"列为儒家八派之一。韩非评论说:"漆雕之议,不色挠,不目逃,行曲则违于臧获,行直则怒于诸侯,世主以为廉而礼之。"(《韩非子·显学》)可见漆雕氏之儒不屈于名利权势,继承了孔子教导的知、仁、勇"三达德",在孔门后学中是很有影响的一派。《汉书·艺文志·诸子略》载有《漆雕子》十三篇,已佚,清人马国翰有《漆雕子辑佚》一卷。

### 15. 高柴

姓高,名柴,字子羔,卫国人,或云齐国人[4]。子羔外貌丑陋,长不满六尺[5],但为人忠厚纯正,有行政才能。《论语·先进》篇载

---

[1] 见《韩诗外传》卷一第九章,此事又见载于《庄子·让王》和《史记·仲尼弟子列传》,文字略有差异。

[2] 《史记集解》引郑玄云鲁人,而《孔子家语·弟子解》则云宋人。

[3] 今本《论语》为汉人安昌侯张禹整理的本子,即所谓张侯《论语》。

[4] 《史记集解》及《索隐》引郑玄云卫人,《孔子家语·弟子解》则云:"齐人、高氏之别族。"

[5] 《孔子家语·弟子解》云:"长不盈六尺,状貌甚恶。"而《史记·仲尼弟子列传》作"子羔长不盈五尺"。

有孔子对子羔的评价:"柴也愚。"朱熹《论语集注》云:"愚者知不足而厚有余。"孔子任鲁国司寇时,子路任季孙氏家宰,他准备请子羔担任季氏费邑之宰。孔子当时认为子羔缺乏行政经验,如任费邑之宰,等于坑害了他,应当让他继续学习。子路不同意孔子的意见,说:"有民人焉,有社稷焉,何心读书,然后为学?"(《论语·先进》)后来孔子周游列国时,子羔随行。子路任卫国蒲邑宰时,子羔任卫国士师(即司法官),因执法公正,受到人们的尊重与拥护。《说苑·至公》篇有这样的记载:"子羔为卫政,刖人之足。卫之君臣乱,子羔走郭门,郭门闭,刖者守门……曰:'于此有室。'子羔入。追者罢,子羔将去,谓刖者曰:'吾不能亏损主之法令,而亲刖子之足,吾在难中,此乃子之报怨时也,何故逃我?'刖者曰:'断足,故我罪也,无可奈何。君之治臣也,倾侧法令,先后臣以法,欲臣之免于法也,臣知之。狱决罪定,临当论刑,君愀然不乐,见于颜色,臣又知之。君岂私臣哉!天生仁人之心,其固然也,此臣之所以脱君也。'孔子闻之,曰:"善为吏者树德,不善为吏者树怨,公行之也,其子羔之谓欤!"[1]这表明子羔以自己的实际才干赢得了孔子的赞誉。子羔从卫国逃脱后,在鲁国曾先后任武城宰、成邑宰。

## (三)孟子

孟子,姓孟,名轲[2],邹国(今山东省邹县)人[3]。其先为鲁国

---

[1] 此事《韩非子·外储说左下》及《孔子家语·致思》均有记载,文字略有出入。

[2] 孟子之字已佚,魏人王肃《圣证论》云孟子字子车,晋人傅玄《傅子》说孟子字子舆,均不可信。

[3] 或云鲁国邹邑人,清儒周广业《孟子出处时地考》及焦循《孟子正义》均有辨证,都证明孟子为邹国人,而非鲁国人,郑樵又云孟子为齐人,亦误。

"三桓"之一的孟孙氏。"三桓"衰微，其后裔则流散各国。孟子大约生于周烈王四年（前372年），卒于周赧王二十六年（前289年），享年八十四岁[1]。孟子幼年丧父，由其母仉氏抚养培育，后世有"孟母三迁"和"断机教子"的传说。曾受教于子思之门人，故孟子为子思之再传弟子。孟子曾说："予未得为孔子徒也，予私淑诸人。"（《孟子·离娄下》）子思即孔子之孙孔伋，孟子之师为何人，不得而知。赵岐云：孟子"治儒术之道，通五经，尤长于《诗》《书》"（《孟子题辞》）。既长，广招门徒，教授后学，蔚成宗派。孟子把"得天下之英才而教育之"视为君子三大乐趣之一（《孟子·尽心上》）。孟子非常崇拜孔子，他把自己看作是孔子学说的继承者和捍卫者，是战国中期代表儒家学派参加"百家争鸣"的重要人物，所以孟子被后儒尊为"亚圣"。

孟子也像孔子一样，为推行自己的学说，曾带领弟子们周游列国。不过孟子时代，士阶层的地位已大大提高。孔子周游列国时，栖栖遑遑，经常受到统治者的冷遇。可是孟子周游列国时，"后车数十乘，从者数百人，以传食于诸侯"（《孟子·滕文公下》），所到之处，国君都待以上宾，并亲自倾听孟子的议论，还常常向孟子师徒馈赠许多贵重礼品。孟子在齐威王当政时曾到过齐国，因与齐威王政见不合，拒绝了齐威王赠送的"兼金一百"，去而之宋。不久又离开宋国回到邹国，曾劝说邹穆公："君行仁政，斯民亲其上，死其长

---

[1] 关于孟子生卒年，历来争议较多，可参看元程复心《孟子年谱》，明陈士元《孟子杂记》、清潘眉《孟子游历考》、蒋陈锡等《邹县志·孟子年表》、狄子奇《孟子编年》、张耀《重纂三迁志年表》、周广业《孟子出处时地考》、臧庸《拜经日记·孟子生卒年月》、宋翔凤《孟子事迹考辨》、魏源《孟子年表》，今人钱穆《先秦诸子系年·孟子生年考》等。

矣。"(《孟子·梁惠王下》)其后孟子到鲁国,鲁平公想去拜访孟子。因为嬖人臧仓在鲁平公面前说孟子的坏话,结果鲁平公未去见孟子。孟子认为"吾之不遇鲁侯,天也"(《孟子·梁惠王下》)。滕文公即位之后,孟子一行来到滕国。滕文公做太子时,曾在宋国先后两次见过孟子,对孟子很敬重,遇重大事情总要先请教孟子。但滕国毕竟是个小国,孟子感到很难有所作为,于是到了魏国。当时魏国都于大梁(今河南开封市),故又称梁国。梁惠王与孟子交谈多次,讨论的问题很多,孟子毫不客气地批评梁惠王不顾仁义,开口闭口必言利,批评他不能与民同乐,指斥梁惠王"庖有肥肉,厩有肥马,民有饥色,野有饿莩,此率兽而食人也",讽刺他治国不用心,与邻国相比,不过是"以五十步笑百步",告诉梁惠王"仁者无敌"。梁惠王死后,梁襄王继位。孟子见过梁襄王后,评论说:"望之不似人君,就之而不见所畏焉。"[1]这位梁国之君还不如其父梁惠王,当然不能指望他有什么作为,于是,孟子失望地离开梁国,再次来到齐国。此时,齐威王已死,齐宣王即位。齐宣王对孟子优礼有加,并封孟子为齐国之卿[2]。孟子认为大展宏图的机会已到。不料孟子在齐国上任不久,其母病故,他按照"三年之丧……自天子达于庶人,三代共之"(《孟子·滕文公上》)之礼,自齐归鲁,为母守丧三年[3]。孟子服丧三年后,又到了齐国。他本来认为"以齐王犹反手也"(《孟子·公孙丑上》),对齐国仍寄予很大希望。可是孟子渐渐发现,齐宣王其实并不想实行自己的主张,他尊重孟子,只是因为孟子当时名气很大,他自己不过是为了赢得礼贤下士的美名而已。他曾表示:

---

[1] 以上皆见于《孟子·梁惠王上》。
[2] 见《孟子·公孙丑上》。
[3] 孟子为邹国人,但因孟子是鲁国孟孙氏后裔,祖坟在鲁国,故归葬于鲁。

"我欲中国授孟子室,养弟子以万钟,使诸侯大夫国人皆有所矜式。"(《孟子·公孙丑下》)可见,齐宣王不过是想把孟子当作一块招牌而已。这使孟子大失所望。他喟然叹曰:"王如用予,则岂徒齐民安,天下之民举安!"他还颇为自负地说:"夫天未欲平治天下也。如欲平治天下,当今之世,舍我其谁也!"(《孟子·公孙丑下》)孟子怀着十分遗憾的心情离开了齐国。孟子提倡王道政治,主张以仁义治天下,呼吁恢复井田制度,反对各国之间的征战,因而各国统治者都认为孟子的主张"迂远而阔于事情",虽然他们表面上都对孟子客客气气,可实际上谁也不肯接受孟子的主张。正如太史公司马迁所说:"当是之时,秦用商君,富国强兵;楚、魏用吴起,战胜弱敌;齐威王、宣王用孙子、田忌之徒,而诸侯东面朝齐。天下方务于合纵连衡,以攻伐为贤,而孟轲乃述唐、虞、三代之德,是以所如者不合。"(《史记·孟子列传》)

孟子晚年回到邹国后,也像被他尊为圣人的孔子一样,继续聚徒讲学,他弘扬"五经",阐发孔子的思想,并著书立说,与弟子公孙丑、万章之徒共同编写成《孟子》七篇。这是我们研究孟子生平和思想的主要依据。

### (四)荀子

荀子姓荀,名况,其字未闻,时人尊称为"荀卿"[1]。赵国人,生卒年不详,约比孟子晚生一个世纪,与楚国浪漫主义诗人屈原为同时代人。荀况之祖先为西周之郇伯。郇伯为周文王第十七子[2],其

---

[1] 或云荀子名况,字卿,江瑔不同意卿为尊称,引刘向《叙录》云:"兰陵人喜字为卿,盖以法孙卿也。"因此"卿"当为荀况之字,见其所著《读子卮言》。
[2] 据《元和姓纂》。

封地原在周人祖先公刘之故都豳原附近的栒邑（今陕西省旬邑县），王室东迁后移居今山西省临猗县，栒、郇、荀三字古音同字通。汉人避汉宣帝刘询之讳，改称荀卿为孙卿。[1]

荀子五十岁以前的事迹后人知之甚少。《风俗通义·穷通》篇说"孙卿有秀才"，"善为《诗》《礼》《易》《春秋》"。据《荀子》本书记载，荀子曾到秦国游历，见过秦昭王和应侯范雎。《荀子·儒效》篇记载了他与秦昭王的一段对话：

秦昭王问孙卿子曰："儒无益于人之国？"孙卿子曰："儒者法先王，隆礼义，谨乎臣子而至贵其上者也。人主用之，则执（势）在本朝而宜，不用，则退编百姓而悫；必为顺下矣，虽穷困、冻馁，必不以邪道为贪，无置锥之地，而明于持社稷之大义……"

《荀子·强国》篇记载了荀子和应侯范雎的问答：

应侯问孙卿子曰："入秦何见？"孙卿子曰："其固塞险，形执（势）便，山林川谷美，天材之利多，是形胜也。入境，观其风俗，其百姓朴，其声乐不流汗，其服不挑，甚畏有司而顺，古之民也。及都邑官府，其百吏肃然，莫不恭俭敦敬忠信而不楛，古之吏也。入其国，观其士大夫，出于其门，入于公门，出于公门，归于其家，无有私事也；不比周，不朋党，倜然莫不明通而公也，古之士大夫也。观其朝廷，其朝闲，听决百事不留，恬然如无治者，古之朝也。故四世有胜，非幸也，

---

[1] 唐司马贞、颜师古均有此说，但清人顾炎武、谢墉等人认为汉人不避嫌名，对司马贞、颜师古的避讳说提出质疑。

数也,是所见也。"

荀子五十岁那年,来到齐国,在齐国的稷下学宫,先后三次任祭酒。《史记·荀卿列传》说:"荀卿……年五十始来游学于齐……田骈之属皆已死齐襄王时,而荀卿最为老师。齐尚修列大夫之缺,而荀卿三为祭酒焉。"[1]齐国的稷下学宫是得到齐国官方支持的学术团体,各国、各学派的许多知名学者都云集稷下,这些"稷下先生","各著书言治乱之事,以干世主",齐国的国君如威王、宣王为了招揽天下诸侯宾客,标榜自己"能致天下贤士",对那些稷下先生给予很高礼遇,"自如淳于髡以下,皆命曰列大夫,为开第康庄之衢,高门大屋尊宠之"(《史记·孟子荀卿列传》)。而荀子能在稷下学宫"三为祭酒",表明他德高望重,在当时的思想学术界有崇高地位。后来,因为有人在齐王建面前说荀子的坏话,荀子不得已而离开齐国。《风俗通义·穷通》篇说:"齐人或谗孙卿,乃适楚,楚相春申君以为兰陵令。"荀子任兰陵令不久,又有人在春申君面前诽谤他说:"汤以亳,武王以镐,皆不过百里,以有天下。今孙子,天下贤人也,君籍之以百里势,臣窃以为不便,于君何如?"[2]春申君误听谗言,派人辞退荀子,荀子被迫回到赵国,赵国封他为上卿。

---

[1] 关于荀子游齐的年岁,《史记》本传、刘向《叙录》及北齐颜之推的《颜氏家训·勉学》篇都说是"五十",而东汉应劭的《风俗通义·穷通》篇却说是"十五",宋人晁公武《郡斋读书志》云《史记》本传之"五十"乃"十五"之讹。清人胡元仪《荀卿别传考异二十二事》,今人钱穆《先秦诸子系年》、游国恩《荀卿考》均主张荀子游齐年岁为"十五",今人胡适《中国哲学史大纲》卷上、罗根泽《诸子考索》、蒋伯潜《诸子通考》等则力主年"五十"为是。

[2] 《战国策·楚策四》。

荀子在赵国任上卿时,与临武君[1]在赵孝成王前议兵,《荀子·议兵》篇详细记载了双方的观点。荀子回赵国不久,又有人对春申君说:"昔伊尹去夏入殷,殷王而夏亡。管仲去鲁入齐,鲁弱而齐强。夫贤者之所在,其君未尝不尊,国未尝不荣也。今孙子,天下贤人也,君何辞之?"[2]春申君听后恍然大悟,于是赶快派人到赵国向荀子赔礼道歉,并把荀子请回,恢复了荀子兰陵令之职。楚考烈王二十五年(前238年),春申君黄歇被贵戚李园刺杀,荀子也因此被罢免。《史记·荀卿列传》说:"荀卿嫉浊世之政,亡国乱君相属,不遂大道而营于巫祝,信禨祥,鄙儒小拘,如庄周等又猾稽乱俗,于是推儒、墨、道之行事兴坏,序列著数万言而卒。因葬兰陵。"

荀子不仅是伟大的思想家,也是伟大的教育家。他晚年培养了两位赫赫有名的高足,即韩非和李斯。其中韩非为中央集权制的大一统封建帝国的建立奠定了理论基础,而李斯则在统一六国的实践中把韩非的理论变为现实。他的两位弟子都在中国文化史上占有举足轻重的地位。

## 第二节 儒家著作

**(一)《论语》**

《论语》是一部记载孔子和他的弟子们的言论的语录体文集。

---

[1] 临武君不知何人,刘向《叙录》云荀卿在赵孝成王前与孙膑论兵,但孙膑与荀子非同时代人,刘向之说恐不可信。
[2] 《战国策·楚策四》。

《汉书·艺文志》说：

> 《论语》者，孔子应答弟子、时人及弟子相与言而接闻于夫子之语也。当时弟子各有所记。夫子既卒，门人相与辑而论纂，故谓之《论语》。

陆德明《经典释文·叙录》亦云：

> 《论语》者，孔子应答弟子及时人所言，或弟子相与言接闻于夫子之语也。当时弟子各有所记，夫子既终，微言已绝，弟子恐离居已后，各生异见，而圣言永灭，故相与论撰；因辑时贤及古明王之语，合成一法，谓之《论语》。

从以上两段记载中我们可以确信：《论语》一书是孔子的弟子们合作编辑而成。郑玄《论语注》认为《论语》的编纂者为仲弓、子游和子夏[1]。有的学者认为，《论语》一书原为弟子们的记录，体例不一，最后编纂成书者为曾参之弟子。理由是：《论语》中记载曾参的话特别多，而且《论语》中每涉及曾参，均称之为"子"，与孔子其他弟子称呼不同。如柳宗元《论语辨》中说："孔子弟子尝杂记其言，然而卒成其书者，曾氏之徒也……盖乐正子春、子思之徒者为之耳。"朱熹、康有为等也有类似的观点。

《论语》在汉代有今文《论语》和古文《论语》之分，其中今文《论语》又分为"鲁论"和"齐论"。传授"鲁论"者有常山都

---

[1] 郑注已亡佚，引文见陆德明《经典释文·论语音义》中的《论语序》。

尉龚奋、长信少府夏侯胜、丞相韦贤及其子韦玄成、鲁扶卿、前将军萧望之、太子太傅夏侯建等。因传授者都是汉初鲁国人，故谓之"鲁论"。"鲁论"共二十篇，与现在通行的《论语》篇数相同。传授"齐论"者有昌邑中尉王吉、少府宋畸，琅邪王卿、御史大夫贡禹、尚书令五鹿充宗、胶东庸谭[1]，而以王吉最为名家。因传授者都是汉初齐国人，故谓之"齐论"。"齐论"共二十二篇，比现在通行本《论语》多出两篇，文字与"鲁论"也颇有出入。

西汉鲁共王刘余都于曲阜，欲拆孔子旧宅以广宫室，从孔子宅壁中发现一批古书，其中有《论语》，称之为古文《论语》。古文《论语》二十一篇，其中二十篇与"鲁论"相同，《尧曰》篇则分为两篇，但篇次不同于"鲁论"。西汉孔安国和东汉马融曾先后为古文《论语》作注。汉代安昌侯张禹初从夏侯建受"鲁论"，后又从庸谭、王吉受"齐论"，亦曾下苦功研究古文《论语》。于是综合诸家，各有所取，集成《论语》二十篇，称之为"张侯论"。因为张禹位尊望重[2]，世之儒生学《论语》皆用张禹定本，于是"张侯论"大行于世，当时有"欲为论，念张文"之语。"张侯论"后出，传布又广，"鲁论""齐论"及古文《论语》寖微。东汉的包咸、周氏、郑玄等为"张侯论"作注，列于学官，三国时魏人何晏等作《论语集解》[3]亦用"张侯论"。于是"张侯论"遂流传至今，其他各种《论语》均先后亡佚。

---

[1] 《汉书·艺文志》及何晏《论语序》均称庸生，邢昺疏云庸生名谭，当有所据。

[2] 张禹于汉元帝时为太子太傅，汉成帝即位后被封为丞相，授爵安昌侯，权势、地位无出其右者。

[3] 《论语集解》实为郑冲、曹羲、荀顗、孔邕、何晏等五人所集。因何晏为魏吏部尚书，地位最高，故只署晏名。

现存最早的《论语》注本是何晏等人的《论语集解》。为《论语集解》作疏的，有南朝经学家皇侃的《论语义疏》和北宋经学家邢昺的《论语正义》。南宋朱熹著《论语集注》，重在阐发义理，清人赵顺孙又作《论语纂疏》，为朱注作疏。还有清人宋翔凤的《论语说义》，凌鸣喈的《论语集解》。清人刘宝楠的《论语正义》荟萃诸家之说，为历代学者研究《论语》的集大成之作[1]。今人有关《论语》的著作主要有：程树德的《论语集释》，华北编译局1943年出版；杨树达的《论语疏证》，科学出版社1955年出版；杨伯峻的《论语译注》，中华书局1980年出版；唐满先的《论语今译》，江西人民出版社1982年出版；钱穆的《论语新解》，巴蜀出版社1985年出版；钱逊的《论语浅解》，北京古籍出版社1988年出版；毛子水的《论语今注今译》，中国文史出版社1990年出版。

(二)《孟子》

有关《孟子》一书的作者，历来有三种说法：其一，孟子与弟子万章之徒合作写成。《史记·孟子列传》说：

> 天下方务于合从连衡，以攻伐为贤，而孟轲乃述唐、虞、三代之德，是以所如者不合。退而与万章之徒序《诗》《书》，述仲尼之意，作《孟子》七篇。

其二，孟子独自撰成。东汉赵岐在《孟子题辞》中说：

> 此书孟子之所作也，故总谓之《孟子》……孟子亦自知遭

---

[1] 刘宝楠著《论语正义》未完成而病故，该书最后几卷为其子刘恭冕续作。

苍姬之讫录，值炎刘之未奋，进不得佐兴唐、虞雍熙之和，退不能信三代之余风，耻没世而无闻焉，是故垂宪言以诒后人。仲尼有云，我欲托之空言，不如载之行事之深切著明也，于是退而论集所与高第弟子公孙丑、万章之徒难疑答问，又自撰其法度之言，著书七篇。

朱熹也认为《孟子》一书出自孟子一人之手。他说："观七篇笔势，如熔铸而成，非缀辑可就。"（《朱子大全》）元代学者何异孙在《十一经问对》一书中也说：

《论语》是诸弟子记诸善言编成集，故曰《论语》，而不号《孔子》。《孟子》是孟轲自作之书，如《荀子》，故谓之《孟子》。

元人金履祥、明人郝敬、清人阎若璩和魏源等也都有类似的看法。其三，认为《孟子》一书是孟轲死后由他的弟子公孙丑、万章等共同记述的。唐人韩愈[1]、张籍[2]、林慎思[3]和宋人苏辙[4]等已有此论。宋人晁公武在其所著《郡斋读书志》中说：

按此书（《孟子》）韩愈以为弟子所会集，非轲自作。今考其书，则知愈之言非妄也。书载孟子所见诸侯皆称谥，如齐宣王、梁惠王、梁襄王、滕文公、鲁平公是也。夫死然后有

---

[1] 见《韩昌黎集·答张籍书》。
[2] 见《全唐文·上韩昌黎书》。
[3] 见《崇文总目》。
[4] 见苏辙：《古史·孟子传》。

谥。轲著书时，所见诸侯不应皆死。且惠王元年至平公之卒凡七十七年，孟子见梁惠王，王目之曰叟，必已老矣，决不见平公之卒也。

清人周广业、崔述也都赞同晁公武的意见。崔述在《孟子事实录》中认为《孟子》书出于孟子门人追述。他说：

> 《孟子》七篇之文往往有可议者。如"禹决汝、汉，排淮、泗，而注之江"，"伊尹五就汤、五就桀"之属，皆于事理未合。果孟子所自著，不应疏略如是，一也。七篇中，称时君皆举其谥，如梁惠王、梁襄王、齐宣王、鲁平公、邹穆公皆然，乃至滕文公之年少亦如是。其人未必皆先孟子而卒，何以皆称其谥？二也。七篇中，于孟子门人多以子称之，如乐正子、公都子、屋庐子、徐子、陈子皆然；不称子者无几。果孟子所自著，恐未必自称其门人皆曰子，三也。细玩此书，盖孟子之门人万章、公孙丑等所追述，故二子问答之言在七篇中为最多，而二子在书中亦皆不以子称也。[1]

《汉书·艺文志·诸子略·儒家》中著录《孟子》十一篇，而通行本《孟子》实为七篇。应劭的《风俗通义·穷通》篇说孟子"作书中外十一篇"，把《孟子》一书分为中篇和外篇。赵岐作《孟子章句》时，仅注七篇，即应劭所说的"中篇"，而不为"外篇"作注。赵岐在《孟子题辞》中说："又有外书四篇：《性善辩》、《文

---

[1] 见《崔东壁遗书》，上海古籍出版社1983年版，第433页。

说》《孝经》《为政》，其文不能宏深，不与内篇相似，似非孟子本真，后世依放而托也。"[1]因赵岐不为外篇作注，把所谓外书的四篇视为伪书，其后学者多不读，遂陆续亡佚。

《孟子》一书在宋代以前虽列于子书，但与其他诸子之书地位不同。西汉文帝之时，《孟子》与《论语》、《孝经》、《尔雅》同置博士，列于学官，统治者实际上把《孟子》与经书等同。五代时，后蜀主孟昶命毋昭裔楷书十一经，包括《孟子》，并刻之于石。宋太宗时又加翻刻。这表明《孟子》已被视为经书。南宋朱熹作《四书集注》，其中包括《孟子集注》，成为后代科举考试的标准范本，遂成为莘莘学子必读的教科书。南宋绍熙年间，正式把《孟子》列入坊间刊刻的经书之中，从此便有了"十三经"之称。

东汉郑玄曾为《孟子》作注，惜已亡佚。现存最古的《孟子》注本为东汉赵岐的《孟子章句》，又称《孟子注》。现在流行的《十三经注疏》中《孟子》即用赵岐之注。此外，宋人孙奭有《孟子音义》，为赵岐《章句》作疏；赵顺孙有《孟子纂疏》，为朱熹《集注》作疏。清人戴震作《孟子字义疏证》，着重对《孟子》一书中的理、性、才、道、仁、诚、义、权等重要概念进行阐发，用以表达自己的哲学思想。清人焦循作《孟子正义》，远胜于孙奭之疏，在清人的《孟子》注疏中功力最深，可谓研究《孟子》的必读之作。康有为作《孟子微》，解散《孟子》七篇，归纳为若干类，分类进行探讨，是为申张其变法改革主张而作。今人杨大膺有《孟子学说研究》，中华书局1937年出版；钱穆有《孟子研究》，开明书店1948年出版；薛保纶

---

[1] 王充：《论衡·本性》篇云："孟子作性善之篇。"则王充以为"性善"为篇名，"辩"字当属下篇。若是，则四篇之篇名即为：《性善》《辩文》《说孝经》《为政》。

有《孟子的哲学》，台北市弘道文化事业公司1976年出版；杨伯峻有《孟子译注》，中华书局1960年出版；台湾学者陈训章著《孟子管窥》[1]，在《后论》中列举自汉代至当代研究《孟子》的著作目录，计三百五十八种，尚不包括有关"四书"的著述在内。

## （三）《荀子》

《荀子》一书《汉书·艺文志》称《孙卿子》，刘向称之为《孙卿书》。唐杨倞为之作注，始称《荀子》或《荀卿子》。《荀子》，《汉书·艺文志·诸子略·儒家》类著录为三十三篇。宋王应麟《〈汉书·艺文志〉考证》认为"三十三"是"三十二"之误。刘向《书录》云："所校雠中《孙卿书》，凡三百二十二篇，以相校除复重二百九十篇，定著三十二篇，皆以定杀青。"盖《荀子》一书抄本颇多，篇目文字各有异同，经刘向校雠，才定为三十二篇。《隋书·经籍志》和《旧唐书·经籍志》均著录《孙卿子》十二卷。学者多认为刘向把三十二篇分为十二卷。宋人唐仲友《荀子后序》云："初，汉刘向校雠中《孙卿书》凡三百二十二篇，除复重定著三十二篇，为《孙卿书》十二卷。"明代高儒编纂《百川书志》，亦云"《荀子》十二卷，赵荀况撰，汉刘向校定，除其重复，凡三十二篇"。唐代杨倞为《荀卿子》作注，始分全书为二十卷。杨倞对刘向校订的篇目次序多有改易。杨倞的《荀子注序》云："以文字繁多，故分旧十二卷三十二篇为二十卷，又改《孙卿新书》为《荀卿子》，其篇第亦颇有移易，使以类相从云。"

《荀子》为战国晚期作品，此时诸子散文的发展已日臻成熟。

---

[1] 该书为台湾黎明文化事业公司1984年出版的"国学丛书"之一种，其《后论》见该书第270—296页。

《荀子》一书已经摆脱了早期诸子散文那种语录体或问答体，发展成真正的论文体。每一篇文章都首尾完整、主题突出、立论严谨、征引宏富，有些篇章写得洋洋洒洒，堪称鸿篇巨制。《荀子》的文章充分表现了荀况作为学者、理论家和宏辩家的风范。早期诸子散文如《论语》《孟子》等各篇题目都无实际含义，一般仅取篇首二三字为标题，标题的含义与该篇的实际内容无关。《荀子》的文章绝大多数篇题都是有实际意义的。《荀子》全书只有《仲尼》《哀公》《尧问》《宥坐》四篇为无义之题。但这四篇的真实性是有问题的，一些学者都认为此四篇为荀门弟子所作，而非出自荀况之手。在先秦诸子中，《荀子》各篇的作者是比较清楚的，绝大多数篇目可信为荀子自己所作，只有少数几篇例外。

《汉书·艺文志》除在"诸子略·儒家类"中著录《孙卿子》之外，又在《诗赋略》中著录《孙卿赋》十篇。而《隋书》和《旧唐书》的《经籍志》及《新唐书·艺文志》又分别著录《荀况集》二卷。实际上《荀况集》就是《汉书·艺文志》中的《孙卿赋》十篇，而《孙卿赋》也即《荀子》中的《成相》和《赋》篇。这一问题，廖名春的《荀子新探》已有详细考证。[1]

现存《荀子》的最早注本是唐人杨倞的《荀子注》，杨氏注本颇周详，但杨倞不懂古书假借，故其说往往模棱两可，或滞碍不通。清人王先谦著《荀子集解》，集历代《荀子》研究之大成，颇受学者推重。该书集明人虞九章、王震亨，清人卢文弨、顾广圻、王念孙、刘台拱、汪中、谢墉、陈奂、郝懿行、王引之、俞樾等人校订和训释成果，又参以己意，资料详赡，立论精审；书前有

---

[1] 参见廖名春：《荀子新探》，台湾文津出版社1994年出版，第51—54页。

考证二篇，学术价值极高。世界书局编印《诸子集成》即用王先谦的《荀子集解》。此外，近年出版的《荀子》研究及注释本有：陈登元的《荀子哲学》，商务印书馆1928年出版；杨筠如的《荀子研究》，商务印书馆1931年出版；杨大膺的《荀子学说研究》，中华书局1936年出版；梁启雄有《荀子简释》[1]，简明扼要，时有新意。韦政通的《荀子与古代哲学》，台湾商务印书馆1966年出版；熊公哲的《荀子今注今译》，台湾商务印书馆1975年出版；李涤生的《荀子集释》，台湾学生书局1979年出版；牟宗三的《名家与荀子》，台湾学生书局1979年出版；夏甄陶的《论荀子的哲学思想》，上海人民出版社1979年出版；周绍贤的《荀子要义》，台湾中华书局1979年出版；陈飞龙的《荀子之礼学研究》，台北文史哲出版社1979年出版；胡玉衡、李育安的《荀况思想研究》，中州书画社1983年出版；鲍国顺的《荀子学说析论》，台湾华正书局1984年出版；杨柳桥的《荀子诂译》，1985年齐鲁书社出版；向仍旦的《荀子通论》，福建教育出版社1987年出版；翁惠美的《荀子论人研究》，台北正中书局1988年出版；徐平章的《荀子与两汉儒学》，台湾文津出版社1988年出版；高正的《荀子版本源流考》，中国社会科学出版社1992年出版；廖名春的《荀子新探》，台湾文津出版社1994年出版。

---

[1] 梁氏《荀子简释》一书1936年商务印书馆初版时，名曰《荀子柬释》，1957年再版时始改称今名。

## 第三节　道家人物

### （一）老子

老子姓李，名耳，字聃，与孔子为同时代人，大约比孔子年长三十岁。老子曾任周守藏室之史，负责管理王室图书，又称作柱下史。《史记·老子列传》说："老子修道德，其学以自隐无名为务。"孔子三十多岁时，曾西去雒邑[1]，向老子问礼，并通过老子的帮助，得以遍观王室收藏的大量古代文物和图书典籍，从而使孔子眼界大开。孔子通过向老子请教，增长了许多知识。老子渊博的学识，深邃的思想，使孔子大为折服。当孔子向老子辞行时，老子告诫他说：

> 吾闻富贵者送人以财，仁人者送人以言。吾不能富贵，窃仁人之号，送子以言。曰："聪明深察而近于死者，好议人者也。博辩广大危其身者，发人之恶者也。为人子者，毋以有己，为人臣者，毋以有己。"[2]

孔子回到鲁国后，对他的弟子们畅谈了在雒邑的见闻和对老子的印象。他说：

---

[1] 孔子适周之事，《史记》中的《孔子世家》、《老子韩非列传》、《十二诸侯年表》各篇及《韩诗外传》卷八、《说苑·敬慎》、《庄子·天道》等均有记载。但孔子适周的年代无可确考，或云孔子适周年三十、或云年十七、或云年三十四，皆无确据。详见钱穆：《先秦诸子系年》卷一。
[2] 《史记·孔子世家》。

鸟，吾知其能飞；鱼，吾知其能游；兽，吾知其能走。走者可以为网，游者可以为纶，飞者可以为矰。至于龙，吾不能知其乘风云而上天。吾今日见老子，其犹龙邪！[1]

可见，这位伟大的思想家使孔子感到神秘莫测。

关于老子是否姓李，后世学者曾提出疑问。有人认为春秋时代并无李这个姓氏，李姓的出现是在战国时期；有的学者认为老子不姓李而姓老，因为春秋战国时代被称为"子"的诸子人物，"子"字之前都冠有姓氏，老子也不当例外。此外还有对老子的国籍和故里质疑的。《史记·老子列传》说老子是"楚苦县厉乡曲仁里人也"。苦县在今河南鹿邑，那里现在有老子祠，又称太清宫，是后世道教教徒为祭祀老子而修建的。多数学者认为这里就是老子的故乡。春秋时代苦县原为陈国土地，距陈国都城宛丘（今河南淮阳县）仅数十里。公元前534年，陈国曾一度被楚国灭掉。五年后陈又复国。直至公元前479年，陈国才被楚国吞并，苦县至此才归楚国管辖。这一年恰好孔子去世。孔子享年七十三岁，老子约比孔子年长三十岁。老子故乡苦县归楚时，即便老子尚在人世，高寿也当百岁开外。因此确切地说，老子应当是陈国人，不应称老子为楚人。此外，《庄子·寓言》篇载阳子居南之沛，往见老聃，《天运》篇又说孔子南之沛，见老聃。沛为宋国之地，因此有的学者说老子故居在沛，老子应是宋国人。

关于老子的事迹，先秦古籍中记载甚少，有些记载又难以信据，司马迁在写《老子列传》时，已感到茫然。他仅写了五百字的老子传，而在这五百字的传记中，太史公竟然列举了三个不同的老

---

[1] 《史记·老子列传》。

子。看来，究竟哪一个老子更接近真实，太史公自己也难以断定，只是用"或曰""盖""莫知其然否"等字样表示疑则传疑。

除了上面提到的老子之外，司马迁还指出："老莱子亦楚人也，著书十五篇[1]，言道家之用，与孔子同时云。"又说："自孔子死之后百二十九年，而史记周太史儋见秦献公曰：'始秦与周合，合五百岁而离，离七十岁而霸王者出焉。'或曰儋即老子，或曰非也，世莫知其然否。老子，隐君子也。"可见，司马迁认为老子有可能就是楚国的老莱子或周太史儋。

关于老子的年寿，也记载不一，但多数记载都说老子长寿。司马迁说："盖老子百有六十余岁，或言二百余岁，以其修道而养寿也。"(《史记·老子列传》)

老子给后人留下了一笔最宝贵的精神财富。司马迁说：老子"居周久之，见周之衰，乃遂去。至关，关令尹喜曰：'子将隐矣，强为我著书。'于是老子乃著书上下篇，言道德之意五千余言而去，莫知其所终。"(《史记·老子列传》)老子所写的"五千余言"就是《道德经》，亦称《老子》，这部书在中国乃至人类的历史上产生了深远的影响。老子因为这部书，成为在中国历史上唯一可以与孔子比肩的伟大思想家。

**（二）庄子**

庄子，姓庄，名周[2]。为楚庄王之后裔[3]，宋国蒙（今河南商丘

---

[1] 《汉书·艺文志·诸子略》之道家有《老莱子》十六篇，已亡佚，清人马国翰有辑佚一卷。

[2] 成玄英云：庄子字子休，王树荣认为"子休"乃"子沐"之误，子沐即子莫，见《庄周即子莫说》，《古史辨》第六册，第371—372页。

[3] 见《通志·氏族略四》。

县东北）人[1]，确切生卒年不详。据马叙伦《庄子年表》考证，庄子约生于周烈王七年（前369年），卒于周赧王二十九年（前286年），他与孟子为同时代人。孟子曾见过梁惠王和齐宣王[2]，故《史记·庄子列传》说庄子"与梁惠王、齐宣王同时"。庄子年轻时曾在蒙邑当过管理漆园的小吏。后来，尽管他生活十分贫困，可是他隐居不仕。楚威王听说庄周有才能，派使者带着厚礼去聘请庄周，让他做楚国之相。庄子笑着对楚使说："千金，重利；卿相，尊位也。子独不见郊祭之牺牛乎？养食之数岁，衣以文绣，以入大庙。当是之时，虽欲为孤豚，岂可得乎？子亟去，无污我！我宁游戏污渎之中自快，无为有国者所羁，终身不仕，以快吾志焉。"[3] 由于庄子不肯出仕，故生活贫困，《庄子·外物》篇记载庄子因无米下锅，不得已而去向监河侯借贷。《列御寇》篇引曹商之言，称庄子"处穷闾厄巷，困窘织履，槁项黄馘"。《山木》篇说："庄子衣大布而补之，正緳系履而过魏王。"可见其生活之窘迫。

庄子曾先后到楚、魏等国游历。《庄子·至乐》篇云："庄子之楚，见空髑髅，髐然有形，撽以马捶，因而问之……"《韩非子·喻老》篇云："楚威王欲伐越[4]，庄子谏曰：'……臣患智之如

---

[1] 蒙，为战国时宋国之地。《汉书·艺文志》《经典释文叙录》等皆云庄子为梁国蒙县人，乃汉之梁国也。马叙伦作《庄子宋人考》，辨之甚明。

[2] 见《孟子·梁惠王上、下》。

[3] 《庄子·秋水》篇云："庄子钓于濮水，楚王使大夫二人往先焉，曰'愿以境内累矣！'庄子持竿不顾，曰：'吾闻楚有神龟，死三千岁矣，王巾笥而藏之庙堂之上。此龟者宁其死为留骨而贵乎？宁其生而曳尾涂中乎？'二大夫曰：'宁生而曳尾涂中。'庄子曰：'往矣！吾将曳尾于涂中。'"《庄子·列御寇》篇亦有内容略同之记载。

[4] 楚威王，今本《韩非子》作楚庄王。顾广圻认为庄王乃威王之误，今从顾氏之说。

目也。'"可证庄子在楚威王时曾至楚。又《秋水》篇云:"惠子相梁,庄子往见之。"梁即魏也。同篇又云:"庄子与惠子游于濠梁之上。"濠梁即濠水之桥梁,濠水在今安徽凤阳县境内,北流入淮水。战国中期凤阳一带属魏国。《山木》篇云"庄子游乎雕陵之樊",雕陵即今河南扶沟县,当时亦属魏国。庄子是战国中期老庄学派的代表,他弘扬老子学说,代表道家参与百家争鸣,在道家中的地位相当于孟子在儒家中的地位。司马迁说:"其学无所不窥,然其要本归于老子之言。其著书十余万言,大抵率寓言也。"(《史记·庄子列传》)《汉书·艺文志》载《庄子》五十二篇,今存三十三篇。

## 第四节 道家著作

### (一)《老子》

《老子》一书的作者是春秋晚期的老聃,其成书年代应早于《论语》。在先秦典籍中,多有称引《老子》者,如《战国策》中的《齐策》和《魏策》,《庄子》中的许多篇,《荀子》中的《天论》篇,《韩非子》中的《解老》篇、《喻老》篇、《外储说下》篇、《六反》篇,《吕氏春秋》中的《君守》篇,《尹文子》中的《大道》篇,《列子》中的《黄帝》篇、《说符》篇,都曾援引《老子》,这充分说明《老子》一书在战国时代已广为流传。

关于《老子》的作者,历来学者颇多争议。二十世纪初,学术界有关《老子》的作者和成书年代问题曾引起一场大论战,很多学者都参加了这场论战,各种观点的人纷纷参加争鸣。关于《老子》的作者问题有如下几种观点:(1)《老子》是春秋末年的老聃所作,持这种观点的有胡适、张季善、高亨、叶青等。(2)《老子》为太史儋所作,太史儋在孔子之后,非孔子问礼的老聃,持这种观点的有罗根泽、谭戒甫,清人汪中也持这种观点。(3)《老子》为杨朱之徒所作,持这种观点的是清人崔述。(4)《老子》记载的是老聃的格言,把老聃的格言编辑成书的是李耳,李耳是战国时人,与孔子问礼的老聃并非一人。持这种观点的是刘汝霖。(5)《老子》所记是老聃的语录,而把老聃语录整理成书的是战国时代的关尹(环渊)。持这种观点的是郭沫若。(6)《老子》的作者可能是詹何,詹何是老子的学生,与楚襄王、公子牟同时。持这种观点的是钱宾四(钱穆),请代为补正。顺便告知:此书成稿于二十年前,近年的许多重要研究成果和新的学术观点未能反映,拟在书后附录一篇我最近新写的文章,题目是:《近四十年来的地下出土文献和先秦诸子研究的重大突破》,以弥补本书的不足。[1]

关于《老子》一书的时代问题,与《老子》的作者密切相关。因为《老子》的作者明确了,时代也就不难断定了。关于《老子》时代问题的代表性意见有以下几种:(1)黄方刚认为《老子》作于孔子之时;(2)康有为认为《老子》作于孔子之后;(3)张季同认为《老子》作于战国初期;(4)张仁父认为《老子》作于《孟子》前后;(5)唐立厂认为《老子》产生于战国前中期,大体与《墨子》、《孟子》产生的时代相仿;(6)徐复观认为《老子》作于

---

[1] 以上各家之说,可参见《古史辨》第六册下编。

《庄子》之前；（7）张西堂认为《老子》大约成书于《庄子·内篇》之后；（8）梁启超主张《老子》是战国末期作品；（9）顾颉刚主张《老子》成书于《吕氏春秋》及《淮南子》之间，即西汉之初；（10）张荫麟主张《老子》成书于《淮南子》之后。[1]

1973年，在长沙马王堆三号墓中出土的帛书中有《老子》甲、乙两种版本。甲种本以小篆抄写，不避汉高祖刘邦名讳；乙种本避刘邦名讳而不避汉惠帝、汉文帝名讳，足证乙种抄写于汉高祖时代，而甲种本要比乙种本更早（见图1）。地下出土的珍贵文献足以证明《老子》为先秦古书，顾颉刚、张荫麟诸说《老子》成书于汉初是没有根据的。

通行本《老子》共八十一章，约五千字，又称《道德经》。马王堆三号墓出土的《老子》甲、乙两版本均不分章，文字与通行本各有出入。马王堆出土的帛书《老子》与通行本《老子》的最大不同点是：甲、乙两种版本都是《德经》在前，《道经》在后，而通行本则是《道经》在前，《德经》在后。《韩非子·解老》篇也是先解《德经》，后解《道经》，可见帛书《老子》反映的很可能是《老子》的本来面目。

现存最早的《老子》注本为河上公《老子注》，又称《道德真经注》《老子道德经》。多数学者认为河上公是西汉文帝时人，所注《老子》文笔简古，保存了许多先秦旧说，是研究《老子》的珍贵资料。此书有《道藏》本、《增订汉魏丛书》本、《四部丛刊》本等。有的学者，如唐代刘知幾，认为河上公的《老子》注是后人伪托。《老子》较早的注本还有三国时魏人王弼的《老子注》，又称《老子道德经》《道

---

[1] 以上可参看罗根泽《古史辨》第六册《自序》。本篇有增删、调整。

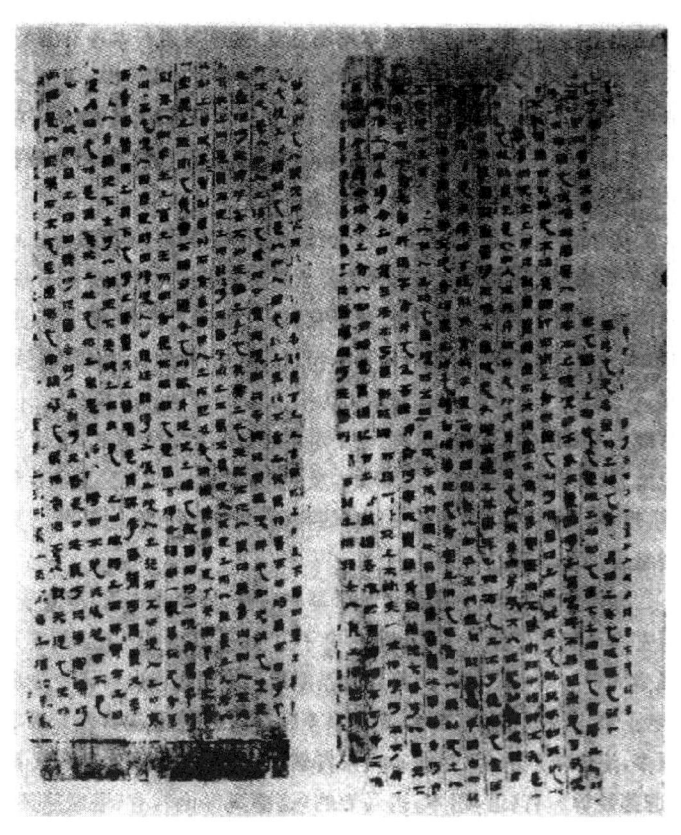

下半部　　　　　　　上半部

图1　马王堆三号墓出土的帛书《老子》（乙种本部分）

德真经注》《玄言新记道德》《集注老子》等。王弼注本流传广，影响大，颇受后世学者重视，现存《道藏》本、《古逸丛书》本、《四库全书》本、《百子全书》本、《丛书集成初编》本等。

唐代皇族姓李，自称是老子李耳的后裔，因而重道教，尊老子。唐玄宗天宝十三载（754年），册封老子为"大圣祖高上大道金阙玄元天皇大帝",对老子的尊崇简直无以复加。因此唐代以后研究注释《老子》之书者颇多,主要有:唐玄宗李隆基的《御注道德真经》,版本颇多,流传较广的是《道藏》本;北宋苏辙有《老子道德真经注》,又称《道德经解》,有《道藏》本;北宋司马光的《道德真经论》,有《道藏举要》本;宋徽宗赵佶的《御解道德真经》,有《道藏》本和《道藏举要》本;明太祖朱元璋的《御注道德真经》,有《道藏》本、《道藏举要》本;清人毕沅的《老子道德经考异》,有《丛书集成初编》本;清人魏源的《老子本义》,有世界书局的《诸子集成》本;刘师培的《老子斠补》,有《刘申叔遗书》本;高亨的《老子正诂》,开明书局1943年出版;杨柳桥的《老子译诂》,古籍出版社1958年出版;马叙伦的《老子校诂》,对毕沅之《考异》颇多补正,中华书局1974年出版;何鉴琮的《老子新释》,台北市新粹出版社1977年出版;温文锡的《老子释例》,台北市文津出版社1978年出版;任继愈的《老子新译》,上海古籍出版社1978年出版;严灵峰辑校《老子宋注丛残》,台湾学生书局1979年出版;王志铭的《老子微旨例略·王弼注总辑》,台北市东升出版事业公司1980年出版;王光前的《老子笺》,台湾前程出版社1980年出版;今人朱谦之的《老子校释》,收入中华书局《新编诸子集成》第一辑,1984年出版;张松如的《老子说解》,齐鲁书社1989年出版;陈鼓应的《老子注译及评介》,中华书局1984年出版,书后附录历代注释、研究《老子》的书目二百六十二种。

(二)《庄子》

庄周在战国中期曾代表道家的老庄学派参加了"百家争鸣"。庄子以自己的独特风格和对现实社会毫不妥协的态度为老庄学派争得了一席之地。《庄子》一书在战国时已广为流传。汉初，统治者提倡黄老学说，而不重视老庄学说，因而《庄子》的地位不高，《老子》在汉代已被尊为经，《庄子》则是普通子书，在两汉四百年间，无人为《庄子》作注。因而《庄子》一书在战国、秦汉时代面貌究竟如何，难以推测。《汉书·艺文志·诸子略·道家》中著录《庄子》五十二篇。唐陆德明《经典释文·序录》云："庄生宏才命世，辞趣华深，正言若反，故莫能畅其弘致。后人增足，渐失其真。"盖《庄子》一书，亦由庄周后学集结而成，不全是庄周本人的作品。《汉书·艺文志》著录的五十二篇，很可能掺杂后人增入的部分。汉代以前的《庄子》是否分为内篇、外篇和杂篇，以及内、外、杂篇之分始于何时，都不得而知。

关于《庄子》各篇的真伪及作者问题，历来学者颇多争议。概括起来有以下几种观点：（1）《内篇》为庄周所作。《外篇》和《杂篇》为庄周后学或老庄学派其他人物的作品。明代李贽在《焚书》中说："《外篇》《杂篇》为秦汉间道人口吻。"王夫之赞同李贽的观点。近人罗根泽、郭沫若、侯外庐等亦持此说。（2）《外篇》和《杂篇》为庄周自作，而《内篇》则带有"浓厚的汉代宗教禅学特色"。并认为《内篇》是一堆糟粕，研究《庄子》应依据《外篇》和《杂篇》。这种观点以任继愈为代表。（3）内、外、杂三部分是晋人注《庄子》时所分，汉以前的《庄子》本无内、外、杂之分，即或有，分法也与今本不同。因此研究《庄子》应打破《内篇》《外篇》和《杂篇》的界限。认为《庄子》书中最能代表庄周思想的是《天下》篇、《逍遥游》、《齐物论》，应以这几篇为标准去鉴别其他各篇的真伪。冯友兰、张恒寿等持这种观点。（4）认为《庄子》书中《盗跖》《渔父》《让王》《说剑》四篇是伪作，应从

《庄子》书中删去，其他各篇无论内、外、杂基本上都是庄周的作品。这种观点以宋人苏轼为代表。苏轼认为庄周不反孔，而《盗跖》等四篇诋訾孔子最甚，因此判定这四篇为伪作。清人吴世尚、宣颖、林云铭等大体赞同此说。

其实，《庄子》一书从总体上看，无论其思想内容和文章风格，基本上是统一的，虽然不能排除在集结成书和流传过程中混入后人作品的可能性，但不应根据内、外、杂的界限来断定真伪。已亡佚的十九篇姑且不论，现存的三十三篇大体上可认为是庄子的作品，个别篇章中可能混杂庄子后学者的东西。

魏晋时期，崇尚玄学，《庄子》一书被列为"三玄"之一，于是研究和训释《庄子》者渐多。《世说新语·文学》篇说当时为《庄子》作注者数十家。《经典释文·序录》记载当时注释《庄子》的主要著作就有以下六种：（1）司马彪注本，二十一卷，五十二篇；（2）孟氏（不详何人）注本，十八卷，五十二篇；（3）崔譔注本，十卷，二十七篇；（4）李颐《集解》本，三十卷，三十篇；（5）向秀注本（即《庄子解义》），二十卷，二十六篇；（6）郭象注本，三十三卷，三十三篇。或云郭象的《庄子注》乃是剽窃向秀的《庄子解义》[1]。而清人钱曾《读书敏求记》则为郭象鸣冤，认为"时代辽远，传闻异辞，《晋书》云云，恐未必然也。"此乃学界一桩公案。唐代由于老子受到尊崇，庄子也跟着沾了光。老子被封为"天

---

[1]　《世说新语·文学》篇云："初，注《庄子》者数十家，莫能究其旨要。向秀于旧注外为《解义》，妙析奇致，大畅玄风，唯《秋水》、《至乐》二篇未竟，而秀卒，秀子幼，《义》遂零落，然犹有别本。郭象者，为人薄行，有俊才，见秀《义》不传于世，遂窃以为己注，乃自注《秋水》、《至乐》二篇，又易《马蹄》一篇，其余众篇，或定点文句而已。后秀《义》别本出，故今有向、郭二《庄》，其义一也。"《晋书·郭象传》亦有相同的记载。

皇大帝",庄子则在唐玄宗天宝元年（742年）被封为"南华真人",《庄子》一书遂被称为《南华真经》。这样,《庄子》就从普通诸子之书一跃成为经书,因而研究《庄子》者骤增。此后直至清末,研究注释《庄子》者代有其人,历来研究《庄子》的著作,真可谓汗牛充栋。其主要者有：晋郭象《庄子注》,为现存最早的《庄子》注本,常见的有《四部丛刊》本；唐陆德明《经典释文·庄子音义》,有《十子全书》本；唐成玄英《庄子疏》,有《道藏》本,《古逸丛书》本；宋林希逸《南华真经口义》,有《道藏》本,《道藏举要》(第二类)本；宋王雱《南华真经新传》,有《道藏》本,《四库全书》本；宋褚伯秀《南华真经义海纂微》,有《道藏》本,《道藏举要》(第二类)本；明焦竑《庄子翼》,有《续道藏》本,《金陵丛书》(甲集)本；明朱得之《庄子通义》,有《三子通义》本；清王夫之《庄子解》,有《船山遗书》本；清宣颖《南华经解》,有《半亩园丛书》本；清林云铭《庄子因》,有清康熙三年刊本；清郭庆藩《庄子集释》,有《诸子集成》本、《新编诸子集成》本；马叙伦《庄子义证》,有商务印书馆1930年版；刘文典《庄子补正》,有商务印书馆1947年版；刘师培《庄子斠补》,有《刘申叔遗书》本；钱穆《庄子纂笺》,有香港东南印务出版社印行本；陈鼓应《庄子今注今译》,有中华书局1983年版；陆钦《庄子通义》,吉林人民出版社1994年版。

## 第五节　墨家人物

### （一）墨子

墨子，名翟，姓墨氏[1]，鲁国人[2]。墨子约生于周定王初年，卒于周安王之末年，年寿约八九十岁[3]。墨子早年曾拜儒者为师。《吕氏春秋·当染》篇云："鲁惠公使宰让请郊庙之礼于天子，桓王使史角往，惠公止之。其后在于鲁，墨子学焉。"《淮南子·要略》亦云："墨子学儒者之业，受孔子之术，以为其礼烦扰而不说（悦），厚葬靡财而贫民，久服伤生而害事。故背周道而用夏政。"可见，墨子早年学的是儒家之说，但由于对儒家的主张有不同看法，才脱离儒家，另立宗派，创立了墨家。由于墨子的主张很能反映社会上大多数平民、手工业者的利益和愿望，因而拥护墨子、跟随墨子学习的人很多。"从属弥众，弟子弥丰，充满天下。王公大人，从而显之，有爱子弟者，随而学焉，无时乏绝"，（《吕氏春秋·当染》）因而墨家之学很快成为"世之显学"[4]。墨家主张备世之急，倡导摩顶放踵以利他人，且能身体力行，极富实践精神，常为人解困

---

[1]　《通志·氏族略》引《元和姓纂》云：墨氏，孤竹君之后，本墨台氏，后改为墨氏。近人江瑔《读子卮言》列举八条证据，证明墨翟之"墨"不是姓。又《琅环记》言"墨子姓翟名乌，其母梦日入怀而生墨子，故名之曰翟也。"
[2]　墨子为鲁人，见《吕氏春秋·当染》篇注。但葛洪《神仙传》《荀子·修身》杨倞注，《元和姓纂》等都说墨子为宋人，盖因墨子曾为宋大夫而误。又毕沅《墨子注序》、武亿《授堂文钞·墨子跋》以为墨子是鲁阳人，鲁阳为楚邑，故墨子当为楚国人，考诸《墨子》本书，亦误。
[3]　见孙诒让：《墨子閒诂·墨子年表》。
[4]　《韩非子·显学》。

救危。墨家徒属有严密的组织纪律，钜子有命，虽赴汤蹈火，在所不辞。鲁国有一位巧匠叫公输般，他为楚国制造了一种专门用于攻城的器械，叫作云梯，准备攻打宋国。墨子听到这一消息，急忙从鲁国启程，步行十日十夜，赶到楚国的郢都，义正辞严地劝说公输般和楚王[1]，希望他们打消进攻宋国的念头。可是公输般和楚王以为有了云梯，必能攻取宋国，于是"墨子解带为城，以牒为械。公输般九设攻城之机变，墨子九距之。公输般之攻械尽，子墨子之守圉有余"。公输般技穷，准备杀死墨子。墨子说："臣之弟子禽滑釐等三百人，已持臣守圉之器，在宋城上而待楚寇矣。虽杀臣，不能绝也。"楚王无奈，只好说："善哉！吾请无攻矣！"（《墨子·公输》）

楚惠王五十年，墨子至郢都，献书于楚惠王，楚惠王以书社五百封墨子，墨子辞而不受[2]。墨子的弟子公尚过游说越王，越王大悦，派公尚过去请墨子至越，并答应以吴之故地五百里封墨子，也被墨子拒绝。

宋昭公时，墨子曾任宋国的大夫。宋国的司城皇喜和大宰戴驩争权，司城皇喜杀昭公而专宋国之政，并囚禁了墨子[3]。墨子晚年曾到齐国，见齐太王田和。当时齐国正准备进攻鲁国，墨子见齐将项子牛，晓以利害，劝阻其攻鲁，此时墨子已八十余岁。

墨子死后，其门徒纂辑《墨子》一书。《汉书·艺文志》载

---

[1] 据孙诒让《墨子閒诂》考证，此楚王即楚惠王。
[2] 见《渚宫旧事》二。
[3] 司城皇喜，《韩非子·内储说下》作"司城子罕"，子罕可能是皇喜之字。此事《韩非子·二柄》、《韩诗外传》七、《史记·李斯传》及《史记·邹阳传》、《淮南子·道应》等均有记载。有的记载只说子罕逐君，不云子罕弑君。

《墨子》七十一篇。今存五十三篇,其余十八篇亡佚。

## (二)墨家弟子

《吕氏春秋·当染》篇云:"孔墨之后学显荣于天下者众矣,不可胜数。"又云:"此二士(指孔子、墨子)者……从属弥重,弟子弥丰,充满天下。"墨家当时号称显学,其门徒之多,可与孔门匹敌。《墨子·公输》篇载墨子对楚王曰:"臣之弟子禽滑釐等三百人,已持臣守圉之器,在宋城上而待楚寇矣。"《淮南子·泰族》篇云:"墨子服役者百八十人。""服役者"即指墨家弟子。清儒孙诒让在《墨子閒诂·墨学传授考》中考证墨子弟子十五人,再传弟子三人,三传弟子一人,治墨子之术而不详其传授系次者十三人。今列其事迹略可考者如下:

### 1. 禽滑釐

姓禽,名滑釐,或云姓禽,字滑釐[1]。《墨子》《说苑》等书均称之为禽子。他曾与田子方、段干木、吴起等同拜孔子学生子夏为师,后转而师从墨子,对墨翟忠心耿耿,成为墨子最得意的门生。《墨子·备梯》篇说:"禽滑釐子事墨子,三年,手足胼胝,面目黎黑,役身给使,不敢问欲。子墨子甚哀之。"其他史籍中有关墨子与禽滑釐的对话颇多记载。禽滑釐曾率兵帮助宋国守城[2],很可能是宋国人。杨朱攻击墨家学说,禽滑釐曾与之辩论。禽滑釐在墨家地位非常重要,《庄子·天下》篇把禽滑釐与墨子并称。

---

[1] 《史记索隐》、成玄英《庄子疏》都以"滑釐"为字。滑釐,《吕氏春秋·当染》篇作"滑藜",《尊师》篇作"滑黎",《史记·儒林列传》作"滑釐",《汉书·古今人表》及《列子释文》并作"屈釐",《汉书·儒林传》作"滑釐"。

[2] 见《墨子·公输》篇。

2. 高石子

墨子曾派管黔敖、高石子前往卫国，卫国国君给了高石子很高的俸禄，并给予他卿的爵位，高石子每次见到卫君，都向他进言，可卫君并不按照他的意见行事，高石子便离开卫国，到了齐国。他的行为受到了墨子的称赞，墨子对禽滑釐说："夫倍（背）义而乡（向）禄者，我常闻之矣。倍禄而乡义者，于高石子焉见之也！"（《墨子·耕柱》）

3. 县子硕

又称县子石。据《吕氏春秋·尊师》篇记载，县子硕原为齐国之暴徒，曾受到乡民们的斥责，后来拜墨子为师，学有所成，名显于当世。县子硕和治徒娱曾向墨子请教"为义孰为大务？"墨子回答说："譬若筑墙然；能筑者筑，能实壤者实壤，能欣者欣，然后墙成也。为义犹是也；能谈辩者谈辩，能说书者说书，能从事者从事，然后义事成也。"（《墨子·耕柱》）

4. 公尚过

又称公上过。墨子曾派公尚过去越国，公尚过向越王宣传墨子的主张，越王很高兴，对公尚过说："子之师，苟肯至越，请以故吴之地阴江之浦书社三百以封夫子。"（《吕氏春秋·高义》）公尚过回到鲁国向墨子转达越王之邀，墨子认为越王不会实行自己的主张，明知越王不肯实行自己的主张，却去越国受封，那就等于出卖自己的主张。因而不肯赴越，拒绝了越王许诺的书社三百。[1]

5. 耕柱子

《墨子·耕柱》篇云："子墨子怒耕柱子。耕柱子曰：'我毋愈

---

[1] 见孙诒让：《墨子閒诂·墨子目录》。

于人乎？'子墨子曰：'我将上太行，驾骥与羊，子将谁驱？'耕柱子曰：'将驱骥也。'子墨子曰：'何故驱骥也？'耕柱子曰：'骥足以责。'子墨子曰：'我亦以子为足以责。'"又云："子墨子游耕柱子于楚，二三子过之，食之三升，客之不厚。二三子复于子墨子曰：'耕柱子处楚无益矣。二三子过之，食之三升，客之不厚。'子墨子曰：'未可知也。'毋几何，而遗十金于子墨子，曰：'后生不敢死，有十金于此，愿夫子之用也。'子墨子曰：'果未可知也。'"

### 6. 魏越

《墨子·鲁问》篇云："子墨子游，魏越曰：'既得见四方之君，子则将先语？'子墨子曰：'凡入国，必择务而从事焉。国家昏乱，则语之尚贤、尚同；国家贫，则语之节用、节葬；国家憙音湛湎，则语之非乐、非命；国家淫僻无礼，则语之尊天、事鬼；国家务夺侵凌，即语之兼爱、非攻。故曰：择务而从事焉。'"

### 7. 隋巢子

《汉书·艺文志》注云："墨翟弟子。"梁玉绳云："隋巢当是氏，或谓氏隋、名巢，无据。"而《隋书·经籍志》注云："巢，似墨翟弟子。"则以隋为氏，巢为名。《汉书·艺文志·诸子略》墨家中有《隋巢子》六篇，已亡佚，清人马国翰有《隋巢子辑佚》一卷。

### 8. 胡非子

《汉书·艺文志》注云："墨翟弟子。"《广韵》云："胡非，复姓，胡公之后有公子非，因以胡非为氏。"《隋书·经籍志》云："非，似墨翟弟子。"则以胡为姓，非为名。《汉书·艺文志·诸子略》墨家中有《胡非子》三篇，已亡佚，清人马国翰有《胡非子辑佚》一卷。

### 9. 跌鼻

《墨子·公孟》篇云："子墨子有疾，跌鼻进而问曰：'先生以鬼神为明，能为祸福，为善者赏之，为不善者罚之。今先生，圣人也，何故有疾？意者先生之言，有不善乎？鬼神不明知乎？'墨子曰：'虽使我有病，鬼神何遽不明？人之所得于病者多方：有得之寒暑，有得之劳苦，百门而闭一门焉，则盗何遽无从入？'"

## 第六节　墨家著作

### 《墨子》

《汉书·艺文志·诸子略·墨家》类中著录《墨子》七十一篇，无卷数。《隋书·经籍志》《旧唐书·经籍志》《新唐书·艺文志》《宋史·艺文志》《崇文书目》《文献通考·经籍考》《宋馆阁书目》《郡斋读书志》等均著录《墨子》十五卷，《通志·艺文略》、焦竑《国史·经籍考》皆云"《墨子》十五卷，又三卷。"按：《墨子》一书自宋代就已残缺不全，今本《墨子》只有五十三篇。据毕沅、孙诒让考证，今本《墨子》篇，目俱缺者十篇，存目而缺篇者八篇，即《节用》下、《节葬》上、《节葬》中、《明鬼》上、《明鬼》中、《非乐》中、《非乐》下、《非儒》上。[1]

《墨子》一书为墨家后学编辑而成，记载的是墨子的思想、言论和事迹，有些篇是墨子口述而由弟子们记录的，并非墨翟本人所写。书中有十篇较特殊，每篇各分上、中、下三篇，三篇的内容略同，文字小异。俞樾认为墨家三派各有师传，因而所记各有异同，后经

---

[1] 见孙诒让：《墨子閒诂·墨子目录》。

墨家后学搜集整理，并载乎篇。因此以上十篇各有上、中、下之分。

《墨子》现存之五十三篇按其内容可分为六类：（1）记载墨子言行者，共九篇，属于记言体，其篇名多为无义之题。类似《论语》，但篇幅一般比《论语》要长些。（2）记墨子学说要旨者，为议论体，共二十三篇，多为墨家后学所追述，篇题多为有义之题。（3）记墨家后学诋斥儒家之言者，以《非儒》篇为代表。篇中只诋斥孔子及其弟子，而不涉及反对墨子学说最坚决的孟子，可证《墨子》成书于孟子之前。（4）记守御之法者，《备城门》以下十一篇皆是。（5）记载名学言论，主要有《经》上、下，《经说》上、下，《大取》、《小取》六篇，这些篇写成时间较晚，为战国后期的作品，这一部分篇目中自然科学、逻辑学、认识论等方面的内容很丰富，有很重要的学术价值。（6）由他书羼入者，如《亲士》《修身》《所染》等篇即是。[1]

战国时代，墨家与儒家并称显学，在社会上影响极大。秦统一六国后，墨家学派的影响日益微弱。《墨子》一书长期受到冷落，很少有人为《墨子》作注，或对《墨子》进行系统研究。晋代鲁胜作《墨辩》，或称《墨辩注》，已亡佚，今仅存《墨辩注序》。唐代的乐台育《墨子别本注》，明以后亡佚。

清代以来有关《墨子》的著述主要有：毕沅作《墨子校注》十六卷，有《四部备要》本、《百子全书》本等；张惠言作《墨子经说解》二卷，有《风雨楼秘笈留真》本；孙诒让作《墨子闲诂》十五卷，有《诸子集成》本；王闿运作《墨子注》七卷，有《湘绮楼全书》本；梁启超作《墨经校释》，有《饮冰室合集》本；张纯

---

[1] 以上参看蒋伯潜：《诸子通考》，浙江古籍出版社1985年版，第477—479页。

一作《墨子集解》，有世界书局1936年版，成都古籍书店1988年重印；方授楚著《墨学源流》，有中华书局1937年版；梁启超著《墨子学案》，有中华书局1936年版；高亨作《墨经校诠》，有科学出版社1958年版；谭戒甫作《墨辨发微》，有科学出版社1958年版，中华书局1964年版；岑仲勉作《墨子城守各篇简注》，有古籍出版社1958年版；陈癸淼著《墨辨研究》，有台湾学生书局1977年版；王企萦著《墨子析义》，有台中市金氏图书公司1979年版；谭介甫作《墨经分类译注》，有中华书局1981年版；王焕镳著、朱渊等参释《墨子校释》，有浙江文艺出版社1984年版；马宗霍著《墨子閒诂参正》，有齐鲁书社1984年版。

## 第七节　法家人物

(一) 郑子产

郑子产，郑国公族，其父为郑国"七穆"之一的公子国，以公孙为氏，名侨，字子产，约生于周简王六年至周简王十年（前580—前576年），卒于周景王二十三年（前522年）。郑简公和郑定公时，子产为郑国正卿，执政二十余年。郑子产是春秋中期伟大的思想家、外交家、改革家，也是法家的先驱人物。子产执政时，在郑国采取了一系列重大改革措施，包括严厉打击为非作歹的旧贵族，如驱逐丰卷，流放公孙黑，大胆起用有才能者治理国家，铸造刑书[1]，颁布

---

[1]　《左传·昭公六年》。

成文法律，开放舆论，不毁乡校[1]，允许人民议政，作封洫[2]，改革田制，作丘赋[3]，改革军制。郑子产又善于外交辞令，在"敝邑偏小，介于大国，诛求无时"[4]的情况下，与那些大国、强国巧妙周旋。在外交斗争中不卑不亢，义正辞严，既坚持原则，又表现了灵活的策略。子产相郑伯以如晋，晋国迟迟不见郑国君臣，也不安排食宿，子产推倒晋国宾馆之墙垣而强行进驻。晋国大夫责备子产，子产据理驳斥，迫使晋国执政者向郑国君臣道歉[5]。楚公子围聘于郑，子产惧其有诈，命楚国卫士们"垂橐而入"[6]，表现出郑子产面对大国，不畏强暴、敢于斗争的大智大勇。子产作为政治家、思想家，识见卓越，超迈群伦。鲁大夫梓慎根据天象，预言宋、卫、陈、郑四国将有火灾，郑大夫裨灶先后两次建议子产用瓘斚、玉瓒祭祀，以禳除火灾，子产不肯。后来果然发生了火灾，郑国大夫仍劝子产祭祀，说不然还会有火灾。他说："天道远，人道迩，非所及也。何以知之？灶焉知天道？是亦多言矣，岂不或信？"子产仍不肯祭祀，郑国也没有再次发生火灾[7]。子产铸刑书时，晋国政治家叔向致书子产，反对子产的举措，说："三辟之兴，皆叔世也。"认为铸刑书的结果，必然"乱狱滋丰，贿赂并行。终于之世，郑其败乎！"而子产却回信说："若吾子之言，侨不才，不能及孙子，吾以救世也。既不承

---

[1] 《左传·襄公三十一年》。
[2] 《左传·昭公六年》。
[3] 《左传·昭公四年》。
[4] 《左传·襄公三十一年》。
[5] 《左传·襄公三十一年》。
[6] 《左传·昭公元年》。
[7] 《左传·昭公十八年》。

命,敢忘大惠!"[1]表现了子产在郑国实行法制的坚定信念。郑子产铸刑书的举措和他的法治思想对战国时期的法家产生了深远的影响。

## (二)李悝

李悝(前455—前395年),战国前期魏国人,相传为孔子弟子子夏的学生。约与墨翟为同时代,年岁小于墨翟十岁左右,曾任魏国上地之守[2]。魏文侯曾拜李悝为师[3]。

魏文侯执政后,李悝任魏国之相,在魏国主持变法,在政治上采取了一系列打击旧贵族,扶植新兴势力的措施,实行"食有劳而禄有功","夺淫民之禄,以来四方之士"[4]。在经济上,李悝倡导"尽地利之教",鼓励农民精耕细作,提高粮食产量,同时推行"平籴"之法。他认为:"籴甚贵伤民,甚贱伤农,民伤则离散,农伤则国贫。故甚贵与甚贱,其伤一也。善为国者,使民毋伤而农益劝。"[5]他主张根据年成的好坏,由国家调节谷物价格,这样,"虽遇饥馑水旱,籴不贵而民不散,取有余以补不足也,行之魏国,国以富强"[6]。魏文侯是战国初期具有革新精神的开明君主,他大胆起用李悝,支持李悝在魏国实行变法,使得魏国成为战国初期最强之国。

李悝著有《法经》一书,是中国古代一部重要的法典,现已亡佚。据《晋书·刑法志》和《唐六典》注,《法经》共六篇,其篇名是:《盗法》《贼法》《囚法》《捕法》《杂法》《具法》。《法经》对中国古代

---

[1] 《左传·昭公六年》。
[2] 见《韩非子·内储说上》。
[3] 《晋书·刑法志》云:"魏明帝时,承用秦汉旧律,其文起自魏文侯师李悝。"
[4] 《说苑·政理》。
[5] 《汉书·食货志》。
[6] 见《韩非子·内储说上》。

法制发展有重要影响。《晋书·刑法志》云:"悝撰次诸国法,著《法经》……商君受之以相秦。汉承秦制,萧何定律……合为九篇。"《汉书·艺文志·诸子略·法家》中有《李子》三十二篇,亦亡佚,自注云:"名悝,相魏文侯,富国强兵。"或云李悝即李克。《汉书·艺文志·诸子略·儒家》中有《李克》七篇,亦亡佚。自注云:"子夏弟子,为魏文侯相。"陈奇猷先生在《韩非子集释·难二》篇中曾详加考证,认为李克、李悝并非一人,两人都曾为魏文侯之相,可参看。

### (三)吴起

吴起(前440?—前381年),战国初期卫国左氏中(今山东曹县北)人[1],著名政治家、军事家。早年曾受业于曾子和子夏,仕于鲁。齐国攻鲁,鲁君欲以吴起为将,吴起之妻乃齐国人,鲁君疑之,吴起乃杀其妻,卒为鲁将,立有战功。后有人向鲁君进谗,说吴起杀妻求将,母死不归,为人残忍,不可重用,于是吴起奔魏。魏文侯以吴起善用兵,任命他为西河守,甚有声名。魏文侯死,武侯即位,公叔为魏相,构陷吴起,吴起遂去魏而之楚。楚悼王早就听说吴起很有才能,就任命吴起为楚国之相。吴起在楚国主持变法,他认为楚国"大臣太重,封君太众,若此则上逼主而下虐民,此贫国弱兵之道也"。因此,吴起提出:"封君之子孙,三世而收爵禄,绝灭百吏之禄秩,损不急之枝官,以奉选练之士。"[2]同时还"罢无能,废无用","塞私门之请,壹楚国之俗,南攻杨越,北并陈蔡,破横散纵,使驰说之士无所开其口"[3]。吴起为了使楚国富强,还实行鼓励开荒的政策。吴起向楚悼王指出:"荆所余者,地也;

---

[1] 见《韩非子·外储说右上》。
[2] 《韩非子·和氏》。
[3] 《战国策·秦策三》。

所不足者,民也。"于是"令贵人往实广虚之地,皆甚苦之"[1]。由于吴起变法废除了贵戚的特权,严重损害了楚国旧贵族的利益,引起这些大贵族的仇视。公元前381年,楚悼王去世,楚国的大贵族们乘机纷纷起来反攻倒算。他们冲进宫中向吴起放箭,吴起急忙伏在楚悼王尸体上。楚国有这样的法规:射中或刺中王尸者夷灭三族[2]。因大贵族们在射杀吴起的同时也伤害了悼王之尸,新继位的楚肃王依据楚国之法,把伤及悼王之尸的贵族夷灭七十余家。[3]

《汉书·艺文志·兵书略·权谋家》中著录《吴起》四十八篇,系吴起所遗兵书,已亡佚。今存《吴子》一书,共六篇,据学者们考证,系后人伪托。

### (四)商鞅

商鞅(前390？—前338年),卫国之公族,以公孙为氏,名鞅,又称卫鞅,战国中期政治家,后被封于商、於,故称商鞅。鞅少时好刑名之学,曾拜李悝为师,后事魏相公叔座。公叔座临终时曾向魏惠王推荐公孙鞅,魏惠王不能用,公孙鞅遂入秦。数见秦孝公,说以强国之术,秦孝公大悦,以鞅为左庶长,命他主持秦国变法。甘龙、杜挚等守旧派反对变法,公孙鞅据理争辩,使甘龙、杜挚等缄口。公孙鞅于是制定新法,主要内容是:令民什伍连坐,不告奸者腰斩,告奸者受赏,匿奸者受罚;每户有二男以上者必须分居,否则加倍收其军赋;实行军功爵制,杜绝私斗;鼓励耕织,明尊卑等级,有

---

[1] 《吕氏春秋·贵卒》。
[2] 《吕氏春秋·贵卒》。
[3] 关于吴起之死,史籍记载互有出入。《吕氏春秋·贵卒》《史记·吴起传》云中矢而死;《战国策·秦策三》《韩非子·难言》及《问田》篇云被肢解;《韩诗外传》卷一、《吕氏春秋·执一》则云被车裂。

功者显荣，无功者虽富而不尊。为了推行新法，取信于民，在新法正式公布之前，公孙鞅立三丈之木于都城南门，号令有能徙于北门者奖励十金。见无人敢挪动此木，又宣布"能徙者予五十金"。有一人挪此木于北门，果然奖励五十金，以此表明国家言而有信，然后颁新法。新法颁行后太子犯法，公孙鞅"刑其傅公子虔，黥其师公孙贾"。这样有奖有罚，举国震动，新法遂在全国推行。"行之十年，秦民大悦，道不拾遗，山无盗贼，家给人足，民勇于公战，怯于私斗，乡邑大治"[1]。因公孙鞅变法有功，秦孝公委任他为大良造。公元前350年，公孙鞅又开始第二次变法，主要内容是：把秦国都城自雍城迁往咸阳；分全国为三十一县[2]；开阡陌封疆，废除井田制，调整赋税；革除戎狄旧风俗，严禁父子兄弟同室居住；统一度、量、衡。其结果使秦国成为富强的大国。公元前340年，公孙鞅又率领秦军出击秦国劲敌魏国，以计谋擒获魏将公子卬，大破魏军，迫使魏国割地求和，魏国不得已把都城从安邑迁往大梁（今河南开封）。秦孝公以商、於之地十五邑封公孙鞅，号为商君。秦孝公死后，太子立，是为秦惠王，被商君处以劓刑的公子虔等乘机诬告商君欲反，于是发吏捕商君，商君逃入魏国。魏国怨恨商君欺骗魏将公子卬，使魏国蒙受巨大损失，因而不肯收留他。商鞅不得已而复归于秦，发动封地之邑兵抗击秦兵，秦兵击败商君邑兵，商君被车裂。

《汉书·艺文志·诸子略·法家》中著录《商君》二十九篇。此书至宋代亡佚三篇，今存二十六篇。这部书并非商鞅所著，但其思想内容却与商鞅的思想很接近，学者多认为是商鞅的后学者所作。

---

[1] 《史记·商君列传》。
[2] 《史记·商君列传》及《六国年表》作三十一县，而《秦本纪》则作四十一县。

### （五）慎到

慎到，战国中期赵国人，其生卒年已不可考。慎到曾到齐国稷下学宫游学，很有声望，与田骈齐名。其学源于黄老道德之术，而又贵势重法。他主张"大君任法而弗躬"，强调"据法处势"。这种思想与黄老学派的"君人南面之术"有相通之处。他说：

> 法之功，莫大使私不行。君之功，莫大使民不争。令立法而行私，是私与法争，其乱甚于无法；立君而尊贤，是贤与君争，其乱甚于无君。故有道之国法立则私议不行，君立则贤者不尊，民一于君，事断于法，是国之大道也。[1]

慎到特别重视君权、重视势位，主张国君凭借势位以驾御群臣。他认为："两贵不相事，两贱不相使。"[2] 他还说：

> 贤人而诎于不肖者，则权轻位卑也；不肖而能服于贤者，则权重位尊也。尧为匹夫，不能治三人；而桀为天子，能乱天下；吾以此知势位之足恃，而贤智之不足慕也。[3]

慎到重君权、重势位的思想对战国后期的法家有重要影响。在中国法律思想史上占有重要地位。

《史记·孟子荀卿列传》说"慎到著十二论"，而《汉书·艺文志·诸子略·法家》中著录《慎子》四十二篇，不知与《史记》所

---

[1] 《艺文类聚》卷五四、《太平御览》卷六三八引《慎子》逸文。
[2] 《意林》引《慎子》逸文。
[3] 《韩非子·难势》篇引《慎子》逸文。

说"十二论"是否为同一书。《通志·艺文略》亦云《慎子》"汉有四十二篇,隋唐分为十卷,今亡佚九卷三十七篇"。今本《慎子》仅存五篇,据学者考证,乃后人拾掇断简残编而成,非《慎子》之原篇。严可均、钱熙祚、缪荃孙等从《群书治要》中又辑出《知忠》《君臣》二篇,共有七篇。

## (六)申不害

申不害(?—前337年),战国中期郑国京邑(今河南省荥阳县东南)人,与慎到为同时代人。司马迁说"申子之学本于黄老而主刑名"[1]。申不害在韩昭侯时任韩国之相,"内修政教,外应诸侯,十五年。终申子之身,国治兵强,无侵韩者"[2]。申不害的思想以"术"治为中心。所谓"术",主要是指君主驾驭群臣的手段和策略。韩非曾对"术"作过这样的解释:"术者,因任而授官,循名而责实,操杀生之柄,课群臣之能者也,此人主之所执也。"(《韩非子·定法》)申不害认为国家的兴衰胜败,关键在于君主是否善于驾驭臣下。对于国君来说,最大的危险来自左右大臣。他说:"今人君之所以高为城郭而谨门闾之闭者,为寇戎盗贼之至也。夫弑君而取国者,非必逾城郭之险而犯门闾之闭也……妒妻不难破家也,乱臣不难破国也。"[3]申不害强调君主的独断,不能使大权旁落,也不能让权力分散。君主只有独揽大权,才能严格地控制臣下。他说:"独视者谓明,独听者谓聪,能独断者,故可以为天下主。"[4]申

---

[1] 《史记·老子韩非列传》。
[2] 同③。据钱穆考证,申不害在韩昭侯八年开始相韩直到韩昭侯二十六年卒,前后相韩共十九年,《史记》云十五年,误。
[3] 申不害:《大体》,见魏徵所辑《群书治要》。
[4] 《韩非子·外储说右上》引申不害之言。

不害主张君主要善于用人，充分发挥臣下的作用，不必事事躬亲。他说："鼓不与于五音，而为五音主。有道者不为五官之事，而为治主。君知其道也，官人知其事也。十言十当，百为百当者，人臣之事，非君人之道也。"[1] 术治思想可以说是沟通道与法的中间环节。申不害的术治思想对韩非影响甚大。

《汉书·艺文志·诸子略·法家》中著录《申子》六篇，已亡佚。仅《大体》篇见存于魏徵的《群书治要》中。清人马国翰有《申子辑佚》一卷，收在《玉函山房辑佚书》中。

### （七）韩非子

韩非子（前280？—前233年），出身于韩国公族，青少年时喜好刑名法术之学，与李斯同拜荀子为师。韩非说话口吃，不善于辞令，但却善于为文著书，他的同学李斯常自叹才学不及韩非。韩非见韩国日渐衰弱，多次上书韩王，为他出谋划策，希望使韩国富强起来，可是韩王不肯采纳韩非的谋略。韩非很失望，于是愤而著书。他写的《五蠹》《孤愤》等书传到秦国，秦王嬴政（后来的秦始皇）读过之后大为赞赏，慨叹："嗟呼！寡人得见此人，与之游，死不恨矣！"（《史记·韩非列传》）李斯对秦王嬴政说：这些文章是我的同学韩非所写。于是秦王发令向韩国发动紧急攻势，为的是索取韩非。韩王安起初不肯采纳韩非的意见，现在秦国大军压境，万分紧急，才不得已派遣韩非出使秦国。秦王爱惜韩非之才，强留韩非于秦国，但并未委任官职。韩非曾向秦王献计，建议秦国稳住楚国和魏国，暂缓进攻韩国，而把矛头指向赵国和齐国[2]。这显然是为韩国着想。不久韩非又上书秦王，揭露姚贾"以王之权，国之宝，

---

[1] 申不害：《大体》，见魏徵所辑《群书治要》。
[2] 见《韩非子·存韩》。

外自交于诸侯",说姚贾是"梁监门子,尝盗于梁,臣于赵而逐。取世监门子,梁之大盗,赵之逐臣,与同知社稷之计,非所以厉群臣也"(《战国策·秦策五》)。李斯妒嫉韩非之才,担心韩非留秦会危及他的地位,韩非的上书又引起姚贾的不满。于是李斯和姚贾一起向秦王进谗言:"韩非,韩之诸公子也。今王欲并诸侯,非终为韩不为秦,此人之情也。今王不用,久留而归之,此自遗患也,不如以过法诛之。"(《史记·韩非列传》)秦王听信了李斯、姚贾之言,把韩非投入云阳狱中[1]。李斯暗中派人给狱中的韩非送毒药,想使韩非自杀。韩非多次想面见秦王表白自己无罪,终因李斯等阻拦而无法得见。后来秦王也觉得韩非冤枉,派人去狱中赦免韩非,可惜韩非已死,秦王嬴政后悔莫及。

韩非是战国后期法家集大成者。他批判地继承了李悝、商鞅的法治思想,申不害的术治思想和慎到的重势位思想,建立了法、术、势相结合的法治思想体系,为秦始皇统一六国,建立以郡县制为基础的中央集权制封建帝国奠定了理论基础。

司马迁曾说:"申子、韩子皆著书,传于后世,学者多有。余独悲韩子为《说难》而不能自脱耳。"又评论道:"韩子引绳墨,切事情,明是非,其极惨礉少恩。皆原于道德之意……"(《史记·老子韩非列传》)

---

[1] 《史记·秦始皇本纪》:"(韩)非死云阳。"《史记正义》引《括地志》云:"云阳城在雍州云阳县西八十里,秦始皇甘泉宫在焉。"

## 第八节　法家著作

### （一）《商君书》

《商君书》，《汉书·艺文志》称《商君》，《旧唐书·经籍志》《文献通考·经籍考》《宋史·艺文志》等书均称《商子》，《三国志·先主传注》及《隋书·经籍志》《新唐书·艺文志》《通志·艺文略》等均称《商君书》。《汉志·诸子略·法家》类著录《商君》二十九篇。陈振孙《直斋书录解题》云："《汉志》二十九篇，今二十八篇，已亡其一。"而晁公武《郡斋读书志》则云：《商君书》本"二十九篇，今亡者三篇"。盖陈、晁二氏所见之版本不同。今本《商君书》为残本，其第十六篇《刑约》有目无书，第二十一篇目、书俱亡，故今本仅存二十四篇。《商君书》托名商鞅，实为战国时商鞅后学所撰。《四库全书总目提要》云："今考《史记》，称秦孝公卒，太子立，公子虔之徒告商鞅欲反，惠王乃车裂鞅以徇。则孝公卒后，鞅既逃死不暇，安得著书？如为平日所著，则必在孝公之世，又安得开卷第一篇即称孝公之谥？殆法家者流掇鞅余论，以成是编。犹管子卒于齐桓公前，而书中屡称桓公耳。诸子之书如是者多。"但《商君书》中较多地保存了商鞅变法革新、鼓励耕战的思想和事迹。虽非商鞅自撰，仍不失为研究商鞅和战国时法家学派的重要典籍。司马迁在《史记·商君列传》中说："余读商君《开塞》《耕战》（即《农战》）书，与其人行事相类。"这表明司马迁写《史记》时读过《商君书》，《史记》中的《商君列传》多取材于《商君书》。《韩非子》一书成书于战国末年，其中的《五蠹》《和氏》《定法》《南面》等篇曾引用《商君书》，则《商君书》必成书于《韩非子》之前。

《商君书》有明人范钦校本,收入《范氏奇书》中;有明人归有光的辑评本,收入《诸子汇函》;有清人孙星衍、孙冯翼的校本,收入《问经堂丛书》;有清人严可均的校本,收入《二十二子》《二十五子汇函》《子书四十八种》《诸子集成》《四部备要》等丛书中。清人钱熙祚、孙诒让亦有校本。王时润有《商君书校诠》《商君书集解》。今人研究《商君书》的著作有:陈启天的《商君书校释》,商务印书馆1935年出版;高亨的《商君书注译》,中华书局1974年出版;朱时辙的《商君书解诂定本》,古籍出版社1956年出版;章诗同注《商君书》,上海人民出版社1974年出版;蒋礼鸿的《商君书锥指》,收入《新编诸子集成》中,中华书局1986年出版。

**(二)《韩非子》**

《汉书·艺文志·诸子略·法家》中著录《韩非子》五十五篇,篇数与今本相同。《隋书·经籍志》《旧唐书·经籍志》《新唐书·艺文志》《宋史·艺文志》等书均称《韩子》。晁公武《郡斋读书志》称之为《韩非子》。《韩非子》一书基本上是韩非本人所著之书,其中多数篇章成书于韩非入秦之前。《史记·韩非传》云:

> 韩非者,韩之诸公子也。喜刑名法术之学,而其归本于黄老,非为人口吃,不能道说,而善著书……作《孤愤》《五蠹》《内外储》《说林》《说难》十余万言……
>
> 人或传其书至秦。秦王见《孤愤》《五蠹》之书,曰:"嗟乎!寡人得见此人,与之游,死不恨矣!"李斯曰:"此韩非之所著书也。"秦因急攻韩……

可见，韩非入秦之前，已经写了十余万言的著作，而且已开始流传。今本《韩非子》的字数也即十万左右。据学者们考证，《韩非子》书中有少数几篇不是韩非的作品，如《存韩》《初见秦》两篇，很多学者都认为是他人的作品窜入韩非书中，《解老》和《喻老》两篇也有人提出怀疑，蒋伯潜说：

> 《解老》篇为《老子》之解释，绝似西汉经师解释诸经之故训……《喻老》篇引古时遗闻轶事以说明《老子》，绝似《韩诗外传》……《喻老》之体裁，又极似《淮南子》之《道应训》，且二篇所说《老子》语，无重复者，疑《喻老》与《道应》，本为一篇。汉初崇尚黄老，尊《老子》为经，为之作"传"，作"说"，录于《汉志》者已有四种。疑《解老》《喻老》及《道应》本为《老子》之"传"或"说"，而后来窜入《韩非》及《淮南》者。[1]

除以上几篇外，也有的学者对《主道》《有度》《扬权》《饬令》等篇提出怀疑，但没有提出令人信服的证据。

《韩非子》较早的注本有唐人尹知章的《韩子注》，见载于《新唐书·艺文志》，已亡佚。今存宋人谢希深《韩非子注》二十卷，有《道藏》本、《道藏举要》本。另有无名氏注本两种，收入《十子全书》《四部丛刊》《二十二子》《四部备要》等丛书中。此外有：清人卢文弨的《韩非子校正》，有《抱经堂丛书》本、《丛书集成初编》本；清人王先慎的《韩非子集解》，该书搜罗宏富，汇集王念

---

[1] 蒋伯潜：《诸子通考》，浙江古籍出版社1985年版，第497—498页。

孙父子、卢文弨、顾广圻、俞樾、孙诒让诸家的校释成果，该书见收于《诸子集成》中；刘师培的《韩非子斠补》，收入《刘申叔遗书》中；容肇祖的《韩非子考证》，商务印书馆1936年出版；陈启天的《韩非子校释》，中华书局1940年出版；陈奇猷的《韩非子集释》，上海人民出版社1958年出版，1974年再版；梁启雄的《韩子浅解》，中华书局1960年出版；赵海金的《韩非子研究》，台北市正中书局1970年出版；王邦雄的《韩非子的哲学》，台北市东大图书公司1977年出版；姚蒸民的《韩非子通论》，台北1978年出版；吴秀英的《韩非子研议》，台北市文史哲出版社1979年出版；周勋初的《韩非子札记》，江苏人民出版社1980年出版；孙实明的《韩非思想新探》，湖北人民出版社1990年出版。

## 第九节　名家人物

### （一）惠施

惠施，战国中期宋国人，名家代表人物，惠亦作慧，或称惠公，又称惠子。约生活于公元前370年至公元前310年间，与道家的庄子同时，是庄子的好友。惠施在魏惠王时为魏国之相。《淮南子·齐俗》篇说"惠子从车百乘以过孟诸"，可见惠施势位显赫。公元前341年，齐魏两国战于马陵，齐国大胜，把魏国的太子申杀了。魏惠王大悲，欲悉发魏国之兵以攻齐。惠施对魏惠王说：不如变服折节而朝齐，这样会激怒楚国，齐楚交兵，魏国可以坐收渔人之利。魏惠王采纳了惠施的计策，前往朝齐，楚王果然大怒，"自将伐齐，赵应之，大败齐于徐州"[1]。魏惠王后元元年，即公元前334年，惠施再次献策，与诸侯会于徐州，尊齐为王，再次激怒了楚国，于是"楚国围齐于徐州"[2]。在合纵问题上，张仪是惠施的政敌。"张仪欲以魏合于秦、韩而攻齐、楚，惠施欲以魏合于齐、楚以案兵"[3]，两人曾多次进行较量，魏国群臣中很多人都劝魏王采纳张仪的主张，于是张仪在惠王后元十三年取代惠施的相位，惠施离魏去楚，又辗转至宋。至惠王后元十六年张仪才"复归秦"[4]。魏国乃请回惠施，恢复了惠施的相位。

惠施知识渊博，能言善辩，是著名的舌辩之士，在战国时被称为"辩者"。《汉书·艺文志·诸子略·名家》中有《惠子》一篇，已亡佚。因为惠施是庄子的好朋友，《庄子》书中对惠施的事迹和言论多有记载。如《秋水》篇载庄子与惠施在濠梁上辩论，《徐无鬼》篇载庄子送葬，过惠施之墓，对随从者说：

> 郢人垩漫其鼻端，若蝇翼，使匠石斫之，匠石运斤成风，听而斫之，尽垩而鼻不伤。郢人立不失容。宋元君闻之，召匠石曰："尝试为寡人为之。"匠石曰："臣则尝能斫之。虽然，臣之质死久矣！"自夫子（按：指惠施）之死也，吾无以为质矣！吾无与言之矣！

---

[1] 《战国策·魏策二》。
[2] 《史记·六国年表》。
[3] 《战国策·魏策一》。
[4] 《史记·魏世家》云：襄王十三年张仪相魏，十六年张仪复归秦。"襄王"为"惠王"之误。

由此不难看出庄子和惠施的友情,以及庄子对亡友的思念。《庄子·天下》篇中对惠施的思想观点有较为详细的记述和评论。摘引如下:

惠施多方,其书五车。其道舛驳,其言也不中。历物之意,曰:"至大无外,谓之大一;至小无内,谓之小一。无厚,不可积也,其大千里。天与地卑,山与泽平。日方中方睨,物方生方死。大同而与小同异,此之谓小同异;万物毕同毕异,此之谓大同异。南方无穷而有穷,今日适越而昔来。连环可解也。我知天下之中央,燕之北、越之南是也。泛爱万物,天地一体也。"惠施以此为大,观于天下而晓辩者,天下之辩者相与乐之。"卵有毛,鸡三足,郢有天下,犬可以为羊,马有卵,丁子有尾,火不热,山出口,轮不蹍地,目不见,指不至,至不绝,龟长于蛇,矩不方,规不可以为圆,凿不围枘,飞鸟之景未尝动也。镞矢之疾而有不行不止之时。狗非犬,黄马骊牛三,白狗黑,孤驹未尝有母,一尺之捶,日取其半,万世不竭。"辩者以此与惠施相应,终身无穷。桓团、公孙龙,辩者之徒,饰人之心,易人之意,能胜人之口,不能服人之心,辩者之囿也。惠施日以其知,与人之辩,特与天下之辩者为怪,此其柢也。然惠施之口谈,自以为最贤,曰:"天地其壮乎!"施存雄而无术。南方有倚人焉,曰黄缭,问天地所以不坠不陷,风雨雷霆之故。惠施不辞而应,不虑而对,遍为万物说,说而不休,多而无已,犹以为寡,益之以怪。以反人为实,而欲以胜人为名,是以与众不适也。弱于德,强于物,其涂隩矣。由天地之道,观惠施之能,其犹一蚊一虻之劳者也。其于物也何庸，夫充一尚可，曰：愈贵道几矣！惠施不能以此自宁，散于万物而不厌，卒以善辩为名。惜乎！惠施之才，骀荡而不得，逐万物而不反，是穷响以声，形与影竞走也，悲夫！

### （二）公孙龙

公孙龙，字子秉[1]，赵国人[2]，与惠施同时代，是战国时期名家代表。他曾在平原君赵胜门下为客，平原君待之甚厚。公元前257年，秦军围赵都邯郸，平原君向信陵君求援，信陵君夺军救赵，解邯郸之围，虞卿奏请赵孝成王为平原君益封。公孙龙对平原君说："君无覆军杀将之功，而封以东武城，赵国豪杰之士，多在君右，而君为相国者，以亲故。夫君封以东武城不让无功，佩赵国相印不辞无能，一解国患，欲求益地，是亲戚受封，而国人计功也。为君计者，不如勿受便。"（《战国策·赵策三》）平原君高兴地采纳了公孙龙的意见。公孙龙曾向赵惠王、燕昭王等宣传"偃兵"。赵惠王对公孙龙说："寡人事偃兵十余年矣，而不成，兵不可偃乎？"公孙龙说："偃兵之意，兼爱天下之心也。兼爱天下，不可以虚名为也，必有其实。今蔺、离石（原赵国之二县）入秦，而王缟素布总，东攻齐得城，而王加膳置酒。秦得地而王布总，齐亡地而王加膳，所非兼爱之心也。此偃兵之所以不成也。"（《吕氏春秋·审应》）公孙龙对燕昭王谈论偃兵，燕昭王虚情假意地说：很好。公孙龙却一针见血地揭露说："窃意大王之弗为也。"昭王问为什么，公孙龙说："日者大王欲破齐，诸天下之士其欲破齐者，大王尽养之；知齐之险阻要塞、

---

[1] 见《列子释文·仲尼》。《庄子·徐无鬼》：庄子谓惠子曰："儒、墨、杨、秉四，与夫子为五。"秉即公孙龙字子秉之简称。

[2] 见《汉书·艺文志》自注，高诱以为魏国人，见《吕氏春秋·审应》注。

君臣之际者，大王尽养之；虽知而弗欲破者，大王犹若弗养。其卒果破齐以为功。今大王曰：我甚取偃兵。诸侯之士在大王之本朝者，尽善用兵者也。臣是以知大王之弗为也。"（《吕氏春秋·应言》）燕昭王无言以对。《列子·仲尼》篇记载中山公子牟和乐正子舆的一段对话，其中涉及公孙龙的一些论点。摘引如下：

乐正子舆曰："子龙之徒，焉得不饰其阙，吾又言其尤者。龙诳魏王曰：有意不心，有指不至，有物不尽，有影不移，发引千钧，白马非马，孤犊未尝有母。其负类反伦，不可胜言也。"公子牟曰："子不喻至言而以为尤也，尤其在子矣。夫无意则心同，无指则皆至。尽物者常有，影不移者，说在改也。发引千钧，势至等也。白马非马，形名离也。孤犊未尝有母，非孤犊也。"

《汉书·艺文志·诸子略·名家》中著录《公孙龙子》十四篇，今存六篇。其首篇《迹府》，乃后人汇集公孙龙事迹而成，非《公孙龙子》的原篇，其余五篇保存了公孙龙的思想观点。

## 第十节　阴阳家人物

### 邹衍

邹衍，战国晚期齐国人，与名家的公孙龙同时。邹或作驺。曾在稷下学宫游学，在齐国甚有声名，因其术迂大而闳辩，被齐人称作"谈天衍"。又去赵、魏、燕等国周游。《史记·孟子荀卿列传》说邹衍"适梁，惠王郊迎，执宾主之礼；适赵，平原君侧行撇席。如燕，昭王拥彗先驱，请列弟子之座而受业，筑碣石宫，身亲往师之。"考其年代，与邹衍所生活年代多不合，唯"平原君侧行撇席"较可信。《史记·平原君列传》载："平原君厚待公孙龙，公孙龙善为坚白之辩，及邹衍至赵，言至道，乃绌公孙龙。"刘向《别录》亦云："齐使邹衍过赵平原君，见公孙龙及其徒綦母子之属，论白马非马。"可见与平原君赵胜、公孙龙等交往是确有其事的。钱穆说：

（邹）衍至赵见平原君，在信陵君破秦存赵之后，事见《平原君列传》。其时梁惠王死已七十二年，燕昭王亦死二十二年矣。张守节云："邹衍与公孙龙同时"，是也。衍已不及见燕昭、齐宣，遑论齐威、梁惠乎……（衍）自齐赴赵，当齐王建时，在平原君晚节，自赵往燕，则仕燕王喜，绝不与齐宣、燕昭相涉。[1]

钱氏考辨甚有据，足证太史公之误。但太史公所述邹衍之学说，大体反映了邹衍的思想实际，现转引如下：

邹衍睹有国者益淫侈，不能尚德，若大雅整之于身，施及黎庶矣。乃深观阴阳消息而作怪迂之变，《终始》《大圣》之篇十余万言。其语闳大不经，必先验小物，推而大之，至于无垠。先序今以上至黄帝，学者所共术，大并世盛衰。因载其禨祥度制，推而远之，至天地未生，窈冥不可考而原也。

---

[1] 钱穆：《先秦诸子系年考辨·邹衍考》。

先列中国名山大川，通谷禽兽，水土所殖，物类所珍，因而推之，及海外人之所不能睹。称引天地剖判以来，五德转移，治各有宜，而符应若兹。以为儒者所谓中国者，于天下乃八十一分居其一分耳。中国名曰赤县神州，赤县神州内自有九州，禹之序九州是也，不得为州数。中国外如赤县神州者九，乃所谓九州也，于是有裨海环之，人民禽兽莫能相通者，如一区中者，乃为一州。如此者九，乃有大瀛海环其外，天地之际焉。其术皆此类也。然要其归，必止乎仁义节俭，君臣上下六亲之施，始也滥耳。王公大人初见其术，惧然顾化，其后不能行之。[1]

《汉书·艺文志·诸子略·阴阳家》中著录《邹子》四十九篇，另有《邹子终始》五十六篇，两书均已亡佚。

## 第十一节　纵横家人物

### （一）张仪

张仪，魏国人，据传是楚国隐士鬼谷子的学生，喜纵横捭阖之术。有一次他和楚国之相一起饮酒，不久楚相发现自己的玉璧丢了。门下的人都说，张仪其人，贫而无行，玉璧一定是他偷的。于是这些人不分青红皂白，把张仪抓来，百般拷问，张仪不服，

---

[1] 《史记·孟子荀卿列传》。

只好把他放了。回到家里，他妻子说："如果你不读书，不出去游说，哪能受这般侮辱？"张仪张开嘴问他妻子："你看我的舌头还在不在？"他妻子笑着回答："还在。"张仪说："这就足够了。"不久，张仪到了秦国，秦惠王封张仪为客卿。他曾与司马错在秦惠王面前争论伐韩与伐蜀孰利。秦惠王十年，张仪与公子华攻取了魏国的蒲阳（今山西省永济县北）。张仪往来于秦魏之间，对魏国软硬兼施，迫使魏国向秦国献出上郡（今陕西省榆林至延安一带）和少梁（今陕西省韩城县），秦国把少梁更名为夏阳。秦惠王以为张仪有功，封张仪为相。为了离间魏国，拆散六国的合纵联盟，张仪一度去魏国为相，劝说魏襄王事秦伐楚，魏襄王不肯听从张仪。于是秦国出兵伐魏。魏襄王卒，魏昭王即位，张仪又劝说昭王事秦，昭王也不肯听从张仪，于是秦国再次伐魏，魏国大败，张仪乘机再次劝说昭王，使魏国背纵约而事秦。这是张仪破坏合纵、促成连横的一大功绩。张仪从魏国归秦，再次相秦。其间魏国或合纵，或连横，被迫与秦、齐、楚等大国周旋。当时齐、楚两国间有盟约，秦国想伐齐，担心楚国断秦国后路，于是就派张仪到楚国游说。张仪对楚怀王说："如果楚国与齐国绝交，秦国愿把商於之地六百里献给楚国。"楚怀王昏庸而又贪婪，听说秦国愿献出六百里疆土给楚国，非常高兴地答应了张仪，授张仪以相印，同时关闭了齐楚之间的关隘，与齐国断绝了邦交。楚国派使者到秦国受地，张仪说："我答应给楚国六里，没说六百里。"楚使回报怀王，怀王自知上了张仪的大当，勃然大怒，不听陈轸等人的劝阻，贸然派将军屈匄率兵攻秦。因为齐楚绝交，齐国与秦国共同迎击楚军，楚军大败，八万余人被斩首，楚将屈匄被杀，丹阳（今陕西、河南两省交界处丹江以北地区）、汉中（今陕西省汉中一带）被秦国占领。楚怀王不甘失败，再次发兵攻秦，结果又被秦军打败，只好向秦国割地求和。秦国要用武关外（即商於之地）换楚国的黔中（今湖南常德一带），楚怀王说："不愿易地，愿得张仪而献黔中之地。"张仪闻知此事，主动请行。秦惠王不忍心让张仪去楚国，张仪坚持要去，说："假令诛臣而为秦得黔中之地，臣之上愿。"张仪到了楚国，被怀王囚禁，怀王准备杀了张仪。楚国宠臣靳尚通过怀王夫人郑袖向怀王进言，怀王放了张仪。张仪乘机再次游说怀王，建议楚国勿与其他山东五国合纵，而与秦国联合，方是久安之计。怀王又一次听信了张仪。接着张仪又去韩国游说，韩国也退出纵约，倒向秦国。张仪回到秦国，秦惠王封张仪五邑，号曰武信君。张仪又奉命去齐国、赵国、燕国游说，目的都是离散纵约，使各国与秦国连横。张仪从燕国归秦时，秦惠王卒，秦武王即位。武王做太子时就不喜欢张仪，即位后与张仪较疏远。诸侯闻之，又背秦而合纵。张仪害怕获罪于秦武王，便到了魏国，任魏国之相一年，死于魏国。《汉书·艺文志·诸子略·纵横家》中有《张仪》十篇，注云：名仪。已亡佚。其事迹、言论多保存在《战国策》中。《史记》有《张仪列传》，其年代多有错乱，如认为张仪与苏秦为同时代人，是与苏秦的连横策略对着干的。事实上苏秦的活动在张仪之后。张仪为秦国搞连横时，苏秦尚默默无闻。

### （二）公孙衍

公孙衍，魏国阴晋（今陕西华阴县东南）人，因在魏国任犀首之职，人皆以犀首称之，真实姓名反而不为人知。公孙衍与张仪不睦，张仪任魏国之相，公孙衍派人对韩国的公叔说："张仪联合秦魏两国，其目的是夺得韩国的南阳（今河南南阳市），如果韩国肯把南阳献给魏国以成全公孙衍,则秦魏两国的联合不拆自散,张仪也就在魏国待不下去了。"公叔认为有理,就按照公孙衍的计策办了,魏王果然疏远了张仪,而以公孙衍为魏国之相,张仪只好回到秦国去。秦国又以张仪为相。公孙衍主张合纵抗秦,而张仪则从事连横活动。公孙衍相魏之后,于公元前318年,联合魏、赵、韩、燕、楚五国合纵攻秦,主要策划者就是公孙衍。这次合纵攻秦虽然没有取得胜利,但对秦的威胁是很大的,也是对张仪连横策略的重大打击。义渠国是秦国西北部的戎狄之国,是秦国的近邻,与当时的魏国有交往。有一次,义渠国的国君到魏国来,公孙衍乘机鼓动义渠国钳制秦国,就对义渠国国君说:"贵国距此甚远,到这里来一趟很不容易,因而想趁此机会谈谈和贵国相关的事。山东六国如果不联合攻秦国,则秦国随时都可以加害于贵国。如六国联合以攻秦国,则秦国必定要派使臣带着贵重礼物讨好贵国,目的是请贵国援助秦国。"义渠君听了公孙衍的话,回答说:"谨闻命。"后来五国联合攻打秦国,秦国果然派出使臣,以文绣千匹、妇女百人赠送义渠之君。义渠君记起了公孙衍的话,召集臣下说:"秦国给我们送来了这么贵重的礼物,一定是山东各国正在攻秦,秦国的重兵都派去迎击山东诸国军队,不如乘机袭击秦国。"乃发兵攻秦,大败秦军于李伯[1]之下。有一位叫景春的纵横家曾在孟轲面前这样赞叹:"公孙衍、张仪岂不诚大丈夫哉!一怒而诸侯惧,安居而天下熄。"(《孟子·滕文公下》)可见公孙衍在当时是一位名声显赫的纵横家。

**(三)陈轸**

陈轸,魏国夏(今山西省夏县)人[2]。曾与张仪俱事秦惠王。陈

---

[1] 《战国策·秦策二》伯作帛。李伯盖秦邑,或云即《水经注》之伯阳城。
[2] 见《战国策·秦策一》高诱注。

轸与张仪在秦国的地位都很显要,两人争宠于秦惠王。张仪对秦惠王说:"陈轸带着贵重的礼品奔波于秦楚两国之间,为的是建立两国邦交。可是楚国对秦国的关系未见改善,而对陈轸却格外亲近,可见陈轸处处为自己着想而不为秦国着想。听说陈轸要离开秦国到楚国去,不知大王是否知道?"惠王把陈轸叫来,对他说:"我听说你想离开秦国去楚国,有这回事吗?"陈轸说:"是这样。"惠王说:"看来张仪的话是有根据的。"陈轸说:"不仅张仪知道这事,连路上的行人都知道这事了。从前伍子胥忠于他的国君,天下的国君都争着想要伍子胥成为自己的臣下。曾参因为孝敬父母,天下的父母都愿意让曾参成为自己的儿子。如果我不忠于大王您,那么楚国怎么会认为我是忠臣而要我到楚国去呢?我忠于秦国却被秦国抛弃,那么我不到楚国又去何方?"秦惠王认为陈轸说得有道理,因而对陈轸仍很信任。又过了一年,秦惠王以张仪为相,陈轸在秦国难以久居,于是奔赴楚国。楚国并未重用陈轸,而让他以楚国使者的身份出使秦国。途经魏国时,陈轸见到了在魏国任职的公孙衍。陈轸对公孙衍说:"您为什么总爱饮酒呢?"公孙衍说:"因为无所事事。"陈轸说:"我想让您忙得不可开交,行吗?"公孙衍说:"怎么才能忙起来呢?"陈轸说:"魏国之相田需正在约定六国合纵攻秦,而楚王持怀疑态度,对合纵没有信心。如果您能对魏王说:我与燕王、赵王有老交情,他们常派使者来,希望能有机会相见,我愿为此走一遭。魏王即便答应了,您也别要太多的车,仅要三十辆车,装备好停在庭院里,故意声张要去燕、赵两国。"公孙衍照办了。燕、赵两国的客人听说这件事,急忙报告两国之王,燕、赵两国都派人迎候公孙衍。楚王听说此事,勃然大怒,说:"田需与我约定,而公孙衍却先到燕、赵两国,这不是欺骗寡人吗!"从而不再听信田需。齐国听说公孙衍已到燕、赵两国去了，急忙派人以国事相托，于是燕、赵、齐三国均以公孙衍为相，公孙衍真的成了大忙人，这当然应归功于陈轸。陈轸奉命到了秦国，适逢韩、魏两国互相攻伐，长时间不肯休兵。秦惠王想出兵解救，但臣下意见不一，惠王一时拿不定主意，刚好陈轸来了，惠王就问陈轸意见如何。陈轸说："不知大王您是否听说过卞庄子刺虎的事。有一次卞庄子想刺杀老虎，正赶上两只老虎在争吃一头牛。两只虎为了争吃牛肉而搏斗，结果那只大虎受了伤，那只小虎被大虎咬死了。卞庄子乘机刺杀了那只受伤的大虎，一举而有双虎之功。今韩魏相攻，期年而不解，其结果必定是大国伤、小国亡，秦国如能乘大国之伤而攻之，等于一举而得两国，这就跟卞庄子刺虎的故事一样。"秦惠王说："讲得好！"终于没出兵。韩魏两国继续互相攻伐，结果让秦国坐收渔人之利，这都是陈轸的计谋。

## （四）苏秦[1]

苏秦，东周洛阳乘轩里人，贫苦农民出身[2]。青少年时喜长短纵

---

[1]　《史记》和《战国策》两书所记载的苏秦事迹错乱颠倒，多不可信，尤其是在苏秦活动年代问题上错误最为严重。《史记》把六国合纵（实为五国伐秦）的时间提前了四十五年，认为苏秦与张仪同时，并略早于张仪，说苏秦曾先后游说秦惠王、赵肃侯、燕文侯、韩宣惠王、魏襄王、齐宣王、楚威王等，而长沙马王堆三号汉墓出土的《战国纵横家书》则证明苏秦从事纵横活动的年代晚于张仪，是齐湣王时人，和齐国孟尝君田文、赵国奉阳君李兑为同时代人。本书参考《战国纵横家书》及其附录的杨宽《马王堆帛书〈战国纵横家书〉的史料价值》、马雍《帛书〈战国纵横家书〉各篇的年代和历史背景》及唐兰《司马迁所没有见过的珍贵史料》等三篇文章写成。同时也参考了《史记·苏秦列传》和《战国策》中的相关部分。

[2]　苏秦曾多次自称为"东周之鄙人"，见《史记·苏秦列传》和《战国策·燕策》。

横之术，后来成为著名的纵横家。燕王哙于公元前317年让位于子之，结果燕国大乱，齐宣王乘机伐燕，杀了子之，并夺得燕国大片领土。燕昭王即位之后，发愤图强，招纳各国贤能之士，并拜郭隗为师。于是乐毅、邹衍、剧辛、屈景等都来投奔燕昭王，苏秦也在此时到了燕国[1]。燕昭王派苏秦到齐国游说，于是齐宣王把占领燕国的十城归还给燕国，苏秦为燕国立了一大功。可是在苏秦出使齐国期间，有人却向燕昭王进谗言，说苏秦是个没信誉的小人，劝昭王勿亲近苏秦。苏秦自齐国归来，燕昭王有意疏远他，苏秦不得已而向昭王申辩。后来燕王派质子去齐国，苏秦跟随质子到了齐国，并委质为齐国之臣[2]。但苏秦是忠于燕昭王的，他到齐国，是为燕昭王作反间。因为齐国是燕国的近邻，也是燕国的劲敌。"燕齐之恶也久矣"[3]。齐宣王伐燕时，燕国险些灭亡。苏秦去齐国，可以治"齐燕之交"，"大者可以使齐毋伐燕，次可以恶齐赵之交"[4]，这样就可以为燕国赢得复仇的时间。苏秦在齐国很快取得了齐闵王的信任，闵王给了苏秦封邑，并封他为齐国之相。公元前289年，苏秦为齐国使赵，被赵国扣留，他不得不从赵国写信给燕昭王，向昭王求救。后来赵国担心秦国攻赵，才放了苏秦[5]。公元前288年，秦国的穰侯魏冉亲自到齐国，约定与齐国共同称帝，秦为西帝，齐为东帝。苏秦又从燕国回到齐国，劝说齐闵王不要称帝，并鼓动齐国攻

---

[1] 见《史记·燕世家》及《说苑》的《君道》《尊贤》等篇。
[2] 《史记·苏秦传》先说"委质为齐臣"的是苏厉，又说"待质子于齐"的是苏代，其实都是苏秦之误。
[3] 《战国纵横家书》第四章。
[4] 《战国纵横家书》第四章。
[5] 参见《战国纵横家书》第一章。

宋[1]，进而联合各国共同伐秦，迫使刚刚称帝才两个月的秦昭王不得不取消帝号。在这次联合五国共同伐秦的合纵活动中，苏秦发挥了重要作用。公元前286年，齐国第三次伐宋，因宋国内乱，被齐国攻灭。齐国的这一胜利使各国大为震惊。魏国最先向秦国求和，为了讨好秦国，把河内和安邑献给秦国，并把积极主张联合抗秦的苏秦拘捕。齐国派苏秦的族弟苏厉去魏国游说，魏国才把苏秦放回齐国。秦国则乘机大搞连横，专攻齐国。

公元前284年，燕昭王亲自去赵国会见赵惠文王，约定五国共同伐齐。燕将乐毅率五国大军大举进攻，从齐国北境长驱直入。苏秦曾多次向齐闵王保证燕国不会攻齐，建议齐国北境不必设防。现在燕国恰好从北境攻入齐国，这样苏秦为燕国反间的阴谋彻底败露，齐国于是车裂苏秦以徇于市。

《汉书·艺文志·诸子略·纵横家》中有《苏子》三十一篇。东汉时已残缺不全。《战国策》中保存了一些苏秦的游说之辞。长沙马王堆三号墓出土的帛书《战国纵横家书》中有十四篇苏秦的书信和谈话，很可能与《汉志》中的《苏子》有关。

## 第十二节　兵家人物

### （一）司马穰苴

司马穰苴，齐国田完之后裔，曾任齐国司马之职，故称司马穰

---

[1]　见《战国策·齐策四》。

苴。齐景公时，晋国侵伐齐国的阿（今山东省东阿县）、甄（今山东省甄城县）之地，而燕国则占领齐国的河上（黄河故道南岸一带），齐国连吃败仗，齐景公非常担忧，晏婴就向齐景公推荐了穰苴。齐景公与穰苴一起论兵，对穰苴的才华大为赞赏，任命穰苴为齐军之将，以抵抗燕国和晋国的侵扰。穰苴对景公说："我向来地位低下，人微权轻，恐士卒未肯听命，希望您能派一名有地位的宠臣做监军，方可号令部下。"齐景公就派庄贾做监军。穰苴临行，与庄贾约定次日中午在军门会面。庄贾向来骄横，认为自己是监军，不慌不忙，亲友为他送行，留他饮酒，到了晚上庄贾才到军门。穰苴责问庄贾："为何迟到？"庄贾说："亲友们一定要为我送行，因此拖延了时间。"穰苴说："如今敌国入侵，国内一片骚乱，士卒日夜都在边境防守，国君为之寝不安席、食不甘味，百姓之命都在你手中掌握，还讲究什么相送！"召唤掌管军法的官吏问道："军法上对误期者如何处置？"回答说："当斩！"庄贾害怕了，急忙使人飞报齐景公请求相救。还未等使者回来，穰苴已把庄贾斩首示众，三军之士个个都感到震恐。过了好久，景公派遣使者持节来赦免庄贾，使者在军营中不减车速。穰苴说："将在军，君令有所不受。"他问掌管军法的官吏："在军营中驾车飞奔，该当何罪？"回答说："当斩。"使者十分害怕。穰苴说："国君派来的使者不可以处死。"于是把使者的随从斩了，把车的左辀砍断，并把驾车的左骖也宰了，以此号令全军。士卒们饮食、住宿、疾病、医药等问题穰苴都亲自过问。他把将军应得的军饷拿出来招待士兵，自己和士卒分得相等的一份军粮。过了三天，发布动员令准备出发，军中连那些老弱病者都主动要求奔赴战场。晋国军队听说穰苴治军的情况，立即撤军，燕国军队也听说了这些情况，急忙渡过黄河把军队撤回本土。齐军乘势追击，大获全胜，收复了晋、燕两国侵占的全部领土。穰苴率军凯旋，齐景公和齐国的大夫们都到都城临淄的城郊去迎候，并犒赏三军，提升穰苴为齐国大司马，从此田氏在齐国的地位日益尊贵。后来，由于齐国的卿族鲍氏、高氏和国氏都妒忌田氏，纷纷在齐景公面前说司马穰苴的坏话，景公逐渐疏远了穰苴，并革除了他的大司马之职。穰苴心情愤懑，患病而死。田氏家族的成员从此怨恨高氏、国氏等齐国旧贵族。后来田氏家族的田常杀了齐简公，消灭了高氏和国氏两大卿族，齐国大权落在了田氏手中，田常的曾孙田和自立为齐太公，齐太公之孙为齐威王。齐威王用兵，特别重视司马穰苴的兵法。他让齐国大夫编辑古代的兵法，把穰苴的兵法附于其中，而称之为《司马穰苴兵法》。《汉书·艺文志·六艺略·礼》类著录《军礼司马法》一百五十五篇。自《隋书·经籍志》以后，各正史《艺文志》或《经籍志》及公私书目均列《司马法》于子部兵家类。其书散佚严重，至北宋时仅存五篇，一直流传至今。

（二）孙武

孙武，字长卿，齐国乐安（今山东惠民县）人，约与孔子同时代。孙武是田氏后裔，因避齐国之乱，逃到吴国，后经伍子胥推荐，孙武以所著《兵法》见于吴王阖闾。阖闾说："您的十三篇《兵法》，我都看过了，可以让我看一看您是如何列阵指挥的吗？"孙武回答说："可以。"阖闾说："可以用宫女们试一试吗？"孙武回答说："可以。"于是从后宫中选出宫女一百八十人，孙武把她们分为两队，每队都以王之宠姬为队长，命令所有的宫女都拿着戟，对她们说："你们知道自己的心、背和左右手吗？"宫女都说："知道。"孙武对她们说："向前，就看心所对应的方向；向后，就看背所对应的方向；向左则看左手，向右则看右手。"宫女都说："知道了。"孙武布置安排妥当，把斧、钺等刑具搬来，并向宫女们三令五申。孙武击鼓命令向右，宫女们都哈哈大笑。孙武说："纪律不严明，所下的命令不明确，这是指挥者的罪过。"又三令五申，击鼓而命令向右，宫女们仍然哈哈大笑。孙武说："纪律不严明，命令不明确，这是指挥者的罪过。命令已经明确，而不按命令行事，这是执行者的罪过。"孙武准备把两队的队长斩首。吴王阖闾从看台上观看，见到孙武要斩他的宠姬，大吃一惊，急忙命令使者向孙武传达命令说："我已经知道将军能用兵矣，我如没有这两个宠姬，食不甘味，请将军别斩她们。"孙武说："我已经接受命令为您率领军队，将在军中，对国君的命令不能完全听从。"于是便把两个队长斩首示众，重新任命站在她们后面的人为队长。再次击鼓传达命令，这些宫女前、后、左、右、下蹲、起立完全遵循命令，没有一个敢随便出声者。这时孙武派人向吴王报告："军队已经约束整齐，您可以到训练场亲自观看。您愿意怎样命令她们都行，即使让她们赴汤蹈火，也是可以的。"吴王说："将军赶快收兵回馆舍休息，我不愿下去观看了。"孙武说："大王只是口头上爱好兵法而已，实际上却不能用兵法。"阖闾从此了解孙武的确会用兵，终于任用他为吴国之将。孙武率领吴国军队向西面进攻，打败了楚国大军，长驱直入楚国的郢都，北方的齐、晋也都对吴国另眼相看，从此吴国在诸侯国中名声大振，这与孙武的军事才能是分不开的。

《汉书·艺文志·兵书略·兵权谋》类中著录《吴孙子兵法》八十二篇，自注云："已散佚，图九卷。"今存十三篇，是中国古代兵书中的经典之作。

## （三）孙膑

孙膑，战国中期齐国人，著名军事家孙武之后裔。约与商鞅、孟轲为同时代人。他年轻时与庞涓一起学习兵法，庞涓先到了魏国，魏惠王任命他为将军，但他认为自己才能赶不上孙膑，担心孙膑会成为自己的主要对手，因而心存嫉妒。他暗中派人把孙膑请到魏国，然后采取各种卑劣的手段加害于孙膑，甚至把孙膑的两足截去，给孙膑施以黥刑，想使孙膑因残废而隐姓埋名，永远不被各国重用。正当孙膑在魏国备遭凌辱和迫害而无法逃脱之际，齐国使者到了魏国。孙膑以刑徒的身份暗中会见齐国使者，向他诉说了自己的志向和不幸遭遇，齐国使者大为惊讶，回齐国时，偷偷地把孙膑载回了齐国。齐国之将田忌与孙膑长谈，对孙膑很佩服，以客的礼节善待孙膑。田忌经常与齐国的公族子弟举行赛马，以赌输赢。孙膑仔细地察看了所有的赛马，发现所有的马足力相差不多，但马分为上、中、下三个等级。孙膑对田忌说："您尽管下最大的赌注，我能让您获胜。"田忌听了孙膑的话，与齐王及诸公子压了千金的赌注。比赛要开始时，孙膑对田忌说："现在您先用下等马与他们的上等马比赛，然后再用您的上等马与他们的中等马比赛，最后用您的中等马与他们的下等马比赛。"等三轮比赛都结束了，田忌输了一轮而胜了两轮，终于把千金赌注赢到了手。从此，田忌更加推崇孙膑的谋略，把孙膑推荐给齐威王。齐威王与孙膑谈论兵法，认为孙膑是个难得的人才，就任命孙膑为齐国的军师。后来魏国进攻赵国，赵国形势危急，派人向齐国求救。齐威王想让孙膑率领齐国之兵出征，孙膑推辞说："受过刑的人不可以亲自领兵作战。"齐威王就派田忌为将，而让孙膑为军师，坐在辎车之中为田忌出谋划策。田忌想直接率领齐军奔赴赵国，孙膑说："消除杂乱、调解纠纷的时候，不能挥动拳头，制止争斗的时候不可以用手去阻挡双方的进攻，应当设法躲避其进攻的锋芒，袭击其空虚的部分，这样才会形成有利的格局，则危险的局面会自然解除。如今魏国和赵国互相进攻，精锐的部队都派遣到前线，剩下守城的都是老弱残兵而且已经疲惫不堪。您不如率领军队直捣魏国都城大梁，这样就可占据有利的地势和交通要冲。魏国知道其内部空虚，闻讯后必然从赵国撤军以解救大梁之危机。这样我们一举解救了赵国，同时也打击了魏国。"田忌接受了孙膑的意见，派兵出击魏国大梁，魏国闻讯，果然从赵国撤军，与齐军战于桂陵（今河南长垣西北，一说在今山东菏泽东北），魏军大败，齐国取得了一次重大胜利。魏惠王二十七年（前343年），魏国与赵国联合进攻韩国，韩国感到形势危急，立即派使者到齐国求援。齐国再次派大将田忌出征，率领大军一直向魏国的大梁进发。魏将庞涓听说齐军袭魏，急忙从韩撤军以保卫大梁。这时齐军在前向西直奔大梁，魏军则紧随其后。孙膑对田忌说："那些三晋的士兵向来勇猛而轻视齐国军队，齐国应假装畏惧。善于指挥作战的人应当因势利导，以争取胜利。兵法说，到百里以外去追逐利益者，只有一半的士兵可以到达。我们何不因此而迷惑魏军？现在齐国军队已进入魏国境内，每次做饭先修造十万个灶，过了一天仅修造五万个灶，再过一天只修三万个灶。"庞涓率领魏军沿齐军行军路线前进，为了掌握齐军的人数，每到齐军营地都派人清点齐军的灶台，到了第三天，他发现齐军的灶台只有三万个，心中大喜，对部下说："我早就知道齐军胆小怕事，进入魏国境内之后仅三天，齐国的士兵逃亡者已超过一半。"于是庞涓就甩开步兵，率领魏国的精锐军队轻装简行，日夜兼程以追赶齐军。孙膑计算庞涓军队的行程，估计到傍晚时可到达马陵。马陵一带道路非常狭窄，而且道路两旁多险阻，可以埋伏军队。孙膑命令士兵把路旁一棵大树的树干靠近道路的一面剥去树皮，砍成白色平面，并写上"庞涓死于此树下"几个大字。并且命令齐军中善于射箭者准备一万张弩，埋伏在马陵道的两旁，对这些弓弩手说："傍晚时见到树下有火把照明就一齐放箭。"到天黑时，庞涓果然带领魏军来到马陵。他发现一棵大树的树干上有字，就命令士兵点着火把仔细看，还未等庞涓等人看完写的是什么，齐国的弓弩手万箭俱发，魏军顿时大乱，死伤不计其数。庞涓自知中计，乃拔剑自刎，口中说："终于让孙膑这小子成了名！"齐国军队乘胜围剿，大破魏军，并俘虏了魏国的太子申。孙膑从此扬名天下。

《汉书·艺文志·兵书略·兵权谋》中有《齐孙子》八十九篇。自注云：图四卷。颜师古注云：孙膑。《齐孙子》即《孙膑兵法》，其书早已亡佚，《隋书·经籍志》中已不见著录。1972年在山东临沂银雀山一座汉墓中出土了一大批竹简，其内容多为先秦兵书，其中包括《孙膑兵法》。这次重大发现，使失传了一千多年的珍贵兵书重见天日。

## 第十三节　兵家著作

### （一）《孙子》

《孙子》一书《汉书·艺文志》称《吴孙子兵法》，《隋书·经籍志》和《旧唐书·经籍志》称《孙子兵法》，《新唐书·艺文志》等称《孙子》。春秋晚期著名军事家孙武所著。《汉书·艺文志·兵书略·兵权谋》类著录云:"《吴孙子兵法》八十二篇,图九卷。"《史记·孙子吴起列传》明言《孙子》为十三篇,与今本相同。张守节《史记正义》云:"十三篇为上卷,又有中、下二卷。"唐代杜牧说:"武所著书,凡数十万言,曹魏武帝削其繁剩,笔其精切,凡十三篇,成为一编。"[1]其实张守节和杜牧的说法并不可信。因山东临沂银雀山汉墓出土的简书《孙子》(图2)和青海大通县上孙家寨汉墓出土的简书《孙子》佚文均证实《孙子》只有十三篇,与《史记》的记载相符。《汉志》"八十二篇"云云,其实包括汉成帝时任宏校理兵书附入《孙子》书中的作品。曹操为《孙子》作注,删除附入部分,恢复《孙子》十三篇的原貌,是完全正确的。孙子十三篇的篇名依次是:《计篇》《作战篇》《谋攻篇》《形篇》《势篇》《虚实篇》《军争篇》《九变篇》《行军篇》《地形篇》《九地篇》《火攻篇》《用间篇》。《孙子》一书向来被称为兵书之祖,它是中国乃至全世界成书最早、保存最完整、内容最丰富的古典军事名著,是历代兵家必读之书。三国时期著名军事家曹操曾说:"吾观兵书战策多矣,孙武所著深矣!"(《曹操集·孙子序》)北宋神宗元丰年间,曾下令编纂《武经七书》,并立于学宫,《孙子》即被列为七书之首。此书不仅在中国军事史上有着极为深远的影响,在世界各国也都有着非常广泛的影响。尤其是在日本,《孙子》一书在唐代由日本奈良朝大臣吉备真备从长安带回。此后在日本广泛传播,各种版本极多,研究《孙子》的著作多达一百余种。《孙子》一书在日本不仅被用于指导战争,还被用于指导企业管理等各行业。明代《孙子》开始传入欧洲,先后被翻译成法、英、德、俄等十几种文字。西方许多著名的军事家、战略家都对《孙子》给予极高的

---

[1] 杜牧:《注孙子序》,见《樊川文集》卷一〇,上海古籍出版社1978年版,第151页。

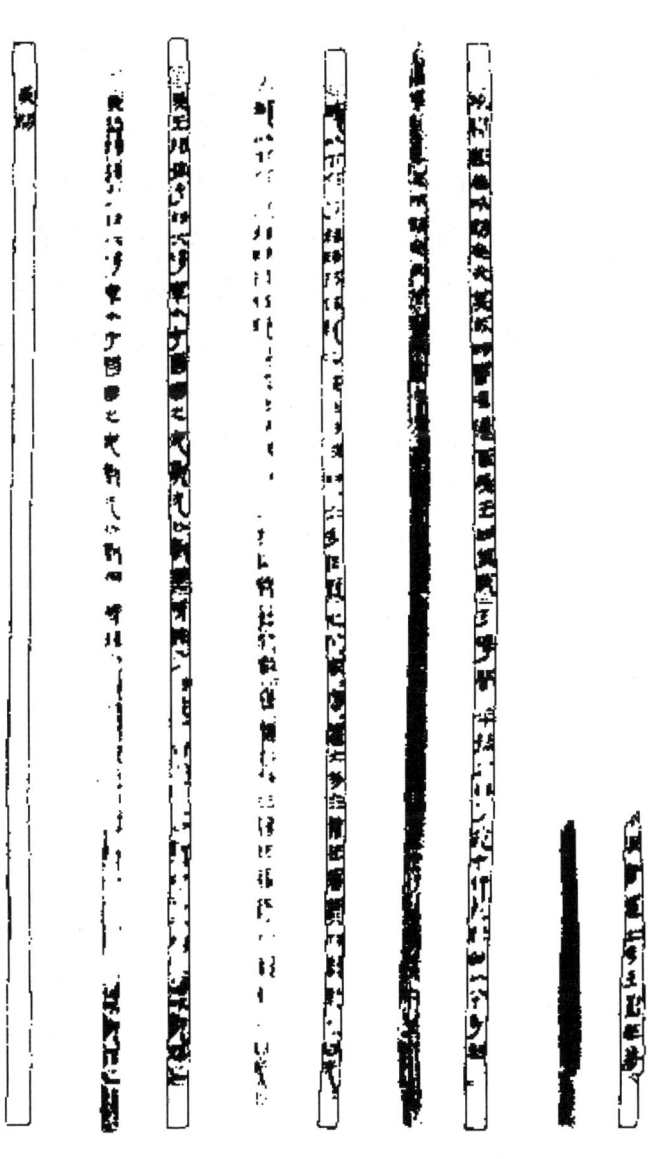

图 2　简书《孙子兵法》部分竹简及摹本

评价。直到现在，西方的许多军事院校都把《孙子》列为必读之作。

现存最早的《孙子》注本是曹操的《孙子注》。其后，历代注释《孙子》者不乏其人。有的学者统计，中国历代考证、注释、校勘《孙子》的著作有二百多种，《孙子》的版本多达四百种以上[1]，其中较重要的有宋人吉天保编辑的《孙子十家注》，又称《十家孙子会注》。十家为《孙子》作注者是三国曹操、梁孟氏、唐朝鉴、贾林、杜牧、陈皞、宋朝梅尧臣、王皙、何氏、张预等。或谓十家注中还包括唐朝杜佑之注，故坊间又有《孙子十一家注》。清人孙星衍、吴人骥曾对《孙子十家注》进行仔细的校订。通行的许多丛书，如《二十二子》《子书四十八种》《二十五子汇函》《诸子集成》《丛书集成初编》《四部备要》等都收有孙星衍和吴人骥校订的《孙子十家注》。此外明人李贽著的《孙子参同》五卷，有明闵氏朱墨印本。明人赵本学撰《孙子书校解引类》三卷，此书又称《赵注孙子》《孙子书校解》，有明隆庆二年（1568年）刻本，日本文久癸亥（1863年）刻本。清人郑瑞撰《孙子汇征》四卷，有清康熙抄本。1972年山东临沂银雀山出土的简书《孙子兵法》是最早的版本，惜已残缺不全。

今人研究、注释《孙子》的著作有：陈华元的《孙子新诠》，长沙商务印书馆1940年出版；李浴日的《孙子新研究》，南京世界兵学社1946年出版；郭化若的《今译新编孙子兵法》，人民出版社1957年出版；杨炳安的《孙子集校》，中华书局1959年出版；魏汝霖的《孙子今注今译》，台湾商务印书馆1972年出版；郭从英的《十一家注孙子（附今译）》，上海古籍出版社1978年出版；齐光的《孙子兵法评注》，北京出版社1978年出版；姜馨的《孙子兵法引

---

[1] 许保林：《中国兵书通览》。

例》，台北市星光出版社1979年出版；唐满先的《孙子兵法今译》，江西人民出版社1985年出版；[日本]服部千春的《孙子兵法校解》，军事科学出版社1987年出版；吴九龙主编的《孙子校释》(孙子兵法大全系列丛书)，军事科学出版社1990年出版。

### (二)《孙膑兵法》

《孙膑兵法》，《汉书·艺文志》著录于"兵书略·兵权谋"类中，称之为《齐孙子》，共八十九篇。自注云：图四卷，亡。颜师古注云作者孙膑。因《孙膑兵法》东汉时已亡佚，故自《隋书·经籍志》以后不见著录。后世学者对汉以前是否存在《孙膑兵法》颇有疑问，对孙武和孙膑的关系以及《孙子兵法》与《孙膑兵法》的关系搞不清楚。有的学者甚至否认历史上有孙武其人[1]，或认为孙武即孙膑[2]。此问题遂成学界一大悬案，唐以后一直聚讼不休。1972年山东临沂银雀山汉墓同时出土了简书《孙子兵法》和《孙膑兵法》(图3)，终于使这一问题的真相大白于天下。司马迁在《史记·孙子吴起列传》中所记述的孙武和孙膑确有其人，其事迹也大体可信。《孙子兵法》和《孙膑兵法》是两部不同的兵书，分别为孙武和孙膑所作。简书《孙膑兵法》经整理，于1975年由文物出版社出版，共收364简，11000余字。全书分上、下两编，每编各十五篇，比《汉书·艺文志》所著录的《齐孙子》还少五十九

---

[1] 叶适：《习学记言》云："凡谓穰苴、孙武者，皆辩士妄相标指，非事实。"全祖望《鲒埼亭集》亦云："《左氏》内外传纪吴事颇详，绝不及孙武，即《越绝》诸书，出于汉世，亦不甚及孙子。水心(叶適)疑吴原未尝有此人，而其事其书，皆纵横家之所伪为者。"

[2] 见钱穆：《先秦诸子系年考辨》卷一《孙武辨》、卷三《田忌邹忌孙膑考》。钱氏云："余既辨吴孙子无其人，又疑凡吴孙子之传说，皆自齐孙子而来……孙膑之称，以其膑脚，而无名，则武殆即膑名耳……后人说兵法者，递相附益，均托之孙子，或曰吴、或曰齐，世遂莫能辨，而史公亦误分以为二人也。"

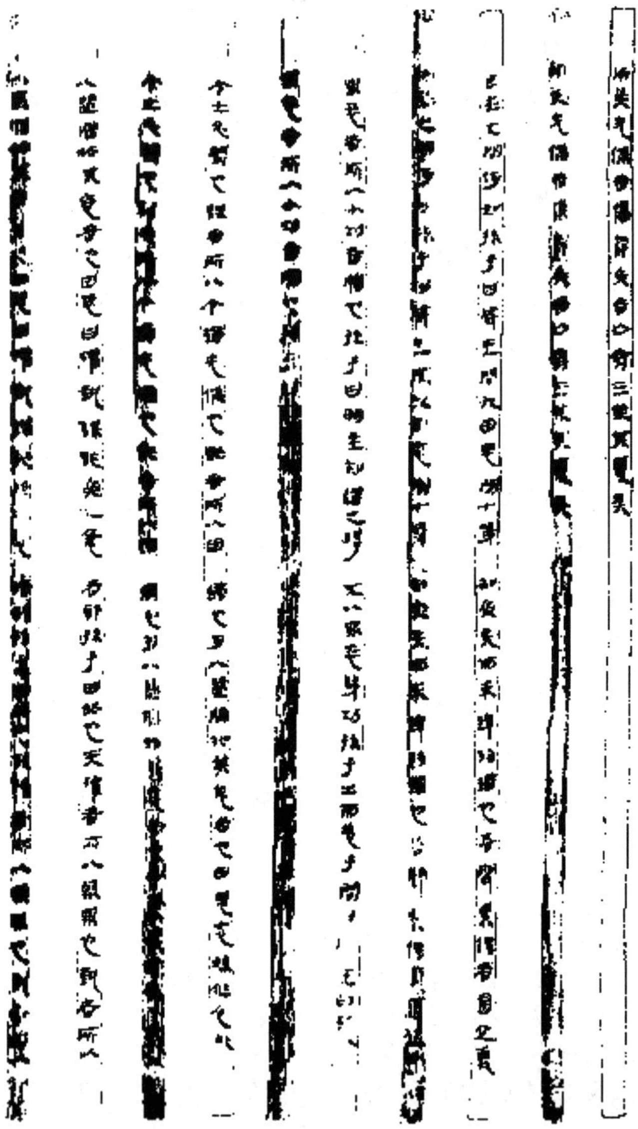

图 3　简书《孙膑兵法》部分竹简及摹本

篇。《齐孙子》很可能与《吴孙子》一样，经任宏校理后附入了其他兵家之作。简书《孙膑兵法》的上编十五篇当为孙膑的作品，下编十五篇则是古代兵家和孙膑后学的作品。除1976年文物出版社出版的三十二开本外，同年该社又出版了线装大字本。1985年，对1976年版的《孙膑兵法》又进行了调整，抽出了原来的下编，上编则补入《五教法》一篇。新版《孙膑兵法》共十六篇，收222简，近5000字。注释《孙膑兵法》的著作有：张震泽的《孙膑兵法校理》，中华书局1984年出版；邓泽宗的《孙膑兵法注译》，解放军出版社1986年出版；傅振伦的《孙膑兵法译注》，巴蜀书社1986年出版；刘心健的《孙膑兵法新编注译》，河南大学出版社1989年出版。

（三）《吴子》

《韩非子·五蠹》篇云："境内皆言兵，藏孙、吴之书者家有之。"《史记·孙子吴起列传》云："世俗所称师旅，皆道《孙子》十三篇、《吴起兵法》，世多有，故弗论，论其行事所施设者。"《汉书·艺文志》有《吴起》四十八篇，著录于《兵书略·兵权谋》类中。可见东汉以前，《吴起兵法》流传颇广，是家喻户晓的兵家名著。唐代《吴子》一书已残缺不全。魏徵的《群书治要》摘录《吴子》中的四篇，内容与今本相同。《隋书·经籍志》和《新唐书·艺文志》均著录《吴起兵法》一卷，《宋史·艺文志》著录《吴子》三卷。盖《吴子》之称，始自《宋史·艺文志》。《四库全书·子部·兵家》类著录《吴子》一卷。今本《吴子》仅存六篇，篇目依次为《图国》《料敌》《治兵》《论将》《应变》《励士》。书前有《吴起初见文侯章》，故有称七篇者。此书明代以前的学者多认为是战国中期的吴起所著。清代以来，有的学者提出《吴子》系汉人或六朝人的伪作，但他们的证据难以令人信服。当代学者多认为今本

《吴子》虽非《史记》《汉书》所著录的《吴起兵法》全本，但从书中所反映的思想内容和军事制度看，非后人所能伪托，基本上是战国时代吴起的作品。古书在流传过程中，难免有后人整理、增删的痕迹，《吴子》一书也不例外。更何况此书散失严重，仅残存原书的六分之一，不能根据今本的片言只语轻易称之为伪书。宋人编辑《武经七书》，将《吴子》收入。此书版本很多，较重要的有宋刻《武经七书》本、黄氏刻本、平津馆本、《二十二子本》、《武经汇解》本、《子书百种》本、《四部丛刊》本、《四部备要》本、《续古逸丛书》本、《诸子集成》本。《吴子》一书在国外也有广泛影响，很多著名的军事院校都把《吴子》列为必读书，现有英、日、俄、法等外文译本。历代研究、注释《吴子》之书有宋人施子美的《吴子讲义》（见《武经七书讲义》），明刘寅的《吴子直解》（见《武经七书直解》），明王士骐的《吴子评释》（见《兵垣四编》），明归有光的《吴子辑评》有《诸子汇函》本。今人傅绍杰有《吴子今注今译》，台湾商务印书馆1976年出版；李增杰有《吴子注译析》，广东高等教育出版社1986年出版。

## （四）《司马法》

《史记·司马穰苴列传》说："齐威王使大夫追论古者《司马兵法》，而附穰苴于其中，因号曰《司马穰苴兵法》。"同书《太史公自序》亦云："自古王者而有《司马法》，穰苴能申明之。"根据司马迁的论述，可以推断：（1）《司马穰苴兵法》编成于战国中期的齐威王时代；（2）在《司马穰苴兵法》成书之前，已有古代的《司马兵法》广泛流传；（3）《司马穰苴兵法》中既包含古代的《司马兵法》，也有司马穰苴自己的军事著作。因此，《司马穰苴兵法》可以看作是古代兵法汇编，并非司马穰苴一人的著作。《汉书·艺文志》把《司马穰苴兵法》著录于《六艺略·礼类》，称《军礼司马法》百五十五篇。自《隋书·经籍志》以后，各正史的《经籍志》《艺文志》或私人目录学著作均列《司马法》于子部兵书类中。《司马法》成书后，流传很广，受到人们的高度重视。司马迁曾说："余读《司马兵法》，闳廓深远，虽三代征伐，未能竟其义，如其文也，亦少褒矣。"（《史记·司马穰苴列传》）荀悦的《申鉴·时事》篇说：

孝武皇帝以四夷未宾，寇贼奸宄，初置武功，赏官以宠战士。若今依此科而崇其制，置尚武之官，以《司马兵法》选位，秩比博士。讲司马之典，简蒐狩之事，掌军功爵赏，小统于五校，大统于太尉，既周时务，礼亦宜之。

东汉以后，《司马法》一书散佚严重。到北宋编辑《武经七书》时，《司马法》被收入《七书》之中，仅余五篇而已。这五篇的题目依次是：《仁本》《天子之义》《定爵》《严位》《用众》。此外，还有散见于《太平御览》《通典》《艺文类聚》等书中的逸文六十余条，共1600多字。清人钱熙祚、任兆麟、王仁俊、张澍等均有辑本。《司马法》的版本很多，现存最早的版本是宋刻《武经七书》本。另如《兵法汇编》本、《曾氏丛书》本、《诸子萃览》本、《子书百种》本、《四库全书》本、《四部丛刊》本、《续古逸丛书》本等，都较常见。较好的注释本有宋代施子美的《司马法讲义》、明代刘寅的《司马法直解》；民国曹元忠的《司马法古注附音义》有《笺经室丛书》本；今人刘仲平的《司马法今注今译》，台湾商务印书馆1975年出版；李零的《司马法译注》，河北人民出版社1992年出版。

## （五）《尉缭子》

《汉书·艺文志》中著录两种《尉缭子》。其一在《诸子略·杂家》类中，二十九篇，注云：六国时，亡。其一在《兵书略·兵形势》类中，三十一篇。今本《尉缭子》二十四篇。历来对《尉缭子》一书争论颇多，争论的焦点之一是该书的作者。历史上有两个尉缭，其一是战国中期魏国军事家，姓尉，名缭，与魏惠王同时，曾在魏惠王面前论兵。其二是秦王嬴政时代的尉缭，大梁人，名缭，被秦王嬴政任命为国尉，因此亦称尉缭。《史记·秦始皇本纪》于秦王嬴政十年（前237年）对此人有记载。魏惠王于公元前369年至公元前319年在位，下距秦王嬴政十年有一百多年，两个尉缭不可能是同一个人。那么，现存的《尉缭子》一书究竟是魏惠王时的尉缭所著，还是秦王嬴政时的尉缭所著？有的学者认为：前后两个尉缭各著一书。《汉书·艺文志·兵书略》中的《尉缭》三十一篇是魏惠王时的尉缭所著，而《诸子略·杂家》类的《尉缭（子）》二十九篇是秦王嬴政时的尉缭所著。果真如此的话，那么今本《尉缭子》究竟是《汉志·兵书略》中的《尉缭》呢，还是《汉志·诸子略·杂家》中的《尉缭（子）》？学者在这一问题上的见解也有分歧。有的学者认为杂家《尉缭（子）》早已亡佚，而兵家的《尉缭》尚存，今本《尉缭子》是兵家的《尉缭》。也有持相反意见者，北宋编辑《武经七书》时，收入了《尉缭子》一书，南宋学者陈振孙提出《尉缭子》一书系后人伪托（《直斋书录解题》卷二〇），此后有不少学者附和陈振孙的说法。于是《尉缭子》为伪书之说几成定论。1972年山东临沂银雀山汉墓中出土了简书《尉缭子》（图4），其内容与今本基本相同，证明《尉缭子》确系先秦古书，至此，这桩千年疑案才得以澄清。《尉缭子》一书继承并发展了自孙武、吴起以来的中国传统军

图4　简书《尉缭子》残简（部分）

事思想，对后世有深远影响。《尉缭子》一书以地下出土的简书为最早版本，传世本则以宋代的《武经七书》为祖本。此外有《子书百家》本、《百子全书》本、《续古逸丛书》本、《丛书集成初编》本。注释《尉缭子》之书有宋人施子美的《尉缭子讲义》（见《武经七书讲义》）；明人刘寅的《尉缭子直解》（见《武经七书直解》《宛委别藏》）；今人刘仲平的《尉缭子今注今译》，台湾商务印书馆1976年出版；华陆综的《尉缭子注释》，中华书局1979年出版；钟兆华的

《尉缭子校注》，中州书画社 1982 年出版。

## 第十四节　杂家人物

**吕不韦**

吕不韦，战国末年濮阳（今河南濮阳县）人，因在韩国阳翟（今河南禹县）经商，善于贩贱卖贵，很快成了家累千金的富商巨贾。有一次吕不韦到赵国经商，在都城邯郸遇见了秦国送往赵国的质子子楚。当时秦赵之间连年争战，故赵国对秦国的质子很不友好，子楚所需物品不能及时供给，生活很艰难。吕不韦见子楚一副可怜相，认为奇货可居，就对子楚说："吾能张大子之门。"子楚说："你何不首先张大自己之门呢？"吕不韦说："吾门待子门而大。"于是吕不韦经常接济子楚，并开始到秦国为子楚谋划。当时秦昭王已年迈，他的太子死后由次子安国君做太子。子楚就是安国君的庶子。安国君有个爱妃，后立为夫人，号曰华阳夫人。华阳夫人没有儿子，常为此事忧虑。吕不韦认定这是个绝好的机会。于是就花费巨金购买一些珍奇玩好献给华阳夫人，并通过华阳夫人之姊向华阳夫人晓以利害，劝说华阳夫人应尽早从安国君诸子中选择贤孝者以为嫡嗣，并乘机向华阳夫人述说子楚聪明、有才智，善于结交诸侯宾客，受到宾客们的广泛赞誉。于是华阳夫人向太子安国君请立子楚以为嫡嗣。安国君答应了华阳夫人的请求，刻玉符立子楚为嫡嗣，并请吕不韦为子楚之傅。公元前 251 年，秦昭王死，太子安国君即位，华阳夫人为王后，子楚被立为太子。安国君即位一年就去世了，谥为孝文王。太子子楚即位为秦王，即庄襄王。庄襄王以吕不韦为丞相，并封其为文信侯，食河南洛阳十万户。庄襄王即位三年，薨，太子政立为秦王，即后来的秦始皇。秦王政即位时，年仅十三岁，"尊吕不韦为相国，号称仲父"[1]。吕不韦名位显赫，乃至"家僮万人"[2]。因秦王政年少，秦国的许多政事都由吕不韦决定。当时魏国的信陵君、楚国的春申君、赵国的平原君和齐国的孟尝君都因善养宾客而显名诸侯。吕不韦也不甘示弱，乃招集天下之士厚养之，食客多达三千人。吕不韦还让食客们各擅其长，著其所见所闻，然后汇为一编，"以备天地万物古今之事，号曰《吕氏春秋》"[3]。书成之后，在咸阳市门发布文告，并以厚金悬赏，称四方游士宾客有能增损其书一字者则赏千金。宾客们都畏惧吕不韦的权势，不敢更改其书，但此举广告效应极佳，天下人都知道吕不韦编了《吕氏春秋》一书。秦王政九年，嫪毐与太后私通之事被揭发，此事牵连相国吕不韦，秦王政罢免吕不韦相国之职，吕不韦回到自己的封地河南洛阳。吕不韦所养的宾客都络绎不绝地跟随到洛阳。秦王政害怕吕不韦与这些宾客图谋不轨，就赐书文信侯，令其迁往蜀地。吕不韦乃饮酖而死。

---

[1] 《史记·吕不韦列传》。
[2] 《史记·吕不韦列传》。
[3] 《史记·吕不韦列传》。

## 第十五节　杂家著作

**《吕氏春秋》**

《吕氏春秋》又称《吕览》《吕子》。《史记·十二诸侯年表》云："吕不韦上观《尚书》，删拾《春秋》，集六国时事，以为'八览''六论''十二纪'，为《吕氏春秋》。"同书《吕不韦列传》亦云："吕不韦乃使其客人人著所闻，集论以为'八览''六论''十二纪'，二十余万言，以为备天地万物古今之事，号曰《吕氏春秋》。"明确指出此书为门客集体编著。《汉书·艺文志·诸子略·杂家》类中著录《吕氏春秋》二十六篇。二十六篇为"八览""六论""十二纪"总数之和。实则每《览》分为八篇，第一《览》少一篇，"八览"共六十三篇；每《论》分为六篇，"六论"共三十六篇；每《纪》分为五篇，"十二纪"共六十篇，外加《序意》一篇，全书总共为一百六十篇。今本《吕氏春秋》一书"十二纪"在前，"八览"居中，"六论"在后，与《史记·十二诸侯年表》及《吕不韦列传》次序不同。古代著述习惯上序言都放在书的最后，如《史记》的《太史公自序》就置于全书末尾，《汉书》中的《序传》也放在全书之后，而今本《吕氏春秋》的《序意》篇恰好在"十二纪"之后，在"八览"之前。无论如何，全书之序不应夹在书的中间，据此可以推断：《史记·十二诸侯年表》和《吕不韦列传》所列的次序是对的，今本《吕氏春秋》的篇目次序是经后人有意颠倒形成的。

《吕氏春秋》中的"十二纪"按照《礼记·月令》的次序和内容编排，一年四季，每季三个月，分别为孟、仲、季。如一月为"孟春纪"，内含《孟春》《本生》《重己》《贵公》《去私》五篇；二月为"仲春纪"，内含《仲春》《贵生》《情欲》《当染》《功名》五篇，以此类推，直至"季冬纪"，每"纪"都含五篇。"八览"的次序是：《有始览》《孝行览》《慎大览》《先识览》《审分览》《审应览》《离俗览》《恃君览》。除《有始览》七篇外，其余每一览都含八篇，每览之名也即该览第一篇之名。"六论"的次序是：《开春论》《慎行论》《贵直论》《不苟论》《似顺论》《士容论》，每论含六篇，每论之名也即该论第一篇之名。从全书看，有些内容相关的篇目比较集中，如"孟夏纪"的后四篇都论教育，"仲夏纪"的后四篇和"季夏纪"中的《音律》等三篇都论音乐，"孟秋纪"中的《荡兵》等三篇、"仲秋纪"的后四篇都论军事，《士容论》中的《上农》等三篇都论农事。其余各篇从内容上看没有必然联系。由于该书成于众人之手，这些作者来自各流派，因此全书的内容比较驳杂，各家学派的观点都有，因而被称为"杂家"。吕不韦招集门客编写此书是有其政治用意的，全书反映了战国末期各流派在学术上百川归海的历史趋势。此书能积极、客观地对待先秦时代的文化遗产，公开申明超越学派门户成见，采集诸家之长，显示了对诸子百家兼容并蓄的宽广胸怀。在中国文化史上，这是第一部有统一体例、按预定的方案集体编纂完成的理论著作。书中保存了大量宝贵的史料，为研究先秦时代的历史文化提供了极大的方便。《吕氏春秋》问世后，在社会上产生很大影响。最早为《吕氏春秋》作注的是东汉的高诱。清代以来校补、注释《吕氏春秋》的著作较多，如：梁玉绳的《吕氏春秋校补》和《续补》，有《校经山房丛书》本和《周秦诸子校注十种》本；蔡云的《吕子校补献疑》，有《聚学轩丛书》（第一集）本；毕沅的《吕氏春秋新校正》，有《四部备要》本；李宝洺的《吕氏春秋高注补正》，有江苏武进李氏排印本，《汉堂类稿》本；茆泮林的《吕氏春秋补校》，有《鹤寿堂丛书》本；陈昌齐的《吕氏春秋正误》，有《赐书堂全集》本，《周秦诸子校注十种》本；许维遹的《吕氏春秋集释》，文学古籍出版社1955年出版；蒋维乔的《吕氏春秋汇校》，有中华书局本；陈奇猷的《吕氏春秋校释》，学林出版社1984年出版；张双棣等合著的《吕氏春秋译注》，吉林文史出版社1986年出版。

# 第四章 教 育

## 第一节 官学的没落和私学的勃兴

中国的学校，早在夏代就已经存在。《孟子·滕文公上》曰："夏曰校，殷曰序，周曰庠，学则三代共之。"《礼记·明堂位》亦曰："序，夏后氏之序也。"经过夏商两代的不断发展与完善，到西周时，在土地"国有"的基础上，逐渐形成了一套比较完备的"学在官府"的教育体制。当时最高的教育机构是国学，是专门为培养周天子、诸侯及其他贵族子弟而设立的学校，有辟雍、泮宫等称谓。其学制有七年的小学和九年的大学两种，并且入学年龄在其阶层内部也有严格的规定，不得任意更改。乡学是在地方专门为培养士人、贤达而设立的低级学校。当时的文化教育权完全被统治阶级所垄断，庶人和奴隶则没有入学受教育的权利。国学和乡学的教育内容有知、仁、圣、义、忠、和"六德"；孝、友、睦、姻、任、恤"六行"；礼、乐、射、御、书、数"六艺"。这种"学在官府"式教育的结果便是贵族阶层世世为官、代代受教育。他们既占有物质生产资料，又占有精神生产资料，从两个方面对广大劳动人民进行统治。

"学在官府"的教育体制发展到最后，其弊端就逐渐暴露出来。广大贵族子弟在奢侈安逸的生活之中，渐渐地把教育当作一种累赘。周大夫原伯鲁就公开承认："可以无学，无学不害；不害而学，则苟而可。"（《左传·昭公十八年》）因而在其贵族阶层内部出现了一大批不学无术、昏庸腐败之徒。让这些昏庸之辈来执掌政权，可想而知，决不会把国家治理好。随着周王室的东迁，这种弊端已经表面化，在政治上出现了"礼乐征伐自诸侯出"的局面。随之而来的便是学术的下移，天子所掌握的教育大权逐渐下移到各个诸侯国。其表现是周王室所掌管的图书文献大量外流。周敬王元年（前519年），周王朝发生了王子朝起兵争夺王位的叛乱，失败后，王子朝将周王室所藏的图书文献洗劫一空，并带领召氏、毛氏、尹氏、南宫氏等贵族及百工逃到楚国，史称"典籍南迁"。在鲁国，还保留着大量周王室的图书文献，故晋国执政大夫韩宣子到鲁国聘问时，观于太史氏，发出了"周礼尽在鲁矣"（《左传·昭公二年》）的惊叹。另外，大批的教育人才也在大量外流，据《论语·微子》记载：

大师挚适齐，亚饭干适楚，三饭缭适蔡，四饭缺适秦，鼓方叔入于河，播鼗武入于汉，少师阳、击磬襄入于海。

这样，使原来的教育中心由一个而变为数个。故孔子在与郯国国君郯子的一番长谈之后，慨叹："吾闻之，天子失官，学在四夷，犹信。"(《左传·昭公十七年》)

在王权衰落之后不久，诸侯的权力也发生了动摇，由权在公室而下移为权在私门，诸侯公室之权为执政的卿大夫所把持。由于政出多门，使得统治阶级对教育权的控制也越来越松懈，这就为学术下移到士阶层和私学的逐渐兴起打开了便利之门。此时的私人藏书也多了起来，如墨子"南游使卫，关（扃）中载书甚多"(《墨子·贵义》)，"惠施多方，其书五车"(《庄子·天下》)，苏秦出游"乃夜看书，陈箧数十"(《战国策·秦策一》)。士阶层通过读书，掌握了丰富的知识，从而培养了一批学术大师和饱学之士。

中国古代的私学始于何时，史无定论，但从现存的确切文献资料中可以看到，在孔子以前和与其同时，私学就已经出现了。在孔子稍前，郑国的邓析就已经开始兴办私学授徒，"民之献衣、襦、袴而学讼者，不可胜数"(《吕氏春秋·离谓》)。在鲁国，还有一位名叫王骀的人，"从之游者，与仲尼相若"(《庄子·德充符》)。到孔子时，大兴私学，广收门徒，创立了儒家学派，史称他有"弟子三千，身通六艺者七十二人"(《史记·孔子世家》)。在其影响下，稍后又出现了一位大办私学的墨子，"墨子服役者（弟子），百八十人"(《淮南子·泰族》)。墨子之后，兴办私学之风更为盛行，除儒、墨两家外，道、法、名、农诸家也都有私学存在：

> 其数散于天下，而设于中国者，百家之学时或称而道之。天下大乱，贤圣不明，道德不一。天下多得一察焉以自好。譬如耳、目、鼻、口，皆有所明，不能相通。犹百家众技也，皆

有所长，时有所用。(《庄子·天下》)

"从师受道"成为一种时尚。道家的田骈在齐国"资养千钟，徒百人"(《战国策·齐策》)，宋钘、尹文"聚人徒，立师学"(《荀子·正论》)，"周行天下，上说下教"(《庄子·天下》)；法家的淳于髡在死后，"诸弟子三千人为缞绖"(《太平寰宇记》卷一九)；儒家的孟子"后车数十乘，从者数百人，以传食于诸侯"(《孟子·滕文公下》)；农家的许行，"其徒数十人，皆衣褐，捆履，织以为食"(《孟子·滕文公下》)。私学的声势之盛，如决堤的洪水不可阻挡，故《吕氏春秋·当染》云：孔、墨死后，"从属弥众，弟子弥丰，充满天下，王公大人，从而显之，有爱子弟者，随而学焉，无时乏绝"，使孔、墨之学成为当时天下的"显学"。

私学不同于官学之处，在于它有很大的自主性和灵活性，不受社会环境和地理环境的限制。在对士阶层的培养上，有其独到之处。

在教学内容上，各派私学也有所不同，孔门私学以重仁、重礼为主，故在向弟子传授学业时，仍以礼、乐、射、御、书、数"六艺"为主要教学内容。另外，在"六艺"之外，孔子还认真掌握每个学生的个性差异，认为"柴也愚，参也鲁，师也辟，由也喭"(《论语·先进》)。据此，把众弟子分为不同的类别，如在德行方面较突出的有颜渊、闵子骞、冉伯牛、仲弓；在语言方面比较擅长的有宰我、子贡；在政事方面比较干练的有冉有、季路；在文学方面比较超群的有子游、子夏。孔子对这些弟子分门别类地加以培养，不同类别的弟子施以不同的教学内容，体现了孔子的"因材施教"的教学原则。出身于社会下层，并有丰富生产、技术知识的墨子及其门人，在教学内容上与孔子不同，他主要侧重于与社会联系比较紧密、比较实用的科学基本知识为教学内容。这一点，在《墨子》一书中体现得比较明显，书中记载了许多有关几何学、力学、光学等科学知识，以及一些手工业和军事方面的各种技术。这些知识和技术来源于生产实践中的日积月累，通过私学来加以传播，以达到"饥者得食，寒者得衣，劳者得息"（《墨子·非命》）的目的。

在教学对象上，各家私学都普遍把视线转向社会的下层。孔子最早提出"有教无类"的教育方针，即不分出身的贵贱、社会地位的高低，皆可入学受教。在孔门弟子当中，既有出身鲁国公族，身为鲁国大夫的孟懿子，又有贫困到"一箪食、一瓢饮、在陋巷"（《论语·雍也》）的颜回，以及"性鄙，好勇力，志伉直，冠雄鸡，佩豭豚，陵暴孔子"（《史记·仲尼弟子列传》）的子路和"家贫，衣若悬鹑"（《荀子·大略》）的子夏。另外，还有身为"梁之大盗"（《吕氏春秋·尊师》）的颜涿聚等人。就是孔子本人，也属于"少也贱，多能鄙事"（《论语·子罕》）的没落士阶层。南郭惠子曾问过子贡："夫子之门何其杂也？"子贡答曰：

> 君子正身以俟，欲来者不距，欲去者不止。且夫良医之门多病人，檃栝之侧多枉木，是以杂也。（《荀子·法行》）

孔子的这种不以贵贱、尊卑来收徒传道的做法，冲破了种族、地域和阶级的界限，并且"自行束脩以上，吾未尝无诲焉"（《论语·述而》）。因而使得平民有了更多受教育的机会，逐渐打破了奴隶主贵族对文化教育的垄断权。墨家私学和门徒也多为"匹夫徒步之士"和小手工业者，因此，墨子提出了以"农与工肆之人"为教育对象的教育方针，比孔子的"有教无类"更接近于下层社会。墨子的门徒都颇能吃苦耐劳，其第一个弟子禽滑釐事他三年，手足生老茧，面目黝黑。这种精神，恐怕贵族子弟难以做到。另外，战国时期的纵横家张仪、苏秦，法家李斯等人，都出身微贱。他们通过刻苦学习，成为闻名天下的贤能之士。

在教学形式上，春秋战国时期诸家私学的共同特点就是学无定所，随处皆可为课堂。孔子率众弟子周游列国，在游学途中，随时解答弟子们所提出的问题。例如，在前往宋国途中，"与弟子习礼大树下"（《史记·孔子世家》）。并且，一路之上，若遇到有想投师学艺者，则随时收留。在孔子晚年，其教学的地点才固定下来。现在山东曲阜孔庙中的杏坛，据说就是孔子晚年讲学的地方。墨家的弟子因为多是手工业者和农夫，所以教学之地遍及乡里间巷和田间地头。另外，墨家同儒家一样，也有游学之风，墨子就曾率弟子至齐、使卫，并且两次到楚国。受这种学无定所的影响，战国时的诸家私学也纷纷仿效，孟子曾两次游学于齐，并在稷下学宫讲过学；荀子也曾率韩非、李斯等弟子游学于稷下。另外，其他诸家都曾先后到过稷下学宫讲学，稷下成了他们临时的教学和栖身之所。

在私学极盛的春秋晚期和战国时期，"学在官府"的国学和乡学仍在一定范围内存在着。相对私学而言，可以把官方兴办和管理的国学与乡学称之为官学。私学在与官学的竞争中具有明显的优势。官学因其教学内容的刻板、陈旧，无法适应社会发展的需要，甚至一些贵族子弟也转而投奔私学，因而官学无可挽救地衰落下去。

到战国时期，一些统治者对官学所面临的严重危机已有所察觉，为挽救其衰运，在齐国的临淄出现了"官私联营"的稷下学宫。稷下学宫可以说是为官学寻求新的出路的一例成功的尝试。在齐宣王时期（前319—前301年），稷下之学非常兴盛，稷下学士"且数百千人"（《史记·田敬仲完世家》）；在齐湣王时期（前300—前284年），"稷下学士更盛，多至数万人"（范文澜：《中国通史简编》）。天下各家私学的大师及其弟子皆云集于此，有儒家的荀子（赵人）、徐劫和其弟子鲁仲连（齐人）；有道家的宋钘（宋人）和其弟子尹文（齐人）、环渊（楚人）、接子（齐人）、季真（齐人）、彭蒙（齐人）和其弟子慎到（赵人）、田骈（齐人）；有阴阳家邹衍（齐人）、邹奭（齐人）；还有"学无所主"的淳于髡（齐人）等。[1] 可以说，稷下学宫名副其实地为天下私学提供了一个很好的教学场地和进行学术交流的论坛。作为当时的教育和学术中心，稷下学宫既发扬光大西周官学的办学形式，又综合吸收春秋战国时期各家私学的办学长处。稷下学宫直接由齐国官方提供经费，在教学形式上，大体与私学没有多大区别。在稷下，"齐宣王褒儒尊学，孟轲、淳于髡之徒，受上大夫之禄，不任职而论国事"（《盐铁论·论儒》）。凡被列为卿、大夫、学士者，齐国皆"为开第康庄之衢，高门大屋尊宠之"（《史记·孟子荀卿列传》）。此外，在稷下，对各家私学的师徒没有人身限制，来去自由，做到来者不拒，热情招待；去者不止，厚金相送。孟子第一次离开齐国时，齐威王以"兼金一百镒"相送。在稷下，还允许百家争鸣、自由辩论，学术氛围极其浓厚和活跃。稷下学宫还有一套比较严格的管理制度，据郭沫若、闻一多等人考证："《弟子职》当是稷下学宫之学则"（《管子集校》），从而使稷下学宫接近

---

[1] 参见毛礼锐、沈灌群主编：《中国教育通史》第一卷，山东教育出版社1985年版，第184—185页。

于较完备、有组织、有领导的正规化的学校。英国著名学者李约瑟把这种"官私合营"的自由联合体称之为"稷下书院"。他说："在中国，书院的创始可追溯到这个很早的时期，其中最有名的是齐国首都的稷下书院。"[1]具有空前规模的稷下学宫，在文化教育上硕果累累，不仅培养了大批的人才，而且还形成了许多新的学术派别，对整个战国时期"百家争鸣"学术局面的形成，产生了重大影响。

## 第二节 私学与士阶层

士是春秋战国时期一个特殊的社会阶层。在当时，士阶层中有文士和武士之分，其中以文士为主。文士是在私学兴起后，从士队伍中分离出来的知识分子阶层，如儒、墨、道、法等学派的代表人物及其弟子都是文士。他们是从事"藏书策、习谈论、聚徒役、服文学而议论"（《韩非子·显学》）的脑力劳动者，都有较高的知识和才干，是当时士阶层中的佼佼者。当时的私学对士阶层的影响很大，它培养了大批的文人学士。据记载：晋国执政赵襄子在一天之中就破格提拔了中牟县的庶人出身的士章、胥己为中大夫，从而使"中牟之人，弃其田耘，卖其宅圃而随文学者邑之半"（《韩非子·外储说左上》）。可以说，士是当时私学教育的直接受益者。同时，士又是各家私学的宣传者和传播者，促进了当时的学术界和思

---

[1] 李约瑟：《中国科学技术史》第一卷第一册，科学出版社1975年版，第199页。

想界的空前繁荣，形成了战国时期"百家争鸣"的活跃局面。

各家私学所培养的士都是当时社会出类拔萃的人才。孔子弟子三千，其中就有七十二贤人，这些人从师受教的最终目的是为了摆脱贫困，提高自己的社会地位，他们都希望自己的才学能被执政者所看中，并为其所用。孔子本人为了达到这一目的，曾率众弟子周游列国。在鲁国，孔子曾先后担任中都宰、司空、大司寇等职，并摄相事，在齐鲁夹谷之会上大展其才，挫败了齐侯的阴谋，为鲁国赢得了尊严。其弟子也有十数人在各国诸侯和卿大夫那里担任要职，掌管国政、家政和邑政。如，子贡曾任卫国和鲁国之相，冉有、仲弓、子路等十数人曾为鲁国执政季氏的家宰。据载，季氏"养孔子之徒，所朝服而与坐者以十数"（《韩非子·外储说左下》）。墨子也曾为宋国大夫，其弟子高石子到卫国为官，胜绰到齐国事大夫项子牛，耕柱子到楚国为官，孟胜为楚国阳城君守城而战死，其"弟子死百八十三人"（《吕氏春秋·上德》）。春秋时期，由私学培养出来的士阶层虽然已开始登上政治舞台，但是由于当时官学还在一定范围内存在，私学的影响力还不十分强大，故各国用士之风还不十分盛行。孔子周游列国，"干七十余君而无所遇"（《史记·儒林列传》），就说明了这一点。

战国时期，私学已在全社会范围内普遍推行，官学已完全没落。一些庶民阶层也加入到士阶层中来，其途径就是投身于私学，接受教育，以求通过读书学艺而步入仕途，谋取高官厚禄。对此，荀子曾这样说过：

我欲贱而贵，愚而智，贫而富，可乎？曰："其惟学乎！"（《荀子·儒效》）

韩非也说过：

> 今修文学，习言谈，则无耕之劳而有富之实，无战之危而有贵之尊，则孰不为也？（《韩非子·五蠹》）

并且，这些以学取得功名的士阶层都非常勤奋。据史载，苏秦第一次游说秦国无功而返，"乃夜发书，陈箧数十""读书欲睡，引锥自刺其股，血流至足"（《战国策·秦策一》）。"头悬梁、锥刺股"的历史典故，就是从这而来。

士阶层所学的多为一家或数家之学，他们是一批具有真才实学的高级知识分子。他们善于运筹帷幄，谋划定国安邦之策。在动荡不安的战国时期，烽烟四起，七雄称霸，为了立于不败之地，各国君主便网罗大批才能之士，为己所用，因而促使战国时期养士、用士之风盛行。这时候的士，"不受国家、宗教、经济地位和政治地位的限制，只要有文化，善谈说，具备不同的才能，无论走到哪个国家，都会受到优礼，乃至委以重任。"[1]

这些凭着自己真才实学而步入政治舞台的士人，在思想上极为活跃，在政治上积极进取。对旧贵族的腐朽、没落与保守也极为痛恨，因此要求破除弊政，进行改革，成为战国时期轰轰烈烈的变法运动的主力军。在长达七八十年的时间里，李悝相魏文侯，在魏国进行变法；申不害相韩昭侯，在韩国变法；公仲连相赵烈侯，在赵国进行变法；邹忌相齐威王，在齐国实施新政；吴起相楚悼王，在楚国进行变法；商鞅为秦孝公的大良造，在秦国先后进行了两次变

---

[1] 金景芳：《中国奴隶社会史》，上海人民出版社1983年版，第363页。

法。这些名士，分属于不同的私学派别，凭着各学派学术和思想的影响力，在各国施展其才华。这可以说是各派私学成果在不同的社会环境中的一次实践检验和学术交流，其结果加速了旧制度的解体，促进了新制度的形成。

战国时期的游学之士到处聚众讲学、互相争辩，不遗余力地对各派私学的学术成果进行大力宣传。齐国的稷下学宫就是各派私学及其学术思想汇聚、辩论的场所。聚集的学派有儒、墨、道、法等诸家和孟子、荀子、淳于髡、邹衍、慎到等大师数百人。齐威王及其以后的几位国君都比较开明，他们深知各家学说的庞杂，虽然对大小学派在政治和待遇上有所不同，但在学术上一律平等，实行自由辩论的学术开放政策。各学派也都力求本派的学说能为齐王所采纳，因此竞相争鸣，都希望以自己的学说压倒对方，使对方折服。并且，这些大师都具有雄辩的才能，善于以理服人。如史称淳于髡为"炙毂过髡"，邹衍为"谈天衍"，邹奭为"雕龙奭"，田骈为"天口骈"（《史记·孟子荀卿列传》）。在稷下，最典型的要算鲁仲连与田巴的争辩。有"千里驹"之称的鲁仲连认为田巴夸夸其谈，不务实际，便登台与田巴争论：

> 齐辩士田巴，服狙丘，议稷下，毁五帝，罪三王，服五伯，离坚白，合同异，一日服千人。有徐劫者，其弟子曰鲁仲连，年十二，号"千里驹"，往请田巴曰："臣闻堂上不奋，郊草不芸，白刃交前，不救流矢，急不暇缓也。今楚军南阳，赵伐高唐，燕人十万，聊城不去，国亡在旦夕，先生奈之何？若不能者，先生之言有似枭鸣，出城而人恶之。愿

先生勿复言。"[1]

从而折服了田巴，使田巴"终身不谈"。在辩论中，各家也相互吸收，取长补短，不断融合。在稷下末期，出现了两个综合各家的思想体系：一是名托道家，兼采儒、墨、名、法各家精华而自成体系的黄老学派；二是以儒家为主体，集各家之大成的荀子。稷下学宫浓烈的学术空气、充分民主的学术氛围是整个战国时期"百家争鸣"局面的一个缩影，各派著书立说，各抒己见，使其规模和声势越来越大，在学术界和思想界形成了一道独特的文化景观。

春秋战国时期经济的不断发展，促进了科学技术的进步。社会亟需对过去的经验进行科学的总结，使其能够满足人们生产实践的需求。这一艰巨的历史使命便落在士阶层的身上，在这一方面，墨家、农家、阴阳家等各家作出了卓越的贡献，他们通过科学基本知识的传播，丰富了人们的头脑，推动了生产的发展，促进了社会的进步。

## 第三节　春秋战国时期的教育家

在私学的传播当中，各家学派都出现了一些著名的教育家，其中最主要的有孔子、墨子、孟子、荀子等人。

孔子在中国古代教育史上首开私人办学之风，所办私学是春秋

---

[1] 《史记·鲁仲连传》正义引《鲁仲连子》。

晚期规模最大、时间最长、组织最完备的私人学校，孔子授徒三千，贤者七十二，培养了大批有才干的弟子。他在中国教育史上的地位，如同苏格拉底在古希腊教育史上的地位，声誉之高，为后代为师者所望尘莫及。他死后，被后世统治者和学人尊崇为"圣人""至圣先师""万世师表"等等。据历史记载，孔子因受周礼的熏陶，六岁"为儿嬉戏，常陈俎豆，设礼容"（《史记·孔子世家》），"十有五而志于学"（《论语·为政》）。在三十岁左右，便以学识渊博而知名天下，并开始收徒办学。从此便开始了兴办私学，从事教育的生涯。在五十五岁时，孔子率众弟子离开"父母之邦"，游学于诸侯，历经卫、曹、宋、陈、蔡、郑、楚等十几国。经历了十四年颠沛流离的羁旅生涯，六十八岁时返回鲁国，居于曲阜，开始著书、讲学，"退而修《诗》《书》《礼》《乐》，弟子弥众，至自远方，莫不受业焉"（《史记·孔子世家》）。此时是他兴办私学最盛的时期。鲁哀公十六年（前479年），孔子去世，葬于曲阜城北的泗水之滨。孔子在教育上主要是为了培养"笃信好学，守死善道"（《论语·泰伯》）的君子。对学生采取启发诱导和因材施教的教育方法。对此，孔门弟子和南宋的朱熹都曾给以高度评价："夫子循循然善诱人"（《论语·子罕》）；"孔丘教人，各因其材"（《论语集注》）。在学习上，要求学生"学而不厌""学而时习之"（《论语·学而》）和"温故而知新"（《论语·为政》）等。孔子的这些教育主张多收集于由孔门弟子所编辑整理的《论语》一书当中。孔子在教育实践和教育理论上解决了许多前人未解决的问题，为中国古代教育史开辟了新纪元。

墨子是继孔子之后第二位有巨大影响的教育家。他也曾带领弟子游学于诸侯，先后到过齐、卫、楚等国。通过"上说王公大人，次匹夫徒步之士"来宣传自己的学术主张，因而赢得了"北方贤圣人"的美名。他在教育史上首开了中国古代科技教育的先河,并形成了自己独特的教学方法。墨子主张对古代好的东西要继承,同时还应该在此基础上有所创造;墨子重视实践,强调理论联系实际,强调学以致用。在教学中采取实验方法,来验证科学原理;要求学生学习要专心致志,学必量力。这些教育主张,在《墨子》一书中记载较多。

孟子是继孔子之后的又一位著名的儒学大师,对后世的影响也很大,故有"亚圣"之称。孟子幼年时受其母影响很大,"被慈母三迁之教"(《孟子题辞》)。年长后,"受业子思之门人"(《史记·孟子荀卿列传》)。中年以后的二十余年间,孟子率领弟子游学于齐、魏等国,都受到礼遇,但其学说却终究未被各国诸侯所采纳。晚年回到故乡邹国,教授弟子,著书立说,与其弟子万章、公孙丑等人将其言论编写成《孟子》一书。孟子在教育上继承和发扬了孔子的主张。在教育思想上,以性善论作为其教育理论的基础。在道德教育上,主张清心寡欲,反求诸己,知耻改过,养浩然正气,磨炼意志。也主张"有教无类""因材施教"。在学习上要求学生持之以恒,专心致志,循序渐进。

荀子是战国晚期影响最大的教育家。他长期讲学于稷下学宫,曾三次任学宫的"祭酒",在齐国稷下"最为老师"。晚年曾在楚任兰陵令,被黜后居于兰陵著书讲学。在教育思想上,荀子以性恶论为自己教育理论的基础,为新兴阶级培养"士"和"君子"。主张学以致用,专一不二,除弊去塞,并重视知识的不断积累。著名的思想家韩非和政治家李斯都是荀子的高足,他们都成为战国末期法家学派的杰出代表,在中国文化史上都作出了不朽的贡献。

# 第五章 礼仪风俗

中国素有"礼仪之邦"的美誉。礼仪在中国古代的政治、文化生活中占有极其重要的地位。上至朝会、祭祀等政治、宗教活动,下至婚丧嫁娶等民俗民风,无不与礼仪有关,礼仪成为人们言行的准则,故有"礼,人之干也。无礼,无以立"(《左传·昭公七年》)之说。关于礼仪的起源,郭沫若先生有言:"大概礼之起源于祀神,故其字后来从示,其后扩展而为对人,更其后扩展而为吉、凶、军、宾、嘉的各种仪制。"(《十批判书·孔墨的批判》)由儒家学者整理的礼学专著"三礼"——《周礼》《仪礼》《礼记》,记录、保存了许多春秋战国时期的礼仪,对了解当时的礼仪风俗有重要的参考价值。

## 第一节　婚姻

随着生产力的发展，人的意识观念也有所进步，进入文明时代的人类，逐步确立了一夫一妻的婚姻制度。

周代在严格确立一夫一妻制的同时，又明确规定了实际上的一夫多妻制的合法性，这主要表现在周天子、诸侯和卿大夫等贵族在婚配上盛行的媵妾制。诸侯娶一国之女为妻，为嫡夫人，女方则以姪（兄弟之女）、娣（妹妹）随嫁，此外还有两个与女方同姓的国送女儿配嫁，亦各以姪、娣相从，这统称为"媵"。嫡夫人是正妻，媵是庶妻。《公羊传·庄公十九年》曰："媵者何？诸侯娶一国，则二国往媵之，以姪娣从。"《诗·大雅·韩奕》云："韩侯取妻，汾王之甥，蹶父之子。韩侯迎止，于蹶之里，百两彭彭，八鸾锵锵，不显其光。诸娣从之，祁祁如云；韩侯顾之，烂其盈门。"凡所媵之国，都是女方的同姓之国，但有时也可破例，《左传》中就有与鲁国异姓的齐国"来媵"的记载。这种媵制，使得姑姪同嫁一人，不分辈分的高低。另外，还有外甥女与姨母同嫁一人及表姪女嫁于外表叔的情况。晋文公与赵衰同娶两个隗姓女子，文公娶妹季隗，以其姊叔隗嫁赵衰，后来，晋文公又把自己的女儿也嫁给了赵衰（《左传·僖公二十三年》）。鲁国"季公若之姊为小邾夫人，生宋元夫人，生子，以妻季平子"（《左传·昭公二十五年》）。公若为季平子庶叔，小邾夫人为平子庶姑。庶姑生宋元夫人，平子与宋元夫人是表兄妹关系，平子娶宋元夫人的女儿为妻。这种不论辈分的奇怪婚俗是原始杂婚习俗的延续。战国以后，媵制随社会制度的变化而消亡。

妾制的出现比媵制略晚。妾的来源比较广，有被掠夺的女奴、犯罪者的妻女、私奔而未经明媒正娶的女子、贫家出卖的妻女等。她们位同奴婢，被视为贱妾。随着宗法制的逐步加强，正嫡之外的庶妻、媵制中的媵，也一律称妾。

在严格的宗法制下，妻妾数目的多少与等级的高低成正比。周天子一娶十二女，一人为王后，其余十一人虽等级不同，但都属于妾。诸侯一娶九女，其中一妻八妾，但实际数字并不止这些。如齐襄公有九妃，又有六嫔，还有"陈妾数千"（《管子·小匡》）。另外，"齐子归止，其从如云"（《诗·齐风·敝笱》）和"诸娣从之，祁祁如云"（《诗·大雅·韩奕》），也都反映了当时诸侯广纳姬妾的情况。卿大夫一妻二妾，嫡称孺人，另有侄娣。士一妻一妾，嫡称妇人，另有一妾。庶人处于社会下层，只有一妻而已。到了战国时代，由于社会制度的变化，等级界限逐渐更新，庶人也可以纳妾，如齐人有一妻一妾者（《孟子·离娄下》）；又如阳子到宋国，宿于逆旅（客店），逆旅之人有妾二人（《庄子·山木》）。

古有言："男子十六精通，女子十四而化，是则可以生人矣。"（《孔子家语·本命解》）男女到十六岁和十四岁时，生理上已基本成熟，此时便可以结婚生子。但是，由于礼法的限制，对成婚的年龄也作了具体的规定：男子三十而娶，女子二十而嫁，这是最为通行的说法。《周礼·地官·媒氏》《礼记·内则》《穀梁传·文公十二年》等皆持此说[1]，此为儒家所提倡的晚婚说。此外还有一说：男子二十而娶，女子十五而嫁。《墨子·节用上》《韩非子·外储说右下》即

---

[1] 《周礼·地官·媒氏》："令男三十而娶，女二十而嫁。"《礼记·内则》："男三十而有室，……女二十而嫁。"《穀梁传·文公十二年》："男子二十而冠，冠而列丈夫，三十而娶，女子十五而许嫁，二十而嫁。"

主此说[1]，此为墨、法两家所提倡的早婚说。婚龄的大小、嫁娶的早晚与家庭的贫富、财产的多寡有关系。国君十五而生子，就是由于财产众多而可以早娶。贫穷之家，衣食不保，无力备置聘金财礼，即使到了娶妻年龄，也难以成婚。春秋战国之际，连年征战，人口大量死亡和流失，为了补充兵源，政府鼓励和强迫早婚以增加人口繁衍速度。齐桓公为了称霸，"令男二十而室，女十五而嫁"（《韩非子·外储说右下》）。越王勾践为了复国灭吴，令"女子十七不嫁，其父母有罪；丈夫二十不娶，其父母有罪。"（《国语·越语上》）。

随着一夫一妻制的逐步确立和发展，春秋战国时代的各种婚姻形式也相继出现。

（一）聘娶婚

又称"买卖婚"，这是父权制逐渐确立、女子地位逐渐下降的产物。女子沦为可以买卖的商品，其最早可追溯到伏羲氏。相传他规定"以俪皮为礼"，以换取女家的同意，达到成婚的目的。到周代，买卖婚演变为聘娶婚。男子按照聘的方式娶妻，其中"父母之命，媒妁之言"起着重要作用。婚姻过程按照"六礼"而行。六礼依次为：纳采，男方遣媒人对女家表示向某女求婚的意愿；问名，女家同意后，便将该女之名及生辰告知男家；纳吉，男女双方交换生辰，各自进行占卜，以求得吉卦；纳徵，又称纳币，卜吉后，男方向女家送聘礼，表示婚姻成立；请期，男家取得女家同意后，派媒人到女家问明结婚日期；亲迎，新郎在亲友陪伴下到女家迎娶。六礼除亲迎一礼有男女双方在场外，其余五礼皆由男女双方父母包办，排斥了青年男女的个人意志，剥夺了其自由恋爱的权利。新婚

---

[1]《墨子·节用上》："丈夫年二十，毋敢不处家，女子年十五，毋敢不事人。"《韩非子·外储说右下》："乃令男子年二十而室，女年十五而嫁。"

之夜，夫妻要行"共牢合卺"之礼。所谓"共牢"，是指举行婚礼时，新婚夫妇共吃祭祀后的肉食，以象征此后夫妻生死与共、白头偕老；"合卺"，是指新婚夫妇各用一片瓜瓢喝酒嗽口，以示此后相亲相爱。在早期规定中，合卺的酒器是"四爵合卺"，即由四只爵和用一个瓠瓜剖成的两只卺，共六只酒器供新婚夫妇用酒漱口三次，头两次用爵，第三次用卺。新妇在新婚第二天必须早起，沐浴盛装，前去拜见公婆，献上枣栗、肉脯、猪肉、牛肉做的菜肴，以示孝心。如果公婆已故，则在三个月后到公婆庙中参拜，叫作"庙见"。这样，新妇才正式成为男家的一员，全部婚礼才告结束。聘娶婚在中国古代的众多婚姻形式中，是唯一标准的婚姻形式。

### （二）收继婚

又称"逆缘婚""转房婚"。其表现是兄亡嫂嫁弟，姊亡妹续嫁给姐夫，嫡子继承父妾，弟亡弟媳转嫁给兄，伯叔母转嫁给侄儿等形式。这种婚姻是一种财产继承转移的变异形式，它继承和维护了原有的亲族关系。春秋时，这种婚制已普遍存在，《左传》中讲的"烝""报"等就是这种婚制的表现。"烝"，是指父亲死后，儿子可娶庶母；"报"，是指兄、叔死后，弟弟或侄儿可以娶寡嫂或婶母。这种婚制得到当时社会道德规范的许可，已成为合法婚姻。其所生育的子女，也享有合法的社会地位，可做诸侯的世子或嫡夫人。如"初，（卫）惠公之即位也少，齐人使昭伯烝于宣姜，不可，强之。生齐子、戴公、文公、宋桓夫人、许穆夫人"（《左传·闵公二年》）。《左传》中有六条关于"烝""报"的记载，且多为中原之国。这是因为，在中原发达的奴隶制下，妇女是用聘财赎买来的，成为夫家的一笔活财产。丈夫死后，为了不使这笔财产外流，寡妻就必须转嫁给本族中年龄相仿或相差不十分悬殊的男子为妻。到了战国时期，封建制逐渐确立起来，小农经济成为封建社会的经济基础，从而产生了封建制下的伦理道德规范，不符合这一规范的"烝""报"婚制便逐渐消失。

### （三）招养婚

又称"招赘婚"，民间俗称"倒插门"，是指女子不离父家，招男子入女家为婿的婚姻形式。这种婚制在战国较为盛行，战国的淳于髡被称为"齐之赘婿"（《史记·滑稽列传》）。秦国在孝公时，"家富子壮则出分，家贫子壮则出赘"（《汉书·贾谊列传》）。可见，招养婚在当时贫民中比较流行。入赘后的男子，被视为贱民，甚至某些公民权利也被剥夺。《睡虎地秦墓竹简》中的《为吏之道》篇附有《魏户律》，其中明文规定："赘婿后父，勿令为户，勿予田宇，三世之后，欲仕仕之，仍署其籍曰：故某虑赘婿某叟之仍孙。"可见其地位之低下。[1]

### （四）掠夺婚

又称"劫夺婚""伴战婚"，是以强行"劫夺"的方式达到成婚目的的一种婚姻形式。它是我国古代的一种古老的婚俗，是在母权制向父权制过渡的历史阶段中产生的。关于掠夺婚，在《易经》中仍可寻其蛛丝马迹："屯如，邅如，乘马班如；匪寇，婚媾。"（《屯》六二）"见豕负涂（土），载鬼一车；先张之弧，后说（脱）之弧。匪寇，婚媾。"（《睽》上九）郭沫若认为它是"男子出嫁"的遗风（《中国古代社会研究》第35页），吕振羽认为它是"描写夺婚的诗歌"（《殷周时代的中国社会》第121页）。另外《仪礼·士

---

[1] 《魏户律》前有"廿五年闰再十二月丙午朔辛亥"的记载。据考证，为战国时魏安釐王二十五年颁布之律令。参看《睡虎地秦墓竹简》，文物出版社1978年版，第392—393页。

昏礼》规定,男方"亲迎"要用全副的黑色装备("载鬼一车"),可能是受这种风俗的影响。掠夺婚在后世也有所流传,就是现在,在我国的西南少数民族当中,仍可看到这种婚俗的遗存。

### (五)冥婚

又称"嫁殇婚""娶殇婚",俗称"鬼婚",是男女两家为死亡子女联姻的一种婚姻形式,它是愚昧迷信的产物。合婚时,一切如仪。冥婚在周代已较为流行,同时也开始被禁止。《周礼·地官·媒氏》有"禁迁葬者,与嫁殇者"的规定。虽如此,仍是屡禁不止,历代都有这种婚俗在秘密进行着。在1949年前,部分地区仍可看到这种习俗。

### (六)离婚

先秦时也有离婚这一现象,只是当时不称为"离婚"[1],而叫作"出"或者"来归"。《穀梁传·成公五年》说:"妇人之义嫁曰归,反曰来归。"《左传·庄公二十七年》:"凡诸侯之女,归宁曰来,出曰来归。"孔颖达疏:"见绝而出,则以来归为辞,来而不反也。"故来归又称大归。春秋时期,来归的现象随时可见,如《春秋·宣公十六年》的"郯伯姬来归",《春秋·成公五年》的"杞叔姬来归",等等,都是被出而遣回娘家。春秋战国时有所谓"七出",也称"七去""七弃",即强行休妻的七种理由,从而使丈夫出妻合法化。"七出"的内容包括:不顺父母、无子、淫、妒、恶疾、多言、窃盗。妻子若犯了其中的一条,则有可能被丈夫赶回娘家。在周代,有些出妻的现象已超出了"七出"的范围。孔子弟子曾参因为妻子饭烧得不熟,就把妻子休掉了。(《礼记·内则》)

---

[1] "离婚"一词最早出现于南北朝时期。《世说新语·贤媛》曰:"贾充前妇是李丰女,丰被诛,离婚徙边,后遇赦得还。"

为了防止出妻的泛滥，统治者往往采取一些措施加以限制。于是，又出现了"三不去"，又称"三不出"，即：丈夫在婚前曾靠女方供养，或者结婚时妻子将财产带到夫家，而妻子离去又无家可归的，可以不去；妻子与丈夫一同服过三年之丧，对父母有大孝行为的，可以不去；娶妻时丈夫贫贱，婚后富贵了，妻子可以不去。（《大戴礼记·本命》）妻子占了"三不去"中的一条，虽犯"七出"，丈夫也不能强制离婚。

与丈夫出妻相对，妻子也可以主动向丈夫提出离婚，因而出现了妻子休丈夫的现象。春秋时齐相晏婴的车夫不求上进，骄傲自大，其妻便提出离婚。（《史记·晏婴列传》）战国时孟子娶妻，见她在卧室内袒露胸背，很不高兴，连门也没进。其妻便以"妇人之义，盖不客宿"为由，向孟母告辞，请求离去。（《列女传·母仪·邹孟轲母》）

此外，还规定有五种女子不能娶以为妻，即"五不娶"。这五种女子为：逆家子不娶，乱家子不娶，世有刑人不娶，世有恶疾不娶，丧妇长子不娶。（《大戴礼记·本命》）另外，还对一些婚姻进行限制，其内容包括：同姓不婚，即同一血统的男女之间不得通婚，因为"男女同姓，其生不蕃"（《左传·僖公二十三年》）。仇雠不婚，《礼记·曲礼上》云："父之雠弗与共戴天，兄弟之雠不反兵，交游之雠不同国。"鲁与齐为雠，而鲁庄公为王姬主婚，与齐为礼，并且到齐迎女，故而大受《春秋》之贬（《春秋·庄公元年》）。居尊亲丧不得嫁娶，《礼记·内则》说女子二十而嫁，但如果遇上父母之丧，则推迟三年，二十三而嫁。

## 第二节　丧葬

丧葬是人生旅途的最后一道程序，所以，中国古代对丧葬之礼特别重视。

春秋战国时的丧礼繁琐而严格，主要程序有：（1）初终：临终之人居于正寝，弥留之际，家属守在床边，以轻薄的纩放在临终者的口鼻之上察验是否有呼吸，验明已断气，诸子及亲属皆哭。（2）复魂：俗称"招魂"。由招魂者拿着死者的衣服，一手执领，一手执腰，面向北方，拉长声音高呼死者的姓名，叫他灵魂回来，反复数次，然后由另一个人接过衣服，为死者穿上，以表示对死者作最后的挽留。（3）帾殓：招魂后把死者遗体安放到正寝南窗下的床上，用角柶（一种似车辄的小型角器）插入死者上下齿之间，把口撑开，以便日后含饭，叫做"楔齿"。用燕几（一种小型木几）固定死者双足，以便日后着履，叫做"缀足"。然后用殓衾覆盖尸体，叫做"帾殓"。对尸体进行整治后，在尸体东侧设酒食，供鬼魂饮用。（4）命赴：派人向死者的上司和亲属、朋友报丧。（5）吊唁致襚：亲友接到丧报后即来吊丧，并慰问死者家属，叫做"唁"。吊唁者带来赠送给死者的衣被，叫做"致襚"。（6）铭旌：按死者生前等级身份制成明旌，上书"某某之柩"，以竹竿挑于堂前西阶之上。（7）沐浴：在堂前西阶西边的墙下掘坎为灶，把洗米水倒进锅中烧热，为死者洁身，洗后把水倒入坎中。又要为死者栉发，剪指甲、趾甲，然后把栉下的乱发，剪下的指甲、趾甲和楔齿用的角柶等一起埋在坎中。（8）饭含、袭、设冒："饭含"是把珠、玉、米、贝等物放在死者口中，并且不同等级所含之物也不同。周制，天子饭黍含玉，诸侯饭粱含璧，大夫饭稷含珠；天子之士饭粱含贝，诸侯之士饭稻含贝。"袭"是为死者穿上新衣，除内衣外，外衣一套为一称。周制，天子十二称，上公九称，诸侯七称，大夫五称，士三称。此外，还用瑱塞耳，用瞑目盖住脸部，并加冠履。袭之后又用衾覆盖尸体，叫作"设冒"，这时，把尸床移到堂中。（9）设重、设燎：用木牌刻成神主，置于中庭，象征死者的亡灵，叫"设重"。晚上在庭中和堂上燃烛，叫"设燎"，以便于死者的亡灵享用供品。（10）小殓：一般人在死亡后第二天，要正式穿着入棺的寿衣，称"小殓"。天子七日小殓，诸侯五日小殓。殓时陈馔于堂下，一面为死者着装，一面祭奠，死者的近亲要抚尸捶胸顿足地哭，以示哀痛。着装已毕，用衾被裹尸，用绞布收束、捆绑。周制，国君用锦衾，大夫用缟衾，士用缁衾。参加小殓的亲友向死者致襚、致奠，主人拜谢。夜间仍继续燃烛于庭中和堂上。（11）大殓：又过了一天，举行入棺仪式，称"大殓"。抬棺木入堂后，主人主妇仍要捶胸顿足地痛哭，然后在棺内铺席置衾，主人奉尸入棺，盖棺，又捶胸顿足痛哭。接着进行一次大规模的祭奠，宾客向死者行礼，主人拜谢，送客后，主人主妇再次捶胸顿足痛哭。已经盛殓尸体之棺称"柩"，停柩称"殡"，大殓礼毕，称"既殡"。大殓后不再设燎。（12）成服：既殡之后，死者家属按血缘关系的远近穿不同等级的丧服。（13）朝夕哭、奠：成服到下葬前，每天一早一晚要在殡前哭奠，遇客吊唁致奠，主人要答拜迎送。（14）筮宅、卜日：请人占卦选择墓地和下葬的日期。（15）既夕哭：在下葬前两天的晚上，在殡前对灵柩做葬前最后一次哭奠。（16）迁柩：下葬前一天，将灵柩迁到祖庙停放，并进行祭奠。（17）发引：下葬之日，柩车启行，前往墓地。（18）下葬：在墓地先掘好墓穴，并铺垫石灰、木炭,灵车到达墓地,又祭奠、铺席于穴底,再把柩平稳放入穴中,随葬品放置左右,棺木和葬品上用棺衣覆盖,叫"加见"。见上又铺席,加上抗木,然后填土,筑土成坟。(19)反哭:葬毕,主人用灵车奉亡人神主而归。回到殡所,升堂而哭。(20)虞祭:反哭之后即进行虞祭,以表达对死者的哀思和安慰。并为死者正式设置桑木神主,上书死者官爵名讳。(21)卒哭:虞祭之后之祭,即最后一次哭奠。(22)祔:卒哭后次日,奉死者神主于祖庙,依昭穆顺序排列,与祖先一起合祭。祭毕,仍奉神主归家,至此,丧礼结束。

丧礼过后,死者的亲属必须身着丧服为其守丧。《仪礼·丧服》规定,丧服有斩衰、齐衰、大功、小功、缌麻五种。并且服制越重,丧服形式也就越粗糙,以示不同程度的哀痛之情。"斩衰"是用最粗的麻布制成,衣旁和下边不缝合。适用于诸侯为天子、臣为君、子为父、父为嫡长子。服斩衰的居丧期是三年,实际上则是二十五个月。"齐衰"用熟麻布制成,缝边整齐。齐衰按居丧期则可分为四等:(1)齐衰三年,是父已去世,子为其母,母为嫡长子服丧;(2)齐衰一年,是父健在,子为其母、夫为其妻服丧;(3)齐衰不到一年,是男子为伯父母、叔父母、兄弟、嫡长子以外的诸子服丧。又已嫁女子为父母,媳妇为公婆,孙子和孙女为祖父母服丧;(4)齐衰三个月,是为曾祖父母服丧。"大功"用细麻布经过加工而制成,服丧期为九个月。"小功"用更细密的麻布加工制作而成,服丧期为五个月。"缌麻"是用精细的熟布制成,服丧期为三个月。

和丧礼相联系,又有葬礼。中国古代视土地为生命之本,讲究入土为安,所以标准葬式为土葬。墓虽然出现很早,但墓上堆封土则出现较晚，孔子曾感叹说："古也，墓而不坟。"（《礼记·檀弓上》）孔子说的坟，就是墓上封土，其功用在便于祭祀。到春秋中期，中原地区的土丘坟已经出现，并普遍流行。《礼记·檀弓上》说孔子去世后，有人从燕国赶来参加葬礼。孔子弟子子夏对客人追述了孔子曾经见到过四种不同形状的土坟丘："吾见封之若堂者矣，见若坊者矣，见若覆夏屋者矣，见若斧者矣。"此时的一般坟丘高四尺左右。以后，逐渐增高。河南固始县侯古堆的一座春秋晚期宋墓，高七米；燕下都一大墓，高十一米；河北平山中山王陵高十五米。从战国中期开始，君王的坟墓专称为"陵"，以下依次修筑，不得僭越。

土葬所用盛殓尸体之具，称为"棺"，棺外隔较大空隙再加一层，称为"椁"，根据等级的不同，棺椁的厚薄、用料、彩绘、层数等也有所不同，"天子棺椁十重，诸侯五重，大夫三重，士再重"（《荀子·礼论》）。考古发掘证明，这种可以称为周制的棺椁制度，战国时期在一定程度上仍在实行。

春秋战国的丧葬习俗仍沿袭商周之风，厚葬在当时极为盛行，既有殉物，又有殉人。随葬的器物多为青铜礼器，而且品种、数量的多寡及形制的大小都与死者的身份相联系，"国弥大，家弥富，葬弥厚。含珠鳞施，夫玩好货宝，钟鼎壶滥，舆马衣被戈剑，不可胜其数，诸养生之具无不从者"（《吕氏春秋·节丧》）。在一些大型墓葬中，还普遍使用车马随葬，山东淄博故城河崖头一座春秋石椁墓，殉马总数不下五百匹；平山战国中山王墓随葬有十二匹马、四辆车，还有五条船。另外，在随葬的器物当中，还可发现有严格的用鼎制度，"礼祭，天子九鼎，诸侯七，卿大夫五，元士三也"（《公羊传·桓公二年》何休注）。春秋时，这种用鼎制度普遍在各诸侯国贵族中使用，其最高组合出现了九鼎八簋的形式，以下顺次减二。春秋中晚期以后，由于严格的礼制被打破和贵族内部贫富的差距，用鼎制度也发生了变化，出现了僭越现象。战国初年的曾侯乙墓出土一套完整的九鼎八簋；平山战国中山王墓曾出土九鼎。人殉是西周以前极为盛行的葬俗，它是以把人杀死或活埋的方式，让其随葬来侍卫墓主人。春秋以后，其势头有所低落，但仍然存在，史书记载，春秋时秦穆公死后，用国之良人子车氏之子奄息、仲行、鍼虎等一百七十七人殉葬（《左传·文公六年》）。战国时，"天子杀殉，众者数百，寡者数十；将军大夫杀殉，众者数十，寡者数人"（《墨子·节葬下》）。先秦时期，还部分地出现了木俑、陶俑来代替活人殉葬，虽如此，但这种殉葬制仍普遍受到人们的反对，孔子曾说过："始作俑者，其无后乎！"（《孟子·梁惠王上》）

## 第三节　祭祀

"国之大事，在祀与戎"（《左传·成公十三年》）。祭祀被列入"国之大事"，可见古人对其十分重视。《春秋经传》记载有郊、大雩、禘、烝、尝、日月、星辰、风云、社稷、五祀、四望山川、先农等祭祀典礼，与《周礼》所记大体吻合。概括起来就是对天神、地祇、人鬼的祭祀典礼。

周代以"圜丘祭天"。古人以天为圆形，故取圜丘为天的象征。祭天的正祭是每年冬至之日在国都南郊的圜丘举行，只有周天子才享有祭天之权，"天子祭天地"（《礼记·曲礼下》）。祭天之前，天子和群臣要沐浴、更衣，独居，以使心地纯敬，这些活动叫做"斋戒"。《礼记·坊记》有"七日戒，三日斋"之说。斋戒后的第二天，天子和群臣清晨来到郊外，面向西方立于圜丘东南侧，鼓乐随之齐鸣，天子亲自"以禋祀祀昊天上帝"（《周礼·春官·大宗伯》）。此祀是在圜丘堆积柴草，把牺牲和玉璧、王圭、缯帛等祭品放在柴垛上，点燃后烟火高高升腾于天，使天帝嗅到气味。祭毕，天子把祭祀用的牲肉赐给宗室、臣下，称为"赐胙"，以示恩宠。此外，还有"以实柴祀日月星辰"和"以槱燎祀司中、司命、风师、雨师"的"实柴祀""槱燎祀"。这两种祭祀也是"禋祀"的一种，并伴随着祭天的"禋祀"一同进行。

大地作为万物之源，备受古人重视，故有"父天而母地"之说。以"方丘祭地"，盖取地方之意。同祭天一样，祭地之权也唯周天子所独有。祭地的正祭，是每年夏至之日在国都北郊水泽之中的方丘上举行。祭地的仪式与祭天不同，是挖坎将祭祀用的牺牲和其他祭品埋入土中，使大地能够品尝祭品。此外，还有"以血祭社稷、五祀、五岳"（《周礼·春官·大宗伯》）的"血祭"。这是一种以血滴地的祭祀。社是土神，据传是共工氏之子句龙，被称为"后土"。稷是谷神，据传是周人的始祖弃，被称为"后稷"。社和稷后来成为国家的代称。五祀是指春神句芒、夏神祝融、中央后土、秋神蓐收、冬神玄冥（《礼记·月令》）。五岳同今之五岳。《周礼》中还有"以貍沈祭山林川泽"的"貍沈祭"，是一种把牺牲和玉帛埋在地中或沉入水中的祭祀。因为祭天和祭地之祀都在国都郊外举行，所以又把两者合称为"郊祀"。

古代的宗庙又称"太庙""祖庙"，是供奉和祭祀祖先的地方。宗庙同社稷一样，被视为国家的象征。"建国之神位，右社稷，左宗庙"(《周礼·春官·小宗伯》)。周代的宗庙制度，一般认为：天子七庙，三昭三穆，与太祖之庙合而为七；诸侯五庙，二昭二穆，与太祖之庙合而为五；大夫三庙，士一庙，庶人不立庙，只在家中祭祀父亲。天子、诸侯宗庙的正祭，春曰祠，夏曰礿（或作禴）、秋曰尝、冬曰烝。此外，还有"祫祭"，为三年之丧毕，在太祖之庙合祭祖先；"禘祭"，为三年至五年的一次大祭。正祭的祭品，天子用"会"，相当于三个"太牢"；诸侯牛、羊、猪并用，称为"太牢"；卿用一牛，称为"特牛"；大夫羊、猪并用，称为"少牢"；士用猪，庶人用鱼。正祭之外，又有"荐新"之祭，就是按照时节月令，将各季的新鲜水果、蔬菜和粮食奉享于宗庙，让祖先也尝尝鲜。

## 第四节　宴飨

《周礼》说："以飨燕（宴）之礼，亲四方之宾客。"(《周礼·春官·大宗伯》) 飨宴之礼包括飨礼与宴礼。飨礼，在太庙中举行，是设酒宴、烹太牢以飨宾客，但并不是真吃、真喝，只是摆摆样子，牛牲"半解其体"，并不分割成小块，献酒爵数有一定的规则。宴礼，又作"燕礼"，在寝宫中举行，烹狗而食，主宾可无拘无束地开怀畅饮，一醉方休。故有人言："飨以训恭俭，燕以示慈惠。"[1] 飨礼规模宏大，有一定规则，重在礼仪往来而不在饮食上。

---

[1]　《左传·成公十二年》，杜预注："享有体荐，设几而不倚，爵盈而不饮，肴干而不食，所以示恭俭"；"宴则折俎，相与共食"。享即飨，两字互通。

天子飨诸侯，或诸侯互相宴飨，称之为"大飨"。其礼仪形式为：宾主进入堂中后，主人向宾客献酒，同时奏乐，宾客饮完之后，又反过来向主人献酒，主人饮后，乐声止。进到堂中时，所歌者为《清庙》之诗，伴以《象武》和《夏籥》之曲。饮酒已毕，曲乐之声止，而改歌《振鹭》之诗。送客时，则歌《雍》诗而送之。此为飨礼的全过程。这些礼节在"礼坏乐崩"的春秋时代已遭受破坏。如鲁国的孟孙氏、叔孙氏和季孙氏就曾在自己的堂上按照周天子的礼仪歌《雍》诗以送客，孔子对他们这种僭越的行为忍无可忍，斥责说："'相维辟公，天子穆穆'，奚取于三家之堂？"（《论语·八佾》）

国君与臣下之间的宴饮，称之为宴礼。宴礼有四等：（1）卿大夫有王事之劳；（2）饮四方聘使；（3）聘使还国；（4）君无事而饮（《仪礼·燕礼》）。在行宴礼的过程中，奏有乡乐，又称"燕乐""宴乐"，以音乐劝食，往往采用《诗》中的《周南》和《召南》等比较欢快活泼的民间歌乐，体现了周代贵族阶层"钟鸣鼎食"的奢侈之风。

在宗法制度下，重孝尊老是社会的普遍风气。养老礼就是在这种环境下产生的，它是对国中老而贤的人及时宴以酒食的一种飨宴之礼。对不同年龄的老者，所养的方式也不同，"五十养于乡，六十养于国，七十养于学，达于诸侯"（《礼记·王制》）。并且所养的对象也有规定："人君养老有四种：一是养三老五更；二是子孙为国难而死，王养死者父祖；三是养致仕之老；四是引户校年养庶人之老。"（《礼记·王制》疏引皇氏云）不同年龄的老者还享有不同的饮食待遇："六十者三豆，七十者四豆，八十者五豆，九十者六豆。"（《礼记·乡饮酒礼》）"五十异粻，六十宿肉，七十二膳，八十常珍，九十饮食不离寝，膳饮从于游可也。"（《礼记·王制》）酒和肉是养老礼中必备的饮食，同时，曲乐也伴随养老礼始终，行此礼时，有天子或其他臣下相伴，以示敬贤敬老，毕恭毕敬。

## 第五节 朝觐

朝觐之礼意在辨明天子与诸侯的等级，以此来加强彼此的联系，便于天子对诸侯进行控制，确立天子的威严地位。《周礼·秋官·大行人》说："春朝诸侯而图天下事，秋觐以比邦国之功。"王畿之内的诸侯，一年朝觐周天子四次；邦畿外五百里侯服的诸侯，每年一朝觐；其外五百里甸服的诸侯，三年一朝觐；又其外五百里采服的诸侯，四年一朝觐；又其外五百里卫服的诸侯，五年一朝觐；又其外五百里要服的诸侯，六年一朝觐；九州之外的方国，一世一朝觐。《周礼》所讲的畿服制度和朝觐制度带有理想化色彩，即便在西周时代也很难实行。

朝礼，在春秋以前专指各诸侯国定期觐见天子的礼仪，与觐礼同。朝礼有"五年一朝天子"（《礼记·王制》）和"三年一朝"（《左传·昭公十三年》杜预注）之说。每逢朝见天子时，诸侯要携带玉帛、兽皮、羽毛等地方特产作贡品，称之为"朝贡"。如《左传·隐公八年》载："郑伯以齐人朝王，礼也。"按照周代的礼法，如果不按时朝见就将被视为大不敬，天子要派兵讨伐。孟子就曾说过："一不朝，则贬其爵；再不朝，则削其地；三不朝，则六师移之！"（《孟子·告子下》）如："宋公不王，郑伯为王左卿士，以王命讨之，伐宋。"（《左传·隐公九年》）到春秋时，由于"礼坏乐崩"，朝礼也发生了混乱，朝的范围扩大了，已不只限于诸侯朝见天子。诸侯相见也可称"朝"。如："齐侯、陈侯、蔡侯、北燕伯、杞伯、胡子、沈子、白狄朝于晋。"（《左传·襄公二十八年》）君臣每日常见也称"朝"。如："（赵盾）盛服将朝。"（《左传·宣公二年》）到战国时，七雄称霸，天子威势已弱，弱小的诸侯觐见强大的诸侯也称作"朝"。如《战国策·齐策》："燕、赵、韩、魏闻之，皆朝于齐。"又"王之大欲可知已，欲辟土地，朝秦楚，莅中国，而抚四夷也。"（《孟子·梁惠王上》）

凡诸侯朝见天子称"觐"，觐礼只有诸侯见天子可用，其他人不可僭越。《仪礼·觐礼》对诸侯觐见天子有详细的描述。诸侯觐见天子，不先进入王都，而在王都郊外的馆舍中暂住，以待王命。天子派使者带着王的冠服、玉璧前去慰问诸侯旅途辛劳，并以此二物象征天子之身前去迎接。诸侯也必须着诸侯的冠服到馆舍门外迎接使者的到来，施以拜礼，使者升阶以宣王命，并授给诸侯玉璧，以示见面之礼，礼毕，诸侯还璧，引使者入内，以束帛乘马送予使者，作为相见之礼，以示对王使的尊重，使者受而不还。诸侯随使者入王都见天子，天子不立即召见，而派人给诸侯安置馆舍，让其休息。诸侯到馆舍后，仍要以束帛乘马送天子所派之人，以示亲近。天子派大夫到馆舍中告诉诸侯朝见天子的日期和朝见天子的礼仪。朝见之日，前来朝见天子的诸侯，凡与天子同姓者从东阶进入王宫，面向西方站立，凡与天子异姓者从西阶进入王宫，面向东方站立。诸侯朝见天子要身穿礼服，行"祢礼"，埋币于地以告行主：将觐见天子。出馆舍乘墨车，车上插着画着交龙的旗子，诸侯手持玉圭前往王宫。天子也身穿礼服，在户牖之间放置一座画着斧纹的屏风，以显示王者的威严；天子的左右各设一只玉几，以显示其尊贵。天子面南而立，背靠屏风以等待诸侯的觐见。诸侯从正门进入朝堂，立于右侧，执圭行拜礼，天子的侍者为其作引见之礼，诸侯呈玉圭于天子，以示相见之礼，天子受其圭，诸侯再行拜礼，然后告辞而出。这就是诸侯觐见天子之礼的全过程。

## 第六节　聘问

聘问是在诸侯定期朝觐天子的间隔当中派遣卿大夫为使者，到京都向天子作礼仪性的问候，并且报告邦国的情况。《礼记·王制》说："诸侯之于天子也，比年一小聘，三年一大聘。"天子派卿大夫见诸侯也称为"聘"。"其天子也有使大夫聘诸侯之礼"（《礼记·王制》疏云）。天子派卿大夫聘问诸侯，是褒奖诸侯在德行方面有突出表现的，如《左传·隐公七年》："冬，天子使凡伯来聘。"

诸侯之间也可互派使者进行聘问，以互致问候，以卿为使者的称"大聘"，以大夫为使者的称"小聘"。各国互来互往聘问，也有定称。其中由国内到国外称"如"，此称为鲁国所专用；由国外到国内则称"聘"，各国皆可用。如《左传·襄公二十年》载："冬，季武子如宋，报向戌之聘也。"（按：季武子自鲁国前往宋国，故称"如"）诸侯之间的聘问，有贺立新君之聘，如《左传·昭公元年》："葬郑敖且聘立君。"又有拜谢军队之聘，如《左传·襄公十二年》载："夏，晋士鲂来聘，且拜师。"又有贺他国筑城之聘，如《左传·襄公二十四年》载："齐人城郏（周王城），穆叔如周聘，且贺城。"诸侯之间聘问，使者必须携带玉帛相赠，称"聘贡"。这种"聘贡"，"自王以下，朝聘玉帛不同"（《左传·哀公十三年》），有一定的等级。春秋时，聘问多在大国之间进行，很少有大国到小国聘问，但小国到大国聘问的却很多，表明诸侯之间等级的差别。小国朝聘贡品之多少，是以其爵位高低而定，爵位越高，贡品越多，反之，则越少。如果贡品不符合标准，就要受到大国的惩处。聘问之礼在春秋时极为频繁，到战国以后，由于社会环境的变化而逐渐消失。

## 第七节 会盟

会盟是指周天子与诸侯之间、诸侯与诸侯之间进行会同和盟誓的一种活动。

会同之礼不同于朝觐之礼，会同的地点不是固定不变的，既可以在京师，也可以在诸侯国。通常是在国门之外建坛筑宫室，以邀天子和诸侯前来参加，晋文公在"践土之盟"前"作王宫于践土"（《左传·僖公二十八年》）。并且，会同之地随季节的变化而有变化，春天会于国之东门，夏天会于国之南门，秋天会于国之西门，冬天会于国之北门。各国会同，还要带来大批军队，成了诸侯大国炫耀武力的大好时机。会同之日，天子在坛上背依屏风而立，公侯伯子男皆立于本国的旗下。天子向诸侯南向行三揖之礼。对同姓诸侯行"天揖"礼，即拱手向上推；对异姓诸侯行"时揖"礼，即拱手平推；对庶姓诸侯行"土揖"礼，即拱手向下推。礼毕，诸侯升坛行献玉帛之礼。在会同的同时，天子、诸侯还要分别祭祀宗庙、社稷、日月、山川。会同典礼结束后，天子宴飨各方诸侯，并有赏赐。会同也有大小之分，天子、诸侯亲自参加的，称"大会同"；天子、诸侯各自派卿大夫参加的，称"小会同"。在西周时代，诸侯不可以邀周天子到本土参加会盟。春秋时因霸主强大，周天子不得不屈尊枉驾。孔子认为晋文公邀周襄王是非礼之举，故讳称"天王狩于河阳"（《春秋·僖公二十八年》）。春秋时，随着天子地位的动摇，权势日衰，会同之礼成为诸侯大国"挟天子以令不臣"的政治工具，周天子有时不得不与众诸侯"分庭抗礼"，《春秋》每每记到此事时，便书曰："天王狩于某某。"

盟誓是在会同之时所举行的一种仪式。誓言由不守信用而产生，"古者不盟，结言而退"（《公羊传·隐公元年》）。自禹征有苗，会诸侯，以誓于师起，才开始有誓言，《尚书》中的《甘誓》《汤誓》《牧誓》等皆属于此。盟誓仪式，一般要举行杀牲、歃血（以牲血涂于口上）。《礼记·曲礼》孔颖达疏曰："盟者，杀牲歃血誓于神也。"并宣读盟书，向神起誓，此称作"盟礼"。盟书的内容，以葵丘之盟为例，记载的是"毋雍泉，毋讫籴，毋易树子，毋以妾为妻，毋使妇人与国事"（《穀梁传·僖公九年》）等与国家、百姓有关的大事。盟誓之辞，多为"有渝此盟，明神殛之，俾队其师，无克胙国"（《左传·成公十二年》）之类的恶言，以取得对方的信任。《春秋》二百四十二年，书盟者达一百一十二次之多。在会盟时，诸侯还要缴纳贡品，称"盟贡"。"盟贡"也有一定的等级，"昔天子班贡，轻重以列，列尊贡重，周之制也"（《左传·昭公十三年》）。诸侯双方结盟以后，若遇有外国入侵或者天灾，必须互相援助，共同作战，生死与共。

## 第八节 蒐狩

狩猎是原始社会谋求生活资料的主要生产手段之一。殷墟甲骨卜辞中仍可看到猎获麇、鹿、兔、狐等记录，随着农业经济的发展，狩猎成为生产活动中的一项副业，继而发展成为一种礼仪性的社会娱乐活动。周代的田猎活动，与军事和祭祀有很大关系，一方面，每逢田猎，天子、诸侯便率大批军队，其场面特别宏大，车马驰骋、弓矢交错，兴师动众，不亚于一场大规模的军事演习。故苏轼有言曰："昔者先王知兵之不可去也，是故天下虽平，不敢忘战。秋冬之隙，致民田猎以讲武，教之以进退坐作之方，使其耳目习于钟鼓旌旗之间而不乱，使其心志安于斩刈杀伐而不慑。"（《教战守策》）另一方面，田猎所获之物可供给宗庙祭祀之用。也可以用于宴飨宾客及"充君之庖"。

周代，田猎已形成一种完备的制度，随着季节的更替，田猎的名称也有所不同，"春蒐、夏苗、秋狝、冬狩"（《左传·隐公五年》）。并且，四季之田猎多在农闲时进行，以做到不伤农。田猎还有一套法规，不按礼法从事，则是暴殄天物，古人认为逆天道而行，会受到上天所降下灾难的惩罚。礼法规定，田猎时不捕幼兽、不采鸟卵、不杀有孕之母兽、不破坏鸟巢，等等。另外，围猎捕杀要围而不合，网开一面，留有余地，让生命力强的禽兽逃离，不能一网打尽。这种做法，也可以认为是古人重视自然界生态平衡、保护野生动物资源的萌芽认识。

田猎之礼同宴飨之礼一样，也要奏乐，只不过不是"宴乐"，而是"军乐"。田猎时，钟鼓齐鸣，旗幡招展，呐喊声四起，以起到威吓、驱赶禽兽的作用。这种大规模的活动只有天子和诸侯才能举行，其田猎之处称为"囿"，是用墙围起的野生动物园，根据身份的不同，其大小也不一样，"天子百里，大国四十里，次国三十里，小国二十里"（《周礼·天官·阍人》疏引《白虎通》）。并且派专人管理，平民百姓不得入内，"迹人，掌邦田之地政，为之厉禁而守之，凡田猎者受令焉"（《周礼·地官·迹人》）。据传，周文王拥有"灵囿"。《左传》中也记载，鲁国有"鹿囿""郎囿"和"蛇渊囿"；郑国有"原囿"；秦国有"具囿"。天子、诸侯在囿中进行田猎时，往往还要征调民众前来助威，帮助驱赶野兽，增加了民众的负担。

## 第九节　节日

中国是以农业立国的文明古国，同时又是一个多祭祀的国家，所以，中国的传统节日，多为农事节日和祭祀性的节日。我国的某些传统节日，早在先秦时期就已有其萌芽和雏形，以后，经过历代的不断发展，最终形成现在的节日风俗。

### 元旦

又称元日、元春、正旦、新正等，是农历正月初一，即今天的春节，也叫新年。《尔雅》对"年"的注释是："夏曰岁，商曰祀，周曰年。"元旦来源于原始社会的蜡祭。据传，蜡祭是神农氏时代的"岁终大祭"。《礼记·郊特牲》载："天子大蜡八，伊耆氏（神农氏）始为蜡。蜡也者，索也，岁十二月，合聚万物而索飨之也。"在一年农事完毕时,便于十二月举行蜡祭,以报答神恩,人们开始庆功,狂欢。"朋酒斯飨,曰杀羔羊,跻彼公堂。称彼兕觥,万寿无疆"(《诗经·豳风·七月》)。在农历新年,人们喝"春酒",庆祝一年的丰收。元旦之日必须悬挂吉祥物,周代就已挂"桃梗"来辟邪去病,据《论衡·订鬼篇》引《山海经》曰:"沧海之中,有度朔之山,上有大桃木,其屈蟠三千里,其枝间东北曰鬼门,万鬼所出入也。上有二神人,一曰神荼,一曰郁垒,主阅领万鬼。恶害之鬼,执以苇索而以食虎。于是黄帝乃作礼以时驱之,立大桃人,门户画神荼、郁垒与虎,悬苇索以御。"[1]以后,这种风俗逐渐沿袭下来,发展成后来的贴门神、春联。

### 立春

它是一年农业生产的序幕。古代以立春为春节,标志着春天已到来。每逢立春之日,周天子率领三公九卿、诸侯大夫到国之东郊,前去迎春,以祭祀春之神——东方青帝。立春之后,人们便又投入到一年一度的农事中去了。

### 上巳

又称元巳、三巳、上除、除巳、三月三等。它是古代青年男女互相约会的节日。"中春之月,令会男女,于是时也,奔者不禁"(《周礼·地官·媒氏》)。男女相会,或在山林,或在水边。另外,在周代,此时人们到水边,用浸泡了香草的水沐浴,以祓除疾病和不祥。

---

[1] 《论衡》所引为《山海经》之逸文,今本《山海经》中无此段引文。

## 寒食

又称冷节、禁烟节。是在清明的前一天,一说在清明前两天。古人寒食禁火,只吃冷食,故叫做"寒食"。据传,寒食节与春秋时晋国的介之推有关。晋文公重耳流亡在外时,跟随者介之推割股肉以解重耳之饥,晋文公回国为君,漏掉了对介之推的封赏,介之推便与母亲一起隐居在绵山。晋文公为了逼他出来,便放火烧山,结果介之推与其母被烧死在绵山上[1]。晋文公为了悼念他,便下令这一天全国严禁生火烧饭,举国纪念。其实,寒食禁火,在很早就已存在,它源于古代禁火俗,经过一冬的干燥,林木易发生火灾,为避免火灾,便提倡禁火冷食,后来被统治阶级纳入礼仪当中,作为固定的礼俗确定下来。"中春,以木铎修火禁于国中"(《周礼·秋官·司烜氏》)。

## 端午

又称端节、端五、端阳等。是在农历的五月初五。关于端午节的起源,其说有四:(1)认为端午起源于纪念屈原[2]。(2)认为端午是吴越一带举行龙图腾崇拜活动的节日[3]。(3)认为端午起源于恶日[4]。(4)认为端午源于夏至[5]。端午节的习俗为吃粽子、赛龙舟,吃粽子是汉代才出现的习俗。赛龙舟在战国时就已存在,1965年在四川成都出土的战国"嵌错赏功宴乐铜壶"上就有赛龙舟的图案。因此,可以推断:在战国晚期,就已有端午节的习俗了。

---

[1] 见《左传·僖公二十四年》。
[2] 南朝梁人吴均:《续齐谐记》和宗懔《荆楚岁时记》。
[3] 《闻一多全集》中的《端午考》和《端午节的历史教育》。
[4] 张心勤:《端午节非因屈原考》,见《齐鲁学刊》1982年第1期。
[5] 刘德谦:《"端午"始源又一说》,见《文史知识》1983年第5期。

### 重阳

又称重九、上九、登高节、秋节等。是在农历九月初九，古人以九为阳数，月日都逢九，两阳相重，故称"重阳"。远在战国时代已有重阳之名，屈原《远游》赋曰："集重阳入帝宫兮，造旬始而观清都。"重阳节有登高远望、饮菊花酒之风俗，战国时已有食菊之俗，"朝饮木兰之坠露兮，夕餐秋菊之落英"（《楚辞·离骚》）。由此可见，在战国晚期，重阳佳节就已初露端倪了。

### 社日

我国是以农业立国的国家，劳动人民与土地分不开，《礼记·大学》篇云："有土此有财。"《白虎通·社稷》篇亦云："人非土不立。"没有土地，就难以生存，故对土地神——社神的崇拜和祭祀备受人们重视。人们把祭土地神的地方称为"社"。社神一般认为是共工之子——后土。祭社的方法也有多种，一种是"瘗埋于泰折"（《礼记·祭法》），一种是"以血祭社稷"（《周礼·春官·大宗伯》）。这两种为天子、诸侯的祭社之法，更普遍的是设坛而祭或树木而祭。《墨子·明鬼》篇说："必择木之修茂者，立以为丛社。"后来，这些祭社之俗逐渐发展为固定的节日——社日。社日分春社和秋社，春社是在立春后第五个戊日举行，是向土地神祈祷请求赐与丰收，并且兼有乡邻会聚宴饮之习俗。秋社在汉代才出现，性质同春社大体相同。

### 祭灶日

祭灶为先秦五祀之一，最初为一种原始的宗教活动，后来发展为一种节日风俗。祭灶日期，有正月、四月、五月、八月、十二月等不同说法，先秦时在夏季，后来固定在腊月二十三或二十四。关于灶神，《礼记·月令》认为是炎帝、祝融。相传炎帝号烈山氏，为少典之后，是中华始祖之一，祝融名重黎，相传为楚国祖先，是颛顼之后，曾做高辛氏帝喾的火正（掌火之官），后世尊之为火神。庄子认为灶神是一女子，"灶有髻"（《庄子·达生》）。司马彪注曰："髻，灶神，着赤衣，状如美女。"灶神是上天派往人间的监护神，"灶神晦日升天，白人罪"（《太平御览》引《淮南万毕术》），所以人们对灶神都惧怕三分。在春秋时，卫大夫王孙贾曾问孔子："与其媚于奥，宁媚于灶，何谓也？"（《论语·八佾》）可见祭灶之俗所从来者远矣。

# 第六章　科学技术

我国有五千多年的文明史，在这漫长的岁月当中，科学技术时时刻刻都伴随并推动着人类文明的不断进步。它是人类文化史的重要组成部分。

我们的祖先以其聪明才智，在天文、历法、医学、数学、物理学、地理学等领域，取得了辉煌的成就，其中就有为世界科技进步作出巨大贡献的"四大发明"。故美国学者罗伯特·坦普尔在其《中国——发现与发明的摇篮》一书中提出，中国科学技术在世界上处于领先地位达十五个世纪之久，近一半的重大科技成就均源于中国，从而为现代科学技术奠定了基础[1]。

---

[1] 《科技日报》1987年陆续转载，《新华文摘》1981年第10、11期摘要转载，题名改为《中国的一百个世界第一》。

中国古代的科学技术，是在与自然界长期接触的过程中出现的。最早的科学技术只是作为一种经验、知识而被人们掌握和利用。到春秋战国时，各流派的学术思想极其活跃，出现了"百家争鸣"的局面。这些都为科学技术的发展提供了肥沃的土壤。

春秋战国时期的科学技术在中国科技史上还处于发轫期，但它为后世科学技术的进步、发展打下了坚实的基础。

## 第一节 天文学

天是人的肉眼所能达到的最高界限，因此，由于对日月星辰等天体的神秘性的关注，我们的祖先很早就进行了天文观测。

春秋战国时期出现了一批著名的天文学家，有晋国的卜偃（活动于公元前650年前后）、鲁国的梓慎（活动于公元前550年前后）、郑国的裨灶（活动于公元前500年前后）、宋国的子韦（活动于公元前480年前后），另外还有公元前四世纪左右齐国的甘德、楚国的唐昧、赵国的尹皋、魏国的石申。其中，最著名的是战国时期齐人甘德和魏人石申。甘德著有《天文星占》，石申著有《天文》，二者合称《甘石星经》。其中记载了一百二十一颗恒星的位置，是世界上最早的恒星表。石申在观测中已使用了与现代赤道坐标系大体一致的坐标方法，此法欧洲直到十六世纪才广为使用。

恒星是夜空中可见到的"不动天体"，在观测其他天体运行时，恒星便成为人们的参照物。古人选择了赤道、黄道附近的二十八个星宿作为坐标，称作二十八宿。它们的名称是：角、亢、氐、房、心、尾、箕、斗、牛、女、虚、危、室、壁、奎、娄、胃、昴、毕、觜、参、井、鬼、柳、星、张、翼、轸。1978年，湖北随县发掘的战国早期曾侯乙墓中，在出土的一只漆箱盖上绘有二十八宿的全部名称，这是迄今为止所发现的最早的二十八宿恒星系统的完整记载（图5）。

图5 二十八宿图象 湖北随县出土

太阳系的九大行星，除地球外，早在战国时期，金、木、水、火、土五星就已被人们观测到，并发现了它们初步的运行规律。当时的人们已能测得木星和火星的运行周期（行星运行一周天所需的时间）和木星、金星、水星的会合周期（行星两次晨见东方的时间间隔）。甘德和石申都测得木星的运行周期为12年（现为11.86年），石申测得火星的运行周期为1.9年（现为1.88年）；甘德测得木星的会合周期为400天（现为398.9天），金星的会合周期为587.25天（现为583.9天），水星的会合周期为136天（现为115.9天）。另外，这五星还有其他的名称，金星又叫明星、启明、太白、长庚、大嚣；木星又叫岁星或岁；水星又叫辰星、小白；火星又叫荧惑、罚星、执法；土星又叫镇星。

春秋战国时期，还保留了一些世界上最早的天象记录。如鲁庄公七年（前687年）"夏四月辛卯夜，恒星不见，夜中，星陨如雨"（《春秋·庄公七年》），这是世界上关于天琴座流星雨的最早记录。又如鲁僖公十六年（前644年），"春王正月戊申朔，陨石于宋，五"（《春秋·僖公十六年》），这是世界上最早的有关陨石的记录。再如鲁文公十四年（前613年），"秋七月，有星孛入于北斗"（《春秋·鲁文公十四年》），这是关于哈雷彗星的最早记录。另外，据《春秋》二百年间的记载：日食共三十七次；其中三十一次经考证是可靠的。[1]

浑仪是我国古代观测天象的主要仪器，根据二十八宿的测定和《甘石星经》的出现，可以证明：早在春秋战国时期就已有相应的观测仪器出现，有些学者称之为"先秦浑仪"[2]，它是后世日益完备的浑仪的祖先。

---

[1] 张培瑜：《〈春秋〉、〈诗经〉日食和有关问题》，见《中国天文学史文集》第3集，1984年版。
[2] 徐振韬：《从帛书〈五星占〉看"先秦浑仪"的创造》，见《考古》1976年第2期。

## 第二节 历法

历法是用来安排农事、判别节气、记载时日、确定时间计算标准的方法，它是根据天文观测而制定的。历法大体可分为三大类：阴历、阳历、阴阳合历。以朔望月为单位的历法叫"阴历"，它是根据月亮的圆缺变化而制定的，大小月交替为30天和29天，一年十二个月，共354天。"阳历"以地球绕太阳一圈定为一年的历法，又称"太阳历"，每月天数为31天、30天、29天、28天不等，一年365天，闰年366天。既考虑月亮的运行周期，又考虑太阳的运行周期，这种历法叫"阴阳合历"，有六个大月，各30天，六个小月，各29天，一年12个月，354天。我国古代的历法就是"阴阳合历"，俗称"阴历""农历"，又因为这种历法是从夏代开始使用，所以又称为"夏历"。这种历法在使用中为弥补与太阳历每年365天之间的差距，大约三年就须补一个闰月，故有"十九年七闰"之说。

春秋末叶，产生了中国第一部成文历法，即古四分历。四分历确定回归年长度为$365\frac{1}{4}$天，并采用十九年七闰为闰周。是因回归年的尾数为1/4天而得名。春秋战国时期，当时各诸侯国所用的历法基本上都是古四分历，如黄帝历、颛顼历、夏历、殷历、周历、鲁历等六历（见图6）。它们大多以冬至为一岁之始（颛顼历以立春为一岁之始），合朔为一月之始，夜半为一日之始。另外，还有"三正"之说。是指三种不同岁首的历法。周正建子，以十一月为岁首；殷正建丑，以十二月为岁首；夏正建寅，以正月为岁首。《左传·昭公十七年》："火出，于夏为三月，于商为四月，于周为五月。"先秦文献的用历是不一致的，《春秋》和《孟子》多用周历；

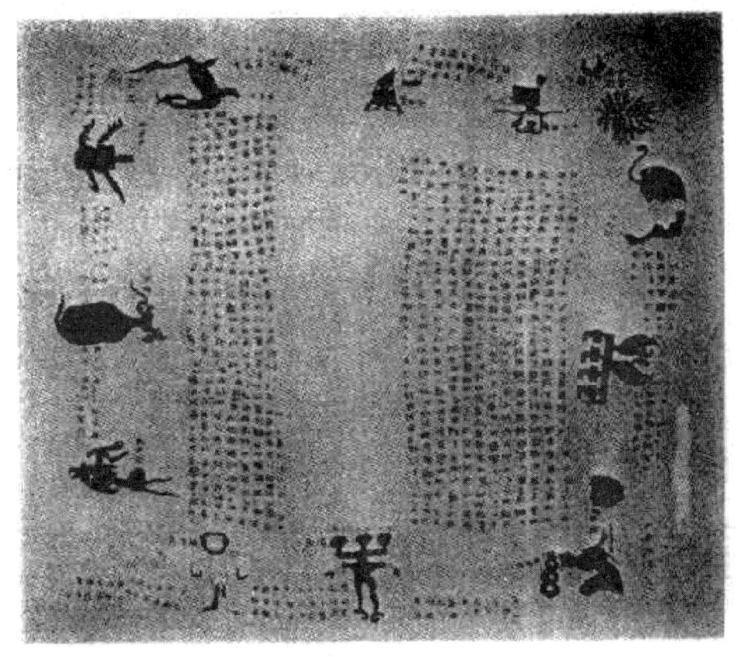

**图 6　楚帛书（摹本）**

1942 年湖南长沙市子弹库楚墓出土，现藏于美国耶鲁大学图书馆。帛书四周以朱、绛、青三色绘出代表十二个月的神像，并附记有神名、职司和每个月人们如何相应行事，具有月历性质。中间有两大段述及星辰运转、四时变化、山川变动、人生祸福和神话传说。摹本采自商承祚：《战国楚帛书述略》，载《文物》1964 年第 9 期。

《楚辞》和《吕氏春秋》使用夏历；《诗经》时用夏历，时用周历。《左传》有时用夏历，与《春秋》不同。这些给阅读古书造成了一定的困难。

二十四节气是我国劳动人民把安排农事的时令补充到历法中的一个伟大的创造。早在春秋以前，人们就已知道了春夏秋冬四季和用"土圭"测量日影的方法。所谓"土圭"测日影，是将一竹竿立于地上，用以测量太阳影子的变化。竿影最短，白昼最长的一天为"夏至"；竿影最长，白昼最短的一天为"冬至"；同时，人们又发现，一年中有两天昼夜一样长，而又正好处于春季和秋季之间，所以又分别称之为"春分"和"秋分"。有了春、夏、秋、冬"四立"和"两至"、"两分"这八个节气为基础，便可以对季节进行更细致的划分了。到战国时期，二十四节气逐渐趋于完备，由冬至日起，每经一年的1/24（约15天）交一个节气，其名称分别为：冬至、小寒、大寒、立春、雨水、惊蛰、春分、清明、谷雨、立夏、小满、芒种、夏至、小暑、大暑、立秋、处暑、白露、秋分、寒露、霜降、立冬、小雪、大雪。二十四节气的制定，既形象又生动，便于人们安排农事，至今在广大农村仍有旺盛的生命力，广泛流传和使用。

置闰现象也是我国古代历法所特有的。农历年的天数只有三百五十四天，比一个阳历年少十一天，为补其不足，古人便采取置闰的方法来解决。置闰很受古人重视，其重要性是："闰以正时，时以作事，事以厚生，生民之道，于是乎在矣"（《左传·文公六年》）。如果没有闰月，则三年差一个月，九年差三个月，整差一个季度，就会出现春为夏的现象。十七年差六个月，就会出现四季相反的现象。置闰之法是每三年闰一个月，五年闰两个月，春秋时已出现十九年七闰的闰周，比西方最早使用此闰周的希腊早了一百六十年。

日，在历法中是最小的单位，对日的称呼，早在殷商时期便采用干支纪日法，即以甲、乙、丙、丁、戊、己、庚、辛、壬、癸十天干配子、丑、寅、卯、辰、巳、午、未、申、酉、戌、亥十二地支，成为六十甲子。商代的甲骨文中已发现了完整的六十甲子刻辞。到春秋时，干支纪日法已普遍使用，如"冬，十二月丙子朔，晋灭虢"(《左传·僖公五年》)等等。以干支纪年，到东汉时才出现。另外，还有几个特殊的称呼日的方法。朔，即每月初一日，是月球处于地球和太阳之间的时候；上弦，即每月初七日或初八日，在地球上看是月亮在太阳之东九十度角的时候；望，即每月十五日或十六日、十七日，是月球在太阳的相对方向的时候；下弦，即每月二十二日或二十三日，在地球上看是月球在太阳西面九十度的时候。以上这些，都是根据月相而制定的。

## 第三节 医学

中国传统的中医学产生较早。相传，上古的神农氏尝百草，"一日而遇七十毒"(《淮南子·修务》)，被誉为"中医学之祖"。不过，最早的医是和巫术结合在一起的，被称为"医巫"。到西周时，医和巫分家，出现了专门的"医师"，"掌医之政令，聚毒药以共医事，凡邦之有疾病者，疕疡者造焉，则使医分而治之"(《周礼·天官·医师》)。并且，还有了简单的分科，从事饮食卫生的医生，名为"食医"；治疗春天头痛、夏天疥疮、秋天疟疾、冬天咳嗽气喘的医生名为"疾医"；治痘疡、溃疡、刀伤、跌打伤的医生名为"疡医"；还有给禽兽治病的"兽医"。关于药物，公元前五世纪的《山海经》中就记载了包括动物、植物、矿物三大类共一百二十多种的药物，并且还提到了它们的简单用法，如食、浴、佩带、涂抹等。

在长期的行医实践中，春秋战国时出现了一批名医，其中就有医和、医缓、扁鹊等人。医缓就曾给晋景公看过病，提出了"在肓之上，膏之下，攻之不可，达之不及，药不至焉"（《左传·成公十年》）的著名论断。扁鹊是战国时代家喻户晓的名医，他已掌握了中医的望、闻、问、切和针灸等诊病之法。"望诊"就是观察病人神、色、形、态和舌象的异常变化来了解病情。"闻诊"是通过听病人的声音、呼吸、咳嗽、呕吐、肠鸣等声响和嗅病人身体的气味以及分泌物、排泄物的气味来了解病情。越王勾践替吴王夫差尝粪便的味道，就是此诊法。"问诊"是通过询问病人的发病时间、原因、治疗过程、既往病史、主要症状以及病人的生活习惯等来诊断病情。"切诊"是医生用手指对病人体表进行摸、触、按、压，从而获得亲身体验的一种方法，它包括脉诊和按诊两个方面。针灸是古已有之的治病之法，最原始的针刺工具是"砭石"，"砭，以石刺病也"（许慎《说文解字》）。即用尖利的小石片刺破皮肤，放脓、血以达到治病目的。另外，还有骨针、竹针等针刺工具。《黄帝内经》中就有"九针"的记载，它们是：（1）镵针，用于浅刺；（2）圆针，用于按摩穴位；（3）银针，用于按压；（4）锋针，用于刺血；（5）铍针，用于排脓；（6）圆利针，用于急刺；（7）毫针，应用广泛；（8）长针，用于刺肌肉肥厚处；（9）大针，用于刺治关节疾病。另外，在针刺穴位时，还伴有燃烧树皮或干草的灸焫之法。除此之外，扁鹊还设立了妇科、五官科、小儿科等医学门类。据传，他用其高明的医术治好了五天五夜不省人事的晋国执政赵简子，还有使患有"假死症"（休克）的虢国太子起死回生。

成书于公元前三世纪前后的医学理论和临床实践相结合的古代医书《黄帝内经》共十八卷，包括《素问》和《针经》（又称《灵枢经》）两部分，各九卷。在理论上，它把人和自然结合起来，以阴阳五行的消长来解释人体生理活动，形成了一套脏腑学说（阐述脏腑的功能）和经络学说（阐述人体的气血运行功能）。在诊断上，叙述了四十四类共三百一十一种病候，归纳和总结了切脉和望诊相结合的诊断方法。在治疗上，论述了内服、外治、针灸、按摩、导引乃至腹腔穿刺的多种治疗方法；还有初步的解剖知识，并取得一些解剖数据，"其死可解剖而视之"（《黄帝内经·灵枢·经水》），并且记述了一些人体内脏器官、四肢、骨骼的名称，《黄帝内经·灵枢·胃肠》篇指出：食道长度为一尺六寸、胃长二尺六寸、小肠长三丈三尺、回肠长二丈二尺、广肠长二尺八寸[1]，食道与肠道的比例为1:35.5。而二十世纪初，德国解剖学家巴德何辞所著《人体解剖学》中，测得二者的比例为1:37，两种结果几乎相等。另外，它还特别阐述了"治未病"的预防措施和"救其萌芽"的早治原则。这部书为后世中医学理论的形成奠定了基础。

春秋战国时期的医学著作还有马王堆汉墓出土帛书所记载的《五十二病方》、《足臂十一脉灸经》和《阴阳十一脉灸经》，是迄今发现的最早的医学著作。

春秋战国时期人们在药疗、针疗之外，还特别注重健身疗法，通过跳跃运动来舒筋壮骨，"昔陶唐氏之始，阴多滞伏而湛积，水道壅塞，不行其原，民气郁阏而滞著，筋骨瑟缩不达，故作为舞以宣导之"（《吕氏春秋·古乐》）。后来，华佗的"五禽戏"之法，盖源于此。

---

[1] 古代尺的长度小于现在的市尺。战国时各国尺的长短不一，短的仅19厘米，长的不超过23厘米。

# 第四节　数学

数学是一门极深奥的学科，它产生于生产和生活实践中。中国古代的结绳记事、契木为文，就是对数学的最初应用。并且，人们很早就已掌握了数的概念，"黄帝使隶首作数"（《世本》）。春秋战国时期，数学得到了更进一步的发展，并取得了十分有价值的成果。

十进位制出现得比较早，在商代的陶文和甲骨文中，就已有一、二、三、四、五、六、七、八、九、十、百、千、万等十三个数字，用来记十万以内的任何自然数。春秋战国时，十进位制又得到了更进一步的发展。《墨子·经下》有"一少于二，而多于五"的话，即是十进位制的具体说明，"一"因为在十位，所以它就多于在个位的"五"了。这种熟练的十进位制计数法，南亚的印度在七世纪才采用。

分数在殷代的历法中就已得到应用，当时的人已知道一年的日数为 $365\frac{1}{4}$ 天。春秋的文献中也有应用分数的记载："委军而争利，则辎重捐……，劲者先，罢者后，其法十一而至；五十里而争利，则蹶上将军，其法半至，三十里而争利，则三分之二至。"（《孙子·军争篇》）《九章算术》中已有涉及 $247\frac{933}{1460}$ 那样大的分数运算。

四则运算，到春秋战国时期已经基本完备。战国初年李悝《法经》中已经用加、减、乘等运算方法来计算一个五口之家的收入情况。在中国古代数学著作中，加法称"并"（分数加法称"合"），求出的和称"都数"；减法称"减"，相减的结果称"余"或"差"；

"乘"，本指四马所驾之车，后来固定为四计物数的名称，并具有计算的意思。对此，李约瑟曾推断说："乘法是'加法的简化'，它把许多加数'叠在一起'……各个加数可以设想为马车夫控制下的一群马。"(《中国科学技术史》第三卷）除法，古代亦称"除"，除数称"法"，被除数称"实"，运算结果称"商"。在乘除法中运用的"九九歌诀"在春秋时也早已出现了，如《管子·地员》篇中就载有"五七三十五尺""四七二十八尺""三七二十一尺""二七十四尺""七七四十九尺""七八五十六尺"等乘法运算。另外《吕氏春秋·制乐》篇也有类似的记载。

在古代四则运算中，算筹是不可缺少的计算工具，大约在西周时就已开始使用了。到春秋战国时，已很普及。在《老子》《荀子》等著作中已经出现了"算""筹"等字样。筹是用竹、木、骨、玉、牙、铁等制成的一种外形很整齐的小圆棍。在进行四则运算时，将筹放在算板之上，用算板上的纵横格子来表示位数。"算筹"为后世算盘的鼻祖。

几何学在我国形成的历史比较悠久。考古发掘的史前时期的陶器的器形和器身上的菱形、方格花纹，都具有一定的几何形状。几何制图工具的出现也较早，"规"是用来画圆的圆规；"矩"是用来画直角的丁字尺或直角三角板。山东嘉祥武梁祠出土的汉代画像石上，就有伏羲氏手执矩、女娲氏手执规的形象（图7）；大禹治水时也"左准绳，右规矩"(《史记·夏本纪》）。春秋战国时，废井田后出现大量私田，需要丈量各种不规则形状的土地，这就不可缺少地必须使用几何学的知识。从我国最古老的几何学著作——《墨经》中可以看出，当时人们已有了关于点、线、面、方、圆等几何概念，并有了相应的定义，如"平，同高也"(《墨子·经上》），是平

图7 山东嘉祥武梁祠出土的画像石

行线的概念;"中,同长也"(同上),是圆的概念;"端,体之无序而最前者也"(同上),是点的概念。另外,在西周初就已出现"勾股定理",比希腊数学家毕达哥拉斯早五百年左右。关于圆周率,先秦时已确定其值接近于3。

《周髀算经》和《九章算术》二书虽然成书于秦以后,但书中的很多数学知识都涉及春秋战国时的某些数学成就,是研究先秦数学史的重要文献材料。

## 第五节 光学和声学

人类早期光学知识的获得离不开眼睛。古代西方人认为:眼睛是发光体。我国古代至少在公元前四五世纪就已认识到光不是从眼睛中发出来的，人眼只是光的接受体。人类光学知识的获得，是从对大气光学现象的观察开始的。"建雄虹之采旄兮，五色杂而炫耀"（《楚辞·远游》），这是诗人屈原对五彩缤纷的外部景观的生动描述。

我国是一个青铜文化极其发达的国家，早在商代，就已有青铜镜存在。铜镜成为人们认识光学知识的另一个重要来源。在春秋战国时，已能制出很好的青铜平面镜、凹面镜、凸面镜。墨家对这几种青铜镜的成像作了实验，并在《墨子》一书中有所说明。

凸面镜，又称"鉴团"。物体不论放在什么位置，像只有一种，并且总在镜面另一侧，"鉴团，景一"（《墨子·经下》）。

凹面镜，又称"阳燧""中燧"。西周就有"以夫遂（阳燧）取明火于日"（《周礼·秋官·司烜氏》）。墨家已在此基础上知道了焦点，称此为"中燧"。

另外，墨家在光学上的另一个突出贡献是小孔成像实验。《墨子·经说下》的解释是："光之照人若射，下者之人也高，高者之人也下。"意思是说，平行光线由小孔射入一间黑暗小屋，在屋外，人的头部遮住了上面来的光，成影在下；人的足部遮住下面来的光，成影在上，于是就形成了倒立的人影。

在两千四百多年前，墨家就对光学知识进行了认真的探讨。据统计，《墨子》中涉及光学知识的有十余条，要比古希腊欧几里德的《光学》早一个多世纪。《墨子》一书是世界上最早的光学文献。

我国古代声学的产生和发展与乐器的制作有着密切关系。到春秋时，我国的打击乐器、吹奏乐器、弦乐器、管乐器已较完备，还出现了编钟、编磬这类规模较大的乐器。湖北随县擂鼓墩曾侯乙墓出土的一套战国编钟共六十五件，这些钟校音准确，组成了齐备的可以旋宫转调的十二个半音系统，并能演奏相当复杂的乐曲。在长期的演奏中，形成了宫、商、角、徵、羽五音，并出现了定五音的"三分损益法"(《管子·地员》)。

春秋战国时，人们就发现了声音的共振、共鸣现象，"为之调瑟，废一于堂，废一于室。鼓宫宫动，鼓角角动，音律同矣"(《庄子·徐无鬼》)。同时，人们又把这种现象运用于实际生活当中，在城战中"穿井城内……令陶者为罂，容四十斗以上，固顺之以薄骆革，置井中，使聪耳者伏罂而听之，审知穴之所在，凿穴迎之"(《墨子·备穴》)。这是最早的监听装置，通过共振传声、放大，来辨别敌人地道的所在，以便有针对性地进行反击。此法多为后世战争所借用。

在春秋战国时，人们对物体发声、传声中的声学现象也有所研究。如《考工记》记载："钟大而短，则声疾而短闻；钟小而长，则其声舒而远闻。"《韩非子》中记载的"小弦大声，大弦小声"(《韩非子·外储说左下》)，表明至少在公元前三世纪，人们已知道音调的高低与琴弦的长度和粗细有密切的关系。

## 第六节　地理学

"地理"一词最早出现于春秋时代，并且经常与"天文"同时出现。《周易·系辞》："仰以观于天文，俯以察于地理。"在先秦，"地理"一词的含义只是指地表形态。《山海经》和《尚书·禹贡》是当时最主要的两部地理学著作，其中记载了先秦时期山脉、河流的分布、走向与源流，以及土壤的肥瘠和分布、动植物和矿产资源的分布情况。另外,《管子》《周礼》等先秦典籍中也载有地理方面的内容。

春秋战国以前,我国全境还没有一个固定的称呼。一般称为禹迹,禹域,如"茫茫禹迹,画为九州"(《左传·襄公四年》)。相传大禹治水时,将全国划分为冀、雍、梁、扬、青、徐、豫、荆、兖九州,故而得"九州"之名[1]。春秋战国之时,出现了夏、华、华夏等名称,如"用肇造我区夏,越我一二邦,以修我西土"(《尚书·康诰》),"裔不谋夏,夷不乱华"(《左传·定公十年》),"楚失华夏,则析公为之也"(《左传·襄公二十六年》)。另外,"中国"一词在春秋战国时其意也不相同:(1)京师。《诗·大雅·民劳》云:"惠此中国,以绥四方"。郑玄笺:"中国,京师也。"(2)中原地区。"南夷与北狄交,中国不绝若线"(《公羊传·僖公四年》)。后来,逐渐引申,范围由黄河中下游地区不断向四面扩大,"中国"便也成为全国的总称了。

我国的名山大川很多,在先秦的文献典籍中就有五岳、四渎、十薮等名称。

### 五岳

最初只有四岳的说法。《左传·昭公三年》云:"四岳三涂。"后来才出现五岳的名称,《周礼·春官·大宗伯》有"以血祭社稷、五祀、五岳"。西周建都丰镐,以华山为中岳。周平王东迁洛阳以后,又以嵩山为中岳,华山遂为西岳。东岳为泰山,一作"太山",在春秋时已为当时的名山。《诗·鲁颂·閟宫》言:"泰山岩岩,鲁邦

---

[1] 《吕氏春秋·有始览》中有幽州而无梁州;《周礼·夏官·职方氏》中有幽州、并州,而无徐州、梁州;《尔雅·释地》中有幽州、营州,而无青州、梁州。

所詹。"《孟子·梁惠王上》又有"挟太山以超北海"之句。北岳恒山、南岳衡山之名也见于《禹贡》中:"太行恒山,至于碣石","岷山之阳至于衡山"。

### 四渎

四渎是指四条大的河流。据《尚书大传》《礼记》《穆天子传》等书记载,长江、黄河、淮水、济水四条大河称为"四渎"。在先秦,江专指长江,河专指黄河。另外,在《禹贡》一书中还记载了一些著名的河流,如渭水、泾水、洛水、汉水、黑水等等。

### 十薮

十薮是指十处大面积的有水洼地,即沼泽。《尔雅·释地》中就列有十薮之名。齐有大野泽,又称巨野泽、泰野、钜野;晋有大陆泽,又称巨鹿、钜鹿、泰陆、大麓、沃川、广阿;秦有杨陓,又名杨纡、阳纡、阳盱、阳华;宋有孟诸,又名孟猪、望诸、明都、盟诸、明诸;楚有云梦大泽;吴越之间有具区,又称震泽,即今之太湖;齐有海隅;燕有昭余祁,又名大昭、昭余;郑有圃田,又名甫田、原圃、囿中;周有焦护,又名焦获、瓠中、焦瀵。

春秋战国时期,先民们在农业生产过程中积累了丰富的地形构造方面的知识,对地震、沙漠、流水侵蚀等地形都有所记录。

### 地震

我国自古以来就是一个多地震的国家。在公元前1831年,发生了世界上最早一次的有文字记录的地震,"帝发七陟,泰山震"(《竹书纪年》)。地震的威力可使"高岸为谷,深谷为陵"(《诗·小雅·十月之交》)。当时的人们对地震的形成原因已有三种解释:(1)"阴阳说"。由于地球内部阴阳两气的对抗失去平衡而引起地震。《国语·周语上》记载周幽王二年（前780年），渭水、泾水、洛水地区的地震时，伯阳父解释说："阳伏而不能出，阴迫而不能烝，于是有地震。"（2）"天象说"。由于天体的运行而引起地震。《竹书纪年》载："帝癸十年，五星错行，夜中陨星如雨，地震，伊洛竭。"即是因五星错行等天象的影响，在伊洛地区发生了地震。（3）"潮汐说"。这一说是由庄子提出的。他认为："海水三岁一周，流波相薄，故地动也。"（《艺文类聚·水部上》引《庄子》逸文）

### 沙漠

我国现有的沙漠，在先秦时就已基本形成。《尚书·禹贡》记载："导弱水，至于合黎，余波入于流沙。"这讲的是今巴丹吉林沙漠。《山海经·西次三经》也记载："泰器之山，观水出焉，西流注于流沙……"这讲的是塔里木盆地内的沙漠地形。古人对流沙的解释是："流沙者，风吹流行，故曰流沙。"（《元和郡县志》卷四〇）对沙丘的移动作了科学的解释。

### 流水侵蚀

流水对地形的影响，在《老子》一书中已有记载："天下莫柔弱于水，而攻坚强者，莫之能胜。"《孙子兵法》也说："激水之疾，至于漂石者，势也。"由于流水的作用，而形成了泥沙堆积、泥石流、岩溶等诸多地形。（1）堆积地形。泥沙在河床内的堆积以黄河最为显著，故有"大川之上，必有涂焉"（《考工记》）之说：黄河称为地上河，在战国时即已出现，秦攻魏，欲"决荥口，魏无大梁；决白马之口，魏无济阳；决宿胥之口，魏无虚、顿丘"（《战国策·燕策二》）。荥口、白马之口、宿胥之口皆黄河堤岸的名称，这些地段黄河水面都高于地面。（2）泥石流地形，是因暴雨造成山崩而形成的。《诗·小雅·十月之交》记载:"烨烨震电,不宁不令。百川沸腾,山冢崒崩。"(3)岩溶地形,是指地下的溶洞和暗河。这种地形多分布于岭南地区,如"南禺之山,其上多金玉,其下多水;有穴焉,水春辄入,夏乃出,冬则闭"(《山海经·南次三经》)。对于暗河(伏流河),《山海经·中次八经》载:"又东南七十里曰谨山……郁水出于其上,潜于其下。"

### 地图

地图作为表达地理知识的手段之一,在很早就已经出现了。据史书记载:"昔夏之方有德也,远方图物,贡金九牧,铸鼎象物,百物而为之备。"(《左传·宣公三年》)禹铸九鼎,各个鼎上都绘着不同地区的山川、草木和禽兽,是最初的实物地图。到西周时,地图的绘制有了进一步发展。周成王时,营建成周,周公"以图及献卜"(《尚书·洛诰》)。在西周初的《宜侯夨簋》铭文中亦有"王省武王、成王伐商图,延省东国图"之语。到春秋时,由于战争连年不断,所以地图的重要性越来越明显,其绘制也越来越详细。作战时,"必先审知地图",从地图上可以了解到"名山、通谷、经川、陵陆、丘阜之所在,苴草、林木、蒲苇之所茂,道里之远近,城郭之大小"(《管子·地图》)。并且,从地图上还可以看出面积之大小,如"臣窃以天下之地图案之,诸侯之地,五倍于秦"(《战国策·赵策二》)。战国时,又出现了按比例尺绘制的地图,1978年在河北平山县出土的战国中山王墓的"兆域图",是刻在长九十四厘米、宽四十八厘米、厚一厘米的长方形铜板上的墓域建筑规划平面图(图8)。

### 矿产

春秋战国时期人们已经可以根据地质构造的特点来找矿,并积累了丰富的找矿经验。《管子·地数》言:"上有丹沙者,下有

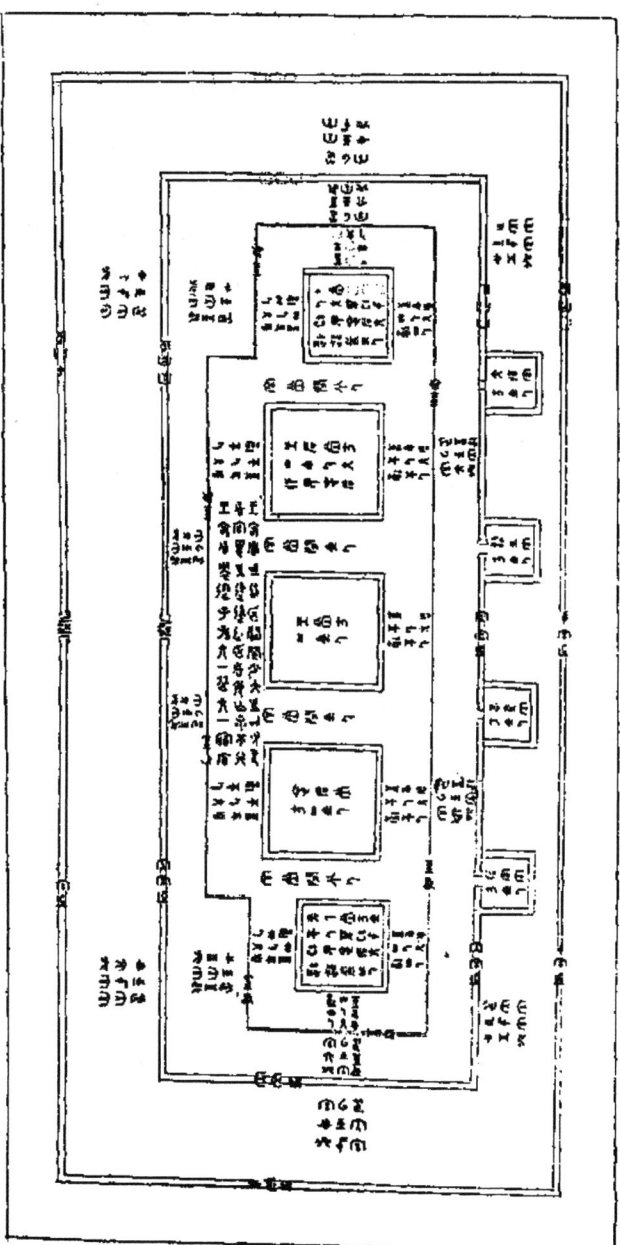

图 8 中山王陵 "兆域图" 摹本

黄金；上有磁石者，下有铜金；上有陵石者，下有铅、锡、赤铜；上有赭者，下有铁。"并且还记载了一些产煤（先秦称石涅）的矿藏。《山海经·西山经》载："女床之山，其阳多赤铜，其阴多石涅。"《中山经》载："女几之山，其上多石涅。"又载："风雨之山，其上多白金，其下多石涅。"另外，《山海经》还记载了其他金属矿物十四种，产地一百七十多处；石、玉及非金属物十八种，产地二百七十多处。

### 物候

物候是地理环境的重要组成部分，春秋战国时的人们，对气候现象已有了初步的认识，季节性的物候现象已在先秦文献当中层出不穷。《尚书·尧典》中记有"鸟兽孳尾""鸟兽希革""鸟兽毨""鸟兽氄毛"等春夏秋冬的物候现象。《诗经》中也有"五月斯螽动股，六月莎鸡振羽，七月在野，八月在宇，九月在户，十月蟋蟀入我床下"（《诗·豳风·七月》）的有关物候经验的记载。另外，还记录了物候反常的现象，例如："孟春行夏令，则雨水不时，草木早落，国时有恐。行秋令，则其民大疫，猋风暴雨总至，藜莠蓬蒿并兴。行冬令，则水潦为败，霜雪大挚，首种不入。"（《礼记·月令》）

## 第七节 生产工艺与技术

春秋战国时期的生产工艺和技术，与前代相比有了长足的发展，尤其是铁的冶炼和使用更是推动了农业生产的进步，给社会带来了繁荣的景象。

**采矿技术**

春秋战国时,人们不仅能开采露天矿藏,而且还能开采地下矿藏。从考古发掘的矿井遗址看,开采深度已达二三十米,并且有竖井和斜井的结构形式,井筒的支护结构采用"密集法搭口式接头"。到战国时,开采深度在四五十米,有竖井、斜巷、平巷,组成较合理的矿井体系。采掘和支护技术也比春秋时期有明显的进步,古矿址表明,早在两千多年前,中国"已有效地采取竖井、斜井、平巷、斜巷相结合、多手段的开拓方式(图9),初步解决了井下通风、排水、提升、照明和巷道支护等一系列复杂的技术问题"。[1]

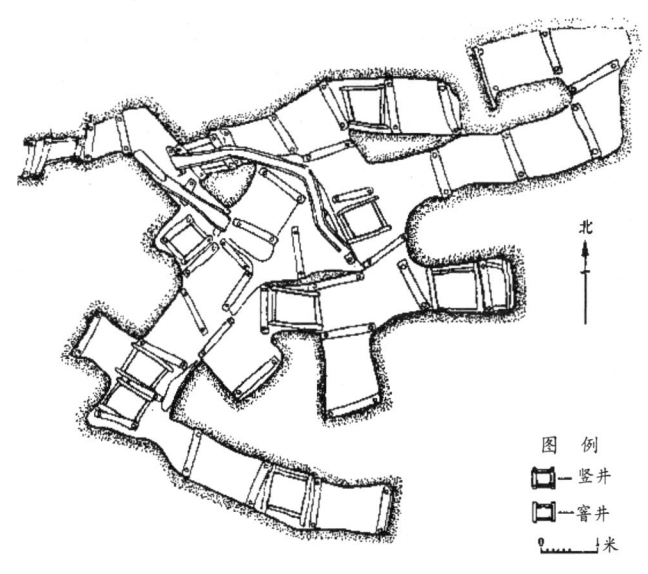

图9 采矿址中一组完整的井巷平面图(湖北大冶铜绿山出土)

---

[1] 铜绿山考古发掘队:《湖北铜绿山春秋战国古矿井遗址发掘简报》,《文物》1975年第2期。

**冶炼技术**

在青铜冶炼的基础之上，春秋末期人们总结出有关合金配置的"六齐（剂）论。"金有六齐。六分其金而锡居一，谓之钟鼎之齐；五分其金而锡居一，谓之斧斤之齐；四分其金而锡居一，谓戈戟之齐；三分其金而锡居一，谓之大刃之齐；五分其金而锡居二，谓之削杀矢之齐；金、锡半，谓之鉴燧之齐"（《考工记》），这是世界上最早的合金配比的科学总结。另外，《考工记》还载有："凡铸金之状，金与锡，黑浊之气竭，黄白次之；黄白之气竭，青白次之；青白之气竭，青气次之，然后可铸也。"说明当时可根据火焰和烟气的颜色，来判定青铜冶炼是否达到可以浇铸的火候。春秋时人们已掌握了冶铁技术，冶炼出来是坚硬的生铁。在江苏六合县出土了一块春秋晚期的白口生铁，是迄今为止世界上发现最早的生铁实物。在欧洲，直到十四世纪才炼出了生铁，比我国晚了一千七百年左右。在冶炼铜、铁时，已使用《老子》中所说的"橐籥"一类的鼓风工具，加高了炉温，提高了冶炼的纯度。同时，战国时已炼出了初级的钢，在西安半坡98号秦墓中，发现了一件铁凿，经鉴定认为可能是"用含碳量较高的钢，经过多次加热锻打，逐渐由表层至内部改变其含碳量而制成的"。[1]

**铸造技术**

从考古发掘的春秋战国时期的青铜器来看，当时已普遍应用了器身和附件分别铸造的方法，有些甚至是用合金焊接而成。1978年湖北随县曾侯乙墓出土的成套编钟，就是采用分范合铸法，铸造精美，花纹清晰，富于立体感。春秋战国时，出现了陶

---

[1] 《新中国考古收获》，第64页。

范、铁范和熔模三大铸造技术。陶范铸造历史比较久远,使用比较普遍。其工艺过程为:制模,塑出花纹,翻制陶范,高温焙烧,浇注金属液体,加工修整后得到成品(图10)。用这种工艺,可铸造大型的青铜器。铁范铸造是在铁出现后才开始出现的,战国时已开始使用铁范,河北兴隆燕国冶铁遗址和磁县赵国冶铁遗址出土的铁范有锄范、镰范、斧范、凿范、车具范等,是目前我国出土最早的两批战国金属范。这些铁范有比较复杂的复合范和双型腔,范壁厚薄均匀,收缩一致。为防止铸件变形,还采用了加强结构——金属型芯。熔模铸造,在古代又称"失蜡法"或"拨蜡法"。其工艺流程是用蜡、松香、油脂等配制成蜡料,根据器物形状、大小制成蜡模,然后用泥浆挂涂蜡模,成型阴干后加热把蜡模

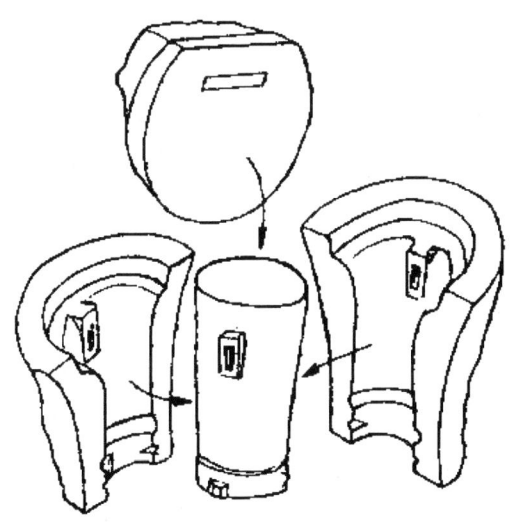

图10 春秋车軎陶范结构(侯马出土)

此图采自李学勤《东周与秦代文明》

化去，形成铸型空腔，以便浇铸成器。此法在战国以前就已部分使用，1978年湖北随县战国早期曾侯乙墓出土的樽和樽盘，颈部透空附饰就用失蜡法铸造。

近年来，以失蜡法铸造的青铜器的出土数量日益增多。另外，在制造青铜镜和带钩等日常用品时，又出现了"鎏金"和"刻纹"等新工艺，使青铜器的制造更趋精美。

### 纺织

春秋战国时期，发明了斜织机，使得纺织技术日臻完善，并且出现了平纹、罗纹等织造法。从出土文物中也发现了有葛、麻织品。"长沙五里牌第46号楚墓出土的一块麻织物，经过鉴定，密度为经纱每十厘米二百八十根，纬纱每十厘米二百四十根，略高于现代的龙头棉布"[1]。另外，当时的人还把丝用植物、矿物为染料，经过一染、二染，最多的达到七染，染成各种颜色，再织成各种花纹的丝织品。在春秋战国时，还出现了在衣裳上画绘敷彩，讲究"九文、六采、五章，以奉五色（青、朱、黄、白、黑）"（《左传·昭公二十五年》）。湖南长沙楚墓出土的人物龙舟帛画和龙凤妇女帛画，就是用矿物颜料在绢上涂绘敷彩而成。

### 制漆器技术

在浙江余姚县河姆渡文化遗址中，发掘出一件漆木碗，这是我国发现最早的漆器，距今约有七千年。到春秋战国时期，已出现了专门种植的漆园，"山有漆，隰有栗"（《诗·唐风·山有枢》）。战国著名思想家庄子就曾当过"漆园吏"。至晚在战国以前，已熟练掌握了漆的提炼、收贮和调色技术（图11）。在出土的战国漆器中，

---

[1] 中国科学院考古研究所：《长沙发掘报告》。

图 11 彩漆木雕座屏（右半部）

1965 年湖北江陵望山一号楚墓出土。通高 15 厘米，长 51.8 厘米，上宽 3 厘米，下宽 12 厘米。彩漆木雕图像，左右两半对称，此为其右半部。出土情况，参看湖北省文化局文物工作队：《湖北江陵三座楚墓出土大批重要文物》，载《文物》1966 年第 3 期。

已经有了红、蓝、黄、白、黑等各种颜色。所用颜料，主要是矿物颜料和植物颜料。据有关专家研究，战国时已开始使用桐油作为漆的稀释剂，可使器物更加光亮。大量漆器的出现，是在战国时期的楚国，当时器胎有木胎、竹胎、夹纻胎几种。另外，在小件漆器的口沿上还镶有金属扣，既起了加固作用，又起了修饰作用。

**车船制造技术**

我国建造车辆的历史很悠久。据传，"黄帝造车，故号轩辕氏"（《尔雅·释名》）。又据《吕氏春秋·君守》载："奚仲作车。"各说不一。周代所制之车，在构造和装饰上已达到完美的阶段，已有了精密的分工,号称"百工"。据《考工记》载:第一是轮人,掌管制造车轮和车盖;第二是舆人,制造车厢;第三是辀人,专制车前用以驾马的曲辕。此外还有专制马匹饰件的工匠。到春秋战国时,车轨的宽度比以前缩小,车轮的辐条数比以前增加,车辕缩短,从而提高了车的坚固性和灵活性。这时还出现了一些新型车辆,例如"巢车",即在车上安有瞭望台,可以远望。春秋时的车,主要还是以战车为主,到战国后期战车已逐渐减少。从地下发掘的文物来看,在黄帝时代已开始造船。1973年在浙江余姚县河姆渡村新石器时代遗址中发现了船用的木桨,距今已有六七千年,与传说中的黄帝时代大体相当。据《竹书纪年》记载,在夏代可能就有了最初的航海活动,夏朝第八代王帝芒曾"东狩于海,获大鱼"。春秋时期出现了用两条木板船连为一体的"舫",并在战争中普遍使用。划桨船也在此时广泛出现,两支长桨可以支在桨架上转动,桨手既省力,船速又快。另外,这时又出现了如"余皇"一样的大船。(《左传·昭公十七年》)地处江浙的吴越两国,已有专门的造船工场,叫"船宫";专业造船的工匠叫"木客"。到战国时,造船技术又有了长足的发展,已能制造双层的楼船。1951年在河南辉县战国墓中出土的"水陆攻战图鉴"(图12),1964年在成都百花潭中出土的"嵌错赏功宴乐铜壶",都刻有双层战船的图案(图13)。

《考工记》是我国先秦时期关于手工技术的专门著作,此书涉及运输和生产工具、兵器、乐器、玉器、皮革、染色、建筑、冶金等项目,每一项目又有更细的分工,是当时手工业技术规范的总汇,对了解先秦时的手工业情况有很大帮助。

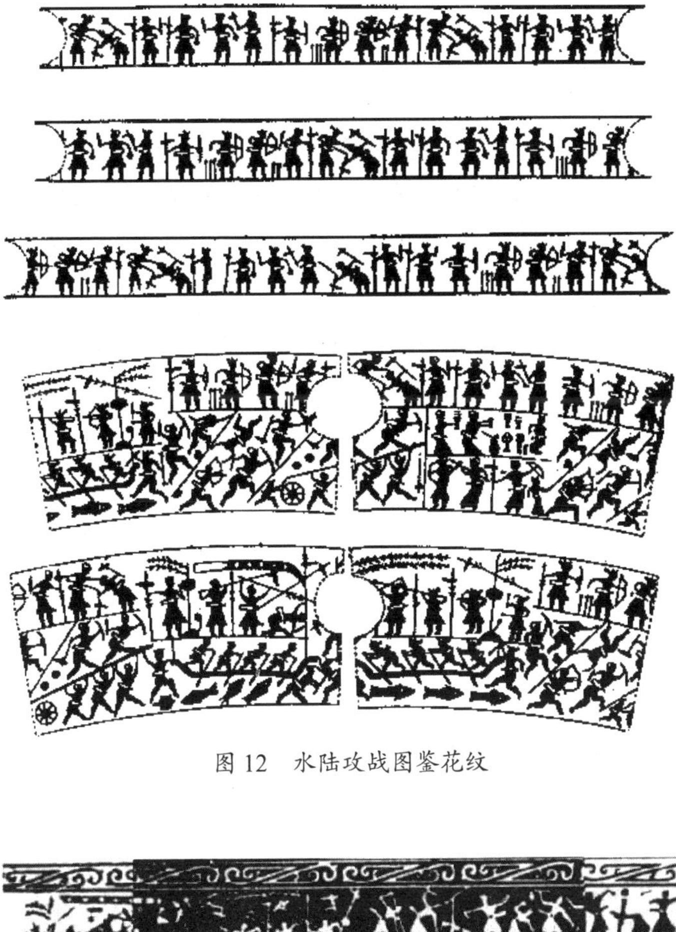

图 12 水陆攻战图鉴花纹

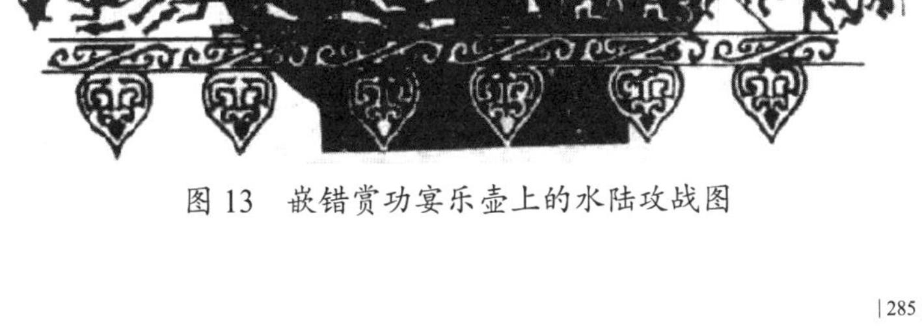

图 13 嵌错赏功宴乐壶上的水陆攻战图

## 第八节 建筑

我国的建筑史可追溯到新石器时代，半坡文化和河姆渡文化时期就已出现了草木结构的房屋，后来又出现了宫殿和城，它们的出现把建筑技术推上了一个新台阶。到春秋战国时，建筑技术又较之前代有了更大的飞跃。

春秋战国时期，由于政治上列国分立，军事上战争频繁，城市便得到了空前的增多。据《左传》记载，春秋一代，筑城达三十八次之多，共筑城六十三座。从考古发掘来看，除东周洛阳王城外，还有曲阜鲁城、临淄齐城、易县燕下都、侯马晋城、凤翔秦雍城、邯郸赵城等遗址。版筑之法是筑城的主要方法，采用立柱夹木板用绳索固定模板中间填土的方法。这种方法，春秋以后更为完善。每建一座城，第一步要定水平，"水地以悬，置槷以悬，视以景"（《周礼·考工记》）；然后定方向，"为规识日出之景与日入之景"（同上）。到后来，还对筑城进行了周密的计算和管理。楚国令尹芳艾猎筑沂城时，"量功命日，分财用，平板榦，称畚筑，程土物，议远迩，略基趾，具餱粮，度有司"（《左传·宣公十一年》）。春秋战国时，已出现了城门楼（见图14）。吴王阖闾筑城，"门三，皆有楼"（《越绝书》）。城的厚度，春秋时代一般不过五米。到了战国，增加到10米以上，有的竟达十五米以上。春秋战国的城市布局，打破了《礼记·王制》中刻板布局的限制，可以因地筑城，"凡立国都，非于大山之下，必于广川之上。高毋近旱而水用足，下毋近水而沟防省。因天材，就地利，故城郭不必中规矩，道路不必中准绳"（《管子·乘马》）。从考古发掘中可以看到，各诸侯国的都城均

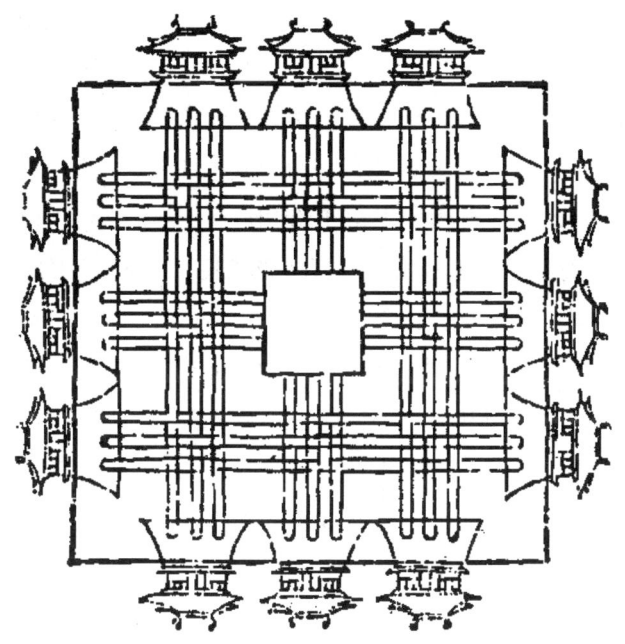

图 14 《考工记》王城图

呈不规则的方形,齐国临淄为不规则的长方形,楚国郢都为扁方形。

斗拱结构是我国古代建筑特有的一种结构,最早出现于西周。斗拱结构是在立柱与横梁的交接处,从柱顶上加的一层层探出成弓形的承重结构。《论语·公冶长》中说臧文仲"山节藻棁"。这里的"节",即指斗拱。在战国铜器的图案上,可以看到类似这种斗拱结构的部件。战国时的建筑中还出现了彩画和高大的台榭建筑,往往是"堂高数仞,榱题数尺"(《孟子·尽心下》)。这种台榭建筑在各国都有,如吴之姑苏台、楚之章华台、燕之姥姥台、赵之丛台等。

古代的建筑材料主要有土、石、木料、沙、砖瓦、石灰与草等。房顶覆瓦是在西周时才开始出现的,当时的瓦有两种,一是板瓦（圆筒的四分之一），一是筒瓦（圆筒的二分之一）；瓦上还有瓦钉，以起固定作用，防止瓦下滑伤人。此时的瓦，只是在易漏雨的房脊和转角处使用，其他地方仍然覆草。到春秋时，瓦的使用仍较少。如《春秋·隐公八年》有"盟于瓦屋"的记载。这时的用瓦，仅限于贵族阶层。到战国时，瓦的使用便普及到下层人民当中。此时的瓦，除了大尺寸之瓦外，还有小瓦出现。砖的使用要比瓦晚，砖的古名称"甓"。大约在春秋中期以后才出现，《诗·陈风·防有鹊巢》中说："中唐有甓。"意思是说堂下通过中庭通往前门的路是用砖铺成的。在春秋雍城遗址马家庄1号建筑中，发现有用砖的现象，此时的砖为素面砖；到战国时，在墓葬遗址中发现有花纹空心砖，主要是起装饰作用。另外，在建筑物的内部，还在墙面上抹有用沙子、黄土和灰搅拌的"三合土"，既光滑、又坚硬。

桥梁也是中国古代建筑中的一个重要组成部分。先秦时的桥梁，几乎都是浮桥。据记载，周文王就曾建浮桥供迎亲之用，"大邦有子，俔天之妹。文定厥祥，亲迎于渭。造舟为梁，不显其光"（《诗经·大雅·大明》）。固定、长久性的桥梁大约在秦汉以后才出现。

先秦时期著名的土木工程师——公输般，在建筑房屋、桥梁方面作出了许多贡献，被后世称为"鲁班仙师"。据《墨子·公输》载，公输般曾为楚国造了一种新的攻城器械——云梯，被墨翟以九种方法所破。从这里可以看到战国土木、机械技术的水平。

# 第七章 衣食住行

## 第一节 服　饰

上古之时，"未有麻丝，衣其羽皮"。随着麻、丝和纺织技术的出现，起遮寒、遮羞作用的衣服也随之出现。后来，为了追求美观，又在上面织出、画上或绣上一些花纹和图案。到了周代，为了适应等级制度的需要，便产生了一套完整的冠服制度，冠服成为区别尊卑等级的重要标志。

冠，是贵族阶层所戴的一种束发和装饰物品，类似帽子。古代的男子都束发于头顶，戴冠是为了盖住头部，戴冠，有年龄的限制。"男子二十冠而字"（《礼记·曲礼上》）。最初冠的形制，下有一个冠圈，套在发髻上，用笄固定住，冠圈两端还有两根缨，可系于颔下，与笄一起，对冠圈起固定作用。冠圈之上有一长条形的冠梁，前后系连在冠圈上，起束住发髻的作用。到战国末期，又出现了一些特殊形制的冠，有赵武灵王的貂蝉冠和鹖鸡冠。貂蝉冠是以黄金珰饰的王冠，冠下垂两条貂鼠尾直达胸前，以示尊贵；鹖鸡冠是以野鸡羽毛装饰的王冠。周代的冠，有冕、弁两种。

冕，是周天子、诸侯、卿大夫参加祭祀典礼时戴的最贵重的一种礼冠，为黑色。其种类有大裘冕、衮冕、鷩冕、毳冕、希冕、玄冕六种，用途分别是："祀昊天上帝，则服大裘而冕，祀五帝亦如之；享先王则衮冕；享先公、飨射，则鷩冕；祀四望山川，则毳冕；祭社稷五祀，则希冕；祭群小祀，则玄冕。"（《周礼·春官·司服》）冕的具体形制是：在冠的顶部覆盖一块宽八寸、长一尺六寸，前略圆，后略方的木板，称为"延"。延的上面表以玄色的细布，下面表以𫄸色的细布，延呈略向前倾斜的趋势。在延的前后两端各垂以数条五彩丝线编成的"藻"，藻上穿以数颗玉珠，称为"旒"（见图15）。一串玉珠为一旒。根据等级及用途的不同，垂旒的数目也有差别。具体说来，天子最尊贵的衮冕是十二旒，其次是鷩冕九旒，毳冕七旒，希冕五旒，玄冕三旒。冠身两侧各一小孔，称为"纽"，用以穿笄。笄的顶端结有冠缨，称为"纮"，可勒于颔下以固定冕。在两耳附近各垂有一段丝绳，称为"紞"，天子、诸侯丝用五色，臣下则用三色，在紞的末端各系一颗丸状玉石，称为"瑱"，又称为"充耳"，以提醒居高位者勿听谗言，处事公正。

弁，是次于冕的另一种比较尊贵的冠，分作皮弁与爵弁两种。皮弁是用白鹿皮做的，由几块皮拼接而成，顶部呈尖形，类似后世的瓜皮帽。在皮块的接逢处缀有许多五彩玉石，称为"綦"（又作

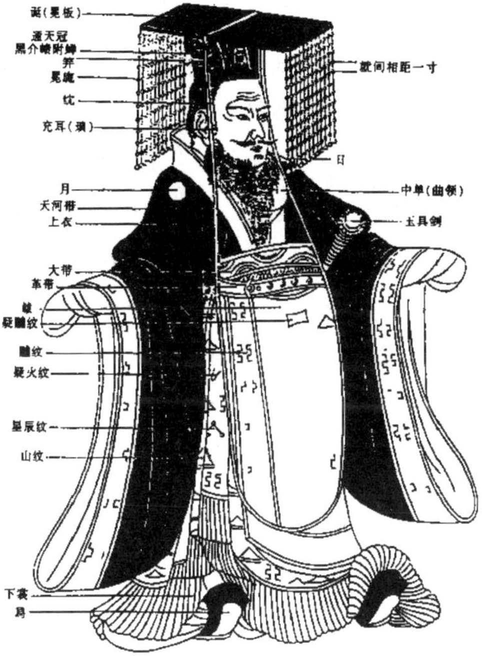


图 15　冕服

琪、瑧），看上去如众多的星星一样，故有“充耳琇莹，会弁如星”（《诗 · 卫风 · 淇奥》）之诗。皮弁饰綦也有等级，天子用五彩玉十二枚；侯伯饰七，子男饰五，皆用三彩玉；卿饰三，大夫饰二，皆用二彩玉；士无饰。爵弁是类似于冕的一种冠，颜色为赤中带黑，用细葛布或丝帛制成，其颜色类似麻雀的头，故爵弁又写作雀弁，古代爵、雀二字音同。冠上覆有宽八寸、长一尺二寸、前小后大的延，爵弁延上无旒，为大祭时士人与乐师所戴之冠。

胄，是战时所带的冠。其主要功能是保护头部，是用多片铁甲或用青铜浇铸而成的圆形帽，前面还铸有不同形状的兽面，既起到装饰作用，又起威慑作用；顶部竖有一根铜管，用以装饰羽毛，戴胄的时候，冠并不摘下，而是在冠弁外面套上胄，见到尊长时，还得摘下胄来行礼。例如春秋时晋楚鄢陵之战："郤至三遇楚子之卒，见楚子必下，免胄而趋风。"（《左传·成公十六年》）

按古制规定，庶人不得戴冠，只能覆巾于头。《玉篇》云："巾，佩巾也，本以拭物，后人著之于头。"先秦庶人所佩戴之巾有帻、陌头等。对于帻的解释，《汉官仪》说："帻者，古之卑贱执事不冠者之所服也。"帻的颜色一般为黑色或青色。陌头，又称"帕头""络头""缲头""绡头"。扬雄在其《方言》卷四中说："络头，帕头也。自关而西，秦晋之郊曰络头；南楚江湘之间曰陌头；自河以北，赵魏之间曰幓头。"这种头巾与今陕西农民用以包头的羊肚手巾相似。

春秋战国时期"衣"的概念是专指上衣而言。贴身穿的上衣称为"亵衣"，又称"私衣"。《诗经·周南·葛覃》言："薄污我私，薄澣我衣。"《说文解字》曰："亵，私服也。"因其贴身带有汗泽，故又称为"泽衣"，如"岂曰无衣，与子同泽"（《诗经·秦风·无衣》）。郑玄笺曰："泽，亵衣，近污垢。"罩衣称为"裼"，《礼记·玉藻》云："君衣狐白裘，锦衣以裼之。"并且裼衣还有文饰，"君在则裼，尽饰也"（《礼记·玉藻》）。裼衣之外还可再加上一层外衣，称之为"正服"。《左传·哀公十七年》孔颖达疏曰："裼衣之上乃有朝祭正服，裘上有两衣也。"先秦时期的寒服主要有裘和袍两种。裘是皮衣，古代人穿皮衣毛朝外，故《说文解字》云："古者衣裘以毛为表。"在礼仪场合，则要在裘上罩裼衣，并且裼衣和裘的颜色必须协调，"缁衣，羔裘；素衣，麑裘；黄衣，狐裘"（《论语·乡党》）。用来做裘的毛皮主要有狐、虎、豹、熊、犬、羊、鹿、貂等几种，其中以狐裘和豹裘最为高贵，为贵族所服；羊裘和鹿裘则是粗劣之裘，为贫困之人所服，如"贫人则夏披葛带索，……冬则羊裘解札"（《淮南子·齐俗》）。又如"晏子相景公，布衣鹿裘以朝。公曰：'夫子之家，若此其贫也，是奚衣之恶也？'"（《晏子春秋·外篇》）袍服在先秦时期就已经出现，最初的袍是絮有乱麻或缊的内衣，《释名·释义服》云："袍，苞也；苞，内衣也。"这种作为袍的内衣是穷困者之服，故《论语·子罕》云："衣敝缊袍，与衣狐貉者立，而不耻者，其由也与？""襺"是一种絮有丝绵的高级袍子，为贵族高官所服，《左传·襄公二十一年》载："方暑，阙地，下冰而床焉，重茧衣裘，鲜食而寝。"文中的"茧"即为"襺"。

上衣的形制主要有衣领、衣襟、袖子、衣带等几部分。最常见的衣领为交领，即衣领直连左右衣襟，衣襟在胸前相交，领子也随着相交。衣襟又称"衽"，如"微管仲，吾其被发左衽矣"（《论语·宪问》）。右衽是先秦时中原地区的服饰标准，左衽则是边远的少数民族的服饰。袖子又称"袂"，《礼记·深衣》云："袂之长短，反诎之及肘。"另外，还有"袪"之称，《说文解字》云："衣袂也。"《左传·僖公五年》载："公使寺人披伐蒲。（重耳）逾垣走，披斩其袪，遂出奔翟。"带是束衣之物，男子用革制的，称为"肇带"；女子用丝制的，称为"丝带"或"丝绦"，《说文解字》称："男子革鞶，妇人带丝。"男子也可用丝，《诗经·曹风·鸤鸠》云："淑人君子，其带伊丝。"丝带又称"绅"，《说文》云："带，绅也。"《论语·卫灵公》云："子张问行，子曰：'言忠信，行笃敬，虽蛮貊之邦，行矣……'子张书诸绅。"在先秦，诸侯和大夫都用素丝带，士用练带，并饰以黑边。关于带的尺寸，古有定制；"绅长：制士三尺，有司二尺有五寸。"（《礼记·玉藻》）

古代称下衣为"裳""袴"等，裳为一种裙，以带束于腰间，男女无别同服。袴又作"绔"，即今之裤子，但先秦时裤子非现今形制的裤子，不穿在外面，犹如套裤，称为"胫衣"。《礼记·内则》曰："十年，出就外傅，居宿于外，学书记，衣不帛襦袴。"在先秦，裳是加在袴外边的，以起遮掩的作用。"蔽膝"是一种遮掩大腿到膝盖部位的服饰，又称为"芾""韨"或"韠"，多用皮革制成，并对其用途、尺寸都有要求，《诗·小雅·采菽》曰："赤芾在股，邪幅在下。"郑玄笺云："芾，太古蔽膝之象也。冕服谓之芾，其他服谓之韠。以韦为之，其制上广一尺，下广二尺，长三尺，其颈五寸，肩革带，博二寸。"天子之芾用纯朱色，诸侯用黄朱色，卿大夫用素色；芾上所绘图案，天子绘龙、火、山三章，诸侯绘火、山二章，卿大夫绘山一章。

到春秋战国之际，又出现了把上衣和下裳合并为一体的服装，称为"深衣"。关于深衣的形制，《礼记·玉藻》云："朝玄端，夕深衣。深衣三袪，缝齐倍要，衽当旁，袂可以回肘，长中，继掩尺，袷二寸，袪尺二寸，缘广寸半。"深衣的用途极为广泛，"可以为文，可以为武，可以摈相，可以治军旅"（《礼记·深衣》）。它不但是诸侯、大夫及士人常穿之服，而且也是士庶阶层朝祭时的吉服。在缝制深衣时，用布"十有二幅，以应十有二月"（《礼记·深衣》）。深衣的长短为"短毋见肤，长毋被土"（《礼记·深衣》）。

先秦的制衣材料，主要有帛等丝织品和麻毛等粗劣织物。丝织品主要为贵族所用，普通百姓到五十岁时才可穿用，如"五亩之宅，树之以桑，五十者可以衣帛矣"（《孟子·梁惠王上》）。百姓一般穿不起丝织品，只能穿麻织品，因此"布衣"则成为庶人的代称。另外，穷困百姓冬衣一般为用粗毛编织而成的"褐"，故

《诗·豳风·七月》云："无衣无褐，何以卒岁。""褐夫"也便成为贫困者的代称。

在举行祭祀典礼和朝会仪式时，天子、诸侯以及卿大夫还要穿上与冠冕相配的冕服。冕服是由黑色的上衣和绛色的围裳组成，上衣纹样一般用绘，下裳纹样一般用刺绣。所饰纹样有日、月、星辰、山、龙、华虫、宗彝、藻、火、粉米、黼、黻等十二章。每一章纹饰皆有不同的含义：日、月、星辰取其照耀光明之意；山，取其稳重安静之意；龙，取其善于变化之意；华虫，一种雉鸟，取其有文彩之意；宗彝，取其忠孝之意；藻，一种水草，取冰清玉洁之意；火，取其向归上命之意；粉米，取其洁白而能养人之意；黼，斧形，取其能断割之意；黻，作两"己"相背形，取其明辨之意。根据等级的差别，冕服用章之制也有所不同，天子用十二章，公服用山以下九章，侯伯服用华虫以下七章，子男服用藻以下五章，卿、大夫用粉米以下三章。

与天子、诸侯的冕服一样，贵族妇女的礼服也有制度。据记载，王后礼服有"袆衣、揄狄、阙狄、鞠衣、展衣、褖衣、素纱"（《周礼·天官·内司服》）六种。"袆衣"是王后从王祭祀先祖的祭服，相当于君王的冕服；"揄狄"是王后祭先公的礼服，侯伯夫人从君祭庙时亦服此；"阙狄"是王后、贵妇参加祭祀及宴见时所服；"鞠衣"是王后亲自主持祭祀的礼服，贵妇参加朝会时亦服此；"展衣"是王后、贵妇朝见天子、诸侯，接见宾客时所穿的一种礼服；"褖衣"是王后礼见君王及燕居时的礼服。

春秋战国时期的鞋有屦、履、跐、靴等名称。"屦"是用草、麻、皮、丝制成的。用草制成的称为"草屦"，夏天穿用；用皮制成的称为"皮屦"，冬天穿用；"屦"的别名又称"舄"，舄为复底，并且底部衬有一块薄板,不怕泥泞潮湿,《诗·豳风·狼跋》云:"公孙硕肤,赤舄几几。"毛传云:"赤舄,人君之盛屦也。""舄"是鞋中最高等的,为天子、诸侯以及卿大夫在礼仪场合穿用,其他人没有资格穿用。"履"是从战国之后才有的名称,如:"晋文公与楚战,至黄凤之陵,履系解,因自结之。"(《韩非子·外储说左下》)"蹝"是草鞋的专称,又称"蹄""屣"等。《孟子·尽心上》云:"舜视弃天下,犹弃敝蹝也。"赵岐注云:"蹝,草履。""靴"是战国末期赵武灵王"胡服骑射",变履为靴。《学斋占毕》云:古时"有履而无靴,故靴不见于经。至武灵王做胡服,方变履为靴"。这种靴为皮制,用于军事,便于骑马。另外,先秦时的屦履除有鞋底、鞋帮外,还有綦、絇、繶、纯等饰件。《晏子春秋·内篇谏下》载:"景公为履,黄金之綦,饰以银,连以珠,良玉之絇。"綦是鞋带;絇是鞋头上的装饰,有孔,可以穿系鞋带;繶是鞋帮和鞋底相接处缝的装饰绦子;纯是鞋口镶饰的饰物。

袜子又称"足衣",古文多作"襪""韈",为熟牛皮所制。古人以跣足不着袜为至敬有礼,登席时必须脱袜。《左传·哀公二十五年》载:"褚师声子韈而登席,公怒。"卫侯因褚师声子不脱袜而登席的失礼行为而发怒。到汉以后,袜逐渐变成布制的或丝制的了。

古人特别重视身上的佩饰,其作用不仅可以装饰外表,而且还可以借此标明身份等级。佩饰都系在革带上,然后连在绅带上。常见的佩饰有玉、珠、刀、帨等。玉器是古人重要的佩饰,《礼记·玉藻》云:"古之君子必佩玉。"又言:"君子无故,玉不去身。"佩玉一般有两套,分别配于身体的左右,每套佩玉均用丝绳系连着,为多种玉的合佩和杂佩。行走时发出叮叮咚咚的声响,故《礼记·玉藻》上说:"行则鸣佩玉。"关于杂佩的组合,朱熹在《诗集传》中说:"杂佩者,左右佩玉也。上横曰珩，下系三组贯以蠙珠，中组之半贯以大珠，曰瑀；末悬一玉，两端皆锐，曰冲牙；两旁组半各悬一玉，长博而方，曰琚；其末各悬一玉，如半璧而内向，曰璜。又以两组贯球，上系珩两端，下交贯于瑀而下系于两璜，行则冲牙触璜而有声也。"另外，古人佩玉还有一定的特殊意义，《荀子·大略》云："绝人以玦，反绝以环。"杨倞注云："古者臣有罪，待放于境，三年不敢去。与之环则还，与之玦则绝。皆所以见意也。反绝，谓反其将绝者。"这种含意一直保留到宋代。佩弦与佩韦：其佩带之意与佩环、玦的含意相似。"韦"是一种经过加工的熟牛皮，质地柔软，其性缓；而弦则紧绷于弓上，其性急。《韩非子·观行》载："西门豹之性急，常佩韦以自缓；董安于之心缓，常佩弦以自急。"西门豹、董安于二人佩韦、佩弦，以起提醒、警戒自己的"座右铭"的作用。

佩容刀。上古之时，人们佩带刀剑，既是一种装饰，又可在危急时做防身之物，故《史记·秦本纪》载："简公六年，令吏初带剑。"《正义》云："春秋官吏各得带剑。"可见，春秋时所佩之刀剑皆为真刀真剑。到战国以后，由于战争频繁，刺客与谋杀事件剧增，秦国等明文规定"群臣待殿上者，不得持尺寸之兵"。故出现了"有刀形而无刃，备仪容而已"（《释名》）的容刀。

佩巾。多佩带帨巾，又称"纷帨"。《礼记·内则》曰："子事父母。鸡初鸣，咸盥、漱、栉、缁、笄……左右佩用：左佩纷帨、刀、砺……，右佩玦、捍、管……。"帨的用途是拭手、去污垢。《礼记·内则》云："进盥，少者奉槃，长者奉水，请沃盥。盥卒，授巾。"郑玄注云："巾以帨手。"

此外，还有佩带香袋的习俗，香袋在先秦时称"容臭"，内中放置各种香料香草。《礼记·内则》云："男女未冠笄者，……皆佩容臭。"这种习俗只流行在未成人的男女之间,到成人以后则不佩带。

## 第二节 饮食及器皿

我国早在春秋时期就已明确地把饮食分为两个基本的组成部分。食,是指用谷类做的各种饭食;饮,是指喝的水和饮浆。在人们的主食当中,所食的有"六谷"和"五谷"之说。如"凡王之馈,食用六谷"(《周礼·天官·膳夫》)。又如"四体不勤、五谷不分"(《论语·微子》)。关于五谷,古代有不同的说法,一般是指黍、稷、麦、稻、菽等五种作物。六谷则在五谷之外再加麻。

黍,又称黄米,色黄而黏,产量较低,是一种黏性的稷。古书中常黍稷连用,如"黍稷重穋"(《诗经·鲁颂·闷宫》)。黍吃起来比较爽口,常作为招待客人的主食,"杀鸡为黍而食之"(《论语·微子》)。

稷,又称谷子,小米,耐干旱,适应性较强,产量较高,是一种普遍种植的粮食作物。因其重要,故周人把自己的祖先称为"后稷"加以祭祀。《白虎通·社稷》云:"人非土不立,非谷不食。土地广博,不可遍敬也,五谷众多,不可一一祭也。故封土立社示有土尊;稷,五谷之长,故立稷而祭之也。"稷中的上品称为"粱"。

麦,有大麦、小麦之分,古代称大麦为"䴰"。《孟子·告子上》曰:"今夫䴰麦,播种而耰之。"麦在古代文献中又书作"来","贻我来䴰,帝命率育"(《诗经·周颂·思文》)即是。

稻,又称"秫",两者区别是,稻具有黏性,而秫则没有。水稻最早在南方河姆渡文化时就已出现，中原地区普遍种稻大致在商周之际。《诗经·周颂·丰年》云："丰年多黍多稌。"又《诗经·小雅·白华》云："滮水北流，浸彼稻田。"

菽，原指大豆，又作豆类的总称。《说文解字》："尗，豆也。"尗即菽。《诗经·小雅·小宛》云："中原有菽，庶民采之。"

麻，其可入食之物为麻籽，又称为"苴"。《诗经·豳风·七月》云："九月叔苴，……食我农夫。"麻籽是贫苦农人的日常主食。

用以上几种粮食作物制成的食物主要有糗和饼。

糗，又称"糇粮"。是炒熟的米、麦等谷物，类似于今之炒米，炒豆，炒玉米等。炒熟后碾成的粉也称糗。《国语·楚语》载："成王闻子文之朝不及夕也，于是乎每朝设脯一束，糗一筐以羞子文。"糗作为干粮，主要供行军作战和远行之用，《左传·襄公九年》载："（晋）令于诸侯曰：'修器备，盛餱粮，归老幼……。'"

另外，古人常吃的主食还有粥。古代称稀粥为"粥"，称稠粥为"飦"。《穀梁传·昭公十九年》载："（太子）哭泣歠飦粥，嗌不容粒，逾年而死。"即是。

除主食外，还有副食佐餐，我国古代的副食主要有五大类：肉食，蔬菜、瓜果、油脂和调料。

**肉食**

《周礼·天官·膳夫》载："凡王之馈……膳用六牲。"六牲指牛、羊、豕、犬、雁、鱼。牛是农业生产的重要工具，所以在祭祀的时候才杀牛为牲，平时不能轻易吃到牛肉，连诸侯也不例外，故有"诸侯无故不杀牛"（《礼记·王制》）。而《左传·僖公三十三年》载：秦师伐郑，郑国商人弦高以"牛十二犒师"。十二头牛对十几万大军来说，虽然很少，但是在当时来看，已是一笔很丰厚的礼品了。羊是较普遍的肉食，在羊肉中，羔肉味道鲜美，远远超过大羊，《诗经·豳风·七月》有："四之日其蚤，献羔祭韭。"豕是猪的总称，有小猪、大猪之分，又作"豚"、"彘"。《孟子·梁惠王上》云："鸡豚狗彘之畜，无失其时，七十者可以食肉矣。"同羊一样，小猪也是猪中的美味。另外，豚在古代往往可以作为礼物进行馈送，如"阳货欲见孔子，孔子不见，归孔子豚"（《论语·阳货》）。狗肉向来难登大雅之堂，但在先秦，狗肉已成为人们肉食中的主要食品。《晏子春秋》载：齐景公的看门狗死了，景公"趣庖治狗，以会朝属"。另外，食狗的多了，屠狗便成为专门的职业，据《史记·刺客列传》记载："（聂政）家贫，客游以为狗屠。"古时的雁就是现在的鹅，雁除了是聘问、婚嫁时的聘礼外，还是待客的佳肴。《庄子·山木》云："（庄子）舍于故人之家，故人喜，命竖子杀雁而烹之。"鱼从很早就已被人食用了，故到了周代被列为六牲之一。它除了可供食用外，还用于春季"荐鲔于寝庙"（《礼记·月令》）的祭品。鱼是当时不可多得的美味，故孟子曰："鱼我所欲也，熊掌亦我所欲也。二者不可得兼，舍鱼而取熊掌者也。"（《孟子·告子》）另外，可食的肉食动物还有鹿、熊、野兔、雉、鸽等。

古人也很重视对肉食的烹调技术。其烹调之法主要有炙、脍、醢几种。

炙即烤肉。《诗经·小雅·瓠叶》云："有兔斯首，燔之炙之。"炙之法也有多种，有釜炙、脯炙、貊炙、脍炙等。

脍，是切细的鱼、肉。《诗经·小雅·六月》云："饮御诸友，炮鳖脍鲤。"脍鲤，就是把鲤鱼切成薄片或细丝，如同现在日本的生鱼片。脍是一种很精细的食法，故有"食不厌精，脍不厌细"（《论语·乡党》）之说。

醢，是用肉制成的酱，品种繁多，有醯醢、鱼醢、兔醢、麋醢等。其制作方法是将干肉切碎，加上盐、酒曲搅拌，然后用酒渍泡，密封于缸或罐中百日而成。

## 蔬菜

古代对蔬菜的收成极为重视，"饥馑"的"馑"字就专指蔬菜歉收，故《尔雅》云："谷不熟为饥，菜不熟为馑。"《诗经·豳风·七月》云："六月食郁及薁，七月亨葵及菽。"又"七月食瓜，八月断壶，九月叔苴。采荼薪樗，食我农夫。"这里提到了几种蔬菜：葵，是古代栽培最广的蔬菜，其茎、叶可食；壶，葫芦；苴，青麻，捣成羹汁可食；荼，苦菜。另外，在《诗经》中见到的蔬菜还有：苢，苦菜的一种，青白色，脆，可生食；瓠叶，葫芦叶；葑，蔓菁，今之大头菜；菲，萝卜；荠，荠菜；薇，豌豆苗，为蔬菜中的上品；落，春笋；笋，冬笋；韭菜；芹菜等。

## 瓜果

早在春秋战国以前，瓜果就已成为人们的副食。在河姆渡文化遗址当中，就出土了桃、酸枣、橡子的果核残体。到了周代，瓜果品种大大增多，《夏小正》中记有梅、杏、桃、枣、和柂桃（猕猴桃）；《山海经》中也记有桃、李、杏、梅、枣、海棠、梨、橘、柚等。此外，还有《诗经·卫风·木瓜》"投我以木瓜，报之以琼琚"的木瓜，《诗经·鲁颂·泮水》"集于泮林，食我桑葚"的桑葚，等等。

## 油脂

先秦时期，几乎都用动物脂肪来进行烹调。《周礼·天官·庖人》云："凡用禽献，春行羔豚，膳膏香；夏行腒鱐，膳膏臊；秋行犊麛，膳膏腥；冬行鲜羽，膳膏膻。"一年四季，所烹肉类不同，其用油脂也不相同。春天吃小羊，小猪，以牛油来烹调；夏天吃干鱼和干雉鸡,用狗油来烹调;秋天吃小牛和麋鹿,用猪油来烹调;冬天吃鲜鱼和鹅,用羊油来烹调。

**调料**

先秦时,人们对调料的按时搭配已很重视,"春之时,多加酸味;夏之时,多加苦味;秋之时,多加辣味;冬之时,多加咸味"(《周礼·天官·食医》)。酸味的调料主要来自于梅和醋;甜味的调料来自于枣、栗、饴、蜜四物,《礼记·内则》云:"枣、栗、饴、蜜以甘之。"枣、栗是含糖量颇高的果物,用时将其捣碎拌入饭食中。饴是不溶于水的麦芽糖,蜜是蜂蜜。先秦时的人们还不会制蔗糖,蔗糖的出现在唐代。辣味的调料主要来自于辣椒。此外还有一些调味的蔬菜:葱、蒜、韭、卵蒜等。

**饮料**

饮料也是在进食当中必不可缺少的食物。《周礼·天官·膳夫》云:"凡王之馈,……饮用六清。"六清是指水,浆、醴、凉、醫、酏六种饮料。水,分两种,凉水称"水",开水称"汤",故《孟子·告子上》曰:"冬日则饮汤,夏日则饮水。"浆,是一种淡酒;醴,甜酒,类似于今天的糯米酒;凉,一种加冰的清凉饮料;醫,梅浆,类似于今天的酸梅汤;酏,用黍酿成的低度酒。

先秦时期是我国古代陶器文化和青铜器文化最发达的时期,从考古发掘来看,所出土的陶器和青铜器中有许多都是炊器、食器和酒器。

先秦的炊器主要有鼎、镬、鬲、甗等。

**鼎** 有圆腹三足和方腹四足两种,鼎口处有直立的两耳,可穿杠以便抬举。鼎的用途主要是用来煮肉。另外,鼎小者可以作食器,其中有正鼎和羞鼎。正鼎是盛装煮熟的肉,因其取肉装入正鼎的过程称为"升",故正鼎又称"升鼎";羞鼎是盛放佐料和肉羹的,和正鼎配合使用,故又称为"陪鼎"。

镬 是一种大腹、圆形、无足的鼎。《淮南子·说山》云:"尝一脔肉,知一镬之味。"高诱注曰:"有足曰鼎,无足曰镬。"其形与今天的大锅相似,用途也是用来煮肉的,使用比鼎更为普遍。后来,逐渐演变为古代"烹"刑的刑具,据史载:"秦用商鞅,……增加肉刑、大辟,有凿颠、抽胁、镬亨之刑。"(《汉书·刑法志》)

鬲 最初是陶制的,后来为增强其耐火性,变为铜制的。其形与鼎相似,三足皆空,可增加受火面积,使煮物早熟。其用途是用来烹煮食物。

甑 是一种蒸饭的炊具。类似今天的蒸笼。其形为直口、立耳、平底,底部有数个气孔,以通气。米等食物放在加水的鬲或釜上,加火蒸煮。《论衡·知实》曰:"颜渊炊饭,尘落甑中,欲置之则不洁,投地则弃饭,掇而食之。"一般把甑和鬲配套使用的炊器称为"甗"。

先秦的食器主要有簋、豆、俎、匕等。

簋 形状像大碗,圆口、大腹,下有圈足或方座。初为陶制,后为铜制,古人吃饭,先把饭由甑或鬲中盛到簋中,然后再食用。与簋类似的食器还有簠,《周礼·地官·舍人》曰:"凡祭祀,共簠、簋,实之陈之。"郑玄注曰:"方曰簠,圆曰簋,盛黍稷稻粱器。"

豆 是一种有柄的高脚盘。有木、竹、瓦三种,《尔雅·释器》云:"木制之豆称豆,竹制之豆称笾,瓦制豆称登。"《诗经·大雅·生民》云:"卬盛于豆,于豆于登。"后来也出现了铜制的豆,并带有盖。豆是古时筵席必不可少的食器,竹豆易漏,一般盛放枣、桃、脯、脩、糗等干物;木、陶、铜豆不易漏,主要盛放腌菜、肉酱之类的湿物。

俎　是两端有足支地的长方形板。一般是由木制成，但从出土文物看，也有铜制的。其主要用途是放置从"升鼎"中取出的大块肉，以便切割食用。

匕　是一种带长柄的汤匙，除盛食物羹外，其前部呈尖状，可以叉取小块肉进食。

先秦时期的酒器分盛酒器和饮酒器两种。盛酒器有尊、壶、卣、彝罍、斝等；饮酒器有爵、觯、觚、觥等。

尊　体形较大，一般的是敞口、高颈、圈足，多为圆形。还有一些尊上饰有动物的形象，或者把尊做成某种鸟兽形，如四羊方尊、牺尊、象尊、龙虎尊等。《诗经·鲁颂·閟宫》云："白牡骍刚，牺尊将将。"《周礼·春官·司尊彝》有："其再献，用两象尊。"

壶　是一种长颈、大腹、圆足或有提梁和盖的盛酒器。《诗经·大雅·韩奕》云："显父饯之，清酒百壶。"此外，壶还可装流食，如"昔赵衰以壶飧径从，馁而弗食"（《左传·僖公二十五年》）。

卣　是椭圆形、大腹、细颈、有盖、圈足、有提梁的扁壶。《左传·僖公二十八年》载："（天子）策命晋侯为伯，赐之……秬鬯一卣。"

彝　呈长方形，是有盖有耳的酒器。有时又是一些器物的总称，《左传·定公四年》载："祝、宗、卜、史，备物，典策，官司彝器。"孔颖达正义云："官司彝器，谓百官常用之器，盖罇罍俎豆之属。"

罍　是大型盛酒器，形体有圆有方，短颈大腹，口的大小不一。《诗经·周南·卷耳》云："我姑酌彼金罍，维以不永怀。"

斝　是用于盛酒和温酒的器物。形状似爵但无流，鼓腹或圆筒腹，圆口、三足，足为空心或实心，较厚重。《左传·昭公七年》

载:"略以瑶瓮、玉棬、犀耳。"

爵 是在先秦时期使用较普遍、具有代表性的酒器。其造型为:下有三足,爵口有槽状的"流",还有一对对称的柱,盖为告诫饮酒者不要暴饮。《左传·宣公二年》载:"臣侍君宴,过三爵,非礼也。"后来,爵便引申为人身份等级的代称,如"宗庙之礼,序昭穆也,序爵,所以辨贵贱也"。

觯 是常用的饮酒器,大口,有圆足,比较轻巧,轻便,多为尊者所用,《礼记·礼器》云:"宗庙之祭,尊者举觯,卑者举角。"

觚 一般与爵配套使用,口如喇叭状,长颈、细腰、圆足。其先四面有觚棱,后来消失。

觥 又作觵,其形如横放的牛角,下有长方圈足,有盖,多作兽形。《诗经·豳风·七月》云:"称彼兕觥,万寿无疆。"有时也可用来盛酒。另外,它还是一种罚酒器,《周礼·地官·闾胥》云:"凡事掌其比觵挞罚之事。"贾公彦云:"凡有失礼者,以觵酒罚之,重者以楚挞之。"现在南方一些少数民族用水牛角来劝酒,大概是其遗风。

春秋战国时期人们的饮食习惯与现在人们的饮食习惯大不相同。人们吃饭不用筷子,用手抓着吃,《礼记·曲礼》曰:"共饭不泽手。"孔颖达正义曰:"古之礼,饭不用箸,但用手,既与人共饭,手宜絜净,不得临时始捼莎手乃食,恐为人秽也。"《左传·昭公二十年》亦有:"华亥与其妻,必盟而食所质公子者而后食。"箸又称"梜",虽在先秦时已出现,但只在特定场合使用。如《礼记·曲礼》云:"羹之有菜者用梜。"孔颖达疏云:"以其菜交横,非挟不可。"

古时一般实行一日两餐制,第一顿饭叫朝食,又叫饔。《左传·成公二年》载齐晋鞌之战，齐侯曰："余姑翦灭此而朝食。"朝食的时间大约在上午九点到十点之间。第二顿饭叫铺食，又叫飧。《淮南子·天文》曰："日至于悲谷，是谓铺食。"铺食的时间大约在下午四点左右。另外，在天子与诸侯当中还实行三餐制，据《周礼·天官·膳夫》载："王燕食。则奉膳。赞祭。"郑玄注曰："燕食。谓日中与夕食；奉膳，奉朝之余膳。"可见，天子与诸侯一天吃朝食、日中食、夕食三顿饭，与今天完全一致。

## 第三节　宫室和起居

先秦时期，人们的住室可统称为宫、室，两者同义，故《尔雅·释宫》云："宫谓之室，室谓之宫。"若比较起来，宫的范围较大，室的范围则较小。宫是指整座住房，方向是坐北朝南，包括围墙及墙外建筑在内的一个整体；室则是其中的一个居住单位——住室。从先秦文献和考古发掘中，可以看到先秦宫室的大致布局，其从外到内的大致布局结构是：屏、大门、庭、堂、室。

**屏**　又称"树""萧墙"，今称照壁。《尔雅·释宫》曰："屏谓之树。"朱骏声《说文通训定声》曰："屏亦谓之塞门，亦谓之萧墙，如今之照墙也。"《论语·季氏》亦有："吾恐季孙之忧不在颛臾，而在萧墙之内也。"屏建在大门的正南前方，是为了避免来往行人直接看到门内之物。

**大门**　一般是三开间，当中为明间，为正门，又称"应门"，《尔雅·释宫》曰："正门谓之应门。"为出入之门；大门左右各一间，类似现在的门房、传达室，称为"塾"，《尔雅·释宫》曰："门侧之堂谓之塾。"

庭　门内为庭，即院子。讲究的住宅还设有一道二门，即"闱"，又叫"寝门"。《左传·宣公二年》载："晨往，寝门辟矣。"又《左传·成公十年》载："晋侯梦大厉，被发及地，搏膺而踊，……坏大门，及寝门，而入。"夫门与二门之间的院子为外庭、外朝；二门以内的院子为内庭，又作"内廷"。庭是群臣朝见君王之所，故君王之庭又称为朝、朝廷。朝和朝廷处于二门以内，即内廷。《左传·宣公二年》载：晋灵公杀宰夫，"寘诸畚，使妇人载以过朝"。又《左传·成公十八年》载："齐侯使士华免以戈杀国佐于内宫之朝。"庭的范围比较大，指的是外朝，可以植树。《周礼·秋官·朝士》云："掌建邦外朝之法。左九棘，孤卿大夫位焉，群士在其后；右九棘，公侯伯子男位焉，群吏在其后；面三槐，三公位焉，州长众庶在其后。"另外，庭中还可停车。《史记·张仪列传》载："王虽许公，公请毋多车，以车三十乘，可陈之于庭。"君王庭中还有火炬，文献称之为"庭燎"。《大戴礼记》载："天子百燎，公五十，侯伯子男三十。"《国语·晋语》亦载："馈九牢，设庭燎。"可见，庭燎除了用于照明外，还是身份等级的一个标志。另外，庭的东西两排房子分别称为"东序"和"西序"。

堂　与室一起建在高台上，都是坐北朝南。堂位于室前，北面有户与室相通；东西有墙，称东序、西序；南面没有墙，只有两根柱子，叫东楹、西楹，通过东阶、西阶与庭相通。东阶为主人行走，西阶为客人行走，《史记·魏公子列传》载："赵王扫除自迎，执主人之礼，引公子就西阶。公子侧行辞让，从东阶上。"堂是主人平时活动、行礼、待客的地方。《史记·范雎列传》记载："范雎大供具，尽请诸侯使，与坐堂上，食饮甚设，而坐须贾堂下，置莝豆其前，令两黥徒夹而马食之。"

**室** 位于堂后，与堂有户相通，故《礼记·礼器》云："未有入室而不由户者。"户和门是不一样的，《一切经音义》十四曰："一扇曰户，两扇曰门。"又曰："在于堂屋曰户，在于宅区域曰门。"《荀子·哀公》云："君出鲁之四门以望鲁四郊。"城门一般多为两扇。室、堂之间还有窗子，称为"牖"。户偏东，牖偏西。《列子·汤问》曰："昌以牦悬虱于牖，南面而望之。"室的北墙还有一个窗子，称为"向"。《诗经·豳风·七月》云："穹室熏鼠，塞向墐户。"室的四个屋角谓之"隅"，也有不同的名称。据《尔雅·释宫》云："西南隅谓之奥，西北隅谓之屋漏，东北隅谓之宧，东南隅谓之窔。"四隅中以奥为最尊，故《礼记·曲礼》曰："夫为人子者，居不主奥。"另外，室中还有灶，位于室的中央。其用途既可取暖，又可照明，《韩非子·内储说上》曰："夫灶，一人炀（烤火）焉，则后人无从见矣。"

春秋战国时期还没有椅子、凳子等坐具，那时人们都席地而坐，以席铺地，并且"席不正，不坐"（《论语·乡党》）。席子要放于室堂中央，并且与室堂的边、壁平行。古人坐时两膝着席，两脚的脚背朝下，臀部落在脚后跟上，这种坐法称为"跪坐"。如果将臀部抬起，上身直立，则称"长跪"，又叫"跽"。这是表示对别人的尊敬，《史记·范雎列传》载："秦王屏左右，宫中虚无人。秦王跽而请曰：'先生何以幸教寡人？'"另外，还有一种不礼貌、不规矩的坐法，即臀部直接坐于席上。两腿前伸。其状如箕，故称为"箕踞"。《礼记·曲礼》规定："坐毋箕。"《韩诗外传》卷九载："孟子妻独居，踞。孟子入户视之，白其母曰：'妇无礼，去之。'母曰：'何也？'曰：'踞。'"

古人跪坐时，还有几可凭依。《孟子·公孙丑下》曰："孟子去齐，宿于昼。有欲为王留行者，坐而言。不应，隐几而卧。"古人坐在席上也有尊卑坐次的讲究，"席南乡、北乡，以西方为上；东乡、西乡，以南方为上。"（《礼记·曲礼》）又有"父子不同席，……男女不同席"（《礼记·曲礼》）之说，另外，遇尊者前来，晚辈应用"避席"（又称违席）之法来表示谦卑，而且要伏地。《晏子春秋·内篇杂上》载："景公有爱女，请嫁于晏子。……晏子违席而对曰：'……君虽有赐，可以使婴倍其托乎？'再拜而辞。"

室内有床。床有两种用途，既可作卧具，又可作坐具。《左传·宣公十五年》载："华元夜入楚师，登子反之床，起之。"此床当为卧具。《史记·滑稽列传》载：西门豹为河伯娶妇，"共粉饰之如嫁女，床席令女居其上"。此床为坐具。古代的卧具还有枕头。《说文解字·木部》云："枕，卧所以荐首者。"《诗经·陈风·泽陂》云："辗转伏枕。"

室内还设有帷幕。《说文解字·巾部》曰："在旁曰帷"，"帷在上曰幕"。最初的帷是因丧礼之需而设，《仪礼·士丧礼》："奠脯、醢、醴、酒，升自阼阶，奠于尸东，帷堂。"这时死者尚未穿寿衣，用帷遮住，准备接受客人吊唁。后来逐渐发展到堂室之中的装饰物。《左传·宣公十七年》载："晋侯使郤克征，会于齐。齐顷公帷妇人，使观之。"

烛与灯是古代宫室中的照明之物。据文献记载，先秦时已有"烛"字，但这不是后世的蜡烛。《说文解字·火部》曰："烛，庭燎大烛也。"庭燎大烛，即火炬，用苇薪制成，而拿在手中较小的称小烛，是用麻秆制成的。灯，据文献记载，出现于战国时期。当时写作"镫",因其形状似盛食物的登(瓦豆)而得名。《楚辞·招魂》云:"兰膏明烛,华灯错些。"古代用膏(兽类脂肪)做灯油,并加入香料,燃烧时便会发出阵阵香气。

## 第四节 车 马

车是先秦时期主要的交通工具,而马又是主要的驾车工具,故在先秦文献中车、马常常连称。

先秦时期普遍使用四马驾车,称为"驷",如"清人在彭,驷介旁旁"(《诗经·郑风·清人》)。还有使用三马驾车,称为"骖",如"载骖载驷,君子所届"(《诗经·小雅·采菽》)。两马驾车也曾出现过,如"大子请使良夫,良夫乘衷甸、两牡"(《左传·哀公十七年》)。此外,还出现过以六马、十六马驾车的特例。《晏子春秋·内杂篇上》载:齐景公"披发,乘六马,御妇人,以出正闱"。《晏子春秋·内篇谏上》又载:"翟王子羡臣于景公以重驾。"重驾即是十六马驾车。

春秋战国时的车只有一根辕子,叫做辀,是一根稍稍弯曲的长木。驾辕用两马,称为"服";两旁的马称为"骖"。《诗经·郑风·叔于田》云:"叔适野,巷无服马。"《左传·成公二年》载:"将及华泉,骖絓于木而止。"另外,古人在室外尚左,故"左骖"又成为赠人或其他活动的敬礼。《左传·僖公三十三年》载:"公使阳处父追之,及诸河,则在舟中矣,释左骖以公命赠孟明。"《韩非子·外储说左上》又曰:"(晋文公)解左骖而盟于河。"

从先秦文献和考古发掘中可以看到，先秦时期车的结构已很完备，并且非常合理，用起来也十分结实、方便。

衡　是与辀的前端相连的横木，用来缚轭驾马。衡与辀相连，靠销子来固定，称为“輗”或“軏”，《论语 · 为政》曰：“大车无輗，小车无軏，其何以行之哉？”在衡的左右各缚一个“人”字形的叉木，称为“轭”，又作“扼”，用来架在马颈上，骖马的轭不缚在衡上，而是直接架在马颈上，轭岔开的两支曲木称为“軥”。《左传 · 襄公十四年》载：“子鱼曰：‘射，为背师；不射，为戮。射为礼乎？’射两軥而还。”在轭首上还装有銮，为扁球状铜铃，铃上有孔，内含弹丸，马行走时可以发出锵锵之声，一般车子只在轭首装銮，共计四銮；高级的车子则在衡上又加四銮，共计八銮。故《诗》云“四牡骙骙，八鸾（銮）喈喈”（《诗经 · 大雅 · 烝民》）。

舆　就是车厢，为长方形，舆的左右两边立有木板或栏杆，人可以凭倚，称为“輢”；前边的横木可以作扶手，称为“轼”，也作“式”，《礼记 · 檀弓下》记载：“孔子过泰山侧，有妇人哭于墓者而哀，夫子式而听之。”舆后的横板或栏杆称为“轸”，《左传 · 昭公二十一年》载：“张匄抽殳而下，射之，折股。扶伏而击之，折轸，又射之，死。”轸处留有缺口，即登车处，叫“軬”；车身上拴有一根绳子，叫“绥”，上车时可用手拽之，《论语 · 乡党》曰：“升车，必正立执绥。”舆上可以立盖，用来遮挡雨雪和遮太阳光。舆中可以铺席，车席称为“茵”，《诗经 · 秦风 · 小戎》曰：文茵畅毂。”豪华的车则可以用兽皮铺垫。

轴　是用来安车轮的圆木杠。《说文解字 · 车部》曰：“轴，持轮也。”轴与舆的交接部位有称为“輹”或“轐”的方形垫木，用革带缚结,把舆和轴固定在一起,《左传·僖公十五年》载:"车说(脱)其輹,火焚其旗,不利行师。"轴的末端称为"轊",又作"軎",外露。轊上有孔,可以插"辖"来固定车轮,辖俗称"销钉",铜制,呈扁长方形,其上端往往铸成人像或兽首,约三四寸长。

轮 多用坚木制成,轮径多在1.4米左右,由毂、辋、辐等部件组成。毂是车轮中心有孔的圆木,中心的孔称为"軹",用以贯穿车轴。辋,又称为"輮"、"牙",是车轮的外圆框,是用两条直木经火烤弯成弧形拼接而成,为求其坚固,还在上边装上铜镍,辋和毂上有榫眼,称为"凿",是用来安装辐条的。辐是连接辋与毂的一根根木条,近辋一端较细,称为"骹";近毂一端较粗,称为"股"。辐条一般为三十根。故《老子》曰:"三十辐共一毂。"车轮是车的关键部件,因此对其质量的要求也颇高,相传,古人制毂用杂榆木,制辋用枋,制辐用檀木。

车在春秋战国时的用途极为广泛,按其功能来分,可分为平时用车和战时用车两类,平时用车有栈车、辎车、安车、温车、传车、辇;战时用车有轻车、轊车、戎路、巢车、楼车等。

栈车 又作輚车。是用木条编舆的轻便车。《诗经·小雅·何草不黄》:"有栈之车,行彼之道。"《左传·成公二年》载:"丑父寝于輚中,蛇出其下,以肱击之,伤而匿之。"因輚车有缝隙,故蛇可"出其下"以伤人。

辎车 是有帷幔之车。既可载人,又可载物,载人可以避风雨,载物可防止物受损。《史记·孙子吴起列传》载:"以田忌为将,而孙子为师,居辎车中,坐为计谋。"

安车 是一匹马拉的小车,乘起来比较安稳、舒适,故得名,《礼记·曲礼》云:"大夫七十而致事,……适四方,乘安车。"

温车　又叫辊辌车，是一种卧车，有帷幔、窗子，车内温度可由窗的开闭来进行调节。《史记·齐太公世家》载："桓公之中钩，佯死以误管仲，已而载温车中驰行。"

传车　先秦时称为"驲"，是一种驿站之间传递消息法令的快车。《左传·襄公二十一年》载："晋侯问叔向之罪于乐王鲋。……于是祁奚老矣，闻之，乘驲而见宣子。"

辇　是一种靠人力而前进的车。《左传·成公十七年》载："齐庆克通于声孟子，与妇人蒙衣乘辇而入于闳。"挽车的人夫称为"辇夫"，《穀梁传·成公五年》载："晋君召伯尊而问焉。伯尊来，遇辇者，辇者不辟，使左右下而鞭之。"后来，辇车成为皇帝、皇后的专用车。

轻车　又称驰车，是一般的战车，是冲锋陷阵的主力。《左传·哀公二十七年》载："中行文子告成子曰：'有自晋师告寅者：将以轻车千乘以厌齐师之门，则可尽也。'"（见图16）

屯车　其形制史书无载，可能是一种防御性的兵车。《左传·宣公十二年》载："晋人惧二子之怒楚师也，使屯车逆之。"孔颖达引服虔言云："屯者，屯守之车。"

戎路　又称旄车，于车尾立有以旄牛尾为饰的旌旗为标志，是主帅所乘的指挥车，《左传·宣公二年》载："赵盾为旄车之族。"赵盾为晋正卿，为中军主帅，故乘旄车。

巢车　一种用来观察敌情的战车。车上安瞭望台，如树上的鸟巢，故得名，可以远望。《左传·成公十六年》载："楚子登巢车以望晋军。"

楼车　又称"冲车"，是一种用来攻城的战车，体形较大，上设云梯，故可登上以远望。《左传·宣公十五年》载："（解扬）登诸楼车，使呼宋而告之，遂致其君命。"

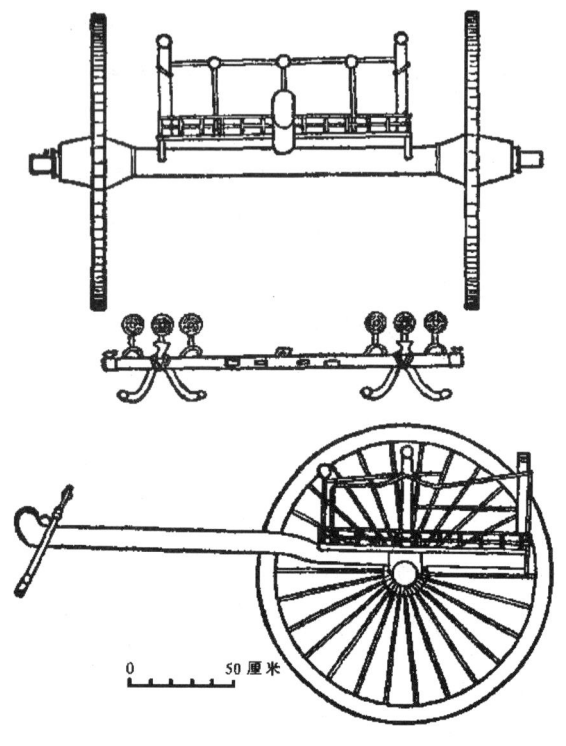

图 16 战国车型的复原
采自《辉县发掘报告》

春秋战国时，人们特别讲究马身上的饰物和马具。这些主要是由铜饰、玉石、皮革组成，考古上虽没有皮革马具出土，但从出土的铜饰和先秦文献的记载，仍可以恢复其原貌。《左传·僖公二十八年》载："晋车七百乘、韅、靷、鞅、靽。"此外还有靳、勒、辔、軜、繁缨等。

韅　是系于马腹部的一条革带。《释名·释车》曰："韅，经也，横经其腹下也。"革带上常贯有鳞形铜饰。

靷　是引车的长革带，即现在的"长套"。《说文解字·革部》

曰："靷，所以引轴也。"《左传·哀公二年》邮良曰："我两靷将绝，吾能止之。"

**鞅** 是套在马颈上的皮带。

**鞦** 是套在马臀部的皮带。

**靳** 是套在马当胸的皮带。

**勒** 也称为络头。俗称马笼头。由颈带、额带、鼻带、咽带、颊带和衔、镳组成。衔，俗称马嚼子，为铜制；镳，与衔配合使用，呈牛角形，为铜制，贯于衔两端的环中，以防其脱落。

**辔** 马的缰绳，一头系于衔环上，一头握在御者手中，以控制马的行进。

**靷** 又称内辔，为骖马所用，一端系于骖马内侧的衔环上，一端系于车轼上。

**繁缨** 是一种缀于马鞅上的垂状饰物。《左传·成公二年》载："请曲县，繁缨以朝，许之。"按身份的高低，有十二条、九条、七条不等。

## 第五节　道路和水运

鲁迅曾说过：其实世上本没有路，走的人多了，也便成了路。《孟子·尽心上》亦曰："山径之蹊间，介然用之而成路。为间不用，则茅塞之矣。"有了路，还有专门的管理，故"司空以时平易道路"（《左传·襄公三十一年》）。经过修治的道路，"周道如砥，其直如矢"（《诗经·小雅·大东》）。先秦时的道路已分为五等：径容牛马，畛容大车，涂（途）容乘车一轨，道容二轨，路容三轨。

《尔雅·释宫》曰："一达谓之道路，二达谓之歧旁，三达谓之剧旁，四达谓之衢，五达谓之康，六达谓之庄，七达谓之剧骖，八达谓之崇期，九达谓之逵。"可见，在先秦时，道路已是四通八达了。春秋时，东至齐，西至秦，北至燕晋，南至楚，东南至吴越，中原至鲁宋陈郑，到处都有道路相通。据文献记载，郑弦高曾自滑使遽告奉警于郑（《左传·僖公三十三年》）；楚子曾自句澨乘驲会师于临品（《左传·文公十六年》）；晋伯宗曾自齐乘传以至于绛（《左传·成公五年》）；楚人曾计议使驲自汉以奔问于诸晋（《左传·襄公二十八年》）；郑子产曾因闻变乘遽自鄐返郑（《左传·昭公二年》）；楚子曾自琐以驲至于罗汭（《左传·昭公五年》）；晋文公曾自绛乘驲潜会秦伯于王城（《国语·晋语》）；吴夫差曾在黄池得知越乱于边遽（《国语·吴语》）；顾之盟鲁公先至阳谷，齐间丘息曾拟议传遽以告齐君（《左传·哀公二十一年》）。[1]

春秋战国之时，人们已经能利用天然河道来进行航运。《左传·僖公十三年》载："晋荐饥。……秦于是乎输粟于晋，自雍及绛相继，命之曰泛舟之役。"《战国策·楚策》又载："张仪为秦破从连横说楚王曰：'秦西有巴蜀，方船积粟，起于汶山，循江而下，至郢三千余里，舫船载卒……下水而浮，一日行三百余里；里数虽多，不费汗马之劳，不十日而距扞关。'"可见，用河来航运，既省力，又省费，并且速度也较快。

除了内河航运以外，春秋时，开始出现了由人工开凿的运河。《左传·哀公九年》载："吴城邗，沟通江淮。"《国语·吴语》亦

---

[1] 郭宝钧：《中国青铜器时代》，三联书店1963年版，第154页。

载:"吴王夫差既杀申胥,……乃起师北征,阙为深沟于商鲁之间,北属之沂,西属之济,以会晋公午于黄池。"这就是历史上有名的邗沟,它沟通了长江和淮河两大水系。到战国中期,魏国又开凿了鸿沟,北引黄河,绕大梁城东,南入颍水,从鸿沟分出的支流分别东南入淮、入泗。使黄淮平原上形成了以鸿沟为主的运河系统。这些运河的开凿,奠定了隋炀帝时京杭大运河的开凿基础。

春秋时的人们已开始注意利用沿海的航路。孔子曰:"道不行,乘桴浮于海。"(《论语·公冶长》)《左传·哀公十年》载:"齐人弑悼公,赴于师。吴子三日哭于军门之外,徐承帅舟师将自海入齐;齐人败之。"《国语·吴语》亦载:"于是越王勾践乃命范蠡、舌庸率师沿海溯淮以绝吴路,败王子友于姑熊夷。"这些都是浅海航行的最初尝试,至于深海远航,当时还没有出现。

# 第八章 文 学

春秋战国时代是中国文化史上最辉煌的时代，文化的各个层面都取得了突飞猛进的发展。这个时代的文学艺术也呈现出万紫千红、争奇斗艳的繁荣景象。《诗经》中保存了大量春秋时代的诗篇，这些诗篇艺术地再现了当时社会生活的各个方面。《左传》《国语》《战国策》《穆天子传》等史传文学充分表现了中国文史未分时代史学著作的文学艺术特色，有些作品堪称中国最早的小说。诸子散文也各具风采，它们既是政治学或哲学著作，同时也是文学作品。这些作品中生动活泼的语言、大量的寓言故事、对人物和故事情节的刻画描写、表现思想的各种艺术手法等都对中国后世的文学艺术有深远的影响。《楚辞》更是中国文学史上的奇葩，它的浪漫主义文学传统、鲜明的楚国地方特色，在中国和世界文学宝库中永放光芒。此外，这个时期的绘画、雕刻、书法和音乐在中国的艺术史上也都占有重要的地位。

## 第一节 《诗经》

《诗经》原称《诗》或《诗三百》，是中国古代第一部诗歌总集，共收诗歌三百零五首。汉代独尊儒术，《诗》为"五经"之一，故称《诗经》。汉代传《诗》者主要有四家，即齐国之辕固、鲁国之申培、燕国之韩婴、赵国之毛苌。前两者取传《诗》者之国名，简称《齐诗》《鲁诗》，后两者取传《诗》者之姓氏，简称《韩诗》《毛诗》。齐、鲁、韩三家为今文学家，西汉武帝时已立于学官。毛氏为古文学家，其诗说后出，立于学官较晚。东汉时，经学大师郑玄为《毛诗》作笺，并立于学官，于是学者逐渐增多，《毛诗》流传益广。后来齐、鲁、韩三家《诗》逐渐亡佚，而《毛诗》却流传于后世。今天读者见到的《诗经》就是《毛诗》。

《诗经》这部中国古代诗歌总集中共分风、雅、颂三个部分。"风"又称《国风》，包括十五国和地区的民歌，共有一百六十篇，其中:《周南》十一篇，《召南》十四篇，《邶风》十九篇，《鄘风》十篇，《卫风》十篇，《王风》十篇，《郑风》二十一篇，《齐风》十一篇，《魏风》七篇，《唐风》十二篇，《秦风》十篇，《陈风》十篇，《桧风》四篇，《曹风》四篇，《豳风》七篇。雅诗分为《小雅》和《大雅》，合称"二雅"，其中《小雅》七十四篇，《大雅》三十一篇，共一百零五篇。颂诗分为《周颂》、《鲁颂》和《商颂》，合称"三颂"。其中《周颂》三十一篇,《鲁颂》四篇,《商颂》五篇,共计四十篇。

《诗经》一书大约集结成书于春秋中期,其后又陆续有所增删。《左传》襄公二十九年(前544年),吴国的公子季札访问鲁国,鲁国的乐师为季札演奏《诗》乐,其内容和编排次序已大体与今本《诗经》相同,表明当时的《诗》已经编辑成书。到春秋晚期,孔子又对《诗》重新修订,并用来作为教授弟子的课本。《论语·子罕》篇云:"吾自卫返鲁,然后《乐》正,《雅》《颂》各得其所。"这表明孔子的确整理过《诗》。

《诗经》中的诗篇既有西周时代的作品,也有王室东迁以后的作品。一般来说,"二雅"中的诗篇多数为西周的作品,只有少数几篇,如《小雅》中的《沔水》《黄鸟》《大东》《都人士》《节南山》等篇,《大雅》中的《抑》《瞻卬》等篇应是春秋时代的作品。"三颂"中的诗篇都是西周的作品。十五国风中的作品多数为春秋时代的作品。如《王风》十篇、《郑风》二十一篇、《唐风》十二篇、《秦风》十篇基本上都是东周的作品[1],《邶风》《鄘风》《卫风》中的大多数诗篇也可以断定为东周的作品。其余各国的风诗,有些从诗的内容上可以确认为东周的作品,如《周南》中的《汝坟》《麟之趾》,《召南》中的《采蘩》《何彼襛矣》,《齐风》中的《南山》《敝笱》《猗嗟》《载驱》,《陈风》中的《株林》《墓门》,《曹风》中的《下泉》《蜉蝣》《候人》等诗篇。有些风诗虽然无法断定其确切年代,但从内容上判断应当肯定其为春秋时代的诗篇。因

---

[1] 东周和春秋在时代上是两个不完全相同的概念。东周开始和结束的时间分别早于和晚于春秋。即东周包含春秋,但比春秋跨度长。史学界习惯上把东迁以后即称为春秋开始,因此东周的前段与春秋是吻合的。

此,本节所记述的《诗经》,主要以能够确认的东周诗篇为依据。

春秋时代由于王权式微,霸权迭起,加之阶级分化加剧,社会日益动荡不安。西周以来的礼乐文化逐渐走向崩溃,新的文化正在酝酿之中,深刻的社会大变革以摧枯拉朽之势震撼着旧的社会秩序。因此,春秋时代的诗篇不同于西周的诗篇,其思想内容更多地表现了大变革时代的社会生活,特别是大量的风诗中涌现出许多反映阶级压迫和阶级剥削的诗篇,当然也有很多反映重大历史事件的诗歌和反映民间风情的诗歌。现将春秋时代的诗篇按内容分述如下:

**(一)揭露统治者荒淫无耻的诗**

这类诗在《国风》中较多,如《邶风》中的《新台》,是揭露和讽刺卫宣公的。卫宣公让他的儿子伋娶齐国之女为妻。按照当时的习俗,卫宣公在迎亲必经的黄河岸边筑造一个高大的新台,以便迎接新娘。新娘来到之后,卫宣公见新娘很美,就把新娘占为己有,她就是宣姜。因此卫人作了这首《新台》以讽刺卫宣公。诗的最后一章写道:

鱼网之设,鸿则离之。

燕婉之求,得此戚施。

诗中以设网为了捕鱼,结果却网住了一个大蛤蟆作比喻,说齐国之女宣姜本想嫁给年轻英俊的卫国公子,不料却落入一个丑陋的老头子手中。

《鄘风》中的《墙有茨》也是揭露统治者丑行的诗。揭露的对象仍是前一首诗讽刺的卫宣公和宣姜。卫宣公死后,其妻宣姜与他的庶子公子顽公开姘居，先后生了三个儿子，即齐子、戴公和文公，还生了两个女儿，即宋桓夫人、许穆夫人，《诗小序》云："《墙有茨》，卫人刺其上也。公子顽通乎母君，国人疾之而不可道也。"诗中写道：

墙有茨，不可扫也。
中冓之言，不可道也。
所可道也，言之丑也。

墙有茨，不可襄也。
中冓之言，不可详也。
所可详也，言之长也。

墙有茨，不可束也。
中冓之言，不可读也。
所可读也，言之辱也。

诗人以墙上的蒺藜不可以除掉，比喻卫国公室之中的淫秽之事无法向外人详说，辛辣地讽刺了卫国统治者的荒淫无耻。同一事，作者反复用"不可道也""不可详也""不可读（宣扬）也"这样的诗句表达对这些污秽之事本不愿说，可是又非说不可的心态。因为作诗者是卫国人，卫国公室内的淫乱之事是国之丑事，他们虽不想外扬，可是由于诗人对这些统治者的憎恶与愤恨，他们不顾"言之丑也""言之长也""言之辱也"，终于把这些丑事公之于众了。

《鄘风》中还有两首诗，一首题《君子偕老》，另一首题《鹑之奔奔》。这两首诗也都是揭露和讽刺宣姜的淫秽生活的。其中《鹑之奔奔》的作者就是公子顽的弟弟。这首诗说：

> 鹑之奔奔，鹊之彊彊。
> 人之无良，我以为兄！
> 鹊之彊彊，鹑之奔奔。
> 人之无良，我以为君！

诗人虽然也是统治者中的一员，可是他对公子顽和宣姜的丑行实在看不入眼，他为自己有这样的兄长和庶母感到羞耻，于是以激愤的言辞对他们进行了斥责。

《鄘风》中的《相鼠》也属于这类诗篇。这首诗所嘲讽的具体人事已无可详考，但却因此而具有更广泛的针对性，也可以说，这首诗所嘲讽的是统治者中全体荒淫无礼者。诗曰：

> 相鼠有皮，人而无仪。
> 人而无仪，不死何为？
> 相鼠有齿，人而无止（耻）。
> 人而无止，不死何俟？
> 相鼠有体，人而无礼。
> 人而无礼，胡不遄死？

那些荒淫无耻的统治者，虽然衣着华丽、冠冕堂皇，实际上是披着人皮的野兽，甚至连野兽都不如。诗人愤怒地斥责那些无仪（不像人样）、无耻、无礼的统治者连老鼠都不如，诅咒他们快点死去。

《秦风》中的《黄鸟》是秦人斥责秦国统治者惨无人道的诗篇。《左传·文公六年》曾记载此事：

> 秦伯任好卒[1]，以子车氏之三子奄息、仲行、鍼虎为殉，皆秦之良也。国人哀之，为之赋《黄鸟》。

《史记·秦本纪》亦记载此事：

> 三十九年，缪公卒，葬雍。从死者百七十七人，秦之良臣子舆氏三人名曰奄息、仲行、鍼虎，亦在从死之中。秦人哀之，为作歌《黄鸟》之诗。

这首诗全文如下：

> 交交黄鸟，止于棘。
> 谁从穆公？子车奄息。
> 维此奄息，百夫之特。
> 临其穴，惴惴其栗。
> 彼苍者天，歼我良人！
> 如可赎兮，人百其身！
>
> 交交黄鸟，止于桑。
> 谁从穆公？子车仲行。

---

[1] 任好，秦穆公之名。

维此仲行,百夫之防。
临其穴,惴惴其栗。
彼苍者天,歼我良人!
如可赎兮,人百其身!

交交黄鸟,止于楚。
谁从穆公?子车𬭤虎。
维此𬭤虎,百夫之御。
临其穴,惴惴其栗。
彼苍者天,歼我良人!
如可赎兮,人百其身!

人牲和人殉在殷商时代是大量存在的,这已被考古学的大量成果所证实。春秋时期,人殉在中原各国早已被废弃,可是这种恶习在秦国却仍有保留。广大人民痛恨这种不人道的残暴行径。特别是子车氏三人是秦国的忠良之士,深受人民的拥戴,他们被迫为秦穆公殉葬,引起了广大人民的同情。诗人在这首诗中一唱三叹,对子车氏三人之死寄予无限的同情和惋惜,同时也对秦穆公及秦国公室无视臣民的生存权利,强迫他们为自己殉葬的野蛮和残暴表示愤慨。

《陈风》中的《墓门》和《株林》也是揭露和讽刺统治者的诗篇。《墓门》揭露的是陈国公子陈佗。他是陈文公的儿子,陈桓公的庶弟。陈桓公病重时,他为了夺取君位,杀死了陈桓公的长子。陈桓公死后,陈佗自立为君。其事《左传·桓公五年》有记载。诗中说:

墓门有棘，斧以斯之。
夫也不良，国人知之。
知而不已，谁昔然矣。

墓门有梅，有鸮萃止。
夫也不良，歌以讯之。
讯予不顾，颠倒思予。

国人对陈佗杀死太子，夺得君权的卑鄙行径切齿痛恨，恨不得像用斧子砍酸枣树那样把他劈死。可见陈佗虽然夺取了君权，但是却失掉了民心，引起了国人的不满和唾弃。

《株林》揭露的是陈灵公和大夫孔宁、仪行父公然与夏姬通奸的事。夏姬是郑穆公之女，陈国大夫夏御叔之妻，夏徵舒（字子南）的母亲。夏姬美丽而淫荡，其夫夏御叔死后，陈灵公与孔宁、仪行父常常乘车到夏姬家中饮酒，与夏姬淫乱。甚至穿着夏姬的内衣嬉戏，君臣公然宣淫于朝。夏徵舒忍无可忍，愤而杀死陈灵公，孔宁和仪行父逃往楚国。此事见载于《左传·宣公九年》、《左传·宣公十年》和《国语·周语》及《史记·陈世家》。诗中写道：

胡为乎株林？从夏南！[1]
匪适株林。从夏南！
驾我乘马，说于株野。
乘我乘驹，朝食于株！

---

[1] 另本第二句、第四句"南"字之后有"兮"字。

这首诗以比较隐晦的词句，揭露了陈灵公君臣的丑行，诗虽然很短，可是却深刻有力，把陈灵公一伙的肮脏灵魂和无耻行径披露无遗。清人姚际恒说：

> 首章词急迫，次章承以平缓，章法绝妙。曰"株林"，曰"株野"，曰"株"，三处亦不雷同。"说于株野""朝食于株"两句，字法亦参差。短章无多，能曲尽其妙。[1]

姚氏的评论颇能道出《株林》这首诗的艺术技巧。

《齐风》中有四篇揭露和讽刺统治者淫秽的诗歌，即《南山》、《敝笱》、《载驱》和《猗嗟》。这四首诗都和齐襄公与文姜之间的淫乱有关。齐襄公和文姜为同父异母兄妹。文姜未嫁时就与齐襄公私通，后来文姜出嫁到鲁国，为鲁桓公之妻。《左传·桓公三年》云：

> 齐侯送姜氏于讙，非礼也。凡公女，嫁于敌国，姊妹，则上卿送之，以礼于先君；公子，则下卿送之。于大国，虽公子，亦上卿送之。于天子，则诸卿皆行，公不自送。于小国，则上大夫送之。

因为齐襄公与文姜之间的不正常关系，故齐襄公不顾传统礼仪，在文姜出嫁时亲自把文姜送到讙邑。引文中的"齐侯"即齐襄公，"姜氏"即文姜。《左传》讥其非礼，已暗示两人间的暧昧关

---

[1] 姚际恒：《诗经通论·株林》。

系。鲁桓公十八年，齐襄公与鲁桓公会于泺（今山东济南市西北之洛口），之后鲁桓公和文姜一起到了齐国。齐襄公乘机与文姜私通，被鲁桓公发觉，鲁桓公责备文姜，文姜告诉了齐襄公。齐襄公老羞成怒，派大力士公子彭生为鲁桓公驾车。彭生在抱鲁桓公上车时，故意用力勒其两肋，鲁桓公肋折气绝，坠车而死[1]。《齐风》中的这四首诗就是揭露这些丑事的。《南山》这首诗如下：

> 南山崔崔，雄狐绥绥。
> 鲁道有荡，齐子由归。
> 既曰归止，曷又怀止？
>
> 葛屦五两，冠緌双止。
> 鲁道有荡，齐子庸止。
> 既曰庸止，曷又从止？
>
> 蓺麻如之何？衡从其亩。
> 取妻如之何？必告父母。
> 既曰告止，曷又鞫止？
>
> 析薪如之何？匪斧不克。
> 取妻如之何，匪媒不得。
> 既曰得止，曷又极止？

---

[1] 此事《左传·桓公十八年》、《公羊传·庄公元年》、《史记·齐世家》及《管子·大匡》篇均有记载。

这首诗共四章，每章六句。前两章主要揭露齐襄公和文姜的丑行，后两章则讥讽鲁桓公。诗一开篇就以雄狐暗喻齐襄公。狐是淫兽，这里是咒骂齐襄公像雄狐一样淫乱，是披着人皮的野兽。第二章用"葛屦五两""冠绥双止"来比喻齐襄公和文姜的不正当关系。第三章和第四章先以蓺麻和析薪起兴，说明文姜嫁给鲁桓公是经过"父母之命"和"媒妁之言"的，则文姜不应如此淫荡，鲁桓公更不该对文姜如此放纵，让她回到齐国行淫。全诗对齐鲁两国上层统治者的荒淫无耻进行了无情的鞭挞，也表现了诗人对这些统治者的轻蔑与鄙视。鲁桓公客死齐国后，鲁国立桓公和文姜所生之子为君，是为鲁庄公。文姜寡居，仍时时到齐国与襄公行淫，于是齐国的诗人又写了《敝笱》这首诗对他们加以嘲讽。诗中说：

敝笱在梁，其鱼鲂鳏。
齐子归止，其从如云。

敝笱在梁，其鱼鲂鱮。
齐子归止，其从如雨。

敝笱在梁，其鱼唯唯。
齐子归止，其从如水。

"笱"是用来捕鱼的一种竹篓。"梁"指在小河中筑的小堤坝。在堤坝中间开一道流水的孔道，把笱置于孔道中，顺水下游的鱼就会进入笱中。敝苟即破鱼篓。诗人在这里用敝笱来比喻遭到破坏的礼法。文姜不顾礼法的制约，往返于齐鲁之间，伤风败俗，为万民所不齿。礼法对于齐鲁两国上层统治者来说，正如残破的鱼篓，连鱼都捕不着。实际上也是在讽刺鲁桓公软弱无能，不能约束文姜，最终导致身丧异国。所以《诗序》说："《敝笱》，刺文姜也。齐人恶鲁桓公微弱，不能防闲文姜，使致淫乱，为二国患焉。"这个说法是符合诗的本义的。《载驱》一诗共四章，前两章写文姜往来于齐鲁交通之要道，车饰华丽，马匹壮美，后两章则写文姜随行之众，意气之盛，从而突出文姜寡廉鲜耻，对自己的淫乱行为毫不避讳。正如宋人谢枋得所说："文姜之情态如此，无礼义，无羞耻，无忌惮，尽见于此矣。诗人铺序之详，形容之巧，讥刺之深，疾之甚也。"[1]《猗嗟》这首诗表面上是赞美鲁庄公的，其实作者是在讥讽鲁庄公。鲁庄公是鲁桓公和文姜所生之子，是齐襄公的外甥。鲁庄公身为鲁国之君，本应对其母文姜有所约束。文姜毫无忌惮地与齐襄公行淫，几乎尽人皆知。鲁庄公不仅不设法约束，还亲自陪同文姜到齐国，当然会遭到齐人的嘲讽。《诗序》说："《猗嗟》，刺鲁庄公也。齐人伤鲁庄公有威仪、技艺，然而不能以礼防闲其母，失子之道，人以为齐侯之子焉。"这个说法是有道理的。

十五国风中揭露统治者荒淫无耻的诗篇还有一些，不一一列举。从这些诗篇中可以看出，春秋时期各诸侯国的贵族统治者是何等腐朽、没落，广大人民对那些统治者的无耻行径和丑恶嘴脸又是何等痛恨与轻蔑！

**（二）反对战争和徭役的诗**

王室东迁以后，民族矛盾和阶级矛盾加剧，诸侯国之间以大欺小、以强凌弱的兼并战争连绵不断，各国统治者强行征召广大劳动

---

[1] 谢枋得：《诗经注疏》。

人民参加各种徭役，战争和徭役给他们带来深重的灾难。士兵和服徭役者渴望和平、反对徭役的呼声经常在春秋时期的诗歌中反映出来。《王风》中的《扬之水》就是这样的诗篇。这首诗作于周平王时期。当时日益强大的楚国经常侵犯、吞并周围的弱国。申、吕、许等三国是处于东周王畿和楚国之间的三个小国，时时受到楚国的威胁。周平王的母亲是申侯之女，吕、许两国也与王朝关系亲密。周平王不愿看到这三个小国被楚国吞并。这三个小国的存在，也可以成为东周王畿的屏障。如果这些小国被灭掉，那么王畿就受到楚国的直接威胁。因此，周平王决定征调王畿的人民去帮助申、吕、许三国戍边。这些戍边的战士长期远离家乡，饱尝服役之苦，于是发出了这样的呼喊：

扬之水，不流束薪。
彼其之子，不与我戍申。
怀哉怀哉！曷月予还归哉？

扬之水，不流束楚。
彼其之子，不与我戍甫。
怀哉怀哉！曷月予还归哉？

扬之水，不流束蒲。
彼其之子，不与我戍许。
怀哉怀哉！曷月予还归哉？

《诗序》说："《扬之水》，刺平王也。不抚其民，而远屯戍于母家,周人怨思焉。"这是符合诗意的。广大戍卒长期在外,思念家乡,期盼早日与家人团聚。诗中以小小的水沟浮不起一捆烧柴来比喻王室衰弱,无力帮助他国戍边。同时对那些统治者只知安逸享乐,却把别人派到异国他乡守边表示愤慨。"彼其之子"指的就是那些高高在上的统治者,"不与我戍申""不与我戍甫(吕)""不与我戍许"正是对那些统治者的控诉。

《王风》中的《君子于役》也是一首反映徭役的诗。诗的主人是一位在外服徭役者的妻子。诗中写到:

> 君子于役,不知其期,
> 曷至哉?
> 鸡栖于埘,日之夕矣,
> 羊牛下来。
> 君子于役,如之何勿思!
>
> 君子于役,不日不月,
> 曷其有佸?
> 鸡栖于桀,日之夕矣,
> 羊牛下括。
> 君子于役,苟无饥渴!

诗中把妻子对丈夫的思恋之情写得十分真切。由于在外服役的丈夫没固定的期限,不知究竟何年何月才能归来,傍晚时分,家中饲养的鸡都钻进鸡窝栖息;在外放牧的牛羊也都回到圈中,连家禽和牲畜天黑时都有个归宿,可是自己的丈夫却有家归不得。触景生情,妻子怎能不思念丈夫呢?妻子一方面盼望丈夫早归,另一方面又惦记丈夫在外服役,辛苦劳累,还要受饥渴的煎熬,这更进一步加重了对丈夫的思念之情。这首诗深刻、生动地反映了春秋时期沉重的徭役负担给广大劳动人民带来的无限痛苦和灾难。

内容相似的诗还有《卫风》中的《伯兮》。这首诗写的也是一位武士的妻子思念远征在外的丈夫的。全诗共四章,每章四句:

伯兮朅兮,邦之桀兮。
伯也执殳,为王前驱。

自伯之东,首如飞蓬。
岂无膏沐,谁适为容?

其雨其雨,杲杲出日。
愿言思伯,甘心首疾。

焉得谖草,言树之背。
愿言思伯,使我心痗。

这首诗的主人有一位健壮勇武的丈夫,她以有这样的丈夫而自豪,称她的丈夫为邦国的杰出人才。丈夫披坚执锐,为国君冲锋陷阵。自从丈夫出征后,她无心打扮自己,连头发都懒得梳洗,乱蓬蓬的像一团蒿草。她盼望着丈夫早日归来,就像旱天盼望下雨一样,可是天上总是烈日当空,连一丝白云也没有,她的愿望总是落空,日夜思念丈夫,甚至想得头痛也不后悔。萱草俗称忘忧草,由于经常怀念丈夫，为丈夫担忧，因而想在自己的房间后面栽一棵萱草。可是她思夫心切，萱草也不能使她忘忧，她因过度思念而得了病。这首诗写得情真意切，艺术手法高妙，通过对妻子思念征夫的描写，表现了人们对统治者为扩张领土、侵吞他国而连年争战的怨恨。

《邶风》中还有一首诗，名曰《击鼓》，是春秋初期的作品。据《左传·隐公四年》记载：

四年春，卫州吁弑桓公而立……将修先君之怨于郑，而求宠于诸侯，以和其民。使告于宋曰："君若伐郑，以除君害，君为主，敝邑以赋与陈、蔡从，则卫国之愿也。"宋人许之。于是陈、蔡方睦于卫，故宋公、陈侯、蔡人、卫人伐郑。围其东门，五日而还。

《击鼓》这首诗就是因这次战争而创作的。卫国的州吁弑君而自立，是不得人心的。又联合三国共同攻打郑国，更不得人心。卫国的民众反对这次战争，可是州吁却强迫他们上战场，于是一些将士口出怨言，咒骂州吁等人。州吁等人恼羞成怒，撤军时把那些反对这场战争的军士留在国外。这首诗就是那些被遗弃的军人写的。全诗如下，

击鼓其镗，踊跃用兵。
土国城漕，我独南行。

从孙子仲，平陈与宋。

不我以归,忧心有忡。
爰居爰处?爰丧其马?
于以求之?于林之下。

死生契阔,与子成说。
执子之手,与子偕老。

于嗟阔兮,不我活兮。
于嗟洵兮,不我信兮。

诗中的"孙子仲"即公孙文仲,是这次战役的统帅。"平陈与宋"即与陈、宋两国联合。这首诗既描写了军士因厌战而纪律松懈、心无斗志,又陈述了被遗弃的军士忧心忡忡、满腹牢骚的情绪。军士出征之前,与妻子盟誓,一定要白头偕老,可是州吁等人不讲信誉,把他们留在国外,使他们无法回国与家人团聚,全诗抒发了对州吁等发动这场不义之战的无比怨恨和强烈谴责之情。《诗序》说:"《击鼓》,怨州吁也,卫州吁用兵暴乱,使公孙文仲而平陈与宋,国人怨其勇而无礼也。"从全诗内容看,《诗序》的说法是可信的,不过《诗序》把"平陈与宋"理解为平定陈、宋两国,是与诗义及《左传》记载不符的。

《齐风》中的《东方未明》也是劳动者反抗徭役的诗。诗中写道:

东方未明,颠倒衣裳。
颠之倒之,自公召之。

> 东方未晞，颠倒裳衣。
> 倒之颠之，自公令之。
>
> 折柳樊圃，狂夫瞿瞿。
> 不能辰夜，不夙则莫！

这些被迫为贵族统治者服徭役的劳动者，天还未亮就被呼唤起来，连衣服裤子都穿颠倒了。而那些监工者却瞪大了眼睛盯着他们，他们整天在监工的看管下从事繁重的徭役。全诗充分地体现了广大劳动者对压迫者、剥削者的憎恨和对繁重徭役的反抗情绪。

《魏风》中的《陟岵》描写一个出征在远方的战士对家人的思念，在反对战争和徭役的诗篇中颇具特色。全诗如下：

> 陟彼岵兮，瞻望父兮。
> 父曰：嗟！予子行役，
> 夙夜无已。
> 上慎旃哉！犹来！无止！
>
> 陟彼屺兮，瞻望母兮。
> 母曰：嗟！予季行役，
> 夙夜无寐。
> 上慎旃哉！犹来！无弃！
>
> 陟彼冈兮，瞻望兄兮。
> 兄曰：嗟！予弟行役，

夙夜必偕。

上慎旃哉，犹来！无死！

　　这位长期远离家乡、在外征战的士兵非常思念家中的亲人，因此经常登上山顶远望故乡，同时想象家中的父母兄弟也在挂念自己，盼望他早日回到家中，并嘱咐他时刻小心谨慎，保重自己，争取平安归来。这些想象其实正表明他对家中亲人的殷切思念。这首诗把征人的思乡之情写得真真切切，感人至深。

　　如果说，像《陟岵》这样的诗反战的情感表现得还比较隐晦的话，那么《唐风》中的《鸨羽》则是对统治者的直接诅咒和怒骂：

肃肃鸨羽，集于苞栩。

王事靡盬，不能蓺稷黍，

父母何怙？

悠悠苍天，曷其有所？

肃肃鸨翼，集于苞棘。

王事靡盬，不能蓺黍稷，

父母何食？

悠悠苍天，曷其有极？

肃肃鸨行，集于苞桑。

王事靡盬，不能蓺稻粱，

父母何尝？

悠悠苍天，曷其有常？

孟子曾说过："春秋无义战。"(《孟子·尽心下》)各国的统治者为了扩张和争霸，不顾广大劳动人民的死活，穷兵黩武，连年征战，民不聊生。于是诗人向统治者发出了愤怒的吼声，谴责国君发动的战争没完没了，致使他们无法回到家中从事农业生产，父母在家中无人赡养。诗人怒不可遏，甚至向苍天发出了呼喊。质问："悠悠苍天，曷其有所？""悠悠苍天，曷其有极？""悠悠苍天，曷其有常？"这实质上是对穷兵黩武的统治者的愤怒控拆。

(三) 爱情诗

《诗经》中反映男女爱情的诗篇很多，学者们公认的爱情诗有五十多篇，约占《诗经》总篇数的六分之一，其中大多数集中于《国风》中。《国风》中的爱情诗题材多、内容丰富，表现手法也多种多样。有的描写青年男女之间的悦慕之情，如《周南·关雎》《召南·摽有梅》《邶风·北风》《简兮》《鄘风·桑中》《干旄》《卫风·有狐》《芄兰》《淇奥》《王风·采葛》《郑风·丰》《大叔于田》《野有蔓草》《褰裳》《将仲子》《齐风·卢令》《唐风·有杕之杜》《秦风·蒹葭》《陈风·宛丘》《东门之枌》《东门之池》《月出》《泽陂》《桧风·羔裘》《素冠》等篇。

《王风》中的《采葛》是一首描写情侣思念之情的诗歌：

彼采葛兮，一日不见，如三月兮！
彼采萧兮，一日不见，如三秋兮！
彼采艾兮，一日不见，如三岁兮！

这首诗共三章，每章三句，很简单，但却把热恋中情侣的思念之情写得异常生动、真切。诗中写一个青年男子正在热烈地追求着那位在野外采葛、采萧、采艾的姑娘，他用"一日不见"，"如三月兮""如三秋兮""如三岁兮'，来表达对姑娘思恋之深情，写得淳朴、感人。《郑风》中的《溱洧》描绘了夏历三月上旬巳日（俗称上巳节）青年男女游春的情景。郑国风俗，每年三月上旬的巳日，男男女女都在溱水或洧水岸边举行祭祀，以禳除灾害。《周礼·地官·媒氏》中也有这样的记载："中春之月，令会男女，于是时也，奔者不禁。"因此，上巳日就成为广大青年男女聚会的大好时机。这首诗生动地描述了青年男女在河边调笑、追逐、互赠礼物的热闹场景：

溱与洧，方涣涣兮。
士与女，方秉蕳兮。
女曰观乎？士曰既且，
且往观乎？洧之外，洵讦且乐。
维士与女，伊其相谑，赠之以勺药。

溱与洧，浏其清矣。
士与女，殷其盈矣。
女曰观乎？士曰既且，
且往观乎？洧之外，洵讦且乐。
维士与女，伊其相谑，赠之以勺药。

这首诗描绘的简直是一幅游春图。青年男女手持香草、鲜花，相会于水边。姑娘说："到那边看看吧！"小伙子说："已经去过了。"姑娘又说:"还是去看一看吧,洧水那边,的确又宽敞、又热闹。"于是一对情侣结伴而行,一边嬉笑,一边以鲜花相赠。这是多么欢快和乐的场景!诗中把小伙子的故作矜持、推诿,姑娘的天真、烂漫情态写得异常生动。

《郑风》中的《出其东门》也是一首很出色的爱情诗。全诗共两章,每章六句:

> 出其东门,有女如云。
> 虽则如云,匪我思存。
> 缟衣綦巾,聊乐我员。
>
> 出其闉阇,有女如荼。
> 虽则如荼,匪我思且。
> 缟衣茹藘,聊可与娱。

这是一首表达对爱情忠贞专一、矢志不渝的诗篇。诗的主人是一个青年男子。他走出城的东门,看见门外有许许多多美丽的少女("如云"形容少女之多,"如荼"形容少女之美),可是这些少女都不是这个青年思念的对象,只有那个穿着素绢衣裙,披着红绿佩巾的姑娘才是他的心上人。这是在向姑娘表白,不管那里的少女多么多,多么美,他谁也不爱,只爱她一人。这种执着、痴迷的爱情当然会赢得那位姑娘的青睐。诗中表达的情感朴实、健康,感人至深。

《陈风》中的《泽陂》也是爱情诗中很有特色的诗篇。这首诗描写一位男子爱上了一位身材高大、举止庄重的美貌女子[1]，可是却无法亲近她，因而害了单相思之病。诗中把这种单相思的苦闷写得凄恻深沉，令人感动。全诗共三章，每章六句：

> 彼泽之陂，有蒲与荷。
> 有美一人，伤如之何。
> 寤寐无为，涕泗滂沱。
>
> 彼泽之陂，有蒲与蕳。
> 有美一人，硕大且卷。
> 寤寐无为，中心悁悁。
>
> 彼泽之陂，有蒲菡萏。
> 有美一人，硕大且俨。
> 寤寐无为，辗转伏枕。

古代以身材长大为美，女子身材高大修长，尤为美的重要标志。《诗经》中有许多赞美人的身材高大的诗篇和词句。如《卫风》中的《硕人》是赞美卫庄公之妻庄姜的。庄姜出身高贵，身材高大修长，卫人为庄公娶这样一位美丽的女子为妻而感到骄傲，特地写诗赞美她，诗中这样描述庄姜的美丽："手如柔荑，肤如凝脂，领如蝤蛴，齿如瓠犀，螓首蛾眉。巧笑倩兮，美目盼兮。"而这些

---

[1] 有的学者认为《泽陂》这首诗是女子思念男子之诗。闻一多的《诗选与校笺》、余冠英的《诗经选译》、陈子展的《国风选译》都认为是女思男之诗。从全诗意境分析，则理解为男子思念女子更为贴切。

体态容貌之美都因庄姜身材高大修长而更加引人注目。另如《唐风·椒聊》赞美一位女子"硕大无朋""硕大且笃";《小雅·车辖》中描写那位贵族女子"辰彼硕女,令德来教"。这些都是赞美女子身材高大修长的诗。《诗经》中自然也有赞美男子硕大健壮的。《泽陂》这首诗中以泽畔的"蒲与荷""蒲与蕑""蒲菡萏"等香草鲜花起兴,其所兴之人当然是女子,因此诗中描述的"硕大且卷""硕大且俨"的美人一定指女子,而思念她的则是男子。这位害了单相思病的男子因想念意中人,夜间辗转反侧、无法入睡,时而坐卧不安,时而涕泪纵横,诗中把这位男士的相思之苦描绘得淋漓尽致。

恋爱和婚姻的最终结局并不都是美满幸福的。恋爱失败、家庭破裂,其中一方被遗弃,或双方都经受精神痛苦,这是常有的事,反映这种结局的诗篇在《诗经》中占有较大的比例。春秋时期是以男权为中心的时代,绝大多数破裂的家庭都是丈夫抛弃妻子,因此婚姻失败的最大受害者往往是妻子。《诗经》中有不少弃妇诗,如《邶风》中的《谷风》,《郑风》中的《遵大路》,《卫风》中的《氓》,《王风》中的《中谷有蓷》等都是这类诗篇。《谷风》写一个穷苦的女子和丈夫结婚后,辛苦劳作,逐渐摆脱了贫困,日子一天天富裕起来,可是丈夫却变了心。他喜新厌旧,另结新欢,而把曾与他同患难的妻子赶走。这位被遗弃者苦口婆心、絮絮叨叨地对负心人讲述以往苦难和夫妻间的恩爱,希望负心的丈夫能回心转意,可是丈夫不理睬她。她看见丈夫与新人燕尔新婚,亲密无间,心中十分难过。他与丈夫分手了,丈夫连送她几步都不肯。丈夫对新人、旧人的态度形成鲜明的对照。她发出了这样的哀叹:"谁谓荼苦,其甘如荠!"意思是:谁说苣荬菜的味道苦?与我内心的痛苦比起来，苣荬菜就像荠菜一样甘甜！接着，这位弃妇又叙述她如何勤俭持家、团结邻里，责备丈夫忘记她的好处，与她反目成仇，甚至打她、骂她，拿她出气，埋怨她的丈夫可与共患难，不可与共安乐。《诗序》说："《谷风》，刺夫妇失道也。卫人化其上，淫于新婚而弃其旧室，夫妇离绝，国俗伤败焉。"这基本上符合诗义。

《卫风·氓》在弃妇诗中也颇具典型意义。诗中描写一个女子由于轻信而与男子结婚。三年之后，遭到丈夫的遗弃，她在诗中抒发了自己的懊悔和怨恨之情。全诗如下：

氓之蚩蚩，抱布贸丝。
匪来贸丝，来即我谋。
送子涉淇，至于顿丘。
匪我愆期，子无良媒。
将子无怒，秋以为期。

乘彼垝垣，以望复关。
不见复关，泣涕涟涟；
既见复关，载笑载言。
尔卜尔筮，体无咎言。
以尔车来，以我贿迁，

桑之未落，其叶沃若。
于嗟鸠兮，无食桑葚！
于嗟女兮，无与士耽！
士之耽兮，犹可说也；

女之耽兮，不可说也！

桑之落矣，其黄而陨。
自我徂尔，三岁食贫。
淇水汤汤，渐车帷裳。
女也不爽，士贰其行。
士也罔极，二三其德。

三岁为妇，靡室劳矣，
夙兴夜寐，靡有朝兮，
言既遂矣，至于暴矣。
兄弟不知，咥其笑矣。
静言思之，躬自悼矣。

及尔偕老，老使我怨。
淇则有岸，隰则有泮。
总角之宴，言笑晏晏。
信誓旦旦，不思其反。
反是不思，亦已焉哉！

  这首诗第一章写男子以"贸丝"的名义来向女主人公求婚，两人商定了婚期。第二章写女子携带财物，满怀欣喜地往嫁男子。第三章写婚变，女子遭到抛弃，自吞苦果。第四章写男子变心、夫妻关系破裂的因由。第五章写女子被遗弃后回到父母家中，不被其兄弟谅解。最后一章是女子自我反省之辞。本想夫妻白头偕老，不料被遗弃，她懊悔不已。这首诗可以说是《谷风》的姊妹篇，这些诗篇反映了当时妇女地位的低下，尤其是广大劳动妇女，无论在家庭里还是在社会上，都是受压迫最深、受苦难最重的人。

**（四）反压迫、反剥削的政治诗。**

春秋时代，随着社会变革的深入、阶级矛盾的加剧，广大劳动者对剥削者、压迫者的反抗也日益激烈。《诗经》中有不少反映广大劳动者反压迫、反剥削的诗篇。如《魏风》中的《葛屦》是一位被压迫的妇女唱出的歌：

> 纠纠葛屦，可以履霜？
> 掺掺女手，可以缝裳？
> 要之襋之，好人服之。
>
> 好人提提，宛然左辟，
> 佩其象揥。
> 维是褊心，是以为刺。

这位妇女是贵族家的用人或女奴。在天气已经很冷的时候，仍穿着左缠右绑的破草鞋。《毛传》云："夏葛屦，冬皮屦，葛屦非所以履霜。"这很符合诗义。她两只纤细的手不停地穿针引线，为主人缝制衣服。可是衣服缝好之后，要交给主人穿，那个傲慢的女主人穿着别人做的衣服，忸怩作态，虽然衣着华丽，但心胸褊狭，不能容人，因此这位女佣或女奴对她的女主人格外憎恨，唱出这样的歌来发泄自己的不满，称其为"好人"，意在讥讽。

如果说《葛屦》这首诗反映的还仅仅是女佣、女奴对主子的不满和反抗，那么《魏风》中《伐檀》这首诗则表达了广大劳动者对不劳而获、坐享其成的剥削阶级的愤怒。全诗如下：

> 坎坎伐檀兮，置之河之干兮，
> 河水清且涟猗。
> 不稼不穑，胡取禾三百廛兮？
> 不狩不猎，胡瞻尔庭有县貆兮？
> 彼君子兮，不素餐兮！
>
> 坎坎伐辐兮，置之河之侧兮，
> 河水清且直猗。
> 不稼不穑，胡取禾三百亿兮？
> 不狩不猎，胡瞻尔庭有县特兮？
> 彼君子兮，不素食兮！
>
> 坎坎伐轮兮，置之河之漘兮，
> 河水清且沦猗。
> 不稼不穑，胡取禾三百囷兮？
> 不狩不猎，胡瞻尔庭有县鹑兮？
> 彼君子兮，不素飧兮！

这首歌是伐木者唱出的。全诗共三章，每章九句。三章的内容基本相同，只是把每章的一、二、三、五、七、九这六句的末尾第二字作了更换，使各章的韵脚和具体内容都发生了变化。每章的前三句都以伐木者的劳动场景起兴，然后便单刀直入，向统治者发出了愤怒的质问：你们不从事农业生产，为什么占有那么多的粮食？你们不从事狩猎活动，为什么院子里却悬挂着那么多的飞禽和走兽？最后用反话来挖苦那些统治者：因为他们是"君子"啊，他们可不是吃白饭的啊！这首诗简直是广大劳动者向不劳而获的统治者发出的怒吼，他们对这个不公平的世道感到愤怒，对"君子"们坐享其成感到不能容忍，对这些吸血鬼和寄生虫嬉笑怒骂，冷嘲热讽，充分发泄了这些劳动者内心的不平。这是一首既有很强的战斗性，又有很高的思想性和艺术表现形式的优秀诗篇。

《魏风》中还有一篇反压迫、反剥削的诗，题曰《硕鼠》。这首诗共三章，每章八句，全诗如下：

硕鼠硕鼠，无食我黍！
三岁贯女，莫我肯顾。
逝将去女，适彼乐土。
乐土乐土，爰得我所。

硕鼠硕鼠，无食我麦！
三岁贯女，莫我肯德。
逝将去女，适彼乐国。
乐国乐国，爰得我直。

硕鼠硕鼠，无食我苗！
三岁贯女，莫我肯劳。
逝将去女，适彼乐郊。
乐郊乐郊，谁之永号！

诗人在这首诗中把贪得无厌的统治者比喻成专门糟踏粮食的大老鼠。硕者，大也。或云硕鼠即鼫鼠，也就是田鼠[1]。这些统治者不耕不稼，却任意挥霍粮食，用大老鼠来比喻他们，那是再恰当不过了。他们不仅挥霍无度，而且忘恩负义，广大劳动者侍奉他们多年，把他们养得又肥又壮，可是却从来不知道感激和慰劳广大劳动者，这些劳动者实在被这些"大老鼠"盘剥得太苦了，没有办法在这里生存下去了，因此决心要离开这里，去寻找没有压迫和剥削的"乐土"。只有这样的"乐土"，才是他们理想中的安居之所。可是在那个时代到处都有"大老鼠"，哪里有什么乐土呢！这不过是那些受尽盘剥和压榨的劳动者幻想中的世外桃源罢了。不过，《硕鼠》这首诗毕竟反映了广大劳动者摆脱压迫和剥削的美好愿望，反映了春秋时代不可调和的阶级矛盾。这首诗和前面那首《伐檀》一样，都是《国风》中思想性高、战斗性强的优秀诗篇。

春秋时代的诗在《诗经》中占有重要地位。其内容极其丰富，远不止上述几大类。如描写军民同仇敌忾、抵御外侮的诗，反映农业生产的诗，表现友情的诗，记述民情民俗的诗，等等。这些诗歌，全面、深刻地反映了春秋时期的社会生活，对研究这一时期的历史和思想文化有着极其重要的史料价值。同时，这些诗篇也有很高的艺术价值，对中国后世文学的发展有着极为深远的影响。

---

[1] 见《尔雅·释兽》。

## 第二节　诸子散文

春秋末期和战国时代，诸子勃兴，百家争鸣，各派学者纷纷著书立说，于是诸子之书如雨后春笋，争相问世。就形式而言，诸子之书都是散文体。从早期的语录体散文到问答体散文，再到战国后期的鸿篇巨制，表明了诸子散文的发展历程。就内容而言，诸子之书讲述的主要是哲学思想和政治思想，当然也涉及文化、历史、经济、法律、教育、伦理等各个方面，应当说诸子散文都是理论著作。但这些散文的作者为了加强自己文章的说服力、感染力，都非常注重文章的修辞和表现技巧，因此这些诸子散文都有很强的艺术感染力，具有很高的文学价值。这些诸子散文异彩纷呈，各具特色，对后世文学的发展，特别是散文的发展有着极为深远的影响。尤其是《庄子》的散文，堪称诸子散文的艺术高峰，在中国文学史上占有极其重要的地位。

### （一）诸子散文中的文学形象

《论语》是一部语录体散文，主要记载孔子和他的弟子的言行。《论语》一书在记述孔门师徒的言行时，常用简洁、凝练、富有个性化的语言，生动、传神地描绘他们的音容笑貌及其性格特点。如《论语·先进》中的《子路曾皙冉有公西华侍坐章》：

> 子路、曾皙、冉有、公西华侍坐。
> 子曰："以吾一日长乎尔，毋吾以也。居则曰：'不吾知也！'如或知尔，则何以哉？"
> 子路率尔而对曰："千乘之国，摄乎大国之间，加之以师旅，

因之以饥馑；由也为之，比及三年，可使有勇，且知方也。"

夫子哂之。

"求，尔何如？"

对曰："方六七十，如五六十，求也为之，比及三年，可使足民，如其礼乐，以俟君子。"

"赤，尔何如？"

对曰："非曰能之，愿学焉。宗庙之事，如会同，端章甫，愿为小相焉。"

"点，尔何如？"

鼓瑟希，铿尔，舍瑟而作。对曰："异乎三子者之撰。"

子曰："何伤乎？亦各言其志也。"

曰："莫春者，春服既成，冠者五六人，童子六七人，浴乎沂，风乎舞雩，咏而归。"

夫子喟然叹曰："吾与点也。"

三子者出，曾晳后。曾晳曰："夫三子者之言何如？"

子曰："亦各言其志也已矣！"

曰："夫子何哂由也？"

曰："为国以礼，其言不让，是故哂之。"

"唯求则非邦也与？"

"安见方六七十、如五六十而非邦也者！"

"唯赤则非邦也与？"

"宗庙、会同，非诸侯而何？赤也为之小，孰能为之大！"

这一章记述孔子和他的四位弟子闲坐聊天，孔子提议，让几位弟子畅谈自己的理想。子路性格直率、莽撞，毫不谦让，听了孔子的提议后不假思索地说出自己的志向。他勇敢、善战，又有较强的行政能力，所以出言不逊，表示可以在三年内把一个处于大国之间，外有兵患、内有灾荒的"千乘之国"治理好。孔子对子路不懂得以礼治国，且毫不谦让的态度报之以微微一笑。冉有的回答比较得体：他表示在三年之内，可以把一个方圆六七十里或五六十里的小国治理得百姓丰衣足食，至于礼乐教化，则是自己力所不能及的，只能依靠有更高修养的君子来推行。冉有在孔门弟子中以行政才能著称，孔子曾多次称赞"求也艺""冉求之艺"[1]，与子路相比较，冉有的态度谦逊多了，但他同样表示出治理国家的志向。当孔子问到公西华时，公西华回答得更加谦虚，说他不见得能胜任，只是愿意学习罢了。在宗庙祭祀或诸侯盟会时，他愿穿着礼服，当一个替国君主持赞礼和司仪的"小相"。公西华在孔门弟子中德才兼备，完全有能力承担治理国家的重任。所以孔子评论说："赤也为之小，孰能为之大！"最后孔子请曾皙说说。当时曾皙正在聚精会神地鼓瑟。听见老师点了自己的名，他缓缓地中止了鼓瑟，当瑟声铿然而止之后，便站了起来，表示他的志向与前面三位师兄弟不同。孔子进一步追问，他才表示，愿在暮春时节，和十几个青少年一起，到沂河中洗浴，然后再到祈雨台上乘凉，一边唱着歌，一边悠闲地回家。这是无意仕进、安贫乐道的志向。孔子在仕进路上多次受挫之后，已有"道不行，乘桴浮于海"[2]的感叹，因而对曾皙的话表示赞许。在这一章中，孔子的循循善诱，子路的直率鲁莽，冉有的机敏、礼让，公西华的谦逊、恭谨，曾皙的稳重、老成，都通过个性化的语言和生动的描述而活生生地呈现于读者面前，给读者

---

[1] 见《论语·雍也》《论语·宪问》。
[2] 见《论语·公冶长》。

留下极为深刻的印象。

《孟子,离娄下》有这样一段故事:

> 齐人有一妻一妾而处室者,其良人出,则必餍酒肉而后反。其妻问所与饮食者,则尽富贵也。其妻告其妾曰:"良人出,则必餍酒肉而后反;问其与饮食者,尽富贵也,而未尝有显者来,吾将瞷良人之所之也。"
>
> 蚤起,施从良人之所之,遍国中无与立谈者,卒之东郭墦间,之祭者,乞其余;不足,又顾而之他——此其为餍足之道也。
>
> 其妻归,告其妾,曰:"良人者,所仰望而终身也,今若此。"与其妾讪其良人,而相泣于中庭,而良人未之知也,施施从外来,骄其妻妾。
>
> 由君子观之,则人之所以求富贵利达者,其妻妾不羞也,而不相泣者,几希矣。

孟轲在这一章中刻画了一个卑鄙龌龊、毫无廉耻的伪君子形象。他谋生的手段令人可怜而又可笑:每天一早就起来,到城郊的墓地向那些祭扫坟墓的人乞讨祭品,一处不足,再到另一处乞讨,这就是他每天酒足饭饱之道。不止如此,他为了抬高身价,竟然厚着脸皮到处吹嘘,说每天与他一起大吃大喝的都是富贵之人,并以此骄其妻妾,在妻妾跟前大耍威风。他的言行引起妻妾的怀疑,他的妻子为了弄清真相,暗中跟踪他,发现城中没有一个人站住跟她丈夫说话的,最后一直跟到城郊墓地,她丈夫的所作所为才真相大白。回到家中,妻妾为丈夫的所作所为感到羞耻,相对泣于庭中,而这个"良人"大摇大摆地从外面回来，仍在妻妾面前大耍威风。孟子讲述这个故事的真正意图，在于抨击那些利用各种卑鄙手段以谋求富贵的人。在这则小小的故事中，作者把一个市井无赖和伪君子的嘴脸刻画得惟妙惟肖。

庄周在先秦诸子中是善于刻画艺术形象的大师。在庄周的笔下，许多神话人物、历史人物、动物等都被描绘得形神兼备、栩栩如生。

庄子在《逍遥游》中刻画了一个肌肤若冰雪的神人形象：

藐姑射之山，有神人居焉。肌肤若冰雪，淖约若处子，不食五谷，吸风饮露，乘云气，御飞龙，而游乎四海之外。其神凝，使物不疵疠而年谷熟。……

之人也，之德也，将旁礴万物以为一世蕲乎乱，孰弊弊焉以天下为事！之人也，物莫之伤：大浸稽天而不溺，大旱金石流、土山焦而不热。是其尘垢秕糠，将犹陶铸尧舜者也，孰肯以物为事！

庄子《逍遥游》的主旨在于追求绝对自由，他幻想能摆脱尘世的一切羁绊，逍遥自在，无往而不适。庄子所描绘的藐姑射山之神人正是超越尘世、不食人间烟火、也不受任何制约和伤害的绝对自由者。这正是庄子理想人格的化身。庄子主张圣人"无己""无名""无功"。因为有了"功""名""己"则必然陷于尘世而无法自拔，只有彻底抛弃"功""名""己"，真正做到"三无"，才能达到绝对自由的精神境界。这位藐姑射山之神人"吸风饮露，乘云气，御飞龙，而游乎四海之外"，真可谓独往独来，绝对自由，这正是庄子所向往的境界。

庄子在《养生主》篇描绘了一个善于解牛的庖丁形象：

> 庖丁为文惠君解牛。手之所触，肩之所倚，足之所履，膝之所踦，砉然响然，奏刀騞然，莫不中音：合于《桑林》之舞，乃中《经首》之会。
>
> 文惠君曰："嘻！善哉！技盖至此乎？"
>
> 庖丁释刀对曰："臣之所好者道也，进乎技矣。始臣之解牛之时，所见无非牛者；三年之后，未尝见全牛也。方今之时，臣以神遇而不以目视，官知止而神欲行。依乎天理，批大郤，导大窾，因其固然。技经肯綮之未尝，而况大軱乎！良庖岁更刀，割也；族庖月更刀，折也。今臣之刀十九年矣，所解数千牛矣，而刀刃若新发于硎。彼节者有间，而刀刃者无厚；以无厚入有间，恢恢乎其于游刃必有余地矣！是以十九年而刀刃若新发于硎。虽然，每至于族，吾见其难为；怵然为戒，视为止，行为迟，动刀甚微。謋然已解，如土委地。提刀而立，为之四顾，为之踌躇满志。善刀而藏之。"
>
> 文惠君曰："善哉！吾闻庖丁之言，得养生焉。"

庄子用庖丁解牛来比喻处世之道。庄子认为社会纷纭复杂，人生危机四伏，因而要学会保全自己，正如他自己所说："缘督以为经，可以保身，可以全生，可以养亲，可以尽年。"[1] 在这个故事中，庄子把庖丁解牛的技巧写得那样高妙：他的动作协调、熟练，简直

---

[1]《庄子·养生主》。

像《桑林》之舞，运刀、进刀的声音是那样和谐、优美，简直像《经首》之乐。解牛本来是腥臊繁重的劳动，可是对于庖丁来说，他干得是那样轻松、自如。庖丁解牛的熟练程度已达到出神入化的地步，已经远远超越了一般的技艺。一头牛在庖丁看来，就像由各种部件组装而成，他凭着感觉运刀，不用看就可以轻而易举地把牛解开。他的刀已经用了十九年，还像刚刚磨完那样锋利。庖丁认为牛体各部位之间是有一定空隙的，而刀刃又是很薄的，只要找准空隙，刀自然就可以"游刃有余"了。这位庖丁善于找空隙，善于冷静观察，小心从事，因而能够趋利避害，保全自己。所以文惠君听了庖丁的讲述之后说：我从中悟出了养生之道。

庄子不仅善于刻画人物，对于一些具体细微的事物，也能刻画得入情入理，生动感人。如《庄子·秋水》篇中对坎井之蛙的描写：

> 子独不闻夫坎井之蛙乎？谓东海之鳖曰："吾乐与！出跳梁乎井干之上，入休乎缺甃之崖；赴水则接腋持颐，蹶泥则没足灭跗，还虷、蟹与科斗，莫吾能若也。且夫擅一壑之水，而跨跱坎井之乐，此亦至矣。夫子奚不时来入观乎？"东海之鳖左足未入，而右膝已絷矣。于是逡巡而却，告之海曰："夫千里之远，不足以举其大。千仞之高，不足以极其深。禹之时，十年九潦，而水弗为加益；汤之时，八年七旱，而崖不为加损。夫不为顷久推移，不以多少进退者，此亦东海之大乐也。"于是坎井之蛙闻之，适适然惊，规规然自失也。

坎井之蛙是眼界狭小、目光短浅的典型。它把一口井壁已坍塌的浅井当作自己的乐园,自以为没有任何地方能比得上他栖居的坎井。它自鸣得意,邀请东海之鳖到它的坎井去做客。东海之鳖"左足未入,而右膝已絷矣",这个坍塌的破井根本无法使东海之鳖容身。于是,东海之鳖向这个可怜而又可笑的坎井之蛙介绍了东海的情景。那无边无际、深不可测,不受旱涝影响的东海使坎井之蛙大为震惊,茫然自失。作者用广大深邃、旱涝无损益的东海来对比坎井之蛙,用广大深邃、变幻莫测的东海来陪衬坎井。这种对比形成的强烈反差,更突出了坎井之蛙的愚妄、局限和坎井的残破、渺小,从而加深了对坎井之蛙的讽刺力度。

《庄子·盗跖》篇塑造了盗跖和孔丘两个艺术形象。孔丘和柳下季是好朋友。柳下季之弟被称为盗跖,是个"万民苦之"的强盗首领。孔子对柳下季表示,要去说服盗跖,使他改邪归正。柳下季熟知盗跖的性格特点,劝孔丘不要去自讨没趣。孔丘不听,坚持要去。篇中文字把孔丘见盗跖的场面写得惊心动魄,扣人心弦,孔丘之迂腐、固执,盗跖之勇武、刚烈,都刻画得淋漓尽致。接着,孔丘先恭维盗跖具备"三德",即生而长大,美好无双;知维天地,能辩诸物;勇悍果敢,聚众率兵。又夸盗跖"身长八尺二寸,面目有光,唇如激丹,齿如齐贝,音中黄钟",转面说他不幸"而名曰盗跖,丘窃为将军耻不取焉"。并答应愿为盗跖奔走呼号,尊他为诸侯,以便使盗跖"与天下更始,罢兵休卒,收养昆弟,共祭先祖"。孔丘的这番恭维遭到盗跖的猛烈批驳。最后盗跖对孔丘说:"丘之所言,皆吾所弃也,亟去走归,无复言之!子之道,狂狂汲汲,诈巧虚伪事也,非可以全真也,奚足论哉!"孔丘在遭到驳斥、痛骂之后,灰溜溜地走了。篇中这样描述:

孔子再拜，趋走出门，上车，执辔三失，目茫然无见，色若死灰，据轼低头，不能出气。归到鲁东门外，适遇柳下季。柳下季曰："今者阙然数日不见，车马有行色，得微往见跖邪？"孔子仰天而叹曰："然。"柳下季曰："跖得无逆女意若前乎？"孔子曰；"然。丘所谓无病而自灸也，疾走料虎头，编虎须，几不免虎口哉！"

这一段文字把孔丘离开盗跖时的形象写得活灵活现；把他不听柳下季的劝告，结果自讨没趣的懊悔心情写得十分逼真。作者在本篇所刻画的盗跖和孔丘显然是一对文学形象，不能等同于历史真实，但却反映了庄子及其后学对儒家的政治思想和伦理观念所持的强烈批判态度，在《庄子》一书中，像这种"指事类情，用剽剥儒墨"[1]，是随处可见的。

(二) 诸子散文的语言艺术

孔子曾说："言之无文，行而不远……慎辞哉！"[2] 诸子散文都很重视修辞，讲究语言艺术，这大大增强了诸子散文的文学价值。春秋战国时期的诸子散文，每一家都有自己独特的语言风格。如：《论语》含蓄隽永，耐人寻味；《墨子》质朴无华，逻辑性强；《孟子》机敏雄辩，锋芒毕露；《庄子》汪洋恣肆，波谲云诡；《韩非子》冷峻犀利，善于剔抉世态人情；等等。

诸子散文的语言虽然各具风格，但在修辞上也常使用共同的方法，因而有共同的特点。诸子散文都经常使用夸张的语言来渲染事物。如《庄子·逍遥游》篇对鲲鹏的描写：

---

[1] 见《史记·老庄申韩列传》。
[2] 见《左传·襄公二十五年》。

北冥有鱼，其名为鲲，鲲之大，不知其几千里也；化而为鸟，其名为鹏，鹏之背，不知其几千里也；怒而飞，其翼若垂天之云……鹏之徙于南冥也，水击三千里，抟扶摇而上者九万里，去以六月息者也。

庄子把鲲、鹏夸张到常人难以想象的地步："鲲之大，不知其几千里也"，"鹏之背，不知其几千里也"，"其翼若垂天之云"，"水击三千里，抟扶摇而上者九万里"。这种极度夸张的描写，在于突出鲲、鹏之大。这样的庞然大物，只有在九万里高空，"背负青天而莫之夭阏"，才能达到绝对自由的境界，才能从北海飞往南海。这表现了庄子神奇、丰富的想象力。《庄子·外物》篇描写任公子钓鱼也采用了极度夸张的手法：

任公子为大钩巨缁，五十犗以为饵，蹲乎会稽，投竿东海。旦旦而钓，期年不得鱼。已而大鱼食之，牵巨钩䧟没而下。骛扬而奋鬐，白波若山，海水震荡，声侔鬼神，惮赫千里。任公子得若鱼，离而腊之，自制河以东，苍梧以北，莫不厌若鱼者。

古往今来，善钓者多矣，有谁见过以五十头犗牛作钓饵的？任公子蹲在会稽山上，而把鱼竿投到东海，鱼竿何其长！当大鱼咬钩后，拼命挣扎，乃至"白波若山，海水震荡，声侔鬼神，惮赫千里"，真是惊天动地，使千里之外的人都胆战心惊。这种极度夸张的手法只有庄子能用得得心应手，在其他诸子散文中是比较少见的，这表现了《庄子》语言的独特魅力。庄子不仅善于用夸张的手法描写事物之大，还善于用夸张的手法描写事物之小。如《则阳》篇中关于触氏和蛮氏的描写：

> 有国于蜗之左角者，曰触氏，有国于蜗之右角者，曰蛮氏。时相与争地而战，伏尸数万，逐北，旬有五日而后反。

蜗牛已经是小得可怜的动物了，而蜗牛的两角就更小了。可是就在蜗牛的两角上各有一国，其国之小可想而知。而这两个小国又为争夺地盘而战斗，乃至死亡数万人。庄子实际上是讽刺、挖苦那些当世的诸侯。他们为了争夺别国领土，穷兵黩武，真是既渺小又可怜，就像蜗牛角上的触氏和蛮氏一样。

比喻也是诸子散文常用的修辞方法。《孟子》散文最擅长比喻。如：用"挟太山以超北海"[1]，比喻去做力所不能及的事；用"为长者折枝"[2]，比喻去做轻而易举的事；用"以五十步笑百步"[3]，比喻半斤八两，没有实质性的区别；用"明足以察秋毫之末而不见舆薪"[4]，比喻明明可以看得很清楚却视而不见的错失；用"率兽而食人"[5]，比喻诸侯只顾自己享乐，不体恤百姓疾苦；用"月攘一鸡，以待来年，然后已"[6]，讽刺那种怙恶不悛，不肯痛改前非的人；等等。《论语》中的比喻有时也使用得非常巧妙。如《子罕》篇中有这样一段记载：

---

[1] 《孟子·梁惠王上》。
[2] 《孟子·梁惠王上》。
[3] 《孟子·梁惠王上》。
[4] 《孟子·梁惠王上》。
[5] 《孟子·离娄上》。
[6] 《孟子·滕文公下》。

子贡曰："有美玉于斯，韫椟而藏诸？求善贾而沽诸？"
子曰："沽之哉！沽之哉！我待贾者也。"

子贡很希望自己的老师能出仕，以便实现他的政治理想。但作为弟子，子贡不便向孔子直说，于是就以这种比喻形式向孔子发问。孔子当然心领神会，于是对子贡回答说："沽之哉！沽之哉！我待贾者也！"表明自己等待时机，希望尽早出仕的心愿。这段比喻运用得非常巧妙，双方都没有直接说出自己的意思，但彼此心照不宣。子贡问得委婉，孔子回答得机智。这简短的一问一答，反映了师徒二人的融洽关系和各自的性格特点。《论语·子张》篇也有一段巧妙的比喻：

叔孙武叔语大夫于朝曰："子贡贤于仲尼。"子服景伯以告子贡。子贡曰："譬之宫墙，赐之墙也及肩，窥见室家之好。夫子之墙数仞。不得其门而入。不见宗庙之美，百官之富。得其门者或寡矣。夫子之云，不亦宜乎！"

子贡知道了叔孙武叔的话之后，并未因叔孙武叔表彰了自己的才干而沾沾自喜，同时也没有正面驳斥叔孙武叔的评论。他运用比喻的手法，说自己的宫墙太矮，所以墙内的宫室别人容易看得见。而老师孔子的宫墙太高，不得其门而入的人无法了解墙内宗庙之壮美和房舍之富丽。这一形象、生动的比喻，既表明了子贡的谦虚和对老师孔子的无比崇敬，同时也暗示了叔孙武叔之所以说子贡贤于孔子，表明他未入孔子之门，对孔子缺乏了解。这样回答问题，既表明了自己的态度，维护了老师的尊严，同时也不得罪鲁国大夫叔孙武叔，足见子贡之机智和善于辞令。

《墨子》散文的语言质朴无华，但也经常使用比喻的手法来增强说服力。如《墨子·公输》篇有这样一段对话：

> 子墨子见王，曰："今有人于此，舍其文轩，邻有敝舆，而欲窃之；舍其锦绣，邻有短褐，而欲窃之；舍其梁肉，邻有糠糟，而欲窃之。此为何若人？"王曰："必为窃疾矣！"
>
> 子墨子曰："荆之地方五千里，宋之地方五百里，此犹文轩与敝舆也；荆有云梦，犀兕麋鹿满之，江汉之鱼鳖鼋鼍，为天下富，宋之所为无雉兔鲋鱼者也，此犹梁肉之与糠糟也；荆有长松、文梓、楩、枬、豫章，宋无长木，此犹锦绣之与短褐也。臣以三事之攻宋也，为与此同类。

墨子先用具有文轩、锦绣、梁肉的人却非要去盗窃邻人的敝舆、短褐和糠糟作比喻，迫使楚王承认此人必有窃疾；进而再用楚国之地域广大、物产丰富与宋国之国土狭小、资源贫乏加以对比，证明以楚攻宋，就像富有者一定要去盗窃贫穷的邻居一样，等于让楚惠王承认自己有窃疾[1]，这当然使楚惠王极为难堪。《墨子·非攻上》篇也用了一连串的比喻：

> 今有一人，入人园圃，窃其桃李，众闻则非之，上为政者得则罚之。此何也？以亏人自利也。至攘人犬豕鸡豚者，其不义又甚入人园圃窃桃李，是何故也？以亏人愈多，其不仁兹

---

[1] 据孙诒让《墨子年表》，墨翟止楚伐宋一事在楚惠王五十年（前440年）以前，因此墨子所见之楚王当是楚惠王。

甚，罪益厚。至入人栏厩、取人马牛者，其不仁又甚攘人犬豕鸡豚……至杀不辜人也，扡其衣裘、取戈剑者，其不义又甚入人栏厩、取人牛马……今小为非，则知而非之，大为非攻国，则弗知非，从而誉之，谓之义。此可谓知义与不义之辨乎？

墨子在这里用了一连串的比喻，用以说明攻取他人之国是不义的。先从"入人园圃，窃其桃李"说起，然后层层递进，每一层都比前一层"亏人愈多"，"不仁兹甚"，则攻取他人之国为不仁不义之事，于理昭然。可是偏偏有人不辨是非，对窃人桃李之类知其为不义，而攻人之国则"谓之义"，因此墨子说，这种人："少见黑曰黑，多见黑曰白"，是"不知黑白之辩"的人。这种层层比喻、层层递进的手法，自然会使论敌乖乖认输。

**（三）诸子散文中的寓言**

寓言是比喻的高级形态，是用艺术形象来表达思想的一种文学形式。"寓言"一词最早见于《庄子·寓言》篇。该篇开头云："寓言十九，重言十七，卮言日出。"战国时期，是寓言创作的高峰时期。当时的诸子散文、史传文学中都经常运用寓言。诸子散文中，寓言最多的是《韩非子》，多达三百四十则。[1] 其次是《庄子》，其寓言数量多达两百则。[2] 此外，《孟子》《吕氏春秋》等书中也有一定数量的寓言。《墨子》成书于战国初期，中国古代的寓言文学发轫不久，因此《墨子》中的寓言还处于从复杂的比喻向寓言过渡的阶段。如前面曾引用的《非攻》篇的那段文字，以窃人桃李、攘人犬豕鸡豚等层层递进的比喻，论证攻取他人之国是不仁不义的，这

---

[1] 公木：《先秦寓言概论》，齐鲁书社1989年版，第129页。
[2] 赵明：《道家思想与中国文化》，吉林大学出版社1986年版，第147页。

已经具备了寓言的雏形。

《孟子》中的寓言已发展到成熟阶段，如《公孙丑上》中的《揠苗助长》的寓言简洁生动，耐人寻味：

> 宋人有闵其苗之不长而揠之者，芒芒然归，谓其人曰："今日病矣！予助苗长矣！"其子趋而往视之，苗则槁矣。天下之不助苗长者寡矣。以为无益而舍之者，不耘苗者也；助之长者，揠苗者也。非徒无益，而又害之。

这则寓言把那位闵其苗不长的宋人的愚蠢颠顸之态写得活灵活现，其讽刺意味极为深长。它告诉人们，无论做什么事，都必须尊重事物的客观规律，违背客观规律去蛮干，只能自讨苦吃。《孟子·万章上》有一篇《校人烹鱼》的寓言：

> 昔者有馈生鱼于郑子产，子产使校人畜之池。校人烹之，反命曰："始舍之，圉圉焉；少则洋洋焉；攸然而逝。"子产曰："得其所哉！得其所哉！"校人出，曰："孰谓子产智？予既烹而食之，曰：得其所哉，得其所哉。"故君子可欺以其方，难罔以非其道。

聪明人有时也难免上当受骗。郑子产让主管池塘的小吏把别人送给他的活鱼放进池塘中畜养，小吏把鱼偷着吃了，回来却对郑子产描述了他放鱼的经过。他把鱼刚放进池塘时半死不活，后来慢慢摆动鱼尾，然后突然游向远方的情节，描述得详细、具体，又很合情理。郑子产身为郑国之相，像这样的小事他当然不可能亲自去察看,因而相信了小吏的话,这是很自然的。而那个小吏却得了便宜又卖乖,说郑子产被自己蒙蔽,证明郑子产并不聪明。因此作者指出:"君子可欺以其方,难罔以非其道。"

庄周是战国时期的寓言大师。他创造的寓言构思巧妙,哲理深刻,形象生动。寓言这种文学形式在《庄子》散文中的运用可谓得心应手,已经达到了炉火纯青的地步,标志着先秦寓言文学的最高水平。

《庄子》寓言中,既有大量的神话人物,也有许多历史人物和现实社会中的人物,还有形形色色的动物、植物,甚至怪物也都成为寓言故事的主人公。如《庄子·应帝王》篇中有这样一则寓言:

> 南海之帝为倏,北海之帝为忽,中央之帝为浑沌。倏与忽时相与遇于浑沌之地,浑沌待之甚善。倏与忽谋报浑沌之德,曰:"人皆有七窍,以视听食息,此独无有,尝试凿之。"日凿一窍,七日而浑沌死。

《应帝王》篇的主旨在于宣扬无为而治的政治思想。这则寓言就是为了证明有为的弊病和无为的好处。倏、忽、浑沌都是作者虚构的神名。浑沌是一个没有耳、鼻、口、眼等七窍的肉蛋,倏与忽为了报答浑沌的知遇之恩,决定为浑沌开凿七窍。每日开凿一窍,到了第七天,浑沌死了。倏与忽的用意是好的,可是他们做了蠢事,本来想报答浑沌的恩德,结果却害死了浑沌。可见,一切都应当顺应自然,反对人为,人为的结果往往事与愿违,这表达了老庄学派无为而治的思想。这则寓言也表现了庄子寓言诡谲怪诞的风格。

庄子的寓言讽刺意味深长。如《外物》篇中的《儒以诗礼发冢》就是这样的寓言：

> 儒以《诗》《礼》发冢。大儒胪传曰："东方作矣，事之何若？"小儒曰："未解裙襦，口中有珠。《诗》固有之曰：'青青之麦，生于陵陂。'生不布施，死何含珠为！"接其鬓，压其顪，儒以金椎控其颐，徐别其颊，无伤口中珠！

这首寓言深刻辛辣地讽刺了儒者的虚伪和言行不一。《诗》《礼》本是儒家的经典，是他们立身治世的根本准则。可是那些儒者标榜的是《诗》《书》《礼》《乐》，背地里却干着最卑鄙、最下流的挖坟盗墓之类的勾当。他们在干这些勾当时，还念念有词地引用《诗》篇，意在挖苦死者太吝啬，活着时不肯向他人施舍，死后还含着珍珠不肯吐出来。大儒和小儒合伙盗墓，小儒在墓中操作，大儒在墓上催促、指挥。两儒狼狈为奸时的动作、神态被活灵活现地勾画出来。《列御寇》篇中的《舐痔得车》也是《庄子》中讽刺寓言的精品：

> 宋人有曹商者，为宋王使秦。其往也，得车数乘；王说之，益车百乘。反于宋，见庄子曰："夫处穷闾厄巷，困窘织屦，槁项黄馘者，商之所短也；一悟万乘之主而从车百乘者，商之所长也。"
>
> 庄子曰："秦王有病召医，破痈溃痤者，得车一乘；舐痔者，得车五乘；所治愈下，得车愈多。子岂治其痔邪？何得车之多也！子行矣！"

宋人曹商是一个善于巴结权势、谋求富贵的人，庄子对这种人深恶痛绝。然而曹商不以为耻，反以为荣。他从秦国得车后，得意扬扬地向庄子炫耀自己，这必然要遭到庄子的痛斥。庄子揭露了曹商的无耻行径，指出他一定是给秦王舐痔疮了，否则为什么会得那么多车？庄子一边痛骂，一边把曹商赶走了。这则寓言反映了庄子疾恶如仇的精神，也可以看出庄周及其后学者对那些无耻之徒的鞭笞是何等严厉，对他们的嘲讽又是何等辛辣！《庄子·秋水》篇中的《惠子相梁》与《舐痔得车》有异曲同工之妙。惠施是庄周的好朋友，他们常在一起切磋学问，也是互相辩论的对手。当时惠施任梁国（即魏国）之相，庄子恰好路过梁国，想去拜访这位故交。这时候，有人向惠施报告说：庄子这次到梁国来，是要取代您的相位。惠施信以为真，急急忙忙派人在大梁（今河南开封市）城中四处搜捕，整整折腾了三天三夜。正在这时，庄子自己送上了门。庄子见到惠施后对他说：

南方有鸟，其名为鹓鶵，子知之乎？夫鹓鶵发于南海，而飞于北海。非梧桐不止，非练实不食，非醴泉不饮。于是鸱得腐鼠，鹓鶵过之，仰而视之曰："吓！"今子欲以子之梁国而吓我邪？

庄子鄙薄功名利禄，对那些达官贵人向来白眼相视。楚威王曾派人去请庄子，让庄子担任楚国之相。庄子正在钓鱼，手持鱼竿，连头都不回，把使者轰走了。作为老朋友的惠施，对庄子的这种态度应是很清楚的。可是惠施却听信谣言，在城中大事搜捕庄子，这当然会使庄子十分气愤。庄子在这则寓言中把自己比作鹓鶵，而把惠施比作猫头鹰，把梁国的相位比作一只腐烂的老鼠。鹓鶵"非梧桐不止，非练实不食，非醴泉不饮"，怎么会去抢猫头鹰口中的腐鼠呢？这则寓言表现了庄子志向的高洁和对功名利禄之徒的鄙薄。

《韩非子》一书中的寓言与《庄子》中的寓言风格迥异。韩非没有像庄子及其后学者那样，驱遣大量的神话人物、传说人物、历史人物、动植物乃至怪物进入寓言。《韩非子》中的寓言主人公大多数都是现实社会中的人物，而且多为社会底层人物，许多主人公甚至连姓名都没有。这些寓言故事有不少是社会流传或人民群众口头创造的，韩非则对这些寓言故事进行了艺术加工或再创造，用于表达自己的思想和学说。《韩非子》中有些篇章可称作寓言集。如《内外储说》《说林》《喻老》《十过》等篇即是，仅这几篇中的寓言故事就有270余则[1]。其中有很多名篇是家喻户晓的。如《难一》篇中的《楚人有鬻矛与盾者》、《五蠹》篇中的《守株待兔》、《说难》篇中的《郑人疑邻》、《内储说下》篇中的《夫妻祷祝》、《外储说左上》中的《买椟还珠》，等等，都是脍炙人口的名篇。《韩非子》中的一些寓言故事也有以历史人物为主人公的。不过，这些历史人物是经过韩非的改造，为表达他的法制思想服务的。如《内储说上》有这样一则寓言：

> 鲁人烧积泽，天北风，火南倚，恐烧国。哀公惧，自将众趣救火，左右无人，尽逐兽而火不救，乃召问仲尼，仲尼曰："夫逐兽者乐而无罚，救火者苦而无赏，此火之所以无救也。"哀公曰；"善！"仲尼曰："事急，不及以赏，救火者尽赏之，则国不足以赏于人，请徒行罚。"哀公曰："善！"于是仲尼乃

---

[1] 参见谭家健，郑君华：《先秦散文纲要》，山西人民出版社1987年版，第225页。

下令曰:"不救火者比降北之罪,逐兽者比入禁之罪。"令下未遍而火已救矣。

历史上的孔子是儒家学派的创始人,他是主张以礼治天下的。孔子曾说过:"夫民教之以德,齐之以礼,则民有格心。教之以政,齐之以刑,则民有遁心。"[1]而寓言中的孔子则完全是另一副面孔,他简直成了法家的代言人。可见,韩非在创作寓言时,是完全按照法家的模式来改造孔子的。

## 第三节 史传文学

中国是举世公认的文明古国。史官文化在中国古代文化中占有极其重要的地位。古代文史不分,许多优秀的史学著作都有很高的文学价值,因而也是优秀的文学作品。春秋战国时期最有代表性的史传文学作品是《左传》、《国语》和《战国策》。

### (一)《左传》

《左传》又称《左氏春秋》《春秋左氏传》,春秋晚期鲁国著名史学家、文学家左丘明所作[2]。左丘明与孔子为同时代人,孔子对他很尊重。《论语·公冶长》有云:"巧言、令色、足恭,左丘明耻之,

---

[1] 《礼记·缁农》。
[2] 《左传》的作者问题历来有颇多争议。唐代以后,一些学者否定左丘明是《左传》的作者,有的甚至否定历史上有左丘明其人。清末刘逢禄、康有为等认为《左传》是汉人刘歆伪造,不足信据。

丘亦耻之；匿怨而友其人，左丘明耻之，丘亦耻之。"这表明左丘明是一个品质高尚、作风正派、性格耿直的人。关于左丘明作《左传》,《史记》《汉书》等史籍中均有明确记载。《史记·十二诸侯年表》云：

> 孔子明王道，干七十余君，莫能用，胡西观周室，论史记旧闻，兴于鲁而次《春秋》,上记隐，下至哀之获麟，约其辞文，去其烦重，以制义法，王道备，人事浃。七十子之徒口授其传指，为有所刺讥褒讳挹损之文辞不可以书见也。鲁君子左丘明惧弟子人人异端，各安其意，失其真，故因孔子史记具论其语，成《左氏春秋》。

《汉书·艺文志》云：

> 周室既微，载籍残缺，仲尼思存前圣之业……以鲁周公之国，礼文备物，史官有法，故与左丘明观其史记，据行事，仍人道，因兴以立功，就败以成罚，假日月以定历数，藉朝聘以正礼乐。有所褒讳贬损，不可书见，口授弟子，弟子退而异言。丘明恐弟子各安其意，以失其真，故论本事而作传，明夫子不以空言说经也。

这些记载基本是可信的。后世一些学者否定《左传》为左丘明所作，证据是不充分的。清代文学家说《左传》是刘歆伪造，是门户之见。

《左传》是春秋战国时期史传文学的代表作。其文学价值主要表现在以下几个方面：

1. 擅长叙事

《左传》作为编年体史学巨著，内容极其丰富。书中记载了春秋时期255年间（自鲁隐公元年至鲁哀公二十七年，前722—前468年）各国的历史事实。既有重大的历史事件，也有风土人情、典章制度，同时还记载了大量的古代神话和历史传说。对一些重大历史事件的记述，条理清晰，层次分明。《左传》中特别擅长记述重大战役。每次战役的起因、交战双方的统帅或主将、兵力部署、交战的场地、战役经过、结局等都叙述得井井有条。如晋楚城濮之战，是春秋时期一次非常著名的战役。《左传·僖公二十七年》、《左传·二十八年》详细、生动地记述了这次战役。这次战役的历史背景是：楚国要争霸中原，积极向汉水以北及黄河流域推进，遭到北方大国晋国的阻拦。此时晋文公刚刚入主晋国，他因晋国内乱在外流亡十九年。晋文公此时也在谋求霸权，把楚国看作自己的劲敌，两国间的冲突早晚是要发生的。城濮之战的起因是：鲁僖公二十七年，楚国联合陈、蔡、郑、许等国围攻宋国，宋国派公孙固到晋国告急，请晋国出兵援助。晋大夫狐偃主张出兵攻打楚国的盟国曹、卫两国，楚国必回兵救助曹、卫，则宋国之围可解。于是晋国组建三军，于鲁僖公二十八年春出兵，侵曹伐卫。并设计激怒齐、秦两国，使齐、秦两国也对楚宣战。这时楚国主帅子玉派宛春到晋军谈判，让晋国恢复侵占曹、卫的领土，楚国从宋国撤军。晋国扣留了宛春，私下归还了曹、卫的领土，曹、卫两国遂与楚国绝交。于是子玉大怒，不听楚王的告诫，向晋军逼进。晋军后退三舍（每舍三十里，三舍共九十里）以避楚军。因几年前晋文公在楚国时，楚王对他有关照。临行时楚王问他将如何报答楚国，晋文公说，如果两国不幸而交兵，晋军愿退避三舍，以此报答楚国。现在晋军退避三舍，表面上是为了报答楚国，实践以往的诺言，实际上是为了诱敌深入，以利击溃楚军。两军对垒城濮后，晋文公信心不足，狐偃分析利弊，鼓励晋文公下定决心，背水一战。《左传》中关于城濮之战有这样一段精彩记述：

> 子玉使斗勃请战，曰："请与君之士戏，君凭轼而观之，得臣与寓目焉。"晋侯使栾枝对曰："寡君闻命矣！楚君之惠未之敢忘，是以在此。为大夫退，其敢当君乎？既不获命矣，敢烦大夫谓二三子：戒尔车乘，敬尔君事，诘朝将见！"
> 
> 晋车七百乘，韅、靷、鞅、靽。晋侯登有莘之虚以观师，曰："少长有礼，其可用也。"遂伐其木以益其兵。己巳，晋师陈于莘北，胥臣以下军之佐当陈、蔡。子玉以若敖之六卒将中军，曰："今日必无晋矣！"于西将左，子上将右。胥臣蒙马以虎皮，先犯陈、蔡。陈、蔡奔，楚右师溃。狐毛设二旆而退之。栾枝使舆曳柴而伪遁，楚师驰之，原轸、郤溱以中军公族横击之。狐毛、狐偃以上军夹攻子西，楚左师溃。楚师败绩。子玉收其卒而止，故不败。

这一段，先写楚将斗勃向晋军下战书时的傲慢与狂妄，再写晋大夫栾枝回敬斗勃时的彬彬有礼和绵里藏针的态度；接着写晋军车马装备之齐整，士气之旺盛；进而写晋军先选择楚军的薄弱环节出击，旗开得胜。然后写栾枝伪装败退，诱敌追赶，晋军分兵合击，终于彻底击败楚军。之后，又叙述晋文侯献楚俘于周王，周王策命晋文公为侯伯，并对晋文公大加赏赐，以及楚师主帅子玉被迫自杀等情节。整个战役中涉及了许多人物，每一个人物都写得个性突出，形象鲜明。如楚军主帅子玉狂妄、自负，目空一切，又刚愎自用，听不进他人意见。晋大夫狐偃足智多谋，在关键时刻沉着冷静，善于控制局面。晋文公知人善任，从谏如流，这些人物都给人留下了深刻的印象。《左传》记载的战役很多，如齐鲁长勺之战[1]，秦晋韩之战[2]，楚宋泓之战[3]，秦晋殽之战[4]，秦晋河曲之战[5]，晋楚邲之战[6]，齐晋鞌之战[7]，晋、郑、楚鄢陵之战[8]，晋郑铁之战[9]，等等，都是有影响的大战役。有的战役背景复杂，头绪纷繁；有的战役场面宏大，惊心动魄；有的战役争斗激烈，伤亡惨重；有的战役情节曲折，极富戏剧性。作者在记述这些重大战役时，往往能举重若轻，把纷纭复杂的战役记述得有条不紊，而且能使读者既了解这些战役的深刻政治背景，也了解这些战役的结局对各国政治形势产生的深远影响。这充分显示了《左传》作者善于驾驭史料、剪裁史料的能力和技巧。

2. 善于刻画人物

《左传》一书涉及的现实人物、历史人物、神话传说人物有数千之多，其中有许多人物是作者着重刻画的，他们中有王朝官吏，

---

[1] 《左传·庄公十年》。
[2] 《主传·僖公十五年》。
[3] 《左传·僖公二十二年》。
[4] 《左传·僖公二十三年》。
[5] 《左传·文公十二年》。
[6] 《左传·宣公十二年》。
[7] 《左传·成公二年》。
[8] 《左传·成公十六年》。
[9] 《左传·哀公二年》。

有诸侯国的国君和卿大夫,有杰出的政治家、思想家、外交家、军事家、学者及武士、艺人、平民、贵族妇女,等等,这些人物给读者留下的印象鲜明、生动,是非常成功的文学艺术形象。如隐公元年《郑伯克段于鄢》的故事,就是刻画人物很成功的例证:

初,郑武公娶于申,曰武姜。生庄公及共叔段。庄公寤生,惊姜氏,故名曰寤生,遂恶之。爱共叔段,欲立之,亟请于武公,公弗许。

及庄公即位,为之请制。公曰:"制,岩邑也,虢叔死焉,佗邑唯命。"请京,使居之,谓之京城大叔。祭仲曰:"都城过百雉,国之害也。先王之制,大都,不过参国之一,中,五之一。小,九之一。今京不度,非制也,君将不堪。"公曰:"姜氏欲之,焉辟害?"对曰:"姜氏何厌之有?不如早为之所,无使滋蔓,蔓,难图也!蔓草犹不可除,况君之宠弟乎?"公曰:"多行不义必自毙,子姑待之。"

既而大叔命西鄙、北鄙贰于己。公子吕曰:"国不堪贰,君将若之何?欲与大叔,臣请事之,若弗与,则请除之。无生民心!"公曰:"无庸,将自及。"大叔又收贰以为己邑,至于廪延。子封曰:"可矣,厚将得众。"公曰:"不义不暱,厚将崩。"大叔完聚,缮甲兵,具卒乘,将袭郑。夫人将启之。公闻其期,曰:"可矣!"命子封帅车二百乘以伐京。京叛大叔段,段入于鄢,公伐诸鄢。五月辛丑,大叔出奔共。书曰:"郑伯克段于鄢。"段不弟,故不言弟;如二君,故曰克;称郑伯,讥失教也:谓之郑志,不言出奔,难之也。

遂置姜氏于城颍,而誓之曰:"不及黄泉,无相见也。"既而悔之。颍考叔为颍谷封人。闻之，有献于公。公赐之食，食舍肉。公问之，对曰："小人有母，皆尝小人之食矣，未尝君之羹，请以遗之。"公曰："尔有母遗，繄我独无！"颍考叔曰："敢问何谓也？"公语之故，且告之悔。对曰："君何患焉！若阙地及泉，隧而相见，其谁曰不然？"公从之。公入而赋："大隧之中，其乐也融融！"姜出而赋："大隧之外，其乐也泄泄！"遂为母子如初。

这则故事里的主要人物有四个，即姜氏、郑伯（庄公）、共叔段、颍考叔。姜氏是造成郑伯和共叔段兄弟不和的祸根。她偏爱小儿子共叔段，讨厌大儿子庄公，原因是庄公出生时难产。武姜因难产就歧视、厌恶庄公，充分表现了武姜的狭隘和自私。郑庄公是一个阴险狡诈、工于心计的人。当姜氏为共叔段请求把制邑作为封邑时，庄公知道制邑的重要，害怕其胞弟据有制邑之后会难以制服，因此借口制邑险要，对胞弟不利，拒绝把制邑封给他。当臣下提醒对共叔段要提高警惕，严加防范时，他则推说："姜氏欲之，焉辟害？"继而又说："多行不义必自毙，子姑待之。"实际上他认为共叔段的罪行还不昭著，铲除的时机还不到。他采用欲擒故纵的方法，促使共叔段野心越来越大，最后当共叔段决定攻打都城时，才说："可矣！"表明他铲除共叔段是蓄谋已久的。他为了发泄对姜氏的怨恨，把她流放到远处，以示母子彻底断绝骨肉之情。他流放了生身之母以后又感到太绝情，有些后悔，然而誓言既出，作为一国之君，又难以违背誓言。多亏颍谷封人颍考叔帮他谋划，使他既能与母亲相见，又不违背誓言，保全了自己的脸面。共叔段因为有姜氏撑腰，肆无忌惮，贪得无厌，野心日益膨胀，为了与胞兄争夺君位，不惜铤而走险，终于落得可悲的下场。书中虽然没有正面描写共叔段其人，但他的性格特点却是很鲜明的。颍考叔是个地方小官吏。当他听说庄公流放母亲并表示懊悔时，就以给庄公送礼物为名，见到了庄公。庄公赏饭给他吃，他故意把肉留起来不吃。庄公问他为什么不吃肉，他说要带回去送给老母亲吃，就这样诱使庄公说出了自己的心里话，并帮助庄公出谋划策，终于使庄公和姜氏恢复了母子关系。表现了这个基层小吏善解人意、又足智多谋的性格特点。

3. 善于记述辞令

左丘明是一位杰出的语言大师。简练、生动，极富表现力，是《左传》语言的基本特点。无论是叙述事件还是刻画人物，往往寥寥数语就情态毕现，表现了作者对语言的驾驭已经达到了炉火纯青的地步。早在汉初，《左传》就被当作学习语言的标准范本。《左传》可以说是中国古代语言艺术的宝库。

《左传》的作者尤其擅长记述行人辞令。春秋战国时期，由于各国间的交往日益频繁，人们社交活动的范围也日益扩大，士大夫阶层都特别注重自己的修辞和语言技巧。揣摩辞令、练习演说，成为他们的必修课程。《左传》中记载了大量文采飞扬、美不胜收的行人辞令正是这种时代风尚的反映，也是《左传》富有文学色彩的重要标志。如前文所引晋楚城濮之战一段文字中，楚将斗勃向晋军挑战之辞和晋大夫栾枝的应战之辞，就是很精彩的外交辞令。另如《左传·宣公三年》王孙满回答楚子问鼎一段：

楚子伐陆浑之戎，遂至于雒，观兵于周疆。定王使王孙满劳楚子，楚子问鼎之大小轻重焉。对曰："在德不在鼎。昔夏之方有德也。远方图物，贡金九牧，铸鼎象物，百物而为之备，使民知神奸。故民入川泽山林，不逢不若。螭魅罔两，莫能逢之，用能协于上下以承天休。桀有昏德，鼎迁于商，载祀六百。商纣暴虐，鼎迁于周。德之休明，虽小，重也。其奸回昏乱，虽大，轻也。天祚明德、有所底止。成王定鼎于郏鄏，卜世三十，卜年七百，天所命也。周德虽衰，天命未改，鼎之轻重，未可问也。"

鼎是王权的象征。传说禹铸九鼎，以后逐代相传，历经夏商，传至周代。谁掌握了九鼎，谁就有了统治"天下"的权力。楚庄王向王孙满问鼎之大小轻重，表明楚庄王有野心，想取代周王的统治。王孙满为周朝大夫，回敬了楚庄王的挑衅。但因王孙满是代表周定王去慰劳楚师的，不好太伤楚庄王的情面，因此态度虽严厉，文辞却很委婉。王孙满强调指出，得天下、得民心在德之大小，不在鼎之轻重。言外之意是楚庄王之德还差得很远，根本不配前来问鼎之大小轻重。王孙满的回答既揭露了楚庄王的野心，捍卫了周王朝的尊严，同时又显得语气平缓，不伤和气，在平缓的语气中包含着严厉的态度，表现了王孙满辞令艺术的高妙。

《左传·襄公三十一年》记载郑子产陪同郑简公去晋国进贡，适逢鲁襄公去世，晋平公忙于为鲁吊丧之事，没有及时会见郑国君臣，郑国运送贡品的车马也无人安置。郑子产很生气，命令随从人员把晋国宾馆的围墙推倒，让车马进驻宾馆。晋国大夫士文伯知道后，以盟主代表的身份，气势汹汹地前去指责郑子产。郑子产虽然身为小国之相，但毫不畏惧，义正词严地回敬了士文伯的指责：

以敝邑褊小,介于大国,诛求无时,是以不敢宁居,悉索敝赋,以来会时事。逢执事之不间(闲),而未得见,又不获闻命,未知见时,不敢输币,亦不敢暴露。其输之,则君之府实也,非荐陈之,不敢输也。其暴露之,则恐燥湿之不时而朽蠹,以重敝邑之罪。侨闻文公之为盟主也,宫室卑庳,无观台榭,以崇大诸侯之馆。馆如公寝,库厩缮修,司空以时平易道路,圬人以时塓馆宫室。诸侯宾至,甸设庭燎,仆人巡宫,车马有所,宾从有代,巾车脂辖,隶人牧圉,各瞻其事,百官之属,各展其物。公不留宾,而亦无废事,忧乐同之,事则巡之,教其不知,而恤其不足。宾至如归,无宁灾患;不畏寇盗,而亦不患燥湿。今铜鞮之宫数里,而诸侯舍于隶人,门不容车,而不可逾越。盗贼公行,而天疠不戒。宾见无时,命不可知。若又勿坏,是无所藏币,以重罪也。敢请执事,将何所命之?虽君之有鲁丧,亦敝邑之忧也。若获荐币,修垣而行,君之惠也。敢惮勤劳?

郑子产是一位杰出的政治家、思想家和外交家。他执政之初,郑国内忧外患,矛盾重重。正如他自己所说:"国小而偪,族大多宠,不可为也。"[1]但是他大刀阔斧地进行改革,"使都鄙有章,上下有服,田有封洫,庐井有伍。大人之忠俭者,从而与之,泰侈者,因而毙之"[2]。郑国很快恢复了秩序。郑子产充分发挥他的外交才干,巧妙地与齐、秦、晋、楚等大国进行周旋,捍卫了处在大国夹缝中的小国——郑国的利益和尊严。这一次坏晋馆垣,让郑国车马强行

---

[1] 《左传·襄公三十年》。
[2] 《左传·襄公三十年》。

进驻晋国宾馆，充分表现了郑子产的大智大勇和凛然正气。他在回敬士文伯的责问时，首先说明郑国进贡的车马远道而来，而会见无期，又不敢让贡品暴露在外，为晋国着想，不能不这样做。其次以霸主晋文公为例，当时晋文公是何等重视各国宾客，服务又是何等周到，如今晋国是如何慢待宾客的，服务质量又是何等之差，把坏馆垣而强行进驻的责任推给晋国。郑子产把理由讲得堂堂正正，今昔对比又使晋人无话可说，对晋国的批评也事理俱在。因此，当士文伯向晋国执政之卿赵文子汇报后，赵文子心服口服，说道："信！我实不德，而以隶人之垣以赢诸侯，是吾罪也！"并让士文伯当面向郑子产道歉，晋平侯会见郑简公时礼敬有加，并决定重新修建接待诸侯的宾馆。晋国政治家叔向也说："辞之不可以已也如是夫！子产有辞，诸侯赖之，若之何其释辞也？"[1]

**（二）《国语》**

《国语》是中国古代第一部国别史，在体例上与编年体的《左传》不同。两书还有一个明显的区别：《左传》以记事为主，而《国语》以记言为主。今本《国语》共二十一篇，包括《周语》三篇，《鲁语》二篇，《齐语》一篇，《晋语》九篇，《郑语》一篇，《楚语》二篇，《吴语》一篇，《越语》二篇。其中《周语》和《郑语》涉及西周历史，其余各篇记载的都是春秋时期的史实。从周穆王二年（前1005年）征犬戎开始[2]，下至周定王十六年（前453年）三家灭智伯，时间跨度为五百五十三年。全书主要通过人物的言论、对话或相互辩难的方式记载各国的历史片段，故名《国语》。

---

[1] 《左传·襄公三十一年》。
[2] 关于周穆王的纪年，本文采用张闻玉《西周朔闰表》的说法，见《西周王年论稿》。贵州人民出版社1996年版，第268页。

《国语》一书的作者历来意见不一。汉代司马迁、班固、王充等都认为《国语》的作者是左丘明。司马迁在《报任安书》中说："左丘失明，厥有《国语》。"又说："……左丘无目，孙子断足，终不可用，退论书策，以舒其愤，思垂空文以自见。"《汉书·艺文志》著录："《国语》二十一篇"，自注云："左丘明著"。西晋的傅玄、隋朝的刘炫、唐朝的赵匡等都否认《国语》为左丘明所作。事实上，《国语》是左丘明整理的各国史料汇编，其中很多史料出自各国史官之手，左丘明在整理时可能有剪裁或加工润色，因此称左丘明作《国语》，自无不可，更确切地说，是左丘明编纂《国语》。

《国语》虽以记言为主，但有些篇章故事情节曲折，人物刻画细腻，已经具备了后世小说的特点。如《晋语一》中关于骊姬之乱和《晋语四》关于重耳走国的故事，可视为中国最早的小说。

晋献公讨伐骊戎，把骊戎灭掉，杀死了骊戎之君，把骊戎国君的女儿骊姬带回晋国，并立为夫人。骊姬很快受到献公的宠爱。骊姬是个阴险毒辣的女人。她生了一个儿子，名叫奚齐。她为了使奚齐取代太子申生的地位，采用了种种阴谋手段：第一步是以加强宗邑和边疆的防守为借口，把太子申生和公子重耳、夷吾等人调离献公身边；第二步是在优施的策划下挑拨离间，诬陷太子申生，并买通献公身边的人大造舆论，骊姬则乘机向献公进谗言，企图借刀杀人；紧接着又怂恿献公派遣申生率兵去征伐皋落狄。篇中是这样描写的：

> 优施教骊姬夜半而泣谓公曰："吾闻申生甚好仁而强，甚宽惠而慈于民，皆有所行之。今谓君惑于我，必乱国，无乃以国故而行强于君。君未终命而不殁，君其若之何？盍杀我，无

以一妾乱百姓。"公曰："夫岂惠其民而不惠于其父乎？"骊姬曰："妾亦惧矣。吾闻之外人之言曰：为仁与为国不同。为仁者，爱亲之谓仁；为国者，利国之谓仁。故长民者无亲，众以为亲。苟利众而百姓和，岂能惮君？以众故不敢爱亲，众况厚之，彼将恶始而美终，以晚盖者也。凡民利是生，杀君而厚利众，众孰沮之？杀亲无恶于人，人孰去之？苟交利而得宠，志行而众悦，欲其甚矣，孰不惑焉？虽欲爱君，惑不释也。今夫以君为纣，若纣有良子，而先丧纣，无章其恶而厚其败。纣之死也，无必假手于武王，而其世不废，祀至于今，吾岂知纣之善否哉？君欲勿恤，其可乎？若大难至而恤之，其何及矣！"公惧曰："若何而可？"骊姬曰："君盍老而授之政。彼得政而行其欲，得其所索，乃其释君。且君其图之，自桓叔以来，孰能爱亲？唯无亲，故能兼翼。"公曰："不可与政。我以武与威，是以临诸侯。未殁而亡政，不可谓武；有子而弗胜，不可谓威。我授之政，诸侯必绝；能绝于我，必能害我。失政而害国，不可忍也。尔勿忧，吾将图之。"

骊姬曰："以皋落狄之朝夕苛我边鄙，使无日以牧田野，君之仓廪固下实，又恐削封疆。君盍使之伐狄，以观其果于众也，与众之信辑睦焉。若不胜狄，虽济其罪，可也；若胜狄，则善用众矣，求必益广，乃可厚图也。且夫胜狄，诸侯惊惧，吾边鄙不儆，仓廪盈，四邻服，封疆信，君得其赖，又知可否，其利多矣。君其图之！"公说。是故使申生伐东山，衣之偏裻之衣，佩之以金玦。

骊姬谮申生，用心极恶毒，而手段又极狡猾。她并不直接说申生如何坏，而说他"甚好仁而强，甚宽惠而慈于民"；她不直接说出让献公杀死申生，却请求献公把自己先杀掉；她装出一副忧国忧君的样子，又假惺惺地把自己的生死置之度外；她的本意是要让自己的儿子奚齐接献公的班，可她却执意要献公退隐，把君权交给申生。这一切都颇具迷惑力，也表现出骊姬的狡诈和阴险。她之所以这样说，一方面要在献公面前表现出自己对国家命运的关心和对献公的忠诚，另一方面是为了进一步激化献公与太子申生之间的矛盾。作者在这一篇中把骊姬口蜜腹剑的性格揭示得淋漓尽致。

骊姬谋害太子申生的最后一步是杀死申生。《晋语二》中详细地叙述了骊姬谋杀申生的经过：

> 骊姬告优施曰："君既许我杀太子而立奚齐矣，吾难里克，奈何！"优施曰："吾来里克，一日而已。子为我具特羊之飨，吾以从之饮酒。我优也，言无邮。"骊姬许诺，乃具，使优施饮里克酒。中饮，优施起舞，谓里克妻曰："主孟啗我，我教兹暇豫事君。"乃歌曰："暇豫之吾吾，不如鸟乌。人皆集于苑，己独集于枯。"里克笑曰："何谓苑，何谓枯？"优施曰："其母为夫人，其子为君，可不谓苑乎？其母既死，其子又有谤，可不谓枯？枯且有伤。"
>
> 优施出，里克辟奠，不飧而寝。夜半，召优施，曰："曩而言戏乎？抑有所闻之乎？"曰："然。君既许骊姬杀太子而立奚齐，谋既成矣。"里克曰："吾秉君以杀太子，吾不忍。通复故交，吾不敢。中立其免乎？"优施曰："免。"……
>
> 骊姬以君命命申生曰："今夕君梦齐姜，必速祠而归福。"申生许诺，乃祭于曲沃，归福于绛。公田，骊姬受福，乃寘鸩

于酒，寘堇于肉。公至，召申生献，公祭之地。地坟。申生恐而出。骊姬与犬肉。犬毙；饮小臣酒，亦毙。公命杀杜原款。申生奔新城。……

骊姬见申生而哭之，曰："有父忍之，况国人乎？忍父而求好人，人孰好之？杀父以求利人，人孰利之？皆民之所恶也，难以长生！"骊姬退，申生乃雉经于新城之庙。将死，乃使猛足言于狐突曰："申生有罪，不听伯氏，以至于死。申生不敢爱其死，虽然，吾君老矣，国家多难，伯氏不出，奈吾君何？伯氏苟出而图吾君，申生受赐以至于死，虽死何悔！"是以谥为共君。

骊姬既杀太子申生，又谮二公子曰："重耳、夷吾与知共君之事。"公令阍楚刺重耳，重耳逃于狄；令贾华刺夷吾，夷吾逃于梁。尽逐群公子，乃立奚齐焉。始为令，国无公族焉。

骊姬为了谋杀申生，需要先制服晋国大夫里克。优施自告奋勇地承担了这一任务。他和里克一起饮酒，席间为里克唱歌，暗示他申生处境不利。希望他早为自己着想。里克自私自利，既不敢得罪献公和骊姬，也不忍心和他们一起去谋害申生，于是他采取了明哲保身的态度，向优施表示他将"中立"，从此称疾不朝。这样就使骊姬可以肆无忌惮地施展阴谋诡计。果然，骊姬设下圈套，让申生给献公送胙肉，骊姬在酒肉中投毒，嫁祸于申生，然后又面见申生而哭泣，逼迫申生自杀，终于实现了她的夙愿。这一篇把骊姬的狠毒、优施的狡诈、里克的圆滑，写得很生动。篇中还描写了申生和他的师父杜原款。杜原款是个迂腐的书生，他平素向申生灌输的那一套对申生影响很深。后来受申生牵连，临死前还嘱咐申生"不去情，不反逸，逸行身死可也，犹有令名焉"，还规劝申生"死不迁情""守情说父""杀身以成志""死不忘君"，等等，足见他迂腐透顶。很显然，申生之死，杜原款是难辞其咎的。太子申生为人忠厚善良，深得民心，可是骊姬把他看作眼中钉，必欲置之于死地。他明知骊姬在处心积虑地谋害他，可是他不肯争辩，甚至不肯戒备。骊姬让他送胙肉给献公，他本应提高警惕，严加防范，然而他没有这样做，结果让骊姬做了手脚，使他蒙受不白之冤。当骊姬找上门来逼他自杀时，他既不肯揭露骊姬陷害自己的阴谋，也不痛斥她惑君乱国的罪行，表现出十足的愚忠。他临死之前，还托猛足转告闭门不出的晋大夫狐突，说他的父亲老了，国家多灾多难，希望狐突能协助他父亲收拾残局。

骊姬害死太子申生之后，又开始对公子重耳和公子夷吾下毒手，两公子被迫逃离晋国，晋献公的其他儿子也都被赶跑。骊姬终于实现了自己的愿望：立她的儿子奚齐为太子，于是晋国出现了"无公族"的局面。

公子重耳在北狄逃难十二年，在狐偃等人谋划下又从北狄到了齐国。齐桓公把女儿嫁给了重耳，又送他车马二十乘，重耳心满意足，有"终焉"之志。他的妻子姜氏规劝重耳应当胸有大志，切勿苟安，可是重耳不听。姜氏与狐偃等人商议，为了使重耳振奋精神，有所作为，决定把重耳灌醉，用车载着他离开齐国。《晋语四》第三篇有一段戏剧性的描写：

> 姜与子犯谋，醉而载之以行。醒，以戈逐子犯，曰："若无所济，吾食舅氏之肉，其知餍乎！"舅犯走，且对曰："若无所济，余未知死所，谁能与豺狼争食？若克有成，公子无亦

晋之柔嘉,是以甘食。偃之肉腥臊,将焉用之?"遂行。

狐偃是晋国大夫狐突之子,字子犯,是公子重耳的母舅,故又称舅犯。他是一位深谋远虑的政治家。重耳在外流亡期间,他是最主要的随从者之一。后来重耳能入主晋国,成为霸主,狐偃发挥了重要作用。重耳居齐,因养尊处优,不思进取,狐偃等人认为这是很危险的,因此设计载之出走。重耳酒醒之后,拿着戈追赶狐偃,骂他不知满足,并发誓要吃他的肉。狐偃的回答生动风趣,滑稽幽默,这一段很能突出重耳和狐偃各自的身份和相互间的特殊关系。

重耳一行离开齐国后,路过卫国和曹国。卫文公和曹共公都瞧不起重耳,很有些怠慢,曹共公甚至在重耳洗浴时偷看他的"骈肋"。路过宋国时,宋襄公以车马二十乘相赠送。路过郑国时,郑文公不肯给重耳以应有的礼遇,重耳于是逃亡到楚国。楚成王意识到重耳不久将入主晋国,于是以招待国君的礼节来招待重耳。宴飨之后,楚成王突然问重耳,将来用什么报答他的恩惠?重耳有一段不卑不亢的回答。《晋语四》第八章记载此事:

> 遂如楚,楚成王以周礼享之,九献,庭实旅百。公子欲辞,子犯曰:"天命也,君其飨之。亡人而国荐之,非敌而君设之,非天,谁启之心!"既飨,楚子问于公子曰:"子苦克复晋国,何以报我?"公子再拜稽首对曰:"子女玉帛,则君有之,羽旄齿革,则君地生焉。其波乃晋国音,君之余也,又何以报?"王曰:"虽然,不穀愿闻之。"对曰:"若以君之灵,得复晋国,晋楚治兵,会于中原,其避君三舍。若不获命,其左执鞭弭,右属櫜鞬。以与君周旋!"

楚成王作为大国之君，给了别人一点好处，马上就追问人家将来怎样报答。这是一副地道的商人嘴脸。他这样追问当时尚寄人篱下的流亡者重耳，当然会使重耳感到不快。当重耳已经表示自己没有什么东西可以报答他时，他还是穷追不舍，于是重耳才不得已而回答：如果今后两国不幸而交兵于中原，晋国愿退避三舍之地，以示报答。意思是：晋国可以适当退让，但绝不会向楚国屈服。重耳的回答有理，有力，又有节，柔中带刚，貌似谦恭，实则强硬，使楚成王无言以对。后来晋楚两国战于城濮，晋国军队果然退避三舍，实践了许下的诺言，实际上是为了诱敌深入，最后终于打败了楚国军队，使楚国向北方扩张的图谋大受挫折[1]。这段描写也表明，重耳经过多年流亡生活的磨炼，政治上已经成熟，在外交场合也已能应对自如。同时，重耳也已经认识到楚国是自己未来的对手。他后来能入主晋国，成为齐桓公之后的又一位霸主，是与他十九年流亡生活的磨炼分不开的。

《国语》中也记载了许多行人辞令，有些精彩的辞令不亚于《左传》中的辞令。如《鲁语上》关于展喜犒齐师的一段辞令就很精彩：

> 展禽使乙喜以膏沐犒师，曰："寡君不佞，不能事疆埸之司，使君盛怒，以暴露于敝邑之野，敢犒舆师。"齐侯见使者曰："鲁国恐乎？"对曰："小人恐矣，君子则否。"公曰："室如悬磬，野无青草，何恃而不恐？"对曰："恃二先君之所职业。昔者成王命我先君周公及齐先君太公曰：'女股肱周室，以夹辅先王，

---

[1] 见《左传·僖公二十八年》。

赐女土地，质之以牺牲。世世子孙无相害也。'君今来讨敝邑之罪，其亦使听从而释之，必不泯其社稷；岂其贪壤地，而弃先王之命？其何以镇抚诸侯？恃此以不恐。"齐侯乃许为平而还。

事情发生于鲁僖公二十六年（前634年）。齐孝公发兵讨伐鲁国，鲁国执政之卿臧文仲手足无措，找到展禽，展禽命展喜带着洗头用的膏脂去犒劳齐军。齐孝公摆出不可一世的架式问展喜，鲁国上下是否恐惧？展喜说："小人恐矣，君子则否。"孝公又问凭什么不恐惧？展喜回答得非常巧妙，他搬出了周成王和齐鲁两国的始祖周公旦和太公望。周初成王大分封时，曾嘱托周公旦和太公望股肱周室，夹辅先王，世世子孙不要互相侵伐。这等于用他们的老祖宗将了齐孝公一军。齐国讨伐鲁国，正是直接违背祖训。鲁国的"君子"相信齐国君臣不会泯灭鲁国的社稷，也不会贪图鲁国的土地。如果那样做，岂不是公然背弃先王之命？又怎么去做诸侯的霸主？展喜的回答，理由堂堂正正，使齐君无可争辩。展喜口气极谦恭，但态度却很坚毅。他委婉地谴责了齐国不守信义，侵犯邻国，但却以相信齐国不会那样做的口气表达出来。展喜在强敌压境的危难关头，大义凛然、折冲尊俎，捍卫了鲁国的利益，迫使齐国撤军。像展喜犒师这样的外交辞令，《国语》中还有不少。

《国语》的文学价值虽然比不上《左传》，但在先秦史传文学中是占有重要地位的，对后世的文学创作是有深远影响的。唐人柳宗元从尊经崇史的角度出发，作《非国语》六十七篇。他批评《国语》"文胜而言厖，好诡以反伦，其道舛逆"[1]。还批评该书"务富文

---

[1] 柳宗元：《与吕道州温论〈非国语〉书》。

采，不顾事实，而益之以诬怪，张之以阔诞，以炳然诱后生，而终之以僻，是犹用文锦覆陷阱也"[1]。同时柳宗元也不得不承认："左氏《国语》，其文深闳杰异，固世之所耽嗜而不已也。"[2] "学者以其文也，咸嗜悦焉，"[3] 从史传文学的角度看，柳宗元的批评未免迂阔，有的批评恰恰证明了《国语》的文学艺术价值。后世一些学者曾指出，柳宗元虽批评《国语》，可他自己的文章却多取法于《国语》[4]。明代文学家黄省曾对《国语》一书评价甚高。他说："外传实多先王之明训，自张苍、贾生、马迁以来，千数百年，播颂于艺林而不衰。世儒虽以夸浮宏阔为病，然而文辞高妙精理，非后世操觚者可及。"[5] 由此不难看出《国语》在中国文学史上的影响。

**（三）《战国策》**

《战国策》是一部优秀的史传文学。其作者多为战国时期的纵横家。战国时期，"国异政教，各自制断，上无天子，下无方伯，力功争强，胜者为右；兵革不休，诈伪并起……而游说权谋之徒，见贵于俗。是以苏秦、张仪、公孙衍、陈轸、代、厉之属，生纵横短长之说，左右倾侧。苏秦为纵，张仪为横；横则秦帝，纵则楚王；所在国重，所去国轻"[6]。这些纵横家四处游说，为了推行自己的主张，打动各国君主，他们经常揣摩辞令，积累素材。他们的后学者也常把先辈的事迹和演说辞进行搜集、整理，供自己摹仿、借

---

[1] 柳宗元：《答吴武陵论〈非国语〉书》。
[2] 柳宗元：《〈非国语〉序》。
[3] 柳宗元：《与吕道州温论〈非国语〉书》。
[4] 刘熙载《艺概·文概》："吕东莱《古文关键》谓柳州文多出于《国语》，王伯厚谓子厚《非国语》其文多以《国语》为法。"
[5] 黄省曾：《五岳山人集》。
[6] 刘向：《战国策书录》。

鉴，于是就有许多这样的演说辞汇编在社会上流行。这些演说辞成于众人之手，流行的抄本内容、体例不尽相同，书名也多种多样。1973年年底，在长沙马王堆三号汉墓出土的帛书中，包括一批刘向、司马迁没有见过的史料，整理者定名为《帛书战国策》或《战国纵横家书》，全书共二十七章，一万一千多字，其中十一章内容与《战国策》大体相同，另外十六章是久已失传的佚书。这部帛书就是战国秦汉间流传的纵横家演说辞汇编的一种。

汉初刘向整理中秘图书时，发现这些抄本颇多重复，又"错乱相糅莒"，书名或曰《国策》，或曰《国事》，或曰《短长》，或曰《事语》，或曰《长书》，或曰《修书》。刘向去其重复，重新编订，定书名为《战国策》。刘向整理后的《战国策》共三十三篇，包括《东周策》《西周策》各一篇，《秦策》五篇，《齐策》六篇，《楚策》《赵策》《魏策》各四篇，《韩策》《燕策》各三篇，《宋策》《卫策》合为一篇，《中山策》一篇。东汉末年，高诱曾为《战国策》作注，此后刘向整理本和高诱的注释本并行于世。至北宋，两种版本各有缺失。据《崇文总目》著录，当时刘向整理本只存二十一篇，缺十二篇，高诱注释本仅存八卷，缺二十五卷。曾巩遍访公私藏书，拾遗补缺，基本上恢复了刘向整理本的三十三篇之数，但已非刘向本、高诱本之本来面目。流传至今的《战国策》，基本上都源于曾巩校补本。

《战国策》的体例类似于《国语》。全书以记言为主，按国别排列。记载的史实上接《国语》记事的下限。即赵、魏、韩三家灭知伯，下至秦始皇统一全国。书中个别史实涉及秦二世即位，可能是后人增补。《战国策》是现存战国时期最重要的史籍。司马迁写作《史记》，有关战国的史料多取自《战国策》。有的学者作过统计，

《史记》采自《战国策》的史实多达一百四十九处[1]。可见《战国策》史料价值之高。

《战国策》的文学价值,可从以下几个方面加以概述:

1. 生动曲折的情节

《战国策》以记言为主,记事为辅。有时为了烘托语言环境,在记言的同时往往把对话产生的故事情节作适当交代。其中也有一些篇章以叙事为主,作者往往把故事讲得波澜起伏,情节跌荡,引人入胜。如《赵策四》中《赵太后新用事章》就写得生动、感人:

> 赵太后新用事,秦急攻之。赵氏求救于齐。齐曰:"必以长安君为质,兵乃出。"太后不肯,大臣强谏。太后明谓左右:"有复言令长安君为质者,老妇必唾其面。"
>
> 左师触龙言:愿见太后。太后盛气而胥之。入而徐趋,至而自谢,曰:"老臣病足,曾不能疾走,不得见久矣。窃自恕而恐太后玉体之有所郄也。故愿望见太后。"太后曰:"老妇恃辇而行。"曰:"食饮得无衰乎?"曰:"恃粥耳!"曰:"老臣今者殊不欲食,乃自强步,日三四里,少益耆食,和于身也。"太后曰:"老妇不能。"太后之色少解。
>
> 左师公曰:"老臣贱息舒祺,最少,不肖。而臣衰,窃爱怜之。愿令得补黑衣之数,以卫王宫,昧死以闻。"太后曰:"敬诺。年几何矣?"对曰:"十五岁矣。虽少,愿及未填沟壑而托之。"太后曰:"丈夫亦爱怜其少子乎?"对曰:"甚于妇人。"太后笑曰:"妇人异甚。"对曰:"老臣窃以为媪之爱燕后贤于长

---

[1] 参见郑良树:《竹简帛书论文集》。

安君。"曰："君过矣，不若长安君之甚。"左师公曰："父母之爱子，则为之计深远。媪之送燕后也，持其踵，为之泣，念悲其远也，亦哀之矣。已行，非弗思也。祭祀必祝之曰：'必勿使反。'岂非计久长，有子孙相继为王也哉。"太后曰："然。"左师公曰："今三世以前，至于赵之为赵，赵主之子孙侯者，其继有在者乎？"曰："无有。"曰："微独赵，诸侯有在者乎？"曰："老妇不闻也。"曰："此其近者祸及身，远者及其子孙。岂人主之子侯则必不善哉？位尊而无功，奉厚而无劳，而挟重器多也。今媪尊长安君之位，而封之以膏腴之地，多与之重器，而不及今令有功于国，一旦山陵崩，长安君何以自托于赵？老臣以媪为长安君计短也，故以为其爱不若燕后。"太后曰："诺。恣君之所使之。"于是为长安君约车百乘质于齐，齐兵乃出。

此事发生于赵孝成王元年（前265年）。这一年秦国攻打赵国，赵国向齐国求援，齐国提出的条件是：一定要让赵太后的小儿子长安君到齐国作人质，才肯出兵。赵太后坚决不肯。大臣们多次劝谏，太后大怒，发誓说，谁要再提让长安君为质之事，老妇必唾其面。赵国的左师触龙要求面见赵太后。赵太后知道他还要谈长安君为质之事，故"盛气而胥之"。然而触龙却没有像其他大臣那样撄太后之逆鳞，而是先与太后唠家常，由身体谈到起居饮食，逐渐使太后心气平和，然后再以安排小儿子职务为由，请太后予以关照，进而谈起男子和妇人同样怜爱少子，太后爱女儿燕后胜于爱长安君。这当然会使太后提出异议。于是，触龙层层深入，先说太后为女儿考虑得长远，言外之意是对长安君的未来考虑不周，继而指出赵国及其他各诸侯国国君之子孙三代以后都相继衰败，其原因就是

"位尊而无功,奉厚而无劳,而挟重器多也";进而说明,应当让长安君为国立功,这样才能使长安君在太后百年之后能自托于赵国。经触龙这样一番体贴入微的开导,太后才恍然大悟,高兴地让长安君入质于齐。这是一个很普通的故事。由于作者善于描写故事的细节,善于使用符合人物性格特点的语言,因此,这一个普普通通的故事就显得娓娓动听,并产生了戏剧性效果。

《齐策四》的《冯谖客孟尝君》故事情节也曲折动人,很似后世的短篇小说:

> 齐人有冯谖者,贫乏不能自存。使人属孟尝君,愿寄食门下。孟尝君曰:"客何好?"曰:"客无好也。"曰:"客何能?"曰:"客无能也。"孟尝君笑而受之,曰:"诺。"
>
> 左右以君贱之也,食以草具。居有顷,倚柱弹其剑,歌曰:"长铗归来乎!食无鱼。"左右以告。孟尝君曰:"食之,比门下之客。"居有顷,复弹其铗,歌曰:"长铗归来乎!出无车。"左右皆笑之。以告。孟尝君曰:"为之驾,比门下之车客。"于是乘其车,揭其剑,过其友,曰:"孟尝君客我!"后有顷,复弹其剑铗,歌曰;"长铗归来乎!无以为家。"左右皆恶之,以为贪而不知足。孟尝君问:"冯公有亲乎?"对曰:"有老母。"孟尝君使人给其食用,无使乏。于是冯谖不复歌。

这是故事的第一段,先写冯谖穷困潦倒时投奔孟尝君,孟尝君的下属都认为冯谖百无一能,瞧不起他。给他最劣等的饭菜。不久,他就高唱:"长铗归来乎!食无鱼!"当伙食改善之后,他又弹铗高歌:"出无车!"过了一阵子,他又唱道:"长铗归来乎,无以为家!"孟尝君身边的人都讨厌他永不知足。可是孟尝君再次满足了他的要求,使他老母的生活也有了保证。这段故事突出描写了冯谖貌似无能而又贪得无厌,引起周围人的反感,然而孟尝君对他却很宽容,再三再四地满足了他的不同要求。这为后来冯谖脱颖而出,显现了自己非凡的才能做好了铺垫。

接下来的一段写冯谖自告奋勇,愿到孟尝君的采地薛邑为他收债,使孟尝君对他刮目相看。临行时冯谖问收债以后需要买些什么,孟尝君说:看我家缺少什么就买什么,于是冯谖乘车前往薛邑。这是本篇的重头戏,作者描述如下:

> (冯谖)驱而之薛,使吏召诸民当偿者,悉来合券。券遍合,起矫命以责赐诸民,因烧其券。民称万岁。长驱到齐,晨而求见。孟尝君圣其疾也,衣冠而见之,曰:"责毕收乎?来何疾也?"曰:"收毕矣。""以何市而反?"冯谖曰:"君云'视吾家所寡有者',臣窃计,君宫中积珍宝,狗马实外厩,美人充下陈,君家所寡有者以义耳!窃以为君市义。"孟尝君曰:"市义奈何?"曰:"今君有区区之薛,不拊爱子其民,因而贾利之。臣窃矫君命,以责赐诸民,因烧其券,民称万岁。乃臣所以为君市义也。"孟尝君不说,曰:"诺,先生休矣。"

这一段重点描述冯谖为孟尝君"市义"的经过。冯谖认识到,作为统治阶级中的一员,应当争取民心。得民心者得天下,失民心者失天下。他认为孟尝君什么也不缺,缺的正是广大民众的支持,因此他以孟尝君的名义把薛邑的一切债务全部取消,并当场焚烧了全部债券,因而民众高呼万岁。可是,冯谖"市义"的举动未被孟尝君理解，他当时心里很不满意。这表明冯谖比孟尝君更有政治远见，也更有胆略，他相信孟尝君迟早会理解的。果然，一年以后他"市义"的举动见到了成效：

> 后期年，齐王谓孟尝君曰："寡人不敢以先王之臣为臣。"孟尝君就国于薛，未至百里，民扶老携幼迎君道中。孟尝君顾谓冯谖："先生所为文市义者，乃今日见之。"冯谖曰："狡兔有三窟，仅得免其死耳。今君有一窟，未得高枕而卧也。请为君复凿二窟。"孟尝君予车五十乘，金五百斤，西游于梁。谓惠王曰："齐放其大臣孟尝君于诸侯，诸侯先迎之者，富而兵强。"于是，梁王虚上位，以故相为上将军，遣使者，黄金千斤，车百乘，往聘孟尝君。冯谖先驱诫孟尝君曰："千金，重币也；百乘，显使也。齐其闻之矣。"梁使三反，孟尝君固辞不往也。齐王闻之，君臣恐惧，遣太傅赍黄金千金，文车二驷，服剑一，封书谢孟尝君曰："寡人不祥，被于宗庙之祟，沉于谄谀之臣。开罪于君，寡人不足为也。愿君顾先王之宗庙，姑反国统万人乎？"冯谖诫孟尝君曰："愿请先王之祭器，立宗庙于薛。"庙成，还报孟尝君曰："三窟已就，君姑高枕为乐矣。"

为孟尝君"市义"，对冯谖来说是初试锋芒。这最后一段，写冯谖为孟尝君营就"三窟"，协助孟尝君摆脱了困境，并排除了后顾之忧，使孟尝君在齐国的根基更加牢固，因此作者最后说："孟尝君为相数十年，无纤介之祸者，冯谖之计也。"对冯谖的功绩给予高度评价。《冯谖客孟尝君》的故事结构巧妙，高潮迭起，把冯谖这个人物刻画得非常成功。刚到孟尝君门下为客时，冯谖碌碌无为，周围的人都看不起他。他满腹经纶，但没有施展才华的机会。薛邑"市义"，使他一鸣惊人，表现了他超人的胆略和非凡的政治远见。在孟尝君陷入危难时，他运筹帷幄，力挽狂澜，使孟尝君转危为安，他因此成为三千门客中的佼佼者。通篇故事文字不长，但简练精粹，故事情节层层推进，高潮在最后。人物前后的形象反差，给人留下的印象更鲜明。

《燕策三》中的《荆轲刺秦王》也是《战国策》中很精彩的故事。故事描写燕太子丹为了报仇雪恨，决心刺杀秦王嬴政。经过一系列周折，他见到了刺客荆轲。荆轲为了顺利地见到秦王，取得秦王的信任，提出要以秦国逃亡将领樊於期之头和燕国督亢地图作见面礼。太子丹不忍心杀害樊於期，荆轲则用言语相激，使樊於期自杀。之后，又准备了淬以毒药的匕首，请来燕国勇士秦武阳作副手。燕太子丹等在易水为荆轲送行。送行的场景写得极为动人：

太子及宾客知其事者，皆白衣冠以送之。至易水上，既祖，取道。高渐离击筑，荆轲和而歌，为变徵之声，士皆垂泪涕泣。又前而为歌曰："风萧萧兮易水寒。壮士一去兮不复还！"复为慷慨羽声，士皆瞋目，发尽上指冠。于是荆轲遂就车而去，终已不顾。

易水送行，是故事高潮之一，场面写得慷慨悲壮，把荆轲视死如归、义无反顾的英雄气概写得生动感人，是整个故事的画龙点睛之笔。荆轲一行到秦国后，通过秦王宠臣蒙嘉为之疏通，得以见到秦王。秦王设九傧，见荆轲于咸阳宫。荆轲的副手秦武阳没见过世面,看到秦王如此威武,宫室如此壮丽,大惊失色,使秦国群臣感到奇怪,荆轲则沉着冷静,应对自如。接下来便是荆轲献图刺秦王的一段惊心动魄的场景:

轲既取图奉之。发图,图穷而匕首见。因左手把秦王之袖,而右手持匕首揕之,未至身,秦王惊,自引而起,绝袖。拔剑,剑长,操其室。时恐急,剑坚,故不可立拔。荆轲逐秦王,秦王还柱而走。群臣惊愕,卒起不意,尽失其度。而秦法,群臣侍殿上者,不得持尺兵。诸郎中执兵,皆陈殿下,非有诏不得上。方急时,不及召下兵,以故荆轲逐秦王,而卒惶急无以击轲,而乃以手共搏之。是时侍医夏无且,以其所奉药囊提轲。秦王方还柱走,而卒惶急不知所为,左右乃曰:"王负剑!王负剑!"遂拔以击荆轲,断其左股。荆轲废,乃引其匕首提秦王,不中,中柱。秦王复击轲,被八创。轲自知事不就,倚柱而笑,箕踞以骂曰:"事所以不成者,乃欲以生劫之,必得约契以报太子也。"左右既前,斩荆轲,秦王目眩良久。

荆轲献图时,图穷而匕首现,荆轲以匕首刺秦王。秦王猝不及防,惊慌躲闪。他佩带的剑过长,一时惶恐,难以拔出,只好围着柱子转。左右大臣上殿时不准带武器,侍卫的武士没有秦王命令又不许上殿,这就为荆轲追刺秦王提供了有利条件。后来群臣提醒秦王从背后把剑拔出,砍断了荆轲的左腿,荆轲手掷匕首,可惜没有击中秦王。秦王以剑击荆轲,荆轲笑骂秦王而死。这段故事把秦王的惶恐狼狈、群臣的惊惶失措、荆轲的英勇壮烈,都写得绘声绘色,场面惊险壮观,气氛紧张激烈,非大手笔不能写得如此生动。

后来司马迁写《史记·刺客列传》，几乎完全是照搬了《战国策》中的这段文字。荆轲刺秦王的故事后来家喻户晓，这与《战国策》的精彩描述是分不开的。

2. 敷张扬厉的语言

章学诚说："观春秋之辞命，列国大夫，聘问诸侯，出使专对，盖欲文其言以达旨而已。至战国而抵掌揣摩，腾说以取富贵，其辞敷张而扬厉，变其本而加恢奇焉，不可谓非行人辞命之极也。"[1] 章学诚用"敷张而扬厉"来形容战国时期的辞令，这对《战国策》来说，可谓既准确，又贴切。以《秦策一》中的《苏秦始以连横说秦王》为例：

苏秦始将连横，说秦惠王曰："大王之国，西有巴蜀、汉中之利，北有胡貉、代马之用，南有巫山、黔中之限，东有肴、函之固。田肥美，民殷富，战车万乘，奋击百万，沃野千里，蓄积饶多，地势形便，此所谓天府，天下之雄国也。以大王之贤，士民之众，车骑之用，兵法之教，可以并诸侯，吞天下，称帝而治。愿大王少留意，臣请奏其效。"

秦王曰："寡人闻之：毛羽不丰满者，不可以高飞；文章不成者，不可以诛罚；道德不厚者，不可以使民；政教不顺者，不可以烦大臣。今先生俨然不远千里而庭教之，愿以异日。"

这篇辞令并非出自苏秦的手笔。学者们已指出，苏秦为齐闵王、燕昭王时人，不可能在秦惠王初年就去秦国游说[2]，篇中所言

---

[1] 章学诚：《文史通义·诗教上》。
[2] 《史记·苏秦列传》载苏秦以连横说秦在秦惠王初立时，当时秦尚未称王，苏秦不当称惠王为"大王"。

秦国形势、地理等均与当时秦国实际情况不符[1]。篇后又有对苏秦的评论，这些都证明本篇为后人所作。但这一篇却很能代表《战国策》的语言风格。篇中善用结构相同的排比句式，如"西有巴蜀、汉中之利，北有胡貉、代马之用，南有巫山、黔中之限，东有肴、函之固"，这是四个结构完全相同的排比句式。又如："毛羽不丰满者，不可以高飞；文章不成者，不可以诛罚；道德不厚者，不可以使民；政教不顺者，不可以烦大臣。"这是四组结构基本相同的排比句式，在这四组八句之中，只是首句和末句各多一字。此外，篇中四字一句的排比句式也不少，如"战车万乘，奋击百万，沃野千里，蓄积饶多，地势形便"，等等。这些排比句式的应用，使演说铿锵有力，气势磅礴，富有感染力。此外，篇中也常用夸张的修辞方法。如写苏秦说秦王失败后，回到家中的狼狈相："羸縢履蹻，负书担橐，形容枯槁，面目犁黑，状有归色。归至家，妻不下纴，嫂不为炊，父母不与言。"后来苏秦发愤苦读，"期年而揣摩成"，又去赵国游说。这一段也很精采：

> 于是乃摩燕乌集阙，见说赵王于华屋之下，抵掌而谈。赵王大悦，封为武安君。受相印，革车百乘，绵绣千纯，白璧百双，黄金万溢，以随其后，约从散横，以抑强秦。故苏秦相于赵而关不通。当此之时，天下之大，万民之众，王侯之威，谋臣之权，皆欲决苏秦之策。不费斗粮，未烦一兵，未战一士，未绝一弦，未折一矢，诸侯相亲，贤于兄弟。夫贤人在而天下服，一人用而天下从。故曰：式于政不式于勇，式于廊庙之

---

[1] 参见缪文远：《战国策考辨》，中华书局1984年版，第29—30页。

内,不式于四境之外。当秦之隆,黄金万溢为用,转毂连骑,炫熿于道,山东之国,从风而服,使赵大重。

这段文字除了继续使用大量排比句式外,仍用夸张的手法,如"革车百乘,绵绣千纯,白璧百双,黄金万溢",又如:"当此之时,天下之大,万民之众,王侯之威,谋臣之权,皆欲决苏秦之策。不赞斗粮,未烦一兵,未战一士,未绝一弦,未折一矢,诸侯相亲,贤于兄弟。夫贤人在而天下服,一人用而天下从。"这是排比和夸张并用的手法。很显然,已经把苏秦个人的作用夸大到不适当的程度,苏秦出身贫苦,"特穷巷掘门、桑户棬枢之士耳",通过个人奋斗,一举成名,身佩六国相印,成为合纵抗秦的首脑人物。他是战国时代纵横家们崇拜的偶像。因此,他的后学者们用夸张的语言突出他个人的作用,把他描写成不可一世的英雄,也就不足为奇了。

《楚策四》的《庄辛说楚襄王》也很能代表《战国策》敷张扬厉的语言风格。这一篇开头介绍楚襄王不听庄辛劝告,结果郢都被秦国攻占,大片领土也落入秦人手中,襄王被迫逃往城阳。襄王悔不听庄辛之言,危难时派人请回庄辛,于是庄辛以小喻大,层层取譬,最后点明了襄王误国的根本原因。庄辛先从小小的蜻蛉说起,然后由蜻蛉说到黄雀,由黄雀说到黄鹄,由黄鹄说到蔡灵侯,再由蔡灵侯进而说到楚襄王自身。以上这些动物和人物都因不能深谋远虑,自以为无患,与人无争,结果都落得可悲的下场。楚襄王国都被占,领土丧失,被迫逃亡,正是因为他宠信佞臣,他"左州侯,右夏侯,辇从鄢陵君与寿陵君;饭封禄之粟,而载方府之金,与之驰骋乎云梦之中,而不以天下国家为事"。这正如螳螂捕蝉,黄雀在后。楚襄王听了庄辛的一番话,"颜色变作,身体战栗",于是封庄辛为阳陵君[1],并把淮北之地封给了庄辛。后来楚襄王采纳了庄辛的劝诫,楚国的国势一度稍有振作。《庄辛说楚襄王》以小喻大的五段文字每一段字数相差不多,结构也基本相同,语气也很相似,因此这五段文字可以说是五段大排比,通过这五段大排比,以气贯长虹之势,层层推进。最后才把要对楚王说的话和盘托出,全篇感情充沛,辞采飞扬,层层深入,说理透彻,具有很强的艺术感染力,难怪楚襄王听后"颜色变作,身体战栗"。

3. 美不胜收的寓言

《战国策》一书是先秦寓言故事的渊薮。书中的很多寓言故事生动风趣,富有哲理。战国时的纵横家们游说时,往往在滔滔不绝的辩说中,插入一些寓言故事,这些寓言把抽象的道理形象化、故事化,比单纯讲述大道理更能起到事半功倍的效用,更能打动游说的对象,也更能调节辩说的气氛。有时短短的一则寓言故事所起的作用远远超过长篇大论。如《楚策一》的《荆宣王问群臣章》,讲楚宣王听说北方诸国都害怕昭奚恤,问群臣到底是怎么回事,群臣都不敢回答。江乙也没有直接回答楚宣王,而是向他讲了这样一则寓言故事:

> 虎求百兽而食之,得狐。狐曰:"子无敢食我也,天帝使我长百兽,今子食我,是逆天帝命也。子以我为不信,吾为子先行,子随我后,观百兽之见我而敢不走乎?"虎以为然,故遂与之行,兽见之皆走。虎不知兽畏己而走也,以为畏狐也。今王之地方五千里,带甲百万,而专属之昭奚恤,故北方之畏奚恤也,其实畏王之甲兵也,犹百兽之畏虎也。

---

[1] 阳陵君,《新序》作"成陵君"。

这则寓言意在说明：北方诸国害怕的其实不是昭奚恤，而是楚王的百万甲兵。正如百兽怕的不是狐，而是老虎一样。这则寓言故事很有名，刘向《新序·杂事二》也引用了这则寓言，显然是取材于《战国策》。后世常用"狐假虎威"来比喻仆人或随从借着主子的威风胡作非为。

《魏策四》有《魏王欲攻邯郸章》，著名的寓言《南辕北辙》即出于此章：

> 魏王欲攻邯郸，季梁闻之，中道而反，衣焦不申，头尘不〔去〕〔浴〕，往见王曰："今者臣来，见人于大行，方北面而持其驾，告臣曰：'我欲之楚。'臣曰：'君之楚，将奚为北面？'曰：'吾马良。'臣曰：'马虽良，此非楚之路也。'曰：'吾用多。'臣曰：'用虽多，此非楚之路也。'曰：'吾御者善。'此数者愈善。而离楚愈远耳。今王动欲成霸王，举欲信于天下，恃王国之大。兵之精锐，而攻邯郸，以广地尊名，王之动愈数，而离王愈远耳，犹至楚而北行也。"

魏惠王攻邯郸，发生于周显王十五年（前354年）。季梁劝阻魏惠王，即在此次战役前夕。魏惠王凭借魏国的实力，想称霸中原，可是却兴师动众去进犯相邻的赵国，破坏三晋的团结，以谋求霸权，正如欲至楚而北行一样。季梁的南辕北辙之喻，极为贴切。可惜魏惠王没有听从季梁的劝阻，一意孤行，坚持出兵伐赵。这次战役的结局如何，史书缺载，不得而知。而季梁的寓言却从此家喻户晓。

《燕策二》中《鹬蚌相争》的寓言故事也很有名：

赵且伐燕，苏代为燕谓惠王曰："今者臣来，过易水，蚌方出曝，而鹬啄其肉，蚌合而拑其喙。鹬曰：'今日不雨，明日不雨，即有死蚌。'蚌亦谓鹬曰：'今日不出，明日不出，即有死鹬。'两者不肯相舍，渔者得而并禽之。今赵且伐燕，燕、赵久相支以弊大众，臣恐强秦之为渔父也，故愿王之熟计之也。"惠王曰："善。"乃止。

鹬蚌相争，两者都想把对方置于死地。它们谁也不肯退让，牢牢地钳住对方不放松，一点也不顾及这样的结局对自己有什么危害，结果让渔人坐享其利。当时各国争战，颇似鹬蚌相争。这一譬喻，意味深长，警策动人。《战国策》中这样的寓言故事还有不少。如《秦策二》的《坐山观虎斗》《江上处女》《曾参杀人》，《楚策四》的《骥见伯乐》《惊弓之鸟》，《齐策二》的《画蛇添足》，《齐策三》的《土偶与桃梗》等，都是很优秀的寓言故事。

## 第四节 《楚辞》

楚辞是战国中后期产生于楚国的一种诗歌体裁。这些诗歌大多数都是具有浪漫主义色彩的抒情诗，而且有着浓郁的楚国地方特色。其主要作者为屈原、宋玉、唐勒、景差等人。宋代的黄伯思说："屈宋诸骚，皆书楚语，作楚声，纪楚地，名楚物，故可谓之楚辞。""楚辞"的名称最早见于《史记·酷吏列传》。汉成帝时，刘向校理中秘图书，把屈原、宋玉及汉代的贾谊、淮南小山、东方朔、庄忌、王褒和刘向自己的一篇作品编为一集,名之曰《楚辞》。自此,"楚辞"既是诗歌体裁的名称,也是一部楚国诗歌集的专用名称。

## (一)屈原的生平

屈原名平,出身于楚国贵族。约生于楚宣王三十年(前340年),卒于楚顷襄王二十一年(前278年)前后[1]。屈原博学多闻,有治理国家的才能,又善于外交辞令。楚怀王时,屈原任左徒,兼管内政与外交,怀王对他很信任。后来,楚国的上官大夫妒忌屈原的才能,在楚怀王跟前屡进谗言,怀王疏远了屈原,并把屈原放逐到外地。当时,齐楚两国是盟国,秦国想出兵齐国,又担心楚国断秦国的后路,因此想破坏齐楚联盟。秦国听说屈原被黜,认为这是难得的好机会,便派张仪去楚国游说。张仪对楚怀王说:"如果楚国与齐国绝交,秦国愿把商於一带六百里土地送给楚国。"楚怀王贪得无厌,相信了张仪的鬼话,并宣布与齐国断交。当楚国派使者到秦国去受地时,张仪说:"我与怀王说的是六里,没有说过要给楚国六百里。"使者回报楚怀王,怀王大怒,兴师讨伐秦国。结果楚军大败,楚将屈匄被俘,汉中之地也落入秦国手中。怀王不服,把楚国军队全都征集起来攻打秦国,两军战于蓝田,魏国也乘机出兵袭击楚国郢都,使楚国陷入困境。由于楚国与齐国断交,齐国不

---

[1] 关于屈原的生卒年,史籍中无明确记载。屈原的《离骚》中有"摄提贞于孟陬兮,惟庚寅吾以降"的诗句。后代学者多根据这两句诗推断屈原的出生年月。由于各自依据的历法不同,计算方法不同,对两句诗的具体含义理解不同,因此结论有较大差异。认为屈原生年最早的是公元前366年(见清人刘梦鹏的《屈子纪略》),最晚的是公元前335年(见林庚:《屈原生卒年考》),前后相差多达31年。目前学术界大都采用郭沫若的结论,即认为屈原生于楚宣王三十年辛巳(前340年)夏历正月初七日,卒于楚顷襄王二十一年癸未(前278年)夏历五月初五日。

肯出兵支援楚国。这时，怀王想起了有外交才干的屈原，派人把屈原请回，并让他到齐国去恢复邦交，使楚国局势暂时趋于稳定。秦惠王死后，秦昭王与楚约为婚姻，并邀请怀王在武关盟会。屈原谏怀王曰："秦，虎狼之国，不可信，不如无行！"而怀王稚子子兰则鼓动怀王到秦国去，说："奈何绝秦欢？"于是怀王西去秦国，入武关后，秦国关闭武关，使怀王没有退路。到咸阳后，秦昭王以蕃臣之礼见怀王，怀王大怒。秦国扣留楚怀王，让楚国以巫郡、黔中郡来换回楚怀王。结果怀王客死于秦，怀王长子顷襄王立，以其弟子兰为令尹。屈原怨恨子兰劝怀王入秦。子兰知之，潜屈原于顷襄王，顷襄王再次把屈原流放到江南。屈原有远大的理想，也有卓越的才能，可是奸佞当道，使他报国无门。他很希望自己的国家独立富强，一心想要为楚王做政治上的带路人，可是怀王昏庸暗弱，那些"党人"又妒贤害能，排挤忠良，他忧心如焚。他把满腔的怒火和幽怨都化为诗篇，以诗歌来寄托自己的理想，鞭笞那些奸邪小人祸国殃民的行径，抒发内心的牢骚与不平。正如司马迁所说："屈平疾王听之不聪也，谗谄之蔽明也，邪曲之害公也，方正之不容也，故忧愁幽思而作《离骚》——'离骚'者，犹离忧也。……屈平正道直行，竭忠尽智以事其君，谗人间之，可谓穷矣！信而见疑，忠而被谤，能无怨乎？屈平之作《离骚》。盖自怨生也。"[1] 屈原的其他诗篇也都不同程度地表达了他的这种思想感情。长时间的流放生活使诗人屈原历经艰险，但更使他难以忍受的是精神上的折磨。他亲眼看到他的祖国日益削弱，他的政治理想彻底破灭了，他终于投汨罗江而死。

---

[1] 司马迁：《史记·屈原列传》。

## （二）屈原的作品

《投书·艺文志》诗赋略中著录屈原赋二十五篇。这二十五篇是西汉末年刘向整理屈原作品时确定的篇数。刘向是第一个整理屈原作品的学者。汉朝初年，散见于社会上的屈原作品较少，被汉初人提到的屈原作品只有《离骚》《天问》。司马迁的《史记》除《离骚》外也只提到《招魂》《哀郢》《怀沙》。刘向整理的二十五篇现存于东汉人王逸的《楚辞章句》前七卷中。这二十五篇是：《离骚》《九歌》十一篇，《天问》《九章》九篇，《远游》,《卜居》,《渔父》。这二十五篇是否都是屈原的作品，后世学者意见也不一致。如《九章》中的《惜往日》《悲回风》两篇清代即有人提出不是屈原作品[1]，《远游》《卜居》《渔父》等篇，怀疑者更多[2]。至于二十五篇以外的《招魂》《大招》两篇，则自汉代起即有人认为是伪作。《招魂》篇刘向认为是宋玉作品，而《大招》篇有人说是屈原的作品，有人则认为是景差的作品，刘向疑而未能定。现存的《楚辞》作品中可信为屈原作品的是：《离骚》《天问》《九歌》和《九章》中的《惜诵》《涉江》《哀郢》《抽思》《怀沙》《思美人》《橘颂》等，共二十篇。

### 1.《离骚》

长篇抒情诗《离骚》是屈原的代表作品，是中国古代最光辉、最伟大的浪漫主义诗篇。全诗373句，2477字。[3]，在中国古代抒情

---

[1] 见曾国藩：《求阙斋读书记》和吴汝纶：《古文辞类纂评点》。

[2] 参见胡念贻《屈原作品的真伪问题及其写作年代》，见《先秦文学论集》，中国社会科学出版社1981年版，第319—320页。

[3] 这个数字不包括诗中"曰黄昏以为期兮，羌中道而改路"两句13字。洪兴祖《楚辞补注》于此两句下注云："一本有此二句、王逸无注，至下文'羌内恕己以量人'始释'羌'义，疑此二句后人所增耳。"《文选》所载《离骚》即无此两句，可证洪氏之说是有根据的。

诗中是最长的一首。全诗共分三大段，每一大段中又分三小段。[1]

第一大段从全篇开头"帝高阳之苗裔兮"至"岂余心之可惩"。这一大段作者自叙身世，并表明自己的政治操守。第一小段从开头至"来吾导夫先路"，诗人叙述自己的家世和高洁的志向。第二小段自"昔三后之纯粹兮"，至"固前圣之所厚"，叙述自己忠而见疑的苦闷及不肯与群小同流合污的决心。第三小段自"悔相道之不察兮"至"岂余心之可惩"，表达诗人矢志不渝的坚定信念。

第二大段从"女媭之婵媛兮"开始，至"余焉能忍与此终古"为止。写失意之后力图再振作，以四处求女喻为国求贤，以求女不成喻再努力的失败。第一小段从"女媭之婵媛兮"至"夫何茕独而不予听"，写侍女规劝他"从俗""从众"。第二小段自"依前圣以节中兮"至"霑余衿之浪浪"，写诗人找到舜向他倾诉衷曲，从而坚定了自己的信念。第三小段自"跪敷衽以陈辞兮"至"余焉能忍与此终古"，写求女失败，以喻楚国使诗人再次失望。

第三大段从"索藑茅以筳篿兮"开始，至"蜷局顾而不行"为止，写诗人想离开故土，但欲去不忍、既行复止的矛盾心情，表现了诗人对故乡楚国的强烈爱恋之情。第一小段从"索藑茅以筳篿兮"至"谓申椒其不芳"，写诗人就灵氛而求占，以决定去留。第二小段从"欲从灵氛之吉占兮"至"周流观乎上下"，写诗人对灵氛劝其远走仍有疑虑，又去找巫咸决定去留。第三小段从"灵氛既告余以吉占兮"至"蜷局顾而不行"，写诗人听从两位神人的指点，

---

[1] 《离骚》作为长篇抒情诗，回环跌宕，波澜起伏，思想脉络不易把握，故古今研究楚辞的学者对《离骚》段落划分颇多分歧。这里的划分方法主要采取张松如、王锡荣的意见，见两位主编的《中国诗歌史》先秦两汉卷，吉林大学出版社1988年版，第186—187页。

决定离开故土，但欲行而又不忍。

诗的最后是"乱辞"，暗示了诗人的最终归宿。

《离骚》这首长篇抒情诗总体上说是浪漫主义诗篇，但仔细分析全诗时会发现，第一大段主要侧重于现实社会的描述。无论是叙述自己的家世，表达自己的美好理想，揭露现实社会的黑暗，鞭笞奸邪小人残害忠良，还是诉说自己培养的人才如何变质，国君如何受佞臣壅蔽，听信谗言，疏远贤臣，以及陈述自己的志向和决心，等等，这一切都立足于现实社会，针对楚国的政局而言。而这篇诗的第二和第三大段，则主要用浪漫的笔法，作者驰骋丰富的想象，空中地上，天堂人间，诗人上下求索，四处邀游；时而向重华陈辞，时而向灵氛问卜，时而令望舒先驱，时而命羲和弭节；至天宫则令帝阍开关，求宓妃则使丰龙乘云；邀游时凤凰为其承旂，渡河时蛟龙为其设梁。大量的历史人物、神话传说人物，乃至仙鸟、灵怪，全都受诗人驱遣，都为诗人寄托理想、表达信念服务。诗人描绘了一幅幅神奇瑰丽的画卷，仿佛把读者完全带入了幻想的境界。因此，《离骚》这篇诗可以说是屈原用现实主义和浪漫主义相结合的手法，而又以浪漫主义为主的手法创作的诗篇。

2.《天问》

《天问》是中国诗歌史上最奇特的诗篇。作者在这篇诗中，接连提出一百七十二个问题，这些问题涉及的范围极为宽广。凡宇宙、神灵、历史、政治、社会、人生，无所不及。全诗气势磅礴，视野开阔，通篇全用诘问口气，一百七十多个问题问得参差错落，灵活多变，毫无呆板之气。

关于这篇诗的作者和创作过程，王逸在《楚辞章句·天问》篇序中有一段论述，对后人颇有影响。序文说：

《天问》者，屈原之所作也。何不言《问天》？天尊，不可问，故曰《天问》也。屈原放逐，忧心愁悴，彷徨山泽，经历陵陆，嗟号旻昊，仰天叹息。见楚有先王之庙及公卿祠堂，图画天地山川神灵，琦玮僪佹，及古贤圣怪物行事。周流罢倦，休息其下，仰见图画，因书其壁，呵而问之，以泄愤懑，舒泻愁思。楚人哀惜屈原，因共论述，故其文义不次序云尔。

对王逸的说法，相信者有之，怀疑者亦有之。宋代朱熹的《楚辞集注》同意王逸的意见。洪兴祖的《楚辞补注》和王夫之的《楚辞通释》则不赞成王逸之说。王逸认为屈原流放中在先王之庙或公卿祠堂中看到壁画，因而把自己的问题写到墙壁上。所写不止一处，楚人把这些问题编辑在一起，"故其文义不次序云尔"。王夫之在《楚辞通释》卷三中说："按篇内事虽杂举，而白天地山川，次及人事，追述往古，终之以楚先，未尝无次序存焉。固原自所合缀成章者。逸谓书壁而问，非其实矣。"可见王夫之认为《天问》是屈原自己所作，并非他人编缀而成。清人林云铭在《楚辞灯》中也说："看来只是一气到底，次序甚明，未尝重复，亦未尝倒置，无疑可阙，亦无谬可辟，世岂有题壁之文能妥确不易若此者乎？"可见林氏也不同意王逸的说法。

《天问》一诗的内容大体可分为三个方面：第一方面是探讨宇宙天地的，第二方面是探讨世间万物的，第三方面是探讨人类社会历史的。如探讨人类社会历史的内容，从女娲造人开始，一直问到尧、舜、禹、夏、商、周，以及春秋"五霸"的历史。林庚先生称《天问》是"一部兴亡史诗"。他说：

> 《天问》虽然不是叙事体而是问话体,但是它的内容实质,则正如史诗一般地集中在历史兴亡的故事上,而且这个集中的程度简直是可惊的。……
>
> 《天问》的兴亡史是以夏、商、周三代为中心的,这三代历史的发问占了整整一百句,超过全诗一半以上的篇幅,它的兴亡感也就是全诗主题的焦点。[1]

林庚先生的这一见解是符合《天问》实际的。

《天问》这篇诗表明屈原是一位知识极其渊博、眼界极为开阔的学者。他有卓越的见识,超群的智慧,也有反传统的勇气。因此,《天问》中提出的许多问题至今仍值得人们去钻研和探讨。

3.《九歌》

《九歌》原是很古老的乐章之称,先秦典籍中不乏记载。《尚书·大禹谟》中有"劝之以《九歌》"的话。《山海经·大荒西经》有云:"开(启)上三嫔于天,得《九辩》与《九歌》以下。"《离骚》云:"启《九辩》与《九歌》兮,夏康娱以自纵。"又云:"奏《九歌》而舞《韶》兮,聊假日以媮乐。"可见《九歌》之名由来已久。这些典籍中提到的《九歌》与《楚辞》中的《九歌》不是一回事。

《楚辞》中的《九歌》是屈原根据楚国民间祭歌而创作的一组诗歌。王逸《楚辞章句》卷二云:

> 《九歌》者,屈原之所作也。昔楚南郢之邑,沅、湘之间,

---

[1] 林庚:《天问论笺》,人民文学出版社1983年版,第6页。

其俗信鬼而好祀，其祠，必作乐鼓舞，以乐诸神。屈原放逐，窜伏其域，怀忧苦毒，愁思怫郁。出见俗人祭祀之礼，歌舞之乐，其词鄙陋，因为作《九歌》之曲，上陈事神之敬，下以见己之冤结，托之以讽谏，故其文义不同，章句杂错，而广异义焉。

王逸认为，《九歌》是诗人屈原在民间祭歌基础上进行再创作而成的。但有的学者不同意王逸的见解，认为《九歌》是屈原为楚国宫廷祭祀而作。如孙作云认为："《九歌》是楚国国家祀典的乐章，与平民无关。"[1] 即认为《九歌》完全是屈原创作的诗歌，不是润饰民间祭歌而成。也有的学者认为《九歌》产生于汉初，并非屈原的作品，但证据尚嫌不足。

《九歌》中包括十一篇诗歌，可能是演唱时其乐曲和舞蹈与古代乐章《九歌》有关，因此也称《九歌》。"九"在古代典籍中表示多，并非确切的数量词。《九歌》中的十一篇诗歌篇名依次是：《东皇太一》《云中君》《湘君》《湘夫人》《大司命》《少司命》《东君》《河伯》《山鬼》《国殇》《礼魂》。

《东皇太一》是祭祀天上最尊贵的大神——太一神的。《汉书·郊祀志》说："天神贵者太一，太一佐曰五帝。古者天子以春秋祭太一东南郊。"这篇祭歌中没有涉及太一的形象，与其他祭神之歌不同。

《云中君》祭祀的是雷神，即丰隆。《水经注·河水》："丰隆，雷公也。"诗中有"与日月兮齐光""灵连蜷兮既留，烂昭昭兮未央""猋远举兮云中"，都是电闪雷鸣的形象。王逸说是祭云神，与

---

[1] 孙作云：《九歌非民歌说》。

诗的内容不符。

《湘君》《湘夫人》两篇祭祀的是湘水之神。湘君和湘夫人是一对配偶神，两诗描写了男神湘君和女神湘夫人的恋情及其恋爱受阻的情景。

《大司命》和《少司命》都是祭祀司命之神的。大司命为主宰人们寿命之神，而少司命是主宰人之子嗣及儿童寿夭的神，祭祀时以男巫扮大司命，以女巫扮少司命，边歌边舞以娱神。《少司命》中描写了一位身佩长剑、手抱幼童的美丽女神，形象楚楚动人。

《东君》是祭祀太阳神的。因太阳每日从东方升起，故称太阳神为东君。全篇从日出写到日落。场景壮观，令人神往。

《河伯》祭祀的是黄河之神。《抱朴子·释鬼》云："冯夷以八月上庚日渡河溺死，天帝署为河伯。"故黄河之神即指冯夷。诗中以男巫扮河伯，以女巫迎神。开始为女巫所唱，请河伯出来共同娱乐。自"乘白鼋兮逐文鱼"以下为男巫扮演的河伯所唱，是《九歌》中较短的诗。

《山鬼》为祭祀山神之歌。郭沫若《屈原赋今译》根据诗中"采三秀兮於山间"之句，认为"於山"即巫山。因此楚人所祭的山鬼就是巫山神女[1]。诗中以女巫扮山鬼，以男巫迎神。开头四句为男巫所唱，自"乘赤豹兮从文狸"以下六句为女巫所扮的山鬼所唱，"表独立兮山之上"以下六句仍为男巫所唱，最后十一句又为山鬼所唱。

《国殇》祭祀的是为国牺牲的将士。这篇诗生动地刻画出将士们勇武不屈、视死如归的英雄气概，可以说是楚国人民为勇士们所唱的一首悲壮的挽歌。全诗如下：

---

[1] 郭沫若：《屈原赋今译》，见《郭沫若全集·文学编》第5卷，第275页注[27]。

操吴戈兮被犀甲，车错毂兮短兵接。
旌蔽日兮敌若云，矢交坠兮士争先。
凌余阵兮躐余行，左骖殪兮右刃伤。
霾两轮兮絷四马，援玉枹兮击鸣鼓。
天时坠兮威灵怒，严杀尽兮弃原野。
出不入兮往不反，平原忽兮路超远。
带长剑兮挟秦弓，首身离兮心不惩。
诚既勇兮又以武，终刚强兮不可凌。
身既死兮神以灵，子魂魄兮为鬼雄。

有的学者认为《国殇》是祭祀战神的诗歌。理由是《九歌》中的其他各篇都是祭祀鬼神的，《国殇》也不应例外。楚国又是一个尚武的国家，在遍祭群神时，不应丢下战神不祭。从诗中具体描述和篇名看，这篇诗主要还是祭祀为国家英勇捐躯者的。祭祀这些勇士也是崇拜战神的一种表示。

最后的《礼魂》相当于祭祀诗歌的"乱辞"，只有五句，是祭祀完毕的送神之曲。

4.《九章》

朱熹说：

> 《九章》者，屈原之所作也。屈原既放，思君念国，随事感触，辄形于声。后人辑之，得其九章，合为一卷，非必出于一时之言也。[1]

---

[1] 朱熹：《楚辞集注》卷四，上海古籍出版社1979年版，第73页。

朱熹之说大体可信。由于是后人编辑，难免混入他人作品。《惜往日》《悲回风》两篇即不属屈原之作，前面已有分辨。陈子展先生曾研究过《九章》各篇的创作时代，认为《橘颂》最早，其次是《惜诵》《思美人》《抽思》，以上四篇作于怀王时期。《涉江》《哀郢》《怀沙》三篇作于顷襄王时，《怀沙》是屈原的绝命诗。[1]

《橘颂》是《九歌》中别具特色的一篇诗。这篇诗是屈原早年的作品，全篇共三十六句，其中有八句加后面的"兮"字每句五字，其余二十八句每句四字，全诗共一百五十二字，是标准的四言诗。全诗如下：

> 后皇嘉树，桔徕服兮。受命不迁，生南国兮。
> 深固难徙，更壹志兮。绿叶素荣，纷其可喜兮。
> 曾枝剡棘，圆果抟兮。青黄杂糅，文章烂兮。
> 精色内白，类任道兮。纷缊宜修，姱而不丑兮。
> 嗟尔幼志，有以异兮。独立不迁，岂不可喜兮？
> 深固难徙，廓其无求兮。苏世独立，横而不流兮。
> 闭心自慎，终不失过兮。秉德无私，参天地兮！
> 愿岁并谢，与长友兮。淑离不淫，梗其有理兮！
> 年岁虽少，可师长兮。行比伯夷，置以为像兮！

屈原一往情深地歌颂橘，赞美橘树和橘子的高贵品质，表明要以橘为榜样，以橘的种种高贵品德来激励自己。橘树"受命不迁"，"深固难徙"，比喻坚定的信念和矢志不渝的决心；"青黄杂糅，文

---

[1] 陈子展：《楚辞九章之全面观察及其篇义分析》，载《古典文学论丛》，上海人民出版社1980年版，第13页。

章烂兮，精色内白，类任道兮"，比喻橘子既有美丽的外表，又有良好的内心修养，足以担当重任；"嗟尔幼志，有以异兮"，比喻少年就有远大抱负，卓尔不群；"苏世独立，横而不流兮"，比喻理想的远大，不肯与邪恶势力同流合污；"秉德无私，参天地兮"，比喻人格的伟大，可以顶天立地。其实，橘的种种美德也正是屈原自身所追求的品德。"年岁虽小，可师长兮，行比伯夷，置以为像兮"。正表明作者为什么要作《橘颂》，为什么要对橘加以赞美。

《涉江》在《九章》中也是比较重要而且很有特色的诗篇。《九章》中的诗多数都用现实主义手法来描述作者在流放中的见闻、遭遇和感受。而《涉江》篇却颇富浪漫主义色彩：

> 余幼好此奇服兮，年既老而不衰。带长铗之陆离兮，冠切云之崔嵬，被明月兮佩宝璐。世溷浊而莫余知兮，吾方高驰而不顾。驾青虬兮骖白螭，吾与重华游兮瑶之圃。登昆仑兮食玉英，与天地兮比寿，与日月兮齐光。
>
> 哀南夷之莫吾知兮，旦余济乎江湘。乘鄂渚而反顾兮，欸秋冬之绪风。步余马兮山皋，邸余车兮方林。乘舲船余上沅兮，齐吴榜以击汰。船容与而不进兮，淹回水而凝滞。朝发枉陼兮，夕宿辰阳。苟余心之端直兮，虽僻远其何伤。
>
> 入溆浦余儃佪兮，迷不知吾所如。深林杳以冥冥兮，乃猿狖之所居；山峻高而蔽日兮，下幽晦以多雨。霰雪纷其无垠兮，云霏霏而承宇。哀吾生之无乐兮，幽独处乎山中。吾不能变心而从俗兮，固将愁苦而终穷。接舆髡首兮，桑扈臝行。忠不必用兮，贤不必以。伍子逢殃兮，比干菹醢。与前世而皆然兮，吾又何怨乎今之人！予将董道而不豫兮，固将重昏而终身。

乱曰：鸾鸟凤凰，日以远兮！燕雀乌鹊，巢堂坛兮。露申辛夷，死林薄兮！腥臊并御，芳不得薄兮。阴阳易位，时不当兮。怀信侘傺，忽乎吾将行兮！

这篇诗的第一段以奇服、长剑、危冠、宝璐等独特的服饰比喻自己的特立独行，以驾龙车、游瑶圃、登昆仑、食玉英等瑰丽的想象表明自己高洁的志向。他在现实生活中不被世俗所容，可是他的品德和才能却可以与天地比寿，与日月争光。这种浪漫主义笔法一开始就把读者引入奇特的境界。在第二段里，作者又从幻想的浪漫境界回到现实社会，叙述他的流放生活，记录他漂泊的踪迹。第三段写流亡的遭遇和沿途的景色。因水路曲折回转，诗人迷失方向，时值秋冬之际，林深杳冥，山高蔽日，雨雪交加，诗人在山中独处徘徊，内心悲愤而忧伤。但诗人想到古往今来，那么多仁人志士都遭受打击迫害，甚至死于非命，因而自己有这样的遭遇也就不足为奇了。最后在"乱辞"中，诗人指出朝廷昏暗，奸佞当道，忠良之士遭到排挤，诗人只能在这流亡的路上继续前行。

《哀郢》记述顷襄王二十一年（前278年）楚国郢都被秦将白起攻陷，顷襄王带领群臣百姓东迁于陈的悲惨情景。当时诗人已在江南过了九年流浪生活，他得知这一消息后，大为震惊，想象了楚国君臣百姓背井离乡时恋恋不舍、时时回头张望故都的凄凉景象。诗人想到国都沦陷，楚国人民遭受苦难，自己再也无法回到故乡，他悲痛已极，不久就投江自尽了。

### （三）宋玉及其作品

宋玉是屈原之后最有影响的楚辞作家。宋玉的作品是战国时期楚辞的晚霞，同时也开汉赋之先河。

《史记·屈原贾生列传》说:"屈原既死之后,楚有宋玉、唐勒、景差之徒,皆好辞而以赋见称。然皆祖屈原之从容辞令,终莫敢直谏。"这是有关宋玉生平的最早记载。习凿齿《襄阳耆旧记》云:"宋玉者,楚之鄢人也,故宜城有宋玉冢。始事屈原,原既放逐,求事楚友景差。景差惧其胜己,言之于王,王以为小臣。"所记宋玉事迹较《史记》略详[1]。关于宋玉的作品,《汉书·艺文志》诗赋略著录:"宋玉赋十六篇"。姚明煇《汉志注解》云:"今考《楚辞》载《九辩》九篇,《招魂》一篇;《文选》载《风赋》《高唐赋》《神女赋》《登徒子好色赋》四篇;《古文苑》载《笛赋》《大言赋》《小言赋》《讽赋》《钓赋》五篇,凡十九篇。"一些学者对上述这些作品是否为宋玉作品曾提出疑问。二十世纪二三十年代疑古之风盛行时,上述这些作品大都被认为是伪作,这种观点至今仍有很大影响。近年来随着楚辞学研究的深入和考古资料的新发现,这种普遍怀疑宋玉作品的倾向已逐步扭转。上述作品除《招魂》《笛赋》等少数几篇尚待进一步考证外,其余各篇基本上都应肯定为宋玉的作品。

《九辩》是宋玉的代表作之一。《九辩》和《九歌》一样,原本为上古乐章之名,宋玉借以为诗篇之名。很可能这篇诗曾配以上古乐章演唱。王夫之《楚辞通释》云:"辩,犹遍也,一阕谓之一遍。"这篇长诗共二百五十五句,抒发了作者悲愤不平之气,在一定程度上揭露了当时社会的黑暗,表达了作者"处穷而守高"的

---

[1] 彭德著有《宋玉考》一文,发表于1992年湖北襄阳举办的首届宋玉学术研讨会。该文认为宋玉即宋元王,原为宋王偃之太子。宋王偃"禅让",立太子为宋元王。后其父党羽迫太子出走,太子逃至楚国,即是宋玉,可备一说。

志向。作者很善于通过自然景物的描写来抒发情感。如《九辩》中的第一章：

> 悲哉秋之为气也！萧瑟兮草木摇落而变衰。憭慄兮若在远行；登山临水兮送将归。泬寥兮天高而气清；寂寥兮收潦而水清。憯凄增欷兮薄寒之中人；怆怳懭悢兮去故而就新；坎廪兮贫士失职而志不平；廓落兮羁旅而无友生；惆怅兮而私自怜。燕翩翩其辞归兮，蝉寂漠而无声；雁廱廱而南游兮，鹍鸡啁哳而悲鸣。独申旦而不寐兮，哀蟋蟀之宵征。时亹亹而过中兮，蹇淹留而无成！

作者描绘了一幅凄凉壮观的悲秋图。秋风萧瑟，草木摇落，天高水清，一片肃杀之气。一介落魄贫士登高远眺，不禁惆怅而自怜。自然界的昆虫与飞鸟也都参与了悲秋大合唱，更增添了萧瑟肃杀之气。

《九辩》可以明显看出受到屈原作品的影响。诗中的许多语句套用或模仿屈原的诗赋，甚至在诗的结构上也有借鉴屈原作品痕迹。但《九辩》是有独创性的。特别是以自然景物衬托情感，创造出情景交融的境界，大大地提高了诗的感染力，标志着中国诗歌艺术发展到了新的阶段。

宋玉不仅在楚辞创作上达到了很高水平，他也是擅长作赋的文学家。后世的很多学者把屈原的作品都称作赋，或把楚辞都称作赋，其实楚辞与赋是有很大区别的。楚辞是有楚国地方特色的诗歌，而赋是诗化的散文。屈原创作了大量的楚辞作品，或称骚体诗，但他没有写过严格意义上的赋。而宋玉的作品中既有楚辞，又有严格

意义上的赋。宋玉是中国最早的赋人之一,他的赋作标志着先秦时代赋的最高水平。可以宋玉的《风赋》为例。这篇赋的全文如下:

楚襄王游于兰台之宫,宋玉、景差侍。

有风飒然而至,王乃披襟而当之,曰:"快哉此风!寡人所与庶人共者邪?"

宋玉对曰:"此独大王之风耳,庶人安得而共之!"

王曰:"夫风者,天地之气,溥畅而至,不择贵贱高下而加焉,今子独以为寡人之风,岂有说乎?"

宋玉对曰:"臣闻于师,枳句来巢,空穴来风。其所托者然,则风气殊焉。"

王曰:"夫风,始安生哉?"

宋玉对曰:"夫风生于地,起于青𬞟之末,侵淫溪谷,盛怒于土囊之口,缘太山之阿,舞于松柏之下,飘忽淜滂,激飏熛怒。耾耾雷声,回穴错迕,蹶石伐木,梢杀林莽。至其将衰也:被丽披离,冲孔动楗,眴焕灿烂,离散转移。

"故其清凉雄风,则飘举升降,乘凌高城,入于深宫。抵花叶而振气,徘徊于桂椒之间,翱翔于激水之上,将击芙蓉之精,猎蕙草、离秦蘅、概新夷、被荑杨,回穴冲陵,萧条众芳。然后徜徉中庭,北上玉堂,跻于罗帷,经于洞房,乃得为大王之风也。故其风中人,状直憯凄惏慄,清凉增欷,清清泠泠,愈病析酲,发明耳目,宁体便人。此所谓大王之雄风也。"

王曰:"善哉论事!夫庶人之风,岂可闻乎?"

宋玉对曰:"夫庶人之风,塕然起于穷巷之间,堀堁扬尘,勃郁烦冤,冲孔袭门,动沙堁、吹死灰、骇溷浊、扬腐余,邪薄入瓮牖，至于室庐。故其风中人，状直憞溷郁邑，驱温致湿，中心惨怛，生病造热，中唇为胗，得目为蔑，啗齰嗽获，死生不卒。此所谓庶人之雌风也。"

这篇赋旨在讽谏楚襄王。楚襄王骄奢淫逸，不知体恤百姓的疾苦。宋玉就以这篇赋来讽谏襄王。风是一种自然现象，是由空气的流动而引起的，当然不会因为人的身份不同而改变其性质和特点。可是宋玉却把风分为雄风和雌风，并说雄风只有尊贵的王公大人才能享受，而雌风则是庶人之风。宋玉详细地描绘风是怎样"起于青蘋之末"，又怎样出于山口，沿着山坳逐渐加强，形成"蹶石伐木，梢杀林莽"的威力，最后又怎样"冲孔动楗""离散转移"，逐渐减弱。然后描写"清凉雄风"怎样凌高城、入深宫，吸收各种香草鲜花芬芳之气，再进入大王之宫寝，形成"愈病析酲，发明耳目"的大王之雄风。而庶人之风"塕然起于穷巷之间"，"吹死灰、骇混浊、扬腐余，邪薄入瓮牖"，这种风"驱温致湿"，"生病造热"，"中唇为胗，得目为蔑"。庶人整天要跟这种风打交道，可见他们是何等悲惨！宋玉的本意，是要楚襄王知道他自己是如何养尊处优的，同时也要了解平民百姓的环境如何污秽，生活如何困苦，命运如何悲惨，以便楚襄王对自己的荒淫奢侈能有所收敛。宋玉的用意是很隐晦的，襄王能否理解不得而知。但从这篇赋中可以发现宋玉对现实生活的观察很细致，对风的产生、发展、运行的途径和过程描写得生动入微，使这篇赋能有很强的艺术感染力。

# 附录

## 近半个世纪出土文献与先秦诸子研究的重大突破

| 吕文郁 |

20世纪70年代初至今,是中国地下出土文献大丰收的时期,著名历史学家、文献学家、考古学家李学勤先生把这一时期称为"大发现的时代"。[1]这个"大发现的时代"也是中国古代史、思想史、学术史和历史文献学研究取得重大发展的关键时期。其间的地下出土文献对于先秦诸子研究尤为重要,致使这一领域的研究取得了一系列重大突破。

---

[1] 李学勤:《出土文献与中国文明的早期发展》,原载2010年8月4日《光明日报》。

# 一、近半个世纪与先秦诸子相关的地下出土文献

## (一) 银雀山汉墓竹简

1972年4月中旬,在山东省临沂县(1994年改为临沂市)银雀山卫生部门基建工地上偶然发现了一处古墓葬。从发掘的两座汉墓中共出土简牍4942枚,还有3000多片简牍碎片。此外还出土了大量的陶器、漆器、木器和铜镜、铜釜、钱币等器物。经整理、考释,出土的简牍内容包括《孙子兵法》、《孙膑兵法》、《六韬》、《尉缭子》、《墨子》书中的《守法守令十三篇》、《晏子春秋》,都属于先秦诸子之书。此外还有《元光元年历谱》等先秦古籍及古佚书。这些古籍均为西汉早期(文景时期)手书,是较早的写本,其出土在当时不仅震惊了中国学术界,也在全世界引起了极大的轰动。

## (二) 马王堆汉墓帛书

马王堆汉墓位于湖南省长沙市区东郊浏阳河旁的马王堆乡。考古工作者从1972年至1974年先后在这里挖掘出土三座汉墓。其中二号墓的墓主是汉初长沙丞相轪侯利苍,一号墓的墓主是利苍之妻辛追,三号墓的墓主是利苍之子。马王堆三座汉墓下葬的年代都在西汉初年的吕后和文帝时期。在马王堆汉墓三号墓中出土了大批帛书,共十二万多字,整理出的有古籍二十八种,包括《周易》,《老子》甲种本和乙种本,《黄帝四经》,《刑德》甲、乙、丙三种,《战国纵横家书》,《养生方》,涉及占卜、星相、医术、房中术等内容,另外还有几种图籍。这些出土文献除《周易》与《老子》有传世本外,其余绝大部分都是古佚书。但《周易》和《老子》都与传世本有较大的区别,被认为是这些书正式定本之前流行的传抄本。这是

中国考古学上古代典籍资料的一次重大发现。其中《老子》甲种本和乙种本、《黄帝四经》、《战国纵横家书》是最有价值的先秦诸子之书。

### （三）定州八角廊汉墓竹简

1973年在河北定州八角廊村发现一座古墓，发掘时定名为四十号汉墓。经考证，为西汉中山怀王刘脩之墓。下葬的时间在汉武帝时期。从墓中发掘出土了大批竹简和木牍，数量多达2500余枚。此墓曾经被盗掘，由于盗掘者在墓中玩火，这些简牍因炭化而避免了朽烂，但断折、残碎较严重。经专家们研究、考释，从中整理出8种古籍，包括《论语》、《儒家者言》、《哀公问五义》、《保傅传》、《文子》、《太公》（即《六韬》）、《六安王朝五凤二年正月起居记》、《日书》[1]等。其中《论语》《文子》《六韬》《儒家者言》等都是先秦诸子之书，西汉早期的古本《论语》是当今发现的最早的《论语》写本，有重要的文献学价值，《哀公问五义》见于《荀子》和《孔子家语》等书，《保傅传》见于贾谊的《新书》，这两种著作也与先秦诸子相关。其中文献价值最高的是《儒家者言》，这部书是早已失传的古佚书，对于判断《孔子家语》一书的真伪及成书年代有极其重要的文献学价值。简本《文子》和《六韬》的发现则以确凿的证据证明了这两部先秦子书不是伪书。

### （四）阜阳双古堆汉墓竹简

1977年，安徽阜阳双古堆一号汉墓出土了大批汉代竹简。据考证，墓主人是西汉早期的汝阴侯。[2] 双古堆一号汉墓早年曾遭盗掘，

---

[1] 《日书》是古代日者选择时日，占断吉凶的实用手册，类似现今仍在港台地区民间流行的通书或黄历。是古代数本家之书。

[2] 有的学者根据随葬器物推断，该墓的主人可能是第二代汝阴侯夏侯灶。

墓椁坍塌，墓中的竹简因遭受挤压而黏结在一起，难于剥离，竹简的次序也难以复原。墓中出土的竹简经十多年的剥离、缀合、整理，才得以公布。双古堆一号汉墓出土的典籍有《诗经》《周易》《仓颉篇》《年表》《大事记》《万物》《作务员程》《算经》《行气》《相狗经》《刑德》《日书》《楚辞》《春秋事语》《儒家者言》《庄子》《吕氏春秋》《管子》《荀子》《国语》《汉初闰朔表》等二十余种。其中属于先秦诸子的有《儒家者言》《庄子》《吕氏春秋》《管子》和《荀子》五种，不过《庄子》和《吕氏春秋》两种总共只整理出残简六十余片，文献价值不高，而《管子》和《荀子》在简中只余片言只语。唯有《儒家者言》篇幅最长，文献价值最高，可与河北定州八角廊汉墓出土的《儒家者言》相互参照。

**（五）湖北荆门郭店楚墓竹简**

1993年10月，在湖北省荆门市郭店村1号楚墓的发掘中，共出土有字的楚简726枚，字数共计13000余个，楚简的内容全部为先秦时期的儒家和道家典籍，共18篇。儒家简有14篇，即《缁衣》《鲁穆公问子思》《穷达以时》《五行》《唐虞之道》《忠信之道》《成之闻之》《尊德义》《性自命出》《六德》和《语丛》四篇；道家简有《老子》（甲、乙、丙）三种和《太一生水》。这批竹简的抄写年代经专家鉴定多为战国中期偏晚。德国汉学家瓦格纳教授评价说："世界上只有1947年埃及出土的大批基督教的佚书可与郭店楚简的出土相提并论。"美国哈佛大学华裔学者杜维明教授说，郭店楚简出土以后整个中国哲学史、中国学术史都需要重写。可见郭店楚简文献价值和学术价值之高。

**（六）上海博物馆战国楚竹书**

1994年5月，上海博物馆在香港文物市场购回竹简共1200余枚。

这批竹简是盗墓者从战国楚墓中盗掘后流落于香港文物市场的，竹简的年代与郭店楚简的年代基本相同，属于战国中期偏晚，但出土的具体地点无从考证。1994年秋冬之际，又一批相关竹简在香港出现，竹简的内容与上海博物馆第一次购买的竹简有关联，香港的上博之友朱昌言、董慕节等多位香港人士共同出资收购，捐赠给上海博物馆。此为第二批竹简。这一批竹简的特征和第一批竹简相同，并可相互缀合，共计497枚。之后又有香港商人主动找上博送货上门，这批竹简的内容是战国楚文字字书，是为上博收藏的第三批竹简。这三批战国楚简的内容涉及历史、哲学、宗教、文学、音乐、文字、军事等多方面内容，包涵80多种战国时代的古籍。有少数典籍见于传世文献，如《缁衣》《易经》《孔子闲居》等，但文字与传世本有较大差别。其余如《孔子诗论》《容成氏》《性情论》《性自命出》《民之父母》《中弓》《子羔》《彭祖》《曾子》《乐礼》《武王践阼》《子路》《恒先》《曹沫之陈》《夫子答史留问》《四帝二王》《曾子立孝》《颜渊》《鲁邦大旱》《乐书》等多为久已失传的古佚书。这些内容有的至今尚未发表，有的虽已发表，但相关的研究成果并未问世。

## 二、填补了学先秦学术史的严重断层

众所周知，中国先秦史研究中有一段史料严重匮乏的历史时期，即从《左传》一书终结的周贞定王元年（鲁哀公二十七年，公元前468年）至六国依次称王的周显王三十五年（公元前334），这一段也就是中国历史上的战国前期。清人顾炎武在《日知录》中有这样一段著名的论述：

> 《春秋》终于敬王三十九年庚申之岁，西狩获麟。又十四年，为贞定王元年癸酉之岁，鲁哀公出奔；二年，卒于有山氏。《左传》以是终焉。又六十五年，威烈王二十三年戊寅之岁，初命晋大夫魏斯、赵籍、韩虔为诸侯。又一十七年，安王十六年乙未之岁，初命齐大夫田和为诸侯。又五十二年，显王三十五年丁亥之岁，六国以次称王，苏秦为从长，自此之后，事乃可得而纪。自《左传》之终以至此，凡一百三十三年，史文阙轶，考古者为之茫昧。如春秋时犹尊礼重信，而七国则绝不言礼与信矣。春秋时犹宗周王，而七国则绝不言王矣。春秋时犹严祭祀、重聘享，而七国则无其事矣。春秋时犹论宗姓氏族，而七国则无一言及之矣。春秋时犹宴会赋诗，而七国则不闻矣。春秋时犹有赴告策书，而七国则无有矣。邦无定交，士无定主，此皆变于一百三十三年之间，史之阙文，而后人可以意推者也。不待始皇之并天下，而文武之道尽矣！[1]

顾炎武认为自《左传》终结至六国相继称王是先秦历史的一大断层，而这一阶段又恰好是周末社会制度和风俗礼仪发生剧变的重要时期，也是中国文化史上诸子蜂起，百家争鸣的关键时期。春秋时代因为有《左传》这样系统、详尽的编年史书，加之有《国语》、《尚书》等重要典籍为依据，编纂春秋时代的历史并不困难。而战国前期由于"史文阙轶"，就连司马迁那样的良史之才也常常"为

---

[1] 顾炎武：《日知录》卷十三：《周末风俗》，见《日知录集释》（外七种）上，上海古籍出版社，2006版，第1005—1006页。

之茫昧"。《史记》一书有关这一阶段的史事记述，往往事件前后颠倒，人物张冠李戴，一些重大史实常常语焉而不详。后世一些史学家常常指摘《史记》的错误，其中许多是因战国前期文献不足征所致。其实人们大可不必苛责于太史公，巧妇难为无米之炊啊！战国前期的史料匮乏不仅仅是因为缺少像《左传》那样的编年史书，这一时代的许多诸子之书也因战乱和社会动荡多数亡佚，因而在先秦诸子和中国思想史、学术史的研究中常会出现严重的缺环或断层。其中最重要的缺环或断层就存在于道家的老庄之间和儒家的孔孟之间。

老子和孔子都是春秋末期人，老子约比孔子年长三十岁。老子是道家学派的鼻祖，而孔子是儒家学派的创始人。庄子和孟子都是战国中期最著名的诸子人物，分别作为道家和儒家的代表活跃于"百家争鸣"的历史舞台。老庄之间和孔孟之间大约相距一个半世纪。这一个半世纪恰好是道家学派和儒家学派发展演变的关键时期。可是由于"史文阙轶"，后世对春秋战国时代诸子百家中这两个最重要的学派发展演变的情况知之甚少，这同样使后世的许多研究者"为之茫昧"。所幸的是，近四十多年来地下出土了许多早已亡佚的诸子学文献，为我们衔接缺环和填补断层提供了确凿可信的第一手资料。

**（一）道家学派老庄之间的断层**

道家学派的始祖老子是周王朝的柱下史，他有官职在身，不像以兴办私人教育而著称的孔子那样有众多的学生。据传为老子学生者只有环渊、文子和关尹等少数几人，[1] 但由于老子的思想对当时和后世影响极为深远，信奉老子学说者大有人在。老子过世后他所创

---

[1] 郭沫若先生在《稷下黄老学派的批判》一文中认为"环渊音变而为关尹"，关尹即环渊，而冯友兰、张岱年等学者不赞同郭沫若的意见。

立的道家学派发生了大分化。后来从这一学派内部先后分化出杨朱学派，宋钘、尹文学派，彭蒙、慎到、田骈学派，列子学派等。除了上述所提各派以外，还有庚桑楚、接子、子华子、它嚣、魏牟等人，也都是比较活跃的道家人物。这些道家学派人物的思想和主张各有不同，但都与老子的思想有千丝万缕的联系，同时也吸收了其他学派的思想营养。诚如司马谈所说：他们"因阴阳之大顺，采儒、墨之善，撮名、法之要，与时迁移，应物变化，立俗施事，无所不宜。"[1]他们之中的多数人在思想和学术渊源上都是"本于黄老而主刑名"[2]的，由于这一学派标举黄帝和老子的旗号，故称他们为黄老学派，成为战国时期道家学派的一个重要分支。对于黄老学派的崛起，以及黄老学派为什么要揭橥黄帝的旗号，首都师范大学的白奚教授对这一问题做出如下的分析和概述：

第一，是出于道家学派同其他学派争鸣的需要。战国中期，百家争鸣进入高潮，各学派为了在论战中处于有利地位，纷纷打出了远古帝王的招牌，以示源远流长并试图以此声势压倒其他学派。儒家"祖述尧舜"，墨家也声称自己的学说是"禹之道"，农家也自称是"神农之言"，道家仅以创始人老子的声望显然不足以同其他学派抗衡，处于明显的劣势。于是，一部分道家学者受当时流行的黄帝之言的启发，打起了人文之祖黄帝的大旗，声称自己的学派直接继承了黄帝的统绪，不仅比儒墨等学派渊源更久远，道术也更高明。这样一来，道家便一举在竞争中取得了明显的优势，应该承认，这实在是一种高明的策略。

第二，是道家学派自身理论发展的需要。老子开创的道家从一

---

[1]　《史记·太史公自序》。
[2]　《史记·老子韩非列传》。

开始就具有一种对政治权力保持距离并持批判态度的性格或倾向，在变法图强、富国强兵成为最迫切需要的战国时代，其清静无为、柔退不争的价值取向，小国寡民的疏离心态，对财富和智能的轻漠，对武力、政治权威和法令的排斥态度，都很难适应时君世主的现实需要。于是，一部分热衷于为政之道的道家学者把原始道家改造为积极探讨富国强兵之道和治国方略的黄老之学。不难看出，正是黄老之学的出现使得道家学说在现实政治生活中实现了由边缘化向中心的转移。[1]

至于战国时期黄老之学为什么会在齐国的稷下特别兴盛，白奚和其他一些学者都认为这与田氏齐国的政治需要有关。公元前386年，田和始列为诸侯，正式取代了姜齐政权。此时的田齐政权，最迫切的任务就是为自己正名，证明自己取代姜齐的合理性，以取得列国诸侯的认可。田氏原为陈国公族，乃姬姓的黄帝之后，而姜齐则是炎帝之后，于是田氏大打黄帝牌，附会和利用了黄帝战胜炎帝而有天下的历史传说，大张旗鼓地宣称自己是黄帝之后，来为田氏代齐的合理性造舆论。在这一政治需要的推动下，齐国上下掀起了尊黄帝的热潮，大大促进了社会上黄帝之言的传播和流行。正是由于这一原因，齐国尊崇黄帝的文化氛围最为浓厚，黄老之学便首先在齐国出现并发展起来。[2]

复旦大学李定生教授认为老子的学生文子应是黄老之学的创始人。他在《文子校释》一书中考证：文子是老子晚年的学生，比孔子年少，大约与孔子的学生子夏年龄相仿。据《史记·仲尼弟子

---

[1] 参见白奚：《先秦黄老之学源流述要》，《中州学刊》2003年第1期，总第133期。
[2] 同上。

列传》记载，子夏"少孔子四十四岁"，[1]由此看来，黄老之学创立于春秋战国之交是完全可能的。陈鼓应先生认为黄老之学的重要著作《黄帝四经》"成书可能早于《孟》、《庄》，当在战国中期之初或战国初期之晚"。[2]须知《黄帝四经》并非黄老学派最早的著作。到战国中期，以庄周为代表的老庄学派在道家学派内部崛起，黄老学派遂与老庄学派成为道家学派的两翼，标志着道家学派发展的新高峰。江林昌先生指出：

> 道家学派在《老子》一书的基础上，又发展成两个支派。一是"老庄学派"，偏重于从哲学层面阐述《老子》"道"之精神；另一个是"黄老学派"，偏重于从政治层面发挥《老子》"君人南面之术"。而他们的起源都与巫史传统有关。《汉书·艺文志》说："道家者流，盖出于史官。"道家人物之所以独盛于楚国，道家学派起源及其发展也之所以在楚国，原因即在于楚国浓厚的史官学术环境。"[3]

由于黄老学派的主要代表人物当时多聚集于齐国的稷下学宫，因而被后世一些学者称为"稷下黄老学派"。又由于齐国的稷下学宫是各国公认的当时最具影响力的学术和思想文化中心，因而稷下黄老之学对当时的儒、墨、阴阳、名、兵、法等各家学派都产生了

---

[1] 据日本泷川资言《史记会注考证》，枫本、三本"四十四"作"三十四"。
[2] 陈鼓应：《先秦道家研究的新方向——从马王堆汉墓帛书〈黄帝四经〉说起》，见《黄帝四经今注今译》，商务印书馆，2007年版，第4页。
[3] 江林昌：《出土文献所见楚国的史官学术与"老庄学派""黄老学派"》，原载《江汉论坛》2006年第9期。

深远影响。黄老之学的影响在战国中后期甚至超过老庄学派。陈鼓应先生认为:"战国百家争鸣,黄老独盛;黄老学说,可说是显学中的显学。"[1] 西汉初年,社会动荡不安,社会经济凋敝,民不聊生。《汉书·食货志》记载:

> 汉兴,接秦之弊,诸侯并起,民失作业,而大饥馑。凡米石五千,人相食,死者过半……自天子不能具醇驷,而将相或乘牛车。

西汉统治者总结了秦王朝二世而亡的历史教训,把黄老之学尊为治国理政之的法宝,称之为"君人南面之术",因而黄老之学在在西汉初期的七十年间成为独一无二的"显学",对稳定政治局势、恢复社会经济发挥了重要作用,出现了"文景之治"的繁荣局面。

由于马王堆三号汉墓出土了《黄帝四经》这部黄老之学的重要经典,我们有幸能够在两千多年之后对黄老学派真实面目和黄老之学的思想体系有了较为清晰的认识,并使百家争鸣时代道家学派老庄之间的重大缺环得以修复,这对思想史、学术史的重大意义无论怎样评价都不为过分。

**(二)儒家学派孔孟之间的断层**

孔、孟虽然都是儒家代表人物,但他们的思想和学说却有着明显的时代差异。孟子的心性论、仁义论、道统论、性善论、君臣关系论等都与孔子的思想学说存在重要而又明显的差别。我们以往对于孔子到孟子之间这种思想学说的传承和发展变化的轨迹所知甚

---

[1] 陈鼓应:《〈黄帝四经今注今译〉商务印书馆重排版序》。

少，仅仅知道子思是孔子之孙，又是孔子的学生曾参的弟子，也即孔子的再传弟子，还是孔子之后儒家八派之一的子思学派的代表人物。而孟子是子思的再传弟子，或云是子思之子子上的弟子。由此可知，子思及其学派是孔孟之间学术传承最重要的一环。而子思及其学派恰好活跃于战国前期，即顾炎武所说的"史文阙轶"的"一百三十三年"之内。由于子思及其学派的著作久已散佚，后世对这个学派的主要人物、代表著作以及他们的思想学说等所知甚少，因此子思学派就成为先秦思想史、学术史和儒学发展史研究中最重要的缺环之一。

1993年在湖北省荆门郭店一号战国楚墓中出土的一批竹简被称为《郭店楚简》。1998年5月，由荆门市博物馆编写的《郭店楚墓竹简》由文物出版社出版。这部书的问世在国内外学术界引起极大反响，并掀起了一场经久不衰的研究郭店楚简的热潮。在中国境内曾多次举办有关郭店楚简的学术研讨会，在美国、加拿大、日本等国也都先后召开过同样内容的学术会议，相关的学术成果层出不穷。李学勤先生指出：

> 郭店简的内容，主要为儒道两家的典籍，而以儒书居多数……就儒家著作而言，应该都是孟子（公元前390—前305）有可能读到的，撰作时间无疑早于孟子晚年写成的《孟子》七篇，是孔门七十子或七十子弟子的作品。这便给了我们空前的机遇，来考察"孔孟之间"早期儒家的思想发展。[1]

---

[1] 李学勤：《〈郭店竹简与思孟学派〉序》，见梁涛：《郭店竹简与思孟学派》，中国人民大学出版社，2008年版。

庞朴先生对《郭店楚墓竹简》的学术价值给予很高的评价,他说:

> 这次郭店的楚简,虽说数量最少,若从学术史的角度来看,也许价值最高。因为它填补了儒家学说史上一段重大空白,还透露了一些儒道两家在早期和平共处的信息。这些都是我们闻所未闻的。[1]

经学者们考释、研究,《郭店楚墓竹简》中被认为属于儒家简的有以下各篇:《性自命出》、《鲁穆公》、《穷达以时》、《缁衣》、《五行》、《六德》、《尊德义》、《成之闻之》、《忠信之道》、《唐虞之道》、《语丛》〔(一)、(二)、(三)、(四)〕等共十四篇。李学勤先生认为:

> 儒家著作可以分为两组,第一组有《缁衣》《五行》《成之闻之》《尊德义》《性自命出》和《六德》六篇。第二组有《鲁穆公问子思》《穷达以时》两篇。此外还有《唐虞之道》《忠信之道》两篇,虽有近于儒学的语句,但过分强调禅让,疑与苏代、厝毛寿之流游说燕王哙禅位其相子之一事有关。[2]

李先生在他的另一篇文章中则进一步指出:

> 我认为,简中的一部分是《子思子》,即孔子之孙孔伋一系

---

[1] 庞朴:《古墓新知——漫读郭店楚简》,见《郭店楚简研究》,《中国哲学》第二十辑,辽宁教育出版社,1999年版,第8页。
[2] 李学勤:《先秦儒家著作的重大发现》,《中国哲学》第二十辑,辽宁教育出版社,1999年版,第14页。

的作品。这些简的发现对于学术史的研究有非常重要的意义。[1]

姜广辉先生对郭店楚简中儒家简的研究也倾注了很高的热情。他最先提出了考察郭店楚简儒家简是否《子思子》应遵循的四条标准，即：第一，以《荀子·非十二子》为标准；第二，以子思的代表作《中庸》为标准；第三，以子思"求己"的学术主旨为标准；第四，以子思刚风傲骨的思想性格为标准。姜广辉先生依据他提出的这四条标准，考察了《郭店楚墓竹简》中的儒家简，作出了自己的判断。他说：

> 综上所论，《郭店楚墓竹简》中《唐虞之道》、《缁衣》、《五行》、《性自命出》、《穷达以时》、《求己》（原题《成之闻之》前半部）、《鲁穆公问子思》、《六德》诸篇为子思所作。[2]

詹群慧先生完全赞同李学勤和姜广辉先生的意见，并作了进一步的发挥，他说：

> 《鲁穆公问子思》是子思一派的著述，这在学界多被承认，《穷达以时》也很有可能是子思一派的著述，与《穷达以时》《鲁穆公问子思》简形一制，但更长的儒简《缁衣》《五行》《性自命出》《尊德义》《成之闻之》《六德》六篇应该更为重要，它们是子思著述，其中《缁衣》是子思以辑录传注孔子言

---

[1] 李学勤：《荆门郭店楚简中的〈子思子〉》，《中国哲学》第二十辑，辽宁教育出版社，1999年版，第75页。
[2] 姜广辉：《郭店楚简与〈子思子〉》，《中国哲学》第二十辑，第88页。

论为主的格言体文章,而《五行》《性自命出》《尊德义》《成之闻之》《六德》五篇则是子思阐发和总结自己思想理念的论述性文章。[1]

王葆玹先生大体上赞同上述各位的意见,但他对这些儒家简各篇的作者及撰写时间做了具体的分析,对于这些儒家简与《子思子》的关系的看法也与其他各家有所不同。王葆玹先生说:

《缁衣》是子思本人所作,《鲁穆公》《五行》《性自命出》《尊德义》《成之闻之》五篇是子思弟子的手笔。《唐虞之道》和《六德》是子思学派的极富代表性的作品,前者约撰于孟荀之间,后者则撰于公元前278年白起拔郢之后。[2]

王葆玹认为,南朝沈约关于《子思子》的说法可能是推测,并认为除了《鲁穆公问子思》出于《子思子》之外,其余各篇不出于《子思子》,有的甚至晚于《孟子》一书。[3] 陈来先生不赞同把《郭店楚墓竹简》中的儒家简全部归结为《子思子》一书。他说:

这十四篇在形式上似可归为孔门的记说,在内容上为孔门

---

[1] 詹群慧《郭店楚简中子思著述考(上)》,简帛研究网,http://www.jianbo.org/Wssf/2003/zhanqunhui02-1.htm。
[2] 王葆玹:《郭店楚简的时代及其与子思学派的关系》,武汉大学中国文化研究院编《郭店楚简国际学术研讨会论文集》,第644页。
[3] 无名氏:《〈郭店楚墓竹简〉学术研讨会述要》,《中国哲学》第二十辑,辽宁教育出版社,1999年版,第409页。

七十子及其后学的讨论……李学勤先生提出其中有几篇应属《子思子》，所言有理，所持有故。更有学者提出这些竹简可能都在《子思子》二十三篇之内，但这种可能不大……设想十四篇是同一部子书，似不合情理。如《语丛》部分，显然并不是子书中的篇章。[1]

对于一些具体问题的讨论学者们有不同的见解，但绝大多数学者都认为《郭店楚墓竹简》中的儒家简多数都与子思学派相关，有的是子思本人的作品，有的是子思学派的作品，其中有些作品就是已经失传千载有余的《子思子》一书的遗篇。通过对《郭店楚墓竹简》儒家简的研究，学界对子思学派、子思的著作、子思的思想学说的认识有了长足的进展，其具体标志就是一大批研究子思、子思学派、思孟学派、子思的思想学说的重要学术成果陆续问世。如东京大学郭店楚简研究会编的《郭店楚简思想史的研究》第一卷，1999年11月版；丁四新的《郭店楚墓竹简思想研究》，东方出版社2000年版；郭沂的《郭店竹简与先秦学术思想》，上海教育出版社2001年版；孔德立的《子思与思孟学派》，山东文艺出版社2004年版；梁涛的《郭店简与思孟学派》，中国人民大学出版社2008年版；李健胜的《子思研究》，陕西师范大学出版社2009年版；孙德华的《子思学派考论》，吉林大学出版社2013年版，等等。

---

[1] 陈来：《荆门竹简之〈性自命出〉篇初探》，《中国哲学》第二十辑，辽宁教育出版社，1999年版，第294—295页。

## 三、一些诸子之书的作者和成书年代问题日渐明朗

某些诸子之书的作者和成书年代是先秦诸子研究中长期未能解决的老大难问题。其中《老子》一书的作者和成书年代在先秦诸子研究中分歧最大、争议最多。

1919年，胡适的《中国哲学史大纲》问世。1922年11月，梁启超的《评胡适之〈中国哲学史大纲〉》一文在《晨报》副刊连载。梁启超在文中列举六条证据，批评胡适在该书中关于《老子》是春秋末年老聃所作的观点，认为《老子》应成书于战国末年。由于胡适和梁启超都是名家，胡适的《中国哲学史大纲》又是当时颇具影响的学术名著，因而梁启超的文章在当时的学界引起巨大震动，很多名家撰文参与讨论，中国学界很快掀起了一阵讨论《老子》的热潮。当时疑古派的主将顾颉刚先生正在编辑《古史辩》，他请北京大学的罗根泽教授负责编辑有关诸子学方面的讨论成果，罗根泽先生就把相关资料编辑成《古史辩》第四册和《古史辩》第六册。《古史辩》第四册的下编另署《诸子丛考》，其中有关《老子》其人其书的考证文字，约占下编的百分之六十，《古史辩》第六册的下编全部都是讨论和研究《老子》其人其书的文字，这两册《古史辩》中有关《老子》的部分共约四十多万字。罗根泽教授在《古史辩》第六册的《自序》中，列举了自宋代以来学者们有关《老子》一书的作者及其成书年代最有代表性的二十九种意见。其中影响较大的有：胡适、张季善、黄方刚、马叙伦、郭沫若、刘汝霖、高亨、叶青等主张《老子》的作者为春秋末年的老聃；清人汪中、近人罗根泽、谭戒甫

等主张《老子》为战国早期的太史儋所作,太史儋在孔子之后,并非孔子问礼的老聃,张季同也认为《老子》的作者有可能是太史儋;清人崔述主张《老子》为战国中期的杨朱之徒所作;唐兰认为老子确为春秋末期人,但《老子》的成书大体与《墨子》、《孟子》成书时间相同;梁启超明确主张《老子》是战国末期的作品;顾颉刚认为《老子》成书于《吕氏春秋》及《淮南子》之间,即成书于西汉初年;张荫麟主张《老子》成书于《淮南子》之后。这些意见表明,20世纪20年代和30年代有关《老子》其人其书的论战并未从根本上解决问题,学术界关于这些问题的认识仍然众说纷纭,莫衷一是。直到马王堆汉墓帛书和《郭店楚墓竹简》的出土,有关《老子》其人其书的研究才取得了突破性进展。

马王堆三号汉墓出土的帛书中发现了两种不同的《老子》抄本,整理者分别称之为帛书《老子》甲种本和帛书《老子》乙种本。其中甲种本不避高祖刘邦之讳,字体接近于秦篆,其抄写时间应在西汉建立之前,这证明《老子》一书在战国晚期已经广泛流传于世。《老子》乙种本避高祖刘邦之讳,但不避惠帝刘盈之讳,其字体为隶书,表明其抄写时间在汉初惠帝即位之前。帛书《老子》甲乙本与今本最大的不同是:今本《道》经在前,《德》经在后;而帛书本则《德》经在前,《道》经在后,与《韩非子》一书《解老》篇和《喻老》篇先解《德》经、后解《道》经的次序完全一致。故学术界的一致认为帛书《老子》早于今本《老子》。更重要的是,抄写在《老子》乙种本之前的《黄帝四经》是黄老学派的经典。《黄帝四经》一书经学者们深入研究认定是成书于战国早中期的著作，[1]李学勤先生在《申论〈老子〉的年代》一文中认为：

> 《老子》乙本前面有《黄帝书》四篇，系"黄老"合抄之本。《黄帝书》的发现，从根本上改变了学术界对早期道家的认识，也为估计《老子》年代投射了新的光明。[2]

陈鼓应先生认为《老子》乙种本前面抄写的《黄帝四经》中多处引用《老子》的文句，且全书充溢着《老子》思想，这对于我们判定《老子》的成书年代至关重要。陈鼓应先生指出：

> 帛书《黄帝四经》的发现，给《老子》成书早期说提供了有力的新证。《老子》的哲学思想散见于《四经》各篇。据我概略的估计，《黄帝四经》一书引用《老子》词字、概念，多达一百七十余见。成书于战国早中期的《四经》以及成书于战国中期前后的《管子》书中，处处流溢着《老子》思想观念的影子，可证《老子》一书传布的久远，而司马迁《史记》所述老聃自著上、下篇当近于史实。[3]

---

[1] 唐兰：《马王堆出土〈老子〉乙本卷前古佚书的研究》一文认为《黄帝四经》"最早不能到公元前5世纪中期，最晚也不能到公元前4世纪中期。"见《考古学报》1975年第1期。陈鼓应也认为《黄帝四经》"致迟作成于战国中期"。见陈鼓应所著《关于〈黄老帛书〉成书年代问题的研究》，载于湖南省博物馆编《马王堆汉墓研究文集》，湖南出版社，1994年版。

[2] 李学勤：《申论〈老子〉的年代》，见《古文献论丛》，上海远东出版社，1996年版，第138页。

[3] 陈鼓应：《先秦道家研究的新方向——从马王堆汉墓帛书〈黄帝四经〉说起》，见陈鼓应：《黄帝四经今注今译》参照简帛本最新修订版，商务印书馆，2007年版，第5页。

陈鼓应先生还说：

> 该书（指《黄帝四经》）引用了《老子》的大量文句，是《老子》思想的重要发展。由此我们可以知道，《老子》书形成得相当早，它在春秋末期即影响了范蠡，以后入齐，更结合了齐法家传统。老子思想本就是入世的，这时就更为积极，这方面的一个重要表现就是道和法的结合。[1]

陈鼓应先生的论证是很有说服力的，代表了马王堆汉墓帛书出土后学术界多数同仁对《老子》的作者和成书年代的最新认识。

《郭店楚墓竹简》中的《老子》被抄写在三种不同形制的竹简上，整理者分别称之为郭店简《老子》甲本、乙本和丙本，或称甲组、乙组和丙组。这三种竹简本《老子》都没有区分道经和德经，总共只有两千余字，不足今本《老子》字数的一半。目前学界对《郭店楚墓竹简》中的三种《老子》抄本尚有不同的认识，有的学者认为郭店简《老子》是《老子》一书的原生形态，是一个完整的传本；有的学者则认为郭店简三种《老子》仅是《老子》一书的摘抄本。尽管存在这种不同的认识，但大家都认为郭店简《老子》是目前我们能够见到的《老子》最早的抄本。郭沂先生说：

> 简本《老子》不但优于今本，而且是一个原始的、完整的传本，它出自春秋末期与孔子同时的老聃；而今本《老子》则出自战国中期与秦献公同时的太史儋。历史上的有关争议，大

---

[1] 同437页注释[3]，第32页。

致都可以在这一框架下获得合乎情理的解释。[1]

李学勤先生则认为：

> 首先，郭店简里的《老子》三组，只是《老子》一书的摘抄本。这有其内证，《老子》丙组附有《太一生水》，而《太一生水》乃道家后学所作，其文字所本的《老子》篇章，有的不见于郭店简，充分说明当时《老子》绝不限于简本的那么多。摘抄本自然要晚于内容更多的原本。[2]

当然，关于《老子》一书学界至今仍有不同的声音。如伏俊琏王晓鹃认为：

> 《老子》非一人一时一地写成，而是经过后学多次补充、加工、阐释、整理而成。《老子》最初由老聃口述大义，其后学整理成最早的传本，老莱子和太史儋是《老子》在流传过程中的整理和再次加工阐释者。《老子》初稿成于春秋末期，最后写定在战国末年或汉初。李耳是汉代人对老聃的另一种称谓。[3]

---

[1] 郭沂：《楚简〈老子〉与老子公案——兼及先秦哲学若干问题》，见《中国哲学》第二十辑，第119页。
[2] 李学勤：《论郭店简＜老子＞非＜老子＞本貌》，《纪念林剑鸣教授史学论文集》，中国社会科学出版社，2002年版。
[3] 伏俊琏、王晓鹃：《〈老子〉的作者及其成书时代》一文的内容摘要，载于《求是学刊》2008年3月，第35卷，第2期。

有关《老子》一书的许多问题仍需要进一步探讨研究，但马王堆汉墓帛书《老子》和郭店竹简《老子》的发现已经为我们研究和判断《老子》一书的作者和成书年代提供了新的、确凿的证据，相信这一长期困扰学界的老大难问题的最终解决已为期不远。

《孙子兵法》又称《孙武兵法》、《孙武兵书》或《吴孙子》。在先秦诸子中就其地位和影响而言，《孙子兵法》不亚于《老子》。此书不仅是中国也是全世界最早的军事学著作，但《孙子兵法》的影响却不限于军事界。《孙子兵法》也是世界上最早的运筹学著作。世界各国不仅有许多军事家在研究《孙子兵法》，也有很多企业家、商人和医生也都在努力钻研《孙子兵法》，用《孙子兵法》的运筹学智慧从事企业管理、商业经营和治病救人，可见此书影响之大。然而这样一部影响深远的重要经典其作者和成书年代也像《老子》一样存在诸多争议。其实，关于《孙子兵法》的作者和成书年代问题司马迁在《史记·孙子吴起列传》中本来有明确的记载。司马迁说：

> 孙子武者，齐人也。以兵法见于吴王阖庐[1]。阖庐曰"子之十三篇吾尽观之矣。"……阖庐知孙子能用兵，卒以为将。西破强楚，入郢；北威齐晋。显名诸侯，孙子与有力焉。

司马迁清楚地记述齐人孙武著《兵法》十三篇，在春秋时期为吴王阖庐之将，因"西破强楚"而"显名诸侯"。这十三篇兵法即举世闻名的《孙子兵法》。司马迁在同一篇传记中还记载了孙武的

---

[1] 阖庐，或作阖闾。

后世子孙孙膑也是著名的军事家,并且也有兵法传世:

> 孙武既死,后百余岁有孙膑。膑生阿鄄之间,膑亦孙武之后世子孙也。孙膑尝与庞涓俱学兵法。庞涓既事魏,得为惠王将军,而自以为能不及孙膑,乃阴使召孙膑。膑至,庞涓恐其贤于己,疾之,则以法刑断其两足而黥之,欲隐勿见。齐使者如梁……窃载与之齐。齐将田忌善而客待之。于是忌进孙子于威王。威王问兵法,遂以为师。……孙膑以此名显天下,世传其兵法。

孙膑所著的兵法后世称《孙膑兵法》,又称《齐孙子》。《孙膑兵法》大约在魏晋南北朝期间失传,《隋书·经籍志》中已不见记载。后世一些学者遂对司马迁在《史记》书中有关《孙子兵法》和《孙膑兵法》这两部兵书及其作者问题的记载产生了怀疑,甚至对历史上有无孙武其人也产生疑问。最早提出怀疑的就是南宋的叶适。叶适在《习学纪言》一书中说:

> 自周初至春秋,凡将兵者必与闻国政。未有特将兵于外者。六国时此制始改。吴虽蛮夷,而孙武为大将,乃不为命卿,而左氏无传焉,可乎?故凡谓穰苴、孙武者,皆辩士妄相标指,非事实。[1]

陈振孙《直斋书录解题》亦云:

---

[1] 叶适:《习学纪言序目》卷46。

孙武事吴阖庐,而不见于《左氏传》,未知其果何时人也?

清人全祖望说:

故水心疑吴原未尝有此人,而其书其事皆纵横家之所伪为者。[1]

清人牟默人则另创新说,认为传世《孙子兵法》十三篇是伍子胥所作。他在《雪泥屋杂志》中说:

子胥自柏举以前,说听于阖闾,以覆楚为事,非遑著书。夫椒之后,以越为忧,而寖不见用于夫差,乃托著书以自见,……覆楚则曰伍子胥,著书则曰孙子,前后异称,非两人也……左丘明喜言兵,爱奇士,使吴有孙武其人,安得内外传无一人及之?故余以左氏之所不言,而知孙武之为亡是公可无疑也。

梁启超认为:

此书(指《孙子兵法》)未必孙武所著,当是战国人依托。书中所言战事规模及战术,虑皆非春秋时所能有也。但其非汉以后书亦可断言。[2]

黄云眉说:

---

[1] 全祖望:《鲍埼亭集·孙武子论》。水心,叶适之号。
[2] 梁启超:《〈汉书·艺文志·诸子略〉考释》,见《饮冰室专集之八十四》。

> 孙武之有无其人虽未暇定,而十三篇之非孙武书则故无可疑者。[1]

日本学者斋藤拙堂甚至认为孙武与孙膑实为一人,他说:

> 故此书(指《孙子兵法》)当为战国以后之作。《战国策》名孙膑曰孙子,《史记》列传及《自序》据以记膑之兵法,故今之《孙子》乃孙膑著。武与膑乃一人,武其名,膑其号也。[2]

关于《孙子兵法》一书的篇数,《史记·孙子吴起列传》中明确记载为"十三篇",但《史记正义》却引《七录》云:"《孙子兵法》三卷。"注云:"十三篇为上卷,又有中、下二卷。"《汉书·艺文志》记载"《吴孙子兵法》八十二篇。"注云:"图九卷。"这些说法在后世引发诸多歧义,于是在《孙子兵法》研究中产生了曹操删书说。唐代的杜牧在《注孙子序》中说:

> 武所著书,凡十数万言,曹魏武帝削其繁剩,笔其精切,凡十三篇,成为一编。曹自为序,因注解之,曰:"吾读兵书战策多矣,孙武深矣!"[3]

---

[1] 黄云眉:《古今伪书考补正》。
[2] 斋藤拙堂:《孙子辨》,见《先秦经籍考》。
[3] 杜牧:《注孙子序》,见《唐文粹》卷第95,任继愈主编:《中华传世文选》,吉林人民出版社,1998年版,第3册,第965页。

宋人陈振孙在其所著《直斋书录解题》中说："魏武削其繁冗，定为十三篇。"也认为曹操删削了《孙子兵法》。

1972年4月，在山东临沂银雀山两座汉墓中出土了大批简牍，其中一号汉墓出土的简牍中有《孙子兵法》、《孙膑兵法》、《尉缭子》、《六韬》等大批兵家著作。在同一座汉墓中发现了《孙子兵法》和《孙膑兵法》，这以无可辩驳的事实证明了司马迁在《史记·孙子吴起列传》中的记载是可信的，也为我们扫清了一千多年来围绕这两部兵法的作者和成书年代问题的重重迷雾。银雀山汉简的主要整理者吴九龙先生指出：

> 两种兵法同墓出土，两则简文正与《史记》关于孙武、孙膑的记述相符合。证实历史上孙武、孙膑各有其人，各有兵法传世。千年聚讼，一朝得释。[1]

吴九龙先生在另一篇文章中还说：

> 从银雀山汉简可知，《孙子》十三篇，非曹操所删成书，杜牧之说只是臆测。[2]

《孙子兵法》和《孙膑兵法》在同一座汉墓中出土，事关重大，这一重要考古发现在当时震惊了全世界。这一重大考古发现不仅以确凿的证据澄清了学术界长期以来围绕《孙子兵法》的作者和成书

---

[1] 吴九龙：《孙子校释·前言》，见《孙子校释》（无外文本），军事科学出版社，1991年版，第4页。

[2] 吴九龙：《银雀山汉简释文·叙论》，文物出版社，1985年版，第15页。

时代问题争论不休的学术疑案，同时也使已经失传了十五六个世纪的《孙膑兵法》重见天日，虽然因简牍残损，文字缺失严重，但人们对《孙膑兵法》一书的梗概和基本面目有了大致的了解。

韩非子称墨学是与儒学并列的"世之显学"，[1]墨子的门徒相当多，战国时墨家在社会上影响极大，墨家巨子及其后学的著作也很多。《吕氏春秋》称墨家"后学显荣于天下者众矣，不可胜数"，又说墨家"从属弥众，弟子弥丰，充满天下，王公大人从而显之，有爱子弟者随而学焉，无时乏绝"[2]，可见墨学在战国时代影响之大。秦汉以后，墨学日见衰微，到东汉时，墨家著作仅余六种，[3]而流传至今的墨家著作就只有《墨子》这一部书了。由于《墨子》一书在秦汉以后长期无人整理、校勘，更无人为之注释，今天我们见到的《墨子》已经残缺不全了。《汉书·艺文志》载《墨子》七十一篇。现存的《墨子》只有五十三篇。《墨子》书中多称墨翟为"子墨子"，表明《墨子》一书中有很多非墨翟本人所作，是墨家后学撰写。郭沫若说：

> 墨子自己并不曾著书，现存的《墨子》一书，是汉人所纂集的。其中有些是墨家弟子所著录，有些还不是墨家的东西，所以我们还不好抱着一部《墨子》，便笼统地来谈《墨子》。[4]

郭沫若认为研究墨子的思想学说主要应依据书中的《尚贤》《尚同》《兼爱》《非攻》《节用》《节葬》《天志》《明鬼》《非乐》

---

[1] 《韩非子·显学》。
[2] 《吕氏春秋·当染》。
[3] 见《汉书·艺文志·诸子略》。
[4] 郭沫若：《青铜时代》。

《非命》等十篇，这十篇每一篇又各分上、中、下三篇，"比较完整地保存着墨子思想的真相"。至于《墨子》书中的《备城门》以下各篇，有一些学者怀疑是后人所伪造。如朱希祖先生曾撰有《〈墨子·备城门〉以下二十篇系汉人伪书说》。[1]银雀山汉墓出土的《守法守令等十三篇》的内容恰好与《墨子·备城门》以下各篇的相对应，内容有许多相近或相似之处。这十三篇的篇名，依次为：《守法》《要言》《库法》《王兵》《市法》《守令》《李法》《王法》《委法》《田法》《兵令》《上篇》《下篇》。[2]这批竹简的发现引起了学界对《墨子》研究的极大兴趣，为判断《墨子·备城门》以下各篇的时代和作者提供了重要的依据。李学勤先生依据这批竹简，推断《守法守令等十三篇》是战国后期齐国学者所作。李先生说：

> 简文十三篇兼有《管子》《墨子》《尉缭子》的若干内容，正是战国后期齐国几家学术杂错交融的反映。如整理小组所说，《守法》等篇的文体及内容都说明是先秦的作品。由此可以推论，简文所袭用的《备城门》和《号令》的年代要更早，很可能是秦惠文王或稍晚一些时候写成的。《备城门》以下各篇在《墨子》书中时代较晚，所以《墨子》这部书的年代不会像以往有的学者想的那样迟。[3]

---

[1] 见《古史辩》第4册，第261—270页。
[2] 参见：李学勤《〈田法〉讲疏》，《简帛佚籍与学术史》，江西教育出版社，2001年版，第350页。
[3] 李学勤：《论银雀山简〈守法〉〈守令〉》，见《简帛佚籍与学术史》，江西教育出版社，2001年版，第348页。

李先生的这一见解可谓卓识,由此也不难看出这批简文的重要文献价值。

## 四、被长期认定的一批"伪书"得以平反昭雪

由于种种原因,在中国古代典籍中有一大批长期以来被认定为"伪书",其中先秦诸子之书被认定为"伪书"者尤多,后世的学者们不得不把这些所谓"伪书"视为"另类",这些书的史料价值和文献价值因一个"伪"字而被全部抹杀,以至于学者们在学术研究中避之唯恐不及,从来不敢引用这些所谓的"伪书"。正如李学勤先生指出的那样:

> 众所习知,自唐宋以来,学者指摘出许多"伪书",尤其是晚清疑古思潮兴起后,古籍几乎无不受到怀疑责难。新出土的简帛古籍,可以考古学方法确定其时代下限,结果证明不少过去以为必伪的书实际不伪。如《六韬》《尉缭子》《鹖冠子》等,都是佳例。[1]

由于半个世纪以来的许多重要地下出土文献重见天日,以确凿的证据证明了这些所谓"伪书"其实是有很高史料和文献价值的先秦诸子著作,我们今天不得不为这些所谓"伪书"平反昭雪。现择

---

[1] 李学勤:《考古新发现与中国学术史》,见其所著《中国古代文明研究》,华东师范大学出版社,2009年版,第533页。

其主要者列举如下。

## （一）《孔子家语》

《汉书·艺文志》著录"《孔子家语》二十七卷"，后来这部二十七卷本的《孔子家语》曾一度在社会上失传。唐代为《汉书》作注的颜师古在《汉志》著录的《孔子家语》之后注云："非今所有《家语》。"意为《汉志》中著录的二十七卷本与唐代流行的《孔子家语》不是同一部书。但是颜师古之注用语比较含混，他没有说明唐代流行的《孔子家语》与《汉志》中著录的《孔子家语》究竟有什么关联。这就为后人留下了很大的悬念，也为流传至今的《孔子家语》一书的真伪平添了诸多疑问。关于《孔子家语》一书的卷数，不同时代的史书记载颇有差异。《汉志》记载的是二十七卷，而《隋书·经籍志》则记载为二十一卷，《旧唐书·经籍志》、《新唐书·艺文志》和《宋史·艺文志》均记载为十卷。张固也、赵灿良在《〈孔子家语〉分卷变迁考》[1]一文中针对各本《家语》卷数不统一的情况，提出《家语》"一直为四十四篇，只是后代有不通的分卷方法"这一观点。之后，结合敦煌《家语》残卷，发现残卷《五刑解》篇与今本篇序相同，但是这一篇在残卷的第十卷，与今本在第七卷不同；《六本》篇在第五卷，与今本在第四卷亦不同。最后根据这几点发现推出了《家语》分卷变迁的大致过程，从而否定了由于卷数不同而认定《家语》为伪书的这一观点。关于《孔子家语》一书的署名，在各代史书的《艺文志》或《经籍志》中记载也有较大出入：《汉志》无署名，《隋志》标注为"王肃解"，《旧唐志》标注为"王肃撰"，而《新唐志》和《宋志》则标注为"王肃

---

[1] 张固也、赵灿良：《〈孔子家语〉分卷变迁考》，《孔子研究》，2008年第2期。

注"。这反映了不同时代的史家在对《孔子家语》一书作者问题的认识上颇有分歧。但是说到底,唐代以后人们对《孔子家语》一书认识的根本分歧就是这部书的真伪问题。

南宋的理学集大成者朱熹(1130—1200)认为,王肃注本《孔子家语》"只是王肃编古录杂记,其书虽多疵,然非肃所作"。还说:"《家语》虽记得不纯,却是当时书。"[1] 表明朱熹认为《家语》一书虽有缺点毛病,但并非王肃所伪造,而是当时流传下来的可信古书。南宋晚于朱熹的学者王柏(1197—1274)受宋代疑古思潮影响很深,曾撰有《诗疑》《书疑》等疑古著作。他在所著《家语考》一书中不赞同朱熹的看法,明确提出王肃注本《孔子家语》是三国时代魏人王肃伪造之书。王柏说:

> 今之《家语》十卷,凡四十有四篇,意王肃杂取《左传》《国语》《荀》《孟》,二戴之绪余,混乱精粗,割裂前后,织而成之,托以安国之名。[2]

与王柏同时年岁略小的著名学者黄震(1213—1280)在其所著的《黄氏日钞》中也认为《孔子家语》并非伪书。到了清代,姚际恒的《古今伪书考》、范家相的《家语证伪》、孙志祖的《家语疏证》等书都判定《孔子家语》是伪书。但清代学者如陈士珂和钱馥等仍然坚持《孔子家语》不是王肃伪作。[3] 民国时期疑古派甚嚣尘

---

[1] 朱熹:《战国汉唐诸子》,见黎靖德编:《朱子语类》卷一百三十七,中华书局,1994年第一版。
[2] 王柏:《家语考》,《鲁斋集》(四库全书本),卷九。
[3] 见陈士珂:《孔子家语疏证》及钱馥为该书所作的《序》《跋》。

上，把很多中国古代典籍都认定为"伪书"。其代表人物顾颉刚特别强调《孔子家语》一书是"伪书之中尤其伪者"。顾氏在《孔子研究讲义》中不仅明确指出《孔子家语》为王肃所伪造，而且认为《家语》一书"无任何取信之价值"。可见，在疑古派学者看来，王肃注本《孔子家语》是伪书确定无疑，已成铁案。

河北定州八角廊汉墓和安徽阜阳双古堆汉墓中出土的简本《儒家者言》都与今本《孔子家语》有密切的关系。李学勤教授则直接称这两批竹简为"竹简本《孔子家语》"。1994年，《上海博物馆藏战国楚竹书》中有一篇题为《民之父母》，其内容与今本《孔子家语·论礼》相同。这些战国和西汉时代的地下出土文献的问世在学术界掀起了一阵研究《孔子家语》、为《孔子家语》正名的热潮。一时间，对《孔子家语》一书进行专题研究的学术论文、学位论文大量涌现，多达近百篇，研究和注释《孔子家语》的著作也纷纷出版。学者们重点关注的问题主要有：

1. 为《孔子家语》一书平反昭雪，彻底否定王肃伪造《家语》说。因为先后几批与《孔子家语》相关的竹简的发现，以无可争辩的事实证明，《孔子家语》一书绝非三国时代的王肃所能伪造。李学勤先生早在1987年就明确指出：

> 王肃注《家语》，是由于《家语》在某些点上有利于他在经学方面反对郑玄的学说。不论他是否在这些地方动笔改窜，说他伪造整部《家语》，恐怕是不可能的。陈氏《疏证》已证明《家语》文字有本，王肃当时一手抄辑出这部书，是难于欺人的。王肃在《序言》中已说明《家语》得自孔子二十二世孙

孔猛，这应当是事实。[1]

李学勤先生的这一见解在当时可谓空谷足音，为《孔子家语》一书的全面平反昭雪开了先河。之后，从不同视角为《孔子家语》一书翻案，批判《孔子家语》为王肃伪造说的文章陆续问世。杜维明先生认为："我们不能贸然否定孔子家传，从而对《孔丛子》乃至《孔子家语》都截然断定是与夫子毫不相干的意揣之辞。"[2] 王承略依据自己的研究结果指出：

> 今本《家语》的大部分内容还保持着刘校本的原貌；今本较之刘校本多出的篇目和文字，有的确实是王肃所为，有的可能是孔氏家学中人所为；王肃为攻驳郑玄而篡改《家语》的文字，其情形和数量是有限的；王肃伪造全书的观点不能成立。[3]

廖名春与张岩在《从上博简〈民之父母〉"五至"说论〈孔子家语·论礼〉的真伪》一文[4]中通过比较《论礼》、《孔子闲居》以及《民之父母》中的异文，考察出"五至"的内容，最后得出"由于'诗（志）礼相成'这句话只见于《家语·论礼》篇，故不可能

---

[1] 李学勤：《竹简〈家语〉与汉魏孔氏家学》，载于《孔子研究》1987年第2期。后收入《李学勤集》，黑龙江教育出版社，1989年版，第374页。

[2] 杜维明：《郭店楚简的人文精神》，武汉大学中国文化研究院编：《郭店楚简国际学术研讨会论文集》，湖北人民出版社，2000年。

[3] 王承略：《论〈孔子家语〉的真伪及其文献价值》，载于《烟台师范学院学报》，2001年第3期。

[4] 廖名春、张岩：载于《湖南大学学报（社会科学版），2005年第9期。

自别处抄来,只能是祖本所有"的结论,从而证明《孔子家语·论礼》应是可信的先秦旧籍。

当然,在有关《孔子家语》真伪的讨论中,有少数学者仍有坚持《孔子家语》是伪书,是王肃所伪撰的观点,如李传军、金池等。李传军罗列出《孔子家语》《儒家者言》《说苑》《韩诗外传》中相似内容,发现"《儒家者言》的内容凡是见于《家语》的亦见于《说苑》,且《家语》与《儒家者言》的相异之处正是《说苑》与《儒家者言》的相似之处",由此他认定《儒家者言》并非《家语》的原型,反而是《说苑》与《儒家者言》关系更为密切。通过文献对勘的方式,最后得出《家语》为王肃所撰,其材料来源主要是《说苑》《礼记》《韩诗外传》等已有文献。金池根据《论语》多用通假字,而《家语》基本不用通假字;春秋时代多用单音词,而秦汉以后则多用双音复合词,这是不同时代的语言特征,于是判断:"《孔子家语》是秦汉以后或三国魏人东拼西凑而成的,是伪书。""事实证明:《孔子家语》是伪书确定无疑,这是无可辩驳的事实。"[1]

2. 充分肯定《孔子家语》一书的史料价值和文献价值。杨朝明认为,"对于今天的孔子研究来说,《孔子家语》的价值并不在《论语》之下"。[2] 王承略先生认为:"《家语》保存了某些独一无二的文献资料,是研究孔子、孔子弟子及先秦两汉文化典籍的重

---

[1] 金池:《〈孔子家语〉是伪书》,见金池的博客:http://blog.sina.com.cn/jclyxy。
[2] 杨朝明:《〈孔子家语·执辔〉篇与孔子的治国思想》,载于《儒家文献与早期儒家研究》,齐鲁书社,2002年。

要依据。"[1] 这些资料因为不见于先秦两汉其他典籍，弥足珍贵。他指出，《孔子家语》一书的《弟子行》《本命解》《七十二弟子解》等篇的许多记载可以补充、纠正司马迁《史记》中的《孔子世家》《仲尼弟子列传》等篇的错误。王承略先生说：

> 首先是，《家语》保存了最原始和可靠的材料。《家语》保存了一大批比较原始的文献资料，有许多地方明显地胜于其他相关古籍，具有重要的版本、校勘价值。[2]

王承略先生通过认真、仔细的对比、研究后指出：

> 根据今本《家语》所附汉孔安国《后序》，可知《家语》的材料是由孔子弟子"各自记其所问"而成，所以《家语》保存的材料应是最原始的，这一点通过传统文献的比较也可看出。如：在《家语》中的《哀公问政》，又见于《礼记·中庸》，将二者对勘，会发现《礼记·中庸》语言更为简练，似曾进行过修改、润色，这种改动明显带有西汉时期的政治风貌。本篇"为政在于得人"，在《礼记·中庸》中作"为政在人"，前者强调贤者的重要性，后者却是强调统治者的重要性。本篇"爵其能"，《礼记·中庸》改为"尊其位"；"笃亲亲""敬大臣""子百姓""来百工"几句，分别变成"劝亲

---

[1] 王承略：《论〈孔子家语〉的真伪及其文献价值》，载于《烟台师范学院学报》，2001年第3期。
[2] 王承略：《论〈孔子家语〉的真伪及其文献价值》，载于《烟台师范学院学报》，2001年第3期。

亲""劝大臣""劝百姓""劝百工",都反映了西汉政权高度统一,封建专制主义正在逐渐加强的特征。至于本篇中的"举废邦"在《礼记·中庸》中改为"举废国",显然是避汉高祖刘邦的名讳。由此可断定,《礼记·中庸》晚于《孔子家语·哀公问政》显而易见。又如《贤君》部分可见于《说苑·政理》,在《家语·贤君》中作"孔子见宋君",而在《说苑·政理》作"孔子见梁君"。清俞樾曰:"仲尼时无梁君,当从《家语》作宋君为是。"[1]这也说明《家语》早于《说苑》。尤其是战国竹简的出土进一步印证了《家语》材料的渊源有自。正是因为《家语》材料的原始性,所以其所记载的材料比其他传世材料更为可靠。例如关于颜回的生卒年寿,可以根据《家语》纠正《史记》传本之讹。[2]

杨朝明先生指出:《孔子家语》一书"记载的内容比其他研究孔子的资料更为完整"。这也是《家语》史料和文献价值的重要体现。他说:

> 在有关孔子的研究上,《论语》是传统的第一手材料,但是《论语》篇幅短小,语言简略,难以尽展孔子等人思想言行的全貌。有一说,"论语"的"论",有"选择"、"别择"的意思。清朱骏声《说文通训定声·屯部》曰:"论,假借为抡。"《国语·齐语》"权节其用,论比其材"韦昭注:"论,择也。"

---

[1] 向宗鲁:《说苑校证》,北京,中华书局,1987年。
[2] 王承略,《论〈孔子家语〉的真伪及其文献价值》,载于《烟台师范学院学报》,2001年第3期。

《荀子·王霸》"君者，论一相，陈一法，明一指，以兼覆之，兼照之，以观其成者也"杨倞注："论，选择也。"如果《论语》书名的"论"为选择之意，则《论语》应该是选自"孔子家"之"语"中的材料，这样《论语》就是"孔子语录"，《孔子家语》则相当于"孔子文集"。[1]

3.《孔子家语》的作者和成书年代问题。

倡导"走出疑古时代"的李学勤先生认为地下出土的《儒家者言》与《孔子家语》的情形，堪比《战国纵横家书》与《战国策》的情形，所以《儒家者言》也可称为竹简本《家语》。他认为古书有着动态的发展，《家语》也有一个编撰、改动的过程。该书"很可能陆续成于孔安国、孔僖、孔季彦、孔猛等孔氏学者之手，有着很长的编纂、改动、增补的过程"。[2] 庞朴先生认为，《家语》是"《孟子》以前遗物，绝非后人伪造所成"。[3] 王承略先生认为，"今本《家语》确有来历，有相当一部分篇章集结于西汉之时，其文献价值之高，也就不言而喻"。[4] 杨朝明先生则更为确定地指出《孔子家语》一书成书于春秋战国之际，最早是由孔子之孙子思主持编纂而成。他说：

（孔子死后，）弟子后学住进孔子原来的居堂中，除了按

---

[1] 杨朝明：《新出竹书与〈论语〉成书问题再认识》，《中国哲学史》，2003年第3期。
[2] 李学勤：《竹简〈孔子家语〉与汉魏孔氏家学》，载于《孔子研究》1987年第2期，另见《李学勤集》，黑龙江教育出版社，1989年版，第378页。
[3] 庞朴：《话说"五至三无"》，载于《文史哲》，2004年第1期。
[4] 王承略：《论〈孔子家语〉的真伪及其文献价值》，载于《烟台师范学院学报》，2001年第3期。

时举行礼仪，还将各自整理保存的孔子的"讲课记录"汇聚到了一起。我们可以想像，孔子的逝世，弟子后学失去了恩师，也失去了自己精神的寄托，因此，他们便聚汇孔子言论，集中孔子学说，最终在孔子裔孙子思的主持下，共同编辑了《孔子家语》。[1]

4. 对《孔子家语》一书的定位和总体评价。

《光明日报》2008年2月16日的记者述评认为：我们可以认识到《家语》因其丰富的内容和独特的价值，在孔子研究方面超过传统公认的孔子研究的任何资料。庞朴先生认为，《孔子家语》一书与包括《论语》在内的众多文献相比，完全称得上"孔子研究第一书"。[2]

杨朝明先生在他的一篇文章中说：

> 无论在规模上，还是在内容上，《家语》都要高出《论语》很多。仅从规模上讲，《论语》仅有一万六千多字，而《家语》却比《论语》多出近四倍。朱熹在谈到读《论语》的方法时，引程子的话说，如果不通读全书，"终是不浃洽"，说的应该是准确理解、融会贯通的问题。《家语》详于《论语》，所记全面，又有孔子言行的生动情节，与《论语》相比，显然更能展现孔子的人品和思想。已有学者通过比较研究，证明《家语》

---

[1] 杨朝明：《〈孔子家语〉的成书与可靠性研究》，原载台湾故宫博物院：《故宫学术季刊》第二十六卷第一期，2008年秋季。
[2] 庞朴：《话说"五至三无"》，《文史哲》，2004年第1期。

从某种意义上讲，其价值甚至要超出《论语》。[1]

## （二）《鹖冠子》

《鹖冠子》是战国晚期兵家著作。《汉书·艺文志》著录《鹖冠子》仅一篇，自注云："楚人，居深山，以鹖为冠。"颜师古注曰："以鹖鸟羽为冠。"《隋书·经籍志》《旧唐书·经籍志》《新唐书·艺文志》则均作三卷。唐代的韩愈《读鹖冠子》一文云该书十六篇，而宋人陆佃为《鹖冠子》作注，《序》云十九篇，流传至今的《鹖冠子》皆为三卷十九篇。历来学界对《鹖冠子》一书的真伪存在很大争议。最早提出《鹖冠子》为伪书的是唐人柳宗元。其后宋人晁公武、陈振孙、王应麟，明人胡应麟，清人姚际恒，近人黄云眉、钱穆等都认为《鹖冠子》是伪书。柳宗元说：

> 余读贾谊《鹏赋》，嘉其辞，而学者以为尽出《鹖冠子》。余往来京师，求《鹖冠子》，无所见；至长沙，始得其书。读之，尽鄙浅言也，唯谊所引用为美，余无可者。吾意好事者伪为其书，反用《鹏赋》以文饰之，非谊有所取之，决也。太史公《伯夷列传》称贾子曰："贪夫殉财，烈士殉名，夸者死权。"不称《鹖冠子》。迁号为博极群书，假令当时有其书，迁岂不见耶？假令真有《鹖冠子》书，亦必不取《鹏赋》以充入之者。何以知其然耶？曰：不类。[2]

---

[1] 杨朝明：《〈孔子家语·执辔〉篇与孔子的治国思想》，杨朝明著《儒家文献与早期儒学研究》，齐鲁书社，2002年。

[2] 柳宗元：《辩〈鹖冠子〉》，《柳河东集》，中华书局，1960年版，第72页。

陈振孙说：

> 《鹖冠子》三卷，陆佃解……今书十九篇，韩吏部称十有六篇，故陆谓非其全也。韩公颇道其书，至柳柳州则曰尽鄙浅言也，好事者伪为其书，反用《鵩赋》以文饰之。其好恶不同如此。自今考之，柳说为长。[1]

黄云眉用了很大的篇幅对《鹖冠子》一书中的《博选》《王鈇》《世兵》等篇进行了详细的排比、考证，得出了如下的结论：

> 是书（指《鹖冠子》）决为后人伪托……剽袭颠倒之迹，历历可见，而以《鵩鸟赋》为尤显。柳宗元辨之甚是。李善注《文选·鵩鸟赋》多引《鹖冠子》，而颜师古注《汉书·贾谊传》略不一及，则注书亦贵有识也。[2]

认为《鹖冠子》不伪，甚至给《鹖冠子》以很高评价的有唐人韩愈，明人宋濂，清代的四库馆臣，近人梁启超、吕思勉等。韩愈说：

> 《鹖冠子》十有九篇，[3] 其词杂黄老刑名。其《博选》篇，"四稽""五至"之说当矣。使其人遇时，援其道而施于国家，功德岂少哉！《学问》篇，称贱生于无所用，中流失船，一壶

---

[1] 陈振孙：《直斋书录解题》卷九，上海古籍出版社，1987年版，第289页。
[2] 黄云眉：《古今伪书考补正》。
[3] 韩集原文为"十又六篇"，后人据通行本改为"十又九篇"，详见《四库全书总目提要》。

千金者。余三读其辞而悲之……又其行于今者盖寡，沿袭不同，复之无由，考于今，诚无所用之，然文王周公之法制粗在于是。孔子曰："吾从周。"谓其文章之盛也。古书之存者希矣！百氏杂家尚有可取，况圣人之制度邪？于是掇其大要，奇辞奥旨著于篇，学者可观焉。[1]

清代四库馆臣则认为：

刘勰《文心雕龙》称"鹖冠绵绵，亟发深言"，《韩愈集》有《读〈鹖冠子〉》一首，称其《博选》篇"四稽""五至"之说，《学问》篇"一壶千金"之语，且谓其"施於国家，功德岂少"。《柳宗元集》有《〈鹖冠子〉辨》一首，乃诋为"言尽鄙浅"，谓其《世兵》篇多同《鵩赋》，据司马迁所引贾生二语，以决其伪。然古人著书，往往偶用旧文，古人引证，亦往往偶随所见……未可以单文孤证，遽断其伪……自六朝至唐，刘勰最号知文，而韩愈最号知道，二子称之，宗元乃以为"鄙浅"，过矣！[2]

吕思勉说：

按《汉志》止一篇，韩愈时增至十六，陆佃注时又增至十九，则后人时有增加，已决非《汉志》之旧。然今所传十九篇，皆辞古意茂，决非汉以后人所能为。盖非《汉志》之旧，而又确为古

---

[1] 韩愈：《读〈鹖冠子〉》，见《韩愈全集·文集卷一·杂著》。案：《韩昌黎文集校注》缺"又其行"以下一段。
[2] 《四库全书总目提要·子部》。

书也……全书宗旨，原本道德，以为一切治法皆当随顺自然。所言多明堂阴阳之遗，儒道名法之书皆资参证，实为子部瑰宝。[1]

长沙马王堆三号汉墓1973年出土的帛书《老子》乙种本卷前附有四篇古佚书，篇名分别为《经法》《十大经》[2]《称》《道原》。这四篇古佚书的释文和简注整理者曾以《经法》的书名于1976年在文物出版社出版。马王堆汉三号墓帛书出土后，在国内外学界掀起了研究黄老学派和《鹖冠子》一书的热潮。这四篇古佚书是战国时期黄老学派的代表作，其中多处引用《鹖冠子》的内容，此外，《鹖冠子》和《国语·越语》等书也有共通的地方。从而证明《鹖冠子》是先秦古书，绝非秦汉以后人所能伪造。唐兰先生的《马王堆出土〈老子〉乙本卷前古佚书的研究》一文对这四篇古佚书进行了研究、考证，认为这四篇古佚书即《汉书·艺文志》中著录的《黄帝四经》。[3]李学勤先生在《江汉考古》1983年第2期发表了《马王堆帛书与〈鹖冠子〉》一文，指出：

> 《鹖冠子》是很少人接触的一部子书，自唐柳宗元作《辨〈鹖冠子〉》，学者多以为是伪书。马王堆帛书出土以后，发现《鹖冠子》不少语句同帛书相合，才证实了此书的可信性。[4]

吴光先生天《浙江学刊》1983年第4期发表了《〈鹖冠子〉非伪

---

[1] 吕思勉：《经子解题》。
[2] 《十大经》有的学者称之为《十六经》。
[3] 唐兰先生的文章刊载于《考古学报》1975年第1期。
[4] 李学勤：《马王堆帛书与〈鹖冠子〉》，见《李学勤集——追溯·考据·古文明》，黑龙江教育出版社，1989年版。

书考辨》，两年后吴光先生又在浙江人民出版社出版了《黄老之学通论》，书中有专论《鹖冠子》的章节。李学勤先生在一篇文章中指出：

> 与此同时，国外对《鹖冠子》的探讨也一时兴起。例如日本学者细川一敏在1979年有文讨论《鹖冠子》同汉初黄老思想的关系；大形彻1982年有文论述《鹖冠子》的国家制度设计；德国学者诺格鲍尔（K.K.Neugebauer）1986年还出版了一本专著，题为《〈鹖冠子〉：对话诸篇的研究》。此外，还有以《鹖冠子》研究作为学位论文题目的。特别应该提到的是英国学者葛瑞汉（A.C.Graham）的论文《一部被勿视的汉以前哲学著作〈鹖冠子〉》，有不少新颖见解。[1]

当然，李学勤先生的文章发表时，国内外学术界对《鹖冠子》的研究方兴未艾，相关的著作和论文可谓层出不穷，其中有许多研究者都在自己的论著中以确凿的证据证明《鹖冠子》一书不是伪书。如吴光先生在《〈鹖冠子〉非伪书考辨》一文中详细地归纳了前人指斥《鹖冠子》为伪书的各种理由：1. 其书"尽鄙浅言"（柳宗元），"其辞杂黄老刑名，意皆鄙浅"（晁公武），"此书芜纇不训，诚难据为战国文字"（胡应麟）；2. "剽窃"《国语》《战国策》《鵩赋》，"以文饰其辞""附益其书"（黄云眉）；3. "司马迁不称《鹖冠子》，可见它非汉以前之书"（柳宗元）；4. 篇数"逐代增多"，可证其伪（姚际恒）。吴光先生对上述种种"理由"——加以驳斥，对《鹖冠子》一书篇数"逐代增多"问题进行了客观分析，认为上述

---

[1] 李学勤：《〈鹖冠子〉与两种帛书》，见《简帛佚籍与学术史》，江西教育出版社，2001年版，第85页。

"理由"没有一条能站住脚,从而证明《鹖冠子》不是伪书。吴先生根据自己的研究认为:"《鹖冠子》一书是战国末期至秦楚之际鹖冠子学派的集体著作","其成书时代应在西汉以前",只有《博选》《著希》等少数几篇可能成书于秦代。"基本上属于先秦古籍"。[1] 从而为《鹖冠子》一书平反昭雪,洗刷了《鹖冠子》背负了一千多年的"伪书"恶名。

### (三)《尉缭子》

战国时期的另外三种子书《尉缭子》《六韬》和《晏子》也因地下出土文献的发现而彻底改变了长期以来被视为伪书的命运。

《尉缭子》一书在《汉书·艺文志·诸子略·杂家》中著录为"《尉缭》(子)二十九篇",而在《汉书·艺文志·兵书略·兵形势》中则著录为"《尉缭》三十一篇"。而流传至今的《尉缭子》一书既不是二十九篇,也不是三十一篇,而是二十四篇。这引起后世不少学者对《尉缭子》一书的怀疑。宋代以后的许多学者都认为现存的《尉缭子》是伪书。宋濂认为宋朝元丰年间编印的兵法丛书《武经七书》中,只有《孙子兵法》《吴子兵法》和《司马法》三种是可信的,而黄石公的《三略》、吕望的《六韬》、李卫公的《问对》和《尉缭子》"则固后人依仿而托之者也,而杂然浑称无别,其或当时有司之失与?"[2] 陈振孙也对《尉缭子》可信性持怀疑态度。他说:"《汉志·杂家》有二十九篇,《兵形势》又有三十一篇,今书二十三篇,未知果当时本书否?"[3] 清人姚际恒说:"《汉志·杂家》有二十九篇,《兵家》有三十一篇,今二十四篇。其首《天官》篇,

---

[1] 吴光:《〈鹖冠子〉非伪书考辨》,刊载于《浙江学刊》1983年第4期。
[2] 宋濂:《诸子辨》。
[3] 陈振孙:《直斋书录解题》。

全仿《孟子》'天时不如地利'章为说，至《战威》章则直举其二语矣！岂为同一时之人，其言适相符合如是耶？其伪昭然。"[1] 清人姚鼐则说："《尉缭》之书，不能论兵形势，反杂商鞅刑名之说，盖后人杂取苟以成书而已。"[2] 近人张心澂在他的《伪书通考》中则明确地把《尉缭子》一书定为伪书。[3]

《六韬》在《汉书·艺文志·诸子略·儒家》中著录为《周史六弢》，颜师古注云："即今之《六韬》也。"《隋书·经籍志·兵家》有《太公六韬》五卷，《旧唐书·经籍志》和《新唐书·艺文志》兵家中均有《太公六韬》六卷。宋人叶适、周端朝、陈振孙、王应麟，明人黄震、胡应麟、焦竑，清人姚际恒、崔述等都认为《六韬》非周初姜太公所作，但他们中的大多数都认为此书是战国时人所伪托。如叶适说："《孙子》之论，至深不可测，而此四十三篇繁悉备举，似为《孙子》义疏也。其书言避正殿，乃战国后事，固当后于《孙子》。……其励军言礼将力将，欲练士各聚卒教战成三军，又本于吴起……诸子或妄相诋訾，或偶相崇，出于率尔，岂足据哉！"[4] 王应麟引唐氏说："春秋以前中国未有骑战，计必起于战国之时。今《六韬》言骑战最详，决非太公所作。当出于孙、吴之后，谋臣策士之所托也。"[5] 周端朝说："此书并缘吴起，渔猎其词，而缀缉以近代军政之浮谈，浅驳无可施用。"[6] 近人蒋伯潜则说："《六韬》内容浅驳，辞亦鄙俗，明为伪书，且非秦汉前依托太公之

---

[1] 姚际恒：《古今伪书考》。
[2] 姚鼐：《姚姬传全集》。
[3] 张心澂：《伪书通考·子部·兵家类》。
[4] 叶适：《习学记言》。
[5] 王应麟：《汉书艺文志考证》。
[6] 周端朝：《西麓涉笔》。

作."[1]张烈先生认为《六韬》即《史记·留侯世家》中圯上老人授与张良的《太公兵法》,应是秦汉之际的作品。[2]

《晏子》一书《汉书·艺文志·儒家》著录为八篇,《隋书·经籍志》、《旧唐书·经籍志》、《新唐书·艺文志》皆著录为《晏子春秋》七卷,《崇文总目》著录为十四卷,《宋史·艺文志》则著录为《晏子春秋》十二卷。后世之论是书者,都认为是书非春秋时晏婴自著,很可能是齐国的晏婴学派所著。宋代有的学者认为《汉志》所著录的《晏子》早已亡佚,唐宋以后所见的《晏子春秋》乃后人采婴行事为之,非《汉志》著录之旧。[3]柳宗元说:

> 司马迁读《晏子春秋》,高之,而莫知其所以为书。或曰晏子为之,而人接焉,或曰晏子之后为之,皆非也。吾疑其墨子之徒有齐人者为之。墨子好俭,晏子以俭名于世,故墨子之徒尊著其事,以增高为己术者。且其旨多尚同、兼爱、非乐、节用,非厚葬久丧者,是皆出墨子……自刘向、歆,班彪、固父子,皆录之儒家中。甚矣,数子之不详也!盖非齐人不能具其事,非墨子之徒,则其言不若是。后之录诸子书者,宜列之墨家。非晏子为墨也,为是书者,墨之道也。[4]

对柳宗元的说法,学界有赞同者,也有反对者。清人孙星衍

---

[1] 蒋伯潜:《诸子通考》,浙江古籍出版社,1985年版。
[2] 张烈:《六韬的作成年代》,见郑良树:《续伪书通考·子部》,台湾学生书局,1984年版,第1594—1597页。
[3] 见《崇文总目·子部·儒家》。
[4] 柳宗元:《辨〈晏子春秋〉》,见《柳宗元集》,中华书局,1979年版,第113—114页。

认为：

> 凡称子书，多非自著，无足怪者。柳宗元文人无学，谓墨氏之徒为之，可谓无识。[1]

而梁启超则说：

> 柳宗元谓墨子之徒有齐人者为之，盖近是。然其人并非能知墨学者，且其依托年代似甚晚，或不在战国而在汉初也。[2]

在山东临沂银雀山一号汉墓1972年出土的竹简中，有和《尉缭子》相符的简书共六篇。这六篇简书的内容与现在流传的《尉缭子》一书大体相同。但今本的篇名和简书有所不同，文字也有较大出入，可以肯定的是，今本《尉缭子》基本上没有后人增加的内容。这说明今本《尉缭子》是可信的先秦古书，而不是后人依仿、伪造之书。银雀山一号汉墓出土的竹简《尉缭子》引起学界的极大兴趣，很多学者围绕《尉缭子》一书展开了热烈的讨论。有的学者认为《汉志》中著录的两种《尉缭》实际上是同一种书，因为在中国古代目录学著作中有所谓"互著"的体例，[3] 在《汉书·艺文志》中同一种书著录于不同的部类的例证很多。《尉缭》在《汉书·艺

---

[1] 孙星衍：《晏子春秋序》。
[2] 梁启超：《汉书艺文志诸子略考释》。
[3] 目录学上最早提出"互著"这个概念的是清代的著名学者章学诚。所谓"互著"，即指某书在内容上跨学科或通两义，在分类编目时则各依其可隶入之类分别著录，使之互见。也就是同一种书在两个类目中相互著录。详见章学诚《校雠通义·互著篇》。

文志》分别著录于《诸子略·杂家》和《兵书略·兵形势》中，正是这种"互著"体例的具体体现，只是著录的抄本不同，故著录的篇数略有差别。[1]也有的学者认为《汉志》中兵家《尉缭》和杂家《尉缭》显然是内容不同仅署名相同的两本书，杂家的《尉缭》没有流传下来，今本是兵形势家《尉缭》。[2]还有的学者认为今本《尉缭子》应当是著录于《汉志·诸子略·杂家》中的《尉缭》，而著录于《兵书略·兵形势》中的《尉缭》在隋以前就已亡佚，宋代元丰年间编入《武经七书》的正是隋唐时杂家的《尉缭子》。[3]也有的学者认为《兵形势》中著录的《尉缭子》已佚，现存的《尉缭子》是《汉志·杂家》中著录的《尉缭》。只是后来因这部杂家中的《尉缭子》被编入《武经七书》中，人们才误以为《尉缭》是兵家著作。银雀山汉墓竹简整理组认为：

> 以前很多人认为今本《尉缭子》和《六韬》跟《汉书·艺文志》著录的《尉缭子》和《太公》无关，都不是先秦古籍。今本《晏子》也有人怀疑不是先秦的书。银雀山竹书的发现，证明这些看法是不对的。尽管今本《尉缭子》和《六韬》在编排上与《艺文志》所记不同，文字也与简本有很大出入，但是它们和以银雀山为代表的西汉古本的渊源关系是显而易见的……这两部书既然在西汉前期已经流传开来，其写成年代大概不会晚于战国。[4]

---

[1] 徐召勋：《互助与别裁》，载《学点目录学》，安徽教育出版社，1983年版。
[2] 钟兆华：《关于〈尉缭子〉某些问题的商榷》，《文物》1978年第5期。
[3] 张烈：《关于〈尉缭子〉的著录和成书》，载于《文史》第8辑。
[4] 银雀山汉墓竹简整理组：《银雀山汉墓竹简》（一），骈宇骞、段书安：《二十世纪出土简帛综述》，文物出版社，2006年版，第236页。

李学勤先生对银雀山一号汉墓出土的竹简《尉缭子》在文字上与今本的差异作了这样的解析：

> 临沂银雀山竹简《尉缭子》的发现，初看与今本不同，颇多深奥文字，细查可见也是经过类似改动，以致面目全非。这大概是由于《尉缭子》是兵书，更需要让武人能够学习理解。[1]

何法周先生依据银雀山汉墓出土的竹简《尉缭子》做出了如下的判断：

> 银雀山汉墓，已断定为西汉前期武帝初年的墓葬，那么，出土的《尉缭子》等兵书竹简的写作年代，则还应更早。这仅从其书写的字体（隶书中又带有明显的篆书风格），特别是不避汉初几个皇帝……的名讳等情况看，出土的各种兵书的书写年代尽管不会一致，但大体上都应在秦汉之际的前后。
>
> 这些情况说明：远在《史记》《汉书》成书之前，《尉缭子》一书就早已存在。并广泛流传，深有影响；它在后来的长期流传过程中，篇章虽可能有所散失，文字虽可能有所增删修改，但它是先秦古籍无疑。《汉书》附注中关于"六国时"著作的说法是可靠的；伪作之说不攻自破。[2]

---

[1] 李学勤：《对古书的反思》，见《简帛佚籍与学术史》，江西教育出版社，2001年版，第32页。

[2] 何法周：《〈尉缭子〉初探》，原载《文物》1977年第2期。

### (四)《文子》

文子是老子的弟子,名研,字文子,号计然。文子是道家学派的重要人物,与孔子同时,曾被越王勾践的谋臣范蠡尊奉为师。《史记·货殖列传》载:"昔者越王勾践困于会稽之上,乃用范蠡、计然。"裴骃《史记集解》引徐广曰:"计然者,范蠡之师也,名研。"裴骃又引《范子》一书云:"计然者,葵丘濮上人,姓辛氏,字文子,其先晋国亡公子也。尝南游于越,范蠡师事之。"范蠡用文子之计,灭掉吴国,使越王勾践成为春秋时代最后一位霸主。

《汉书·艺文志》道家类著录《文子》九篇。《隋书·经籍志》著录《文子》十二卷。唐代天宝元年玄宗诏封文子为"通玄真人",诏改《文子》为《通玄真经》,于是《文子》与《老子》《庄子》《列子》并列,成为道教的四部经典。柳宗元认为《文子》一书夹杂抄袭了儒、墨、名、法诸家语句,用以解释《道德经》,故称《文子》为"驳书"。柳宗元说:

> 《文子》书十二篇,其《传》曰老子弟子,其辞时有若可取,其指意皆本老子。然考其书,盖驳书也。其浑而类者少,窃取他书以合之者多。凡《孟》《管》辈数家,皆见剽窃,峣然而出其类,其意绪文辞叉牙相抵而不合。不知人之增益之欤,或者众为聚敛以成其书欤?[1]

由于柳宗元的影响,很多人都认为《文子》是汉唐之间的伪书,有的人认为《文子》是抄袭《淮南子》等书而成的作品。宋人

---

[1] 柳宗元:《辩文子》,见《柳宗元集》卷四,中华书局,1979年版,第1册,第109页。

周端朝说：

> 《文子》一书，诚如柳子厚所云"驳书"也。然不独其文聚敛而成，亦黄老名法儒墨诸家各以其说入之，气脉皆不相应。其称"平王"者，往往是楚平王。《序》者以为周平王时人，非也。[1]

宋人洪迈说：

> 其书一切以《老子》为宗，略无与范蠡谋议之事，所谓《范子》乃别是一书。马总只载其叙计然及他三事，云余并阴阳历数，故不取，则与《文子》了不同。《唐艺文志·范子计然》十五卷，注云"范蠡问，计然答"，列于农家，其是矣！而今不存。[2]

清人姚际恒说：

> 《汉志·道家》有《文子》九篇……然自班固时已疑依托，况未必当时本书乎！至以文子为计然之字，尤不可考信……河东之辨《文子》，可谓当矣！[3]

此外，宋人晁公武、陈振孙、黄震，明人宋濂、胡应麟，近

---

[1] 周端朝：《西麓涉笔》。
[2] 见张心澂：《伪书通考·子部·道家》，商务印书馆，1939年版，第695页。
[3] 姚际恒：《古今伪书考》。

人章炳麟、梁启超等也都认为《文子》是伪书，似乎《文子》是伪书已成定论。然1973年在河北定县八角廊村四十号汉墓出土的竹简中，发现有《文子》的残简，其中与今本《文子》相同的文字有六章，不见于今本的还有一些内容，或系《文子》的佚文。这一重要发现确证了流传至今的《文子》一书是西汉时早已存在的先秦古书，从而彻底推翻了前人关于《文子》是伪书的结论。唐兰先生在《〈老子〉乙本卷前古佚书与其他古籍引文对照表》之后的《附记》中说："《文子》与《淮南子》很多辞句是相同的。究竟谁抄谁，旧无定说。今以篇名袭黄帝之言来看，《文子》当在前。……《文子》中有很多内容为《淮南子》所无，也应当是先秦古籍之一。"[1] 李学勤先生指出：

> 八角廊竹简《文子》的释文最近已在《文物》月刊上发表。这项发现，改变了人们对《文子》的传统看法。[2]

李定生、徐慧君在《论文子》一文中主张：

> 《文子》是西汉已有的先秦古籍，它先于《淮南子》。《文子》虽经后人篡改润益，但不是伪书。[3]

---

[1] 见马王堆汉墓帛书整理小组编：《马王堆汉墓帛书·经法》，文物出版社，1976年版，第188—189页。

[2] 李学勤：《〈老子〉与八角廊简〈文子〉》，见王元化主编的《学术集林丛书》之《古文献论丛》，上海远东出版社，1996年版，第155页。

[3] 李定生、徐慧君：《论文子》，见二氏所著《文子要诠》，复旦大学出版社，1988年版。

台湾学者陈桂丽教授认为：

> 竹简《文子》固在《淮南子》之前，今本《文子》形成则当在《淮南子》之后，极有可能就在张湛注《列子》之后，隋以前。[1]

郭沂先生指出：

> 竹简《文子》残卷所引《老子》皆见于竹简本《老子》，说明作者尚未见到今本《老子》而仅见到竹简本《老子》，可见竹简《文子》《老子》两书可互证早出，加之两书的思想相当接近，由此可推断竹简《文子》应出自春秋末年的文子，文子确为老聃弟子，《汉书·艺文志》班固所载"老子弟子，与孔子同时"是正确的。[2]

## （五）《孔丛子》

《孔丛子》一书在《隋书·经籍志》《旧唐书·经籍志》和《新唐书·艺文志》中均著录为七卷，《隋书·经籍志》注云：陈胜博士孔鲋撰。从魏晋南北朝至北宋时期，未见有人提出《孔丛子》一书的真伪问题。北宋初期太平兴国年间李昉等编纂的大型类书《太平御览》总共引用《孔丛子》多达一百余条，其后宋神宗时代司马光等撰写《资治通鉴》，也曾大量引用《孔丛子》一书，表明当时人

---

[1] 陈桂丽：《从出土竹简〈文子〉看古今本〈文子〉与〈淮南子〉之间的先后关系及几个思想论题》，载于《哲学与文化》1996年第8期。
[2] 郭沂：《郭店竹简与先秦学术思想》，上海教育出版社，2001年版，第27页。

们并不怀疑《孔丛子》是伪书。最早为《孔丛子》作注的是北宋仁宗时代的宋咸。宋咸在《〈孔丛子注〉序》中说：

> 《孔丛子》者，乃孔子八世孙鲋字子鱼，仕陈胜为博士，以言不见用，托目疾而退，论集先君仲尼、子思、子上、子高、子顺之言，及己之事，凡二十一篇，为六卷，名之曰《孔丛子》，盖言有善而丛集之也。至汉孝武朝，太常孔臧又以其所为赋与书谓之《连丛子》上下篇为一卷附之。

宋咸在同一篇《序》中曾指出《孔丛子》书中有后人窜入的内容，但并不认为《孔丛子》是伪书。南宋的洪迈在其所著的《容斋随笔》中认为《孔丛子》一书不载于《汉书·艺文志》，且"其文略无楚汉间气骨"，因而怀疑《孔丛子》"岂非齐梁以来好事者所为乎？"南宋的朱熹在《朱子语录》中认为"《孔丛子》说话多类东汉人，其文气软弱，全不似西汉文字。兼西汉初若有此等话，何故略不见载贾谊、董仲舒所述？"因而认为"《孔丛子》乃其所注之人伪作"。此外晁公武的《郡斋读书志》、高似孙的《子略》、陈振孙的《直斋书录解题》、明人宋濂的《诸子辩》、胡应麟的《少室山房笔丛·九流绪论》、清人姚际恒的《古今伪书考》、孙志祖的《读书脞录》等，都认为《孔丛子》是伪书。[1]可见自南宋之后，学界几乎是异口同声，等于为《孔丛子》是伪书定了铁案。清人臧琳在《经义杂记》中则认为《孔丛子》和《孔子家语》等书一样，都是三国时魏人王肃所伪造。他说：

---

[1] 见张心澂：《伪书通考》，商务印书馆，1957年修订本，下册第748页。

尝疑《孔子家语》、孔安国《书传》、《孔丛子》皆出于肃手，故其文往往互相祖述。盖三书皆托之孔氏，以希人之尊信，用以改郑说而伸己意，驳郑氏非而证己是者，无不于此取之，故三书即肃之罪案也……又恐后人不信其说，因托之《家语》以证之，复恐后人并疑《家语》为己所私，故又著之《孔丛子》以证之。肃之诡计劳心，往往若此。非好学深思，心知其意者，恐急索解人不得也。

近人顾实赞同臧琳的王肃伪造说。他说：

《孔丛子》《孔子家语》二书并出王肃依托。清儒多谓《伪古文尚书》及《孔氏传》亦出肃手。故《孔丛子·论书篇》，其说与《伪孔传》《伪家语》并同，此即王肃伪造《孔丛》之证也。朱子以为注者伪作，殊不知宋咸注此书，咸固万无作此书之魄力也。[1]

1973年河北定县八角廊西汉墓出土的《儒家者言》竹简，是今本《孔子家语》的原型。1987年，李学勤先生在《孔子研究》杂志第2期上发表了《竹简〈家语〉与汉魏孔氏家学》一文。李先生在这篇文章中依据八角廊汉墓竹简，否定了王肃伪造《孔子家语》和《孔丛子》的旧说，最早提出为《孔子家语》和《孔丛子》两书正名。认为这在学术界引起很大反响。李先生在文章中说：

---

[1] 顾实：《重考古今伪书考》。

《孔丛子》也是长期公认的"伪书",从宋代朱子以来备受责难。书中所载东周史事确有很多不实,不足征信,前人已有仔细分析,[1] 但这部书的出现并不太晚。书中《连丛子》记到孔彦季之死,没有再下一代,可知最后的作者离孔彦季不远。西晋皇甫谧《帝王世纪》已引及此书,有明引也有暗引。

李先生在同一篇文章中还提出,《孔子家语》和《孔丛子》等书都是汉魏孔氏家学的产物,并且渊源有自,深入研究孔氏家学有重要意义。他说:

> 今传本古文《尚书》《孔丛子》《家语》,很可能陆续成书于孔安国、孔僖、孔季彦、孔猛等孔氏学者之手,有着很长的编纂、改动、增补的过程。这样说,并不是要夸大这几部书对研究史事的价值,而是想指出它们是汉魏孔氏家学的产物……从学术思想的角度深入探究孔氏家学,也许是解开《尚书》传流疑谜的一把钥匙。

《上海博物馆藏战国书》陆续面世后,为研究《孔丛子》的真伪提供了新的资料。有的学者还注意到,上博简的研究也与《孔丛子》伪书案的破解密切相关。李存山先生在《〈孔丛子〉中的"孔子诗论"》一文中认为:《孔丛子·记义》篇中有一大段孔子对《诗》的评论,与上博简《孔子诗论》有着内在的关系,可以将它们视为同一个体系而相互参释和补充。《孔丛子》中的"诗论"

---

[1] 钱穆:《先秦诸子系年》。

与上博简《诗论》都反映了先秦儒家早期说诗的风格和内容，而与汉代形成的《诗序》传统不同。《孔丛子》"诗论"对朱熹的《诗经集传》有一定影响，在从汉代诗学向宋代诗学的转变过程中起了一定的作用。[1]

黄怀信先生在《〈孔丛子〉的时代与作者》一文中仔细地梳理、分析了该书材料来源，认为《孔丛子》书中所记孔子、子思、子高的三部分均有原始材料为依据，有的来自《子思》书、子高的《谰言》、子顺的著作，其文字基本属于采辑旧材料或据旧材料加工而成。关于此书作者，黄先生认为前十八篇除《小尔雅》外均应看作是孔鲋的手笔，书中记孔鲋的一段可能出于孔鲋之弟孔子襄的手笔。至于全书最后的编订者，他认为是孔仲渊，即孔扶。黄怀信先生在文章中说：

> 《孔丛子》本书的初编定时间，当在汉平帝元始二年至王莽始建国元年之间，即公元2至9年。刘歆《七略》编在汉哀帝之世（从姚振宗说），因而不得著录其书，班固《汉志》本于《七略》，所以也不加著。[2]

除上述诸书以外，过去被认定为伪书的《六韬》《尹文子》等书也都被"平反昭雪"，学界对这些先秦诸子之书也都予以新的评价。李学勤先生对以往在辨伪工作造成的"冤假错案"得以"平反昭雪"有一段总结性的评价，他说：

---

[1] 李存山：《〈孔丛子〉中的"孔子诗论"》，原载《孔子研究》2003年第3期。
[2] 黄怀信：《〈孔丛子〉的时代与作者》，《西北大学学报》1987年第1期。

最近这些年，学术界非常注意新出土的战国秦汉时期的简帛书籍。大量发现的这种真正的"真本秘籍"，使我们有可能对过去古籍辨伪的成果进行客观的检验。事实证明，辨伪工作中造成的一些"冤假错案"，有必要予以平反。更重要的是，通过整理、研究出土佚籍，能够进一步了解古书在历史上是怎样形成的。我们还体会到，汉晋时期的学者整理、传流先秦古书，会碰到怎样复杂的问题，作出多么艰辛的努力，后人所不满意的种种缺点和失误又是如何造成的。我曾说过，"疑古思潮是对古书的一次大反思，今天我们应该摆脱疑古的若干局限，对古书进行第二次大反思。"[1]

## 五、许多久已亡佚的先秦子书重见天日

近半个世纪来地下出土的大批古籍中，有许多是久已亡佚的先秦诸子之书。这些极为珍贵的先秦子书重见天日，为中国古代思想史、学术史的研究提供了大量新资料，极大地开阔了人们的视野，提出了许多新的研究课题，为先秦史、先秦思想史、文化史的研究开辟了无限美好的前景。这些出土文献中有的见于《汉书·艺文志》的记载，有的不见于《汉志》的记载，有的是完整的先秦子书或其残本，有的是单篇的先秦诸子文章，其数量多达几十种，这里仅选择最重要或最有代表性的简单介绍如下。

---

[1] 李学勤：《谈"信古、疑古、释古"》，见李氏所著《古文献论丛》，上海远东出版社，1996年版，第335—336页。

## (一)《黄帝四经》

黄老学派是道家学派的一个重要分支,在春秋战国时期是一个非常活跃、颇有影响的学派。西汉初期,统治者曾把黄老之学当作"君人南面之术",[1]对于稳定社会秩序、发展社会生产发挥了重要作用。汉武帝"罢黜百家""独尊儒术"之后,黄老之学式微,黄老学派的许多著作逐渐亡佚。乃至后世学人对黄老学派的代表人物、主要著作以及黄老之学的宗旨等均不甚了了。《汉书·艺文志》中书名有"黄帝"二字之书多达二十一种,除《黄帝内经》外,其余已全部亡佚。而仅存的《黄帝内经》是一部古代医学典籍,并非严格意义上的黄老学派的政治哲学著作。两汉以后,人们对历史上的黄老学派愈来愈陌生,历代研究思想史、文化史、学术史的学者很少有人对黄老学派及其相关问题进行深入的研究探讨。有案可查的只有20世纪40年代至60年代郭沫若和蒙文通有少数几篇探讨黄老之学的文章。[2]

《黄帝四经》发现于长沙马王堆三号汉墓。这部古佚书抄写于帛书《老子》乙种本之前,帛书上未题写书名。书中包括《经法》《十大经》[3]《称》《道原》等四篇古佚书,共一万一千多字。马王堆

---

[1] 《汉书·艺文志》。
[2] 郭沫若:《稷下黄老学派的批判》,写于1944年9月,收进郭氏《十批判书》。蒙文通:在《杨朱学派考》一文中有"黄老考",作于1946年,原载《灵严学报》创刊号,后收进《古学甄微》。1961年蒙氏又另撰《略论黄老学》,亦收进《古学甄微》一书。
[3] 马王堆三号汉墓出土的帛书的释文公布后,一些学者经认真辨析,认为《十大经》应当隶定为《十六经》,后来的许多论著都称这一篇为《十六经》。若干年后李学勤先生又提出新说,认为"《名理》《十大》是章题,《经法》《经》是篇题"。主张"十六"仍释为"十大"。见《论〈经法·大分〉及〈经·十大〉标题》,载于《简帛佚籍与学术史》,江西教育出版社,2001年版,第294页。

汉墓帛书整理小组曾以《经法》的书名于1976年在文物出版社出版。经唐兰先生考证，认为这篇古佚书就是《汉书·艺文志》中著录的《黄帝四经》。[1] 唐兰先生的这一考证论据确凿，推理严密，得到学界同仁的广泛认同。正如陈鼓应先生所言："从目前来看，仍然是唐兰先生的说法论据为最强，影响也最大，为多数学者所接受。"[2] 李学勤先生对唐兰先生的考证也表示赞许，但他在自己的一些论著中则常称这四篇古佚书为《黄帝书》。钟肇鹏先生则称之为《黄帝帛书》，还有一些学者，如葛荣晋等则把这篇古佚书连同后面的《老子》一起称之为《黄老帛书》。尽管学界对这篇古佚书的称谓不同，但大家都认为这篇古佚书是早已亡佚的战国时代黄老学派的重要著作。很多学者都认为这部古佚书抄写在《老子》乙种本之前，表明这部古佚书至少是能与《老子》并列的黄老学派之经典。这篇极为珍贵、极为重要的古佚书的发现，是中国学术史上的重大事件，引起国内外学术界对黄老之学和黄老学派的极大研究兴趣，很多学者都积极参与研究、讨论，到目前为止，已经发表的相关学术论文的数量已难以精确统计，并且出版了一批研究和注释黄老之学的学术著作，如吴光的《黄老之学通论》，[3] 余明光的《黄帝四经与黄老思想》，[4] 丁原明的《黄老学论纲》，[5] 白奚的《稷下学研

---

[1] 唐兰：《马王堆出土〈老子〉乙本卷前古佚书的研究》，原载《考古学报》1975年第1期。

[2] 陈鼓应：《关于帛书〈黄帝四经〉成书年代等问题的研究》，《黄帝四经今注今译》，商务印书馆，2011年最新修订版。

[3] 浙江人民出版社，1985年版。

[4] 黑龙江人民出版社，1989年版。

[5] 山东大学出版社，1997年版。

究——中国古代的思想自由与百家争鸣》,[1] 陈鼓应的《黄帝四经今注今译——马王堆汉墓出土帛书》,[2] 王葆玹的《黄老与老庄》,[3] 曹峰的《近年出土黄老思想文献研究》,[4] 等等。通过大家的共同努力,学界对历史上的黄老之学和黄老学派的认知取得了重要进展。

陈鼓应先生对《黄帝四经》和黄老之学研究多年,他的研究成果和学术观点在学界颇有影响。陈鼓应先生在自己的著作中对黄老之学的特点做了如下的概括:

> (1)引法入道:周代礼制社会到春秋末已呈现礼崩乐坏之势,战国时代法制应时而兴,为治理政局所必需,黄老道家迎接时代思潮,乃在道论的前提下,援引礼、法以入道,《黄帝四经》开篇便揭示"道生法"的宗旨。(2)主时变:老子提示行动要掌握时机("动善时"),黄老更加强调主时变——掌握时代动脉,推动政治社会变革。(3)君臣各司其职:老子说"无为而无不为",意指不妄为就什么事情都做得好。黄老转化而为君主"无为"而臣下"无不为"——君主掌握基本方针政策("主道约"),不得越权干预下位者职务,各级官吏专职分工,各尽其能。黄老这一政治主张,影响至为深远(魏晋时期郭象注《庄子》,犹反复倡导黄老各司其职的观点)。此外黄老倡导以"虚无为本,因循为用"以及采各家之长、动用众智等,黄老是老学治道更加向现实世界落实的一派学说。[5]

---

[1] 三联·哈佛燕京学术丛书,三联书店,1998年版。
[2] 商务印书馆,2007年版。
[3] 中国人民大学出版社,2012年版。
[4] 中国社会科学出版社,2015年版。
[5] 陈鼓应:《〈黄帝四经今注今译〉北京商务印书馆重排版序》。

当前学术界关于《黄帝四经》和黄老之学的研究方兴未艾，新的研究成果仍在不断涌现，对一些热点问题仍有不同的意见。正如熊铁基和萧海燕在一篇文章中指出的那样：

> 首先，"黄老学"究竟如何界定？它包括哪些内容？最近淄博的学术会上，吴光先生进一步明确提出："稷下道家非黄老学派"，否认郭沫若"稷下黄老学派"（实际上还有蒙文通）之说。人们所说的《管子》《心术》等四篇，"也不能定其为黄老"，等等。可见，进一步研究、界定"黄老学"仍是一个问题。还有如来自台湾地区的黄汉光就不同意《吕氏春秋》《淮南子》是黄老之学的著作。讨论黄老学有哪些著作也是一个问题。[1]

在学术研究中有分歧、有交锋是很正常的，有利于把学术研究不断地引向深入。当然，当前在《黄帝四经》和黄老之学研究中分歧和不同观点远不止熊铁基等先生指出的那些。

### （二）《战国纵横家书》

出土于长沙马王堆三号汉墓的《战国纵横家书》抄写在帛上，共325行，总计11000余字。全文分27章，其中有11章的内容见于今本《战国策》和《史记》，文句与两书大体一致，另16章则属佚文，是西汉司马迁和刘向等都没有见过的珍贵史料。这部古佚书原本没有题写书名，因其内容和性质与《战国策》一书基本相同，记载战国后期苏秦等纵横家的游说活动，整理者遂定名为《战国纵

---

[1] 黄汉光：《黄老之学析论》，台湾鹅湖出版社，2000年版。

横家书》。这部古佚书经过专家们的整理于1976年在文物出版社出版。为方便读者阅读和引用书中的史料,整理者为全书的每一章都添加了标题。帛书中避高祖刘邦讳,应是汉惠帝时的抄本。书中反映了战国后期一些重大历史事件及各国之间相互争斗的错综复杂关系,具有很高的史料价值。战国时期纵横家们的活动和他们的游说之辞主要收集于西汉后期文献学家、目录学家刘向编纂的《战国策》一书中。而今天我们见到的《战国策》并非刘向当年编辑整理的三十三卷原本。正如杨宽先生所说:

> 刘向所编《战国策》,东汉高诱做过注解,但是流传到北宋时,已有散佚。在《崇文书目》中,三十三篇的《战国策》已缺十一篇,二十卷的《战国策》高诱注已缺十二卷。后来曾巩访求某些士大夫的家藏本加以补充,才重新编成三十三篇,成为《战国策》,其中就有些是后人把《史记》中某些记载摘录补充进去的……《战国策》既有残缺,又很杂乱,因此这部同类性质的帛书的出土,很值得我们重视,既可用来作比较研究,更可以补充《战国策》的不足。[1]

通过与帛书《战国纵横家书》的比较研究,我们可以发现:《战国策》和《史记》所载,往往错误地把苏秦活动的年代大大提前了。司马迁在《史记》一书中曾把主张合纵的苏秦写成与主张连横的张仪是针锋相对的政治对手,双方的斗争你来我往,紧张而又激烈。但是根据帛书《战国纵横家书》的记载,苏秦与张仪原本不

---

[1] 杨宽:《马王堆帛书〈战国纵横家书〉的史料价值》,载于《战国纵横家书》,文物出版社,1976年版,第157页。

是同一时期的历史人物,与张仪同时而相互斗争的是主张合纵的公孙衍,而不是苏秦。当年张仪在国际舞台上大显身手时,苏秦还仅仅是个籍籍无名的后辈。《史记》书中把苏秦的哥哥苏代的一些事迹错误地安在了苏秦身上。刘向显然是受到司马迁的影响,故在《战国策书录》中说:

> 苏秦初欲横,秦弗用,故东合纵。及苏秦死后,张仪连横,诸侯听之,西向事秦。[1]

博学多识的司马迁和刘向这样赫赫有名的史学大家竟然如此前后颠倒,张冠李戴,皆因未能见到这部《战国纵横家书》中的相关记载所致。由此更可以证明帛书《战国纵横家书》史料价值之珍贵。唐兰先生说:

> 帛书《战国纵横家书》的发现,是我国考古事业的又一重大收获。它纠正了过去所传苏秦事迹的许多错误,作为纵横家主要人物苏秦的传记,在见到这部重要资料以后将要重写。[2]

### (三)《孙膑兵法》

孙膑是战国中期著名的军事家,约与孟轲、商鞅、庄周等为同

---

[1] 《战国策附录》,见《战国策》,上海古籍出版社,1985年版,下册,第1197页。
[2] 唐兰:《司马迁所没有见过的珍贵史料——长沙马王堆帛书〈战国纵横家书〉》,见《马王堆汉墓帛书·战国纵横家书》,文物出版社,1976年版,第138页。

时代人。司马迁在《史记·孙子吴起列传》中说:"孙武既死,后百余岁有孙膑。膑生阿鄄之间,膑亦孙武之后世子孙也。"《孙膑兵法》是继《孙子兵法》之后产生的另一部重要军事著作,又称《齐孙子》。《汉书·艺文志》说:"《齐孙子》八十九篇。"颜师古注曰:"图四卷",并称作者为"孙膑"。大约在东汉至魏晋南北朝期间,《孙膑兵法》亡佚,《隋书·经籍志》中已不见著录。1972年4月,《孙膑兵法》在山东临沂银雀山汉墓中与《孙子兵法》等其他四部兵法一起出土,使这部久已亡佚的兵书重新问世。《孙膑兵法》竹简出土440余枚,[1]共11000余字。这批竹简由于自然剥蚀和出土时发掘方面的原因,残断散乱非常严重,有的已无法恢复原貌。经过考古工作者和古文字专家整理、考释,将出土的《孙膑兵法》编纂为上、下两编,每编各15篇。上编直接辑录孙膑的有关事迹和言论,下编是否完全属于孙膑的论著,尚难准确判断。1975年2月和7月,银雀山汉墓竹简整理小组编写的两种不同版本的《孙膑兵法》先后由文物出版社公开出版,既有简装的普及本,也有包括竹简图版和释文的大开线装本。1984年,中华书局出版了张震泽的《孙膑兵法校理》一书,对《孙膑兵法》的文字和各篇涉及的史实进行了细致的梳理、考证,为进一步深入研究《孙膑兵法》做出了贡献。1985年和2010年,文物出版社又先后出版了八开本的《银雀山汉墓竹简·孙膑兵法》,将下编移出,补入下编的"五教法"一篇,共16篇,文字亦多有修改。其篇目依次为:擒庞涓、见威王、威王问、陈忌问垒、篡卒、月战、八阵、地葆、势备、兵情、

---

[1] 据山东博物馆临沂文物组《临沂银雀山汉墓发掘简报》称,当时发现的《孙膑兵法》竹简是364枚,后来整理时陆续又发现70余枚竹简也属于《孙膑兵法》。

行篡、杀士、延气、官一、五教法、强兵。

银雀山出土的《孙膑兵法》已非《汉书·艺文志》所载《齐孙子》之旧貌。既无4卷之图，也无89篇之多。其中的一些篇残损严重，有的甚至全篇只余寥寥数语。但通过这些断篇残简，人们仍可大体上窥见《孙膑兵法》之梗概，文字较全的若干篇对于研究孙膑的军事思想及其对《孙子兵法》的继承和发展仍有极高的文献价值和史料价值，甚至可以订正司马迁《史记》一书的错误。银雀山汉墓的发掘者和整理者之一的吴九龙先生说：

> 《史记·孙子吴起列传》记载齐魏桂陵之役颇为详细，但根本未提及庞涓。至十二年后的马陵之役，才记载庞涓自杀，魏惠王太子申被俘。银雀山汉简0214号简文谓孙膑擒庞涓于桂陵，与《史记》记载显然矛盾。桂陵、马陵二役都是齐魏两国间的大战，战争过程也很相似，魏国于此二役中都遭到惨重失败，而马陵之役所受打击尤为巨大。因此桂陵之役的事件被后人误认为马陵之役的事件是有可能的。从现有材料来看，孙膑擒庞涓确有可能在桂陵而不在马陵。[1]

由此可见《孙膑兵法》史料价值之高。

### （四）西汉古本《论语》

河北定州八角廊四十号汉墓中发掘出西汉时代的竹简本《论语》，是目前发现的《论语》一书最早的写本。众所周知，《论语》一书在西汉主要流行三种本子，即《鲁论语》《齐论语》和《古文

---

[1] 吴九龙：《银雀山汉简释文·叙论》，见《银雀山汉简释文》，文物出版社，1985年版，第17页。

论语》,分别简称为《鲁论》《齐论》和《古论》。《齐论》和《鲁论》因传授者分别为西汉时的齐人和鲁人而得名,两者都是汉代的今文《论语》。《古论》在汉武帝时发现于孔子故宅墙壁中,因为是用先秦古文字写成的,故称《古论》。《鲁论》共二十篇,《古论》比《鲁论》多出《子张》一篇,即《古论》中有两篇《子张》,共二十一篇。《齐论》比《鲁论》和《古论》多出《问王》[1]和《知道》两篇,而没有《古论》中的多出的《子张》篇,共二十二篇。三种本子各篇的章句和文字也互有不同。[2]西汉的张禹早年先从夏侯建学习《鲁论》,后来又从庸生、王吉学习《齐论》,张禹择善而从,合而考之,综合诸家,各有取舍,改编成新的《论语》本子。汉元帝时张禹官居太子太傅,他用自己改编的《论语》本子教授太子,即后来的汉成帝。汉成帝即位后张禹晋升为宰相,并封安昌侯,因而张禹改编的《论语》本子便被称为《张侯论》。由于张禹爵尊位高,《张侯论》在社会上广为流行。东汉后期的熹平石经即以《张侯论》为底本。东汉末年郑玄和魏晋何晏为《论语》作注,都以《张侯论》为底本,于是《张侯论》遂成定本,其他各种《论语》本子便陆续亡佚,流传至今的《论语》实际上就是《张侯论》。李学勤先生鉴于八角廊汉墓《论语》与今本《论语》文字和分章等差别较大,推论八角廊汉墓《论语》"不会是《鲁论》系统的本子。考虑到《古论》流传不广,《齐论》的可能性更大一些"[3]。也有的学

---

[1] 因孔子经常与弟子谈论玉,并用玉比喻君子之德,古文字中"王"与"玉"两字因形近而易混,故南宋王应麟、清人朱彝尊等学者认为《齐论》中的《问王》应是《问玉》之误。

[2] 详参何晏《论语集解序》。

[3] 李学勤:《八角廊汉简儒书小议》,见《简帛佚籍与学术史》,江西教育出版社,2011年版,第391页。

者认为八角廊汉墓《论语》是《鲁论》。[1] 无论《齐论》或《鲁论》,都是早已亡佚的古本《论语》,对于研究《论语》在汉代的形态都有很高的文献学价值。可惜的是八角廊汉墓《论语》是残本,文字缺损太多,残存的文字还不足今本文字的二分之一,因而其文献价值大打折扣。江西南昌西汉海昏侯刘贺墓是2015年度全国十大考古发现之一,2017年8月,从南昌传来重大消息:海昏侯墓中发现了失传一千八百余年的《齐论语》!这一重大消息在学界引起轰动。因为在海昏侯墓出土的竹简中发现了《论语》篇名"智道"字样,"智道"即"知道",在西汉流传的三种《论语》中,唯有《齐论》中有《知道》篇。因此海昏侯墓中发现的《论语》是西汉早期的《齐论》应是确切无疑的。《汉书·艺文志》说:

> 传《齐论》者,昌邑中尉王吉、少府宋畸、御史大夫贡禹、尚书令五鹿充宗、胶东庸生,唯王阳名家。

颜师古注云:"王吉字子阳,故谓之王阳。"据《汉书》记载,刘贺为昌邑王时,传《齐论》的名家王吉"举贤良为昌邑中尉",因昌邑王刘贺"不好书术而乐逸游","驱驰国中,动作亡节",王吉曾多次上疏劝谏昌邑王刘贺,刘贺曾为此而奖赏王吉。[2] 因而在海昏侯刘贺墓中发现《齐论》就不足为奇了。当然,海昏侯墓发现的大批竹简仍在整理中,竹简的释文尚未正式发表,我们期盼这批竹简的释文早日公之于世!这对于我们研究汉代的《齐论》至关重要。

---

[1] 单承彬:《定州汉墓竹简本〈论语〉为〈鲁论〉考》,《文史》2001年第3期。

[2] 详见《汉书·王吉传》。

### （五）《儒家者言》

河北定县八角廊西汉墓1973年出土的竹简《儒家者言》共二十七章，其内容以记载孔子及其弟子的言行为主。说来也巧，时隔四年的1977年，在安徽阜阳双古堆一号汉墓中也出土了一组内容大致相同的竹简，整理者遂将这一组竹简也命名为《儒家者言》。何直刚先生认为："《儒家者言》虽然成书于战国晚期，但它并不是一时或一人的创作，当是汇集传闻而成书的。书中的不少内容在《论语》以及更早的著作中都可以找到渊源线索。"[1] 何先生还说：

> 就二十七章简文计，它所涉及到的古籍，便有《礼记》《大戴礼记》《晏子春秋》《荀子》《吕氏春秋》《新书》《说苑》《新序》《韩诗外传》《孔子家语》《史记》以及《淮南子》等。《儒家者言》在有些典籍中只占一章或几章，在《孔子家语》中有十章，《说苑》内有十六章。[2]

何先生在同一篇文章中还指出：《儒家者言》这部书"是二千年前的古本，涉及了不少古籍"，"因而，这部书作为校刊古籍也是很有版本价值的。"有的学者认为《儒家者言》应是《孔子家语》的原型，干脆就把这两部书称为竹简本《孔子家语》。这两部亡佚已久的《儒家者言》相继问世，除了自身有很高的文献价值外，还对我们探讨孔氏家学的传承和发展过程有重要的学术价值。李学勤先生依据这一发现推断：

---

[1] 何直刚：《〈儒家者言〉略说》，载于《考古学报》1981年第8期。
[2] 同上。

今传本古文《尚书》《孔丛子》《家语》，很可能陆续成于孔安国、孔僖、孔季彦、孔猛等孔氏学者之手，有着很长的编纂、改动、增补的过程。这样说，并不是要夸大这几部书对研究先秦史事的价值，而是想指出指出它们是孔氏家学的产物。[1]

这样的认识在两部《儒家者言》问世之前不可能产生的。同时，这两部《儒家者言》的重见天日也为我们摘掉《孔子家语》和《孔丛子》这两部重要古籍的"伪书"帽子提供了最有力的证据。李学勤先生说：

根据整理研究近年发现简牍帛书的经验，我认为：古书的形成每每要有很长的过程。除了少数书籍被立于学官，或有官本，一般都要经过改动变化，很多书在写定前，还有一段口传的过程。尤其在民间流传的，变动尤甚，因而，对古书的形成和流传不可用静止的观点去看待。《家语》也就是其间的一个例子。[2]

### （六）《性自命出》与《性情论》

郭店简中的《性自命出》和上博简中的《性情论》是同一种儒家佚籍，两篇的文字基本相同，只是竹简的抄写方式略有差异。上博简的《性情论》全文分为六章，各章之间均用扁墨钉（■）加以隔断。而郭店简的《性自命出》则分为上下两篇，各章之间未加隔断符号。这两篇在原简上均未标写题目，《性自命出》和《性

---

[1] 李学勤：《竹简〈家语〉与汉魏孔氏家学》，见《简帛佚籍与学术史》，江西教育出版社，2001年版，第386页。
[2] 同上，第382页。

情论》都是两批竹简的整理者根据文意各自拟定的。郭店楚简出土之前曾被盗墓者扰乱，但相对上博简而言竹简保存比较完好，凡是上博简中《性情论》缺损的部分，皆可依据郭店简的《性自命出》来加以补充。《性自命出》和《性情论》是近年来地下出土的先秦儒家典籍中内容最为重要、最引人瞩目的一篇佚文，在这篇佚文中蕴含着丰富的心性思想，对于研究战国时代儒家思孟学派的心性学说有着极为重要的学术价值。廖名春认为郭店楚简《性自命出》中的"这种心性论距孔子、《中庸》最近"，认为《中庸》"天命之谓性，率性之谓道，修道之谓教"与《性自命出》简文比较，"颇有如出一辙之感。"[1]《性自命出》中关于性命相通、性之善恶、性情一致、心自性出、身心一致等观点，对理解孔孟之间儒家心性学说的发展具有重要意义。姜广辉先生认为郭店楚简中的《性自命出》很可能出自子思之手。他说：

> 《中庸》一书反映了子思成熟的思想，其起首言"天命之谓性，率性之谓道，修道之谓教。此三句隐括了《郭店楚墓竹简》中《性自命出》的内容"。

又说：

> 《性自命出》与《中庸》思想脉络一致。而"天命之为性"或"性自命出"这类思想言论并不见于其他先秦古籍。又因为《中庸》较《性自命出》更为凝炼而概括，所以《性自命出》

---

[1] 廖名春：《荆门郭店楚简与先秦儒学》，中国哲学》第二十辑，辽宁教育出版社，1999年版，第59页。

应早于《中庸》。如果说《中庸》一书为子思所作,那我们可以据此推断《性自命出》亦为子思所作。[1]

郭店楚简中的《性自命出》有这样的记载:

性自命出,命自天降。道始于情,情生于性。始者近于情,终者近于义。知情者能出之,知义者能纳之。

庞朴先生对这段论述进行了深入解析。他指出:

在这个天—命—性—情—道的程式中,性是居中的核心,命和情,是性之所自出与所出;天,前已说过,不是外在的自然或上帝,而是社会力;至于道,需要特别强调指出的是,它也不是天道,而是人道。这是此一学派的重要特色。在这批楚简儒书中,除《五行》篇外,一律不谈天道,并且一再说道有多好,"唯人道为可道也""是以君子,人道之取先"。这一特色,当然和这个学派致思路向有关,是它向内求索的明显标志。[2]

庞朴先生还特别提醒读者注意:

真情流露是儒家精神的重要内容。真情流露就是率性,"率性之谓道",后来《中庸》开篇的第二句话,大概是应该以

---

[1] 姜广辉:《郭店楚简与〈子思子〉——兼谈郭店楚简的思想史意义》,《中国哲学》第二十辑,辽宁教育出版社,1999年版,第84页。
[2] 庞朴:《孔孟之间——郭店楚简中的儒家心性说》,《中国哲学》第二十辑,辽宁教育出版社,1999年版,第30页。

楚简的思想来解释,方才可以捉住要领的。[1]

庞朴先生对《性自使出》的这些分析和见解都是很有见地、非常精到的。

---

[1] 庞朴:《孔孟之间——郭店楚简中的儒家心性说》,《中国哲学》第二十辑,辽宁教育出版社1999年版,第31页。

# 参考文献

顾栋高：《春秋大事表》，《清经解续编》本，上海书店1988年缩印南菁书院本。

陈槃：《春秋大事表列国爵姓及存灭表譔异及续编》，载台湾史语所集刊第26至39本上。

吕文郁：《周代采邑制度研究》，台湾文津出版社1992年版。

金景芳：《论井田制度》，齐鲁书社1982年版。

泷川资言：《史记会注考证》，上海古籍出版社1986年出版缩印本。

侯外庐：《中国古代社会史论》，人民出版社1955年版。

日知等：《古代城邦史研究》，人民出版社1988年版。

段玉裁：《说文解字注》，上海古籍出版社1981年影印经韵楼藏本。

陈梦家：《殷虚卜辞综述》，中华书局1988年重印本。

顾炎武撰、黄汝成集释：《日知录集释（外七种）》，上海古籍出版社上1985年据清道光十四年嘉定黄氏西谿草庐重刊定本影印。

张载：《张载集》，中华书局1978年版。

程瑶田：《宗法小记》，《清经解》本，上海书店1988年缩印本。

王国维：《观堂集林》，中华书局1959年影印商务印书馆本。

竹添光鸿：《左氏会笺》，台湾新文丰出版公司1978年影印日本《汉文大系》本，见《大系》第一〇、一一两卷。

洪迈：《容斋随笔》，上海古籍出版社1978年版。

汪中：《述学》，《四部丛刊》初编第三〇七册。

龚自珍：《古史钩沉论》，《四部丛刊》初编第三〇七册。

洪亮吉：《洪江北诗文集》，《四部丛刊》初编第二九八册。

郑玄：《三礼注》，见中华书局影印原世界书局《十三经注疏》本。

方诗铭等：《古本竹书纪年辑证》，上海古籍出版社1981年版。

刘向撰、赵善诒疏证：《说苑疏证》，华东师范大学出版社1985年版。

刘岱主编：《中国文化新论》（十册），台湾联经出版事业公司1984年版，三联书店1991年影印联经出版事业公司版。

马一浮：《泰和会语》，《马一浮新儒学论著辑要》，中国广播电视出版社1995年版。

邹衡：《夏商周考古学论文集》，文物出版社1980年版。

舒大刚：《春秋时期少数民族的分布和迁徙》，1993年吉林大学研究生院打印本。

罗运环：《楚国八百年》，武汉大学出版社1992年版。

萧兵：《楚辞文化》，中国社会科学出版社1990年版。

何光岳：《楚源流史》，湖南人民出版社1988年版。

俞樾：《诸子平议》，中华书局1959年版。

杨希枚：《先秦文化史论集》，中国社会科学出版社1995年版。

冯天瑜等：《中华文化史》，上海人民出版社1990年版。

金景芳等：《孔子新传》，湖南出版社1991年版。

阴法鲁等：《中国古代文化史》1—3册，北京大学出版社1989—1991年版。

柳诒徵：《中国文化史》上、下，中国大百科全书出版社1988年版。

高明主编：《中华文化百科全书》，台湾黎明文化事业公司1984年版。

吕思勉：《先秦史》，香港太平书局1980年据开明书店1941年版重印。

金景芳：《中国奴隶社会史》，上海人民出版社1983年版。

童书业：《春秋史》，山东大学出版社1986年版。

杨宽：《战国史》，上海人民出版社1980年版。

李学勤：《东周与秦代文明》，文物出版社1984年版。

李学勤：《李学勤集》，黑龙江教育出版社1989年版。

钱穆：《先秦诸子系年》上、下，中华书局1985年据香港大学出版社1956年增订本影印。

金德建：《先秦诸子杂考》，中州书画社1982年版。

杨向奎：《宗周社会与礼乐文明》，人民出版社1992年版。

童书业：《先秦七子思想研究》，齐鲁书社1982年版。

罗根泽：《诸子考索》，人民出版社1958年版。

严灵峰：《周秦汉魏诸子知见书目》（一至六卷），台湾正中书局1975—1979年版。

蒋伯潜：《诸子通考》，浙江古籍出版社1985年版。

蒋伯潜：《诸子学纂要》，台湾正中书局1981年版。

侯外庐等：《中国思想通史》第一卷，人民出版社1958年版。

冯友兰：《中国哲学史》上，中华书局1961年用商务印书馆旧型重印。

冯友兰：《中国哲学史新编》第一册，人民出版社1962年版。

孙叔平：《中国哲学史稿》上册，上海人民出版社1980年版。

萧萐父、李锦全主编：《中国哲学史》上，人民出版社1982年版。

蒋大椿主编：《史学探渊》，吉林教育出版社1991年版。

司马迁：《史记》，中华书局标点本。

高诱：《淮南子注》，《诸子集成》本。

班固：《汉书》，中华书局标点本。

陈国柱：《汉书艺文志注释汇编》，中华书局1983年版。

魏徵等：《隋书·经籍志》，中华书局标点本。

刘昫等：《旧唐书·艺文志》，中华书局标点本。

欧阳修等：《新唐书·艺文志》，中华书局标点本。

脱脱：《宋史·艺文志》，中华书局标点本。

马端临：《文献通考》，中华书局1986年据商务印书馆《十通》本影印。

杜佑：《通典》，中华书局1984年据商务印书馆《十通》本影印。

郑樵：《通志》，中华书局1987年据商务印书馆《十通》本影印。

晁公武：《郡斋读书志》，《续古逸丛书》本。

陈振孙：《直斋书录解题》，《丛书集成初编》本。

孙诒让：《周礼正义》，《四部备要》本。
胡培翚：《仪礼正义》全三册，江苏古籍出版社1993年版。
孙希旦：《礼记集解》全三册，中华书局1989年版。
王聘珍：《大戴礼记解诂》，中华书局1983年版。
崔述；《崔东壁遗书》，上海古籍出版社1983年版。
余嘉锡：《世说新语笺疏》，中华书局1983年版。
杨伯峻：《春秋左传注》全四册，中华节局1981年版。
王连生等：《国语译注》，吉林文史出版社1991年版。
缪文远：《战国策新校注》上、下，巴蜀书社1987年版。
缪文远：《战国策考辨》，中华书局1984年版。
杜国庠：《杜国庠文集》，人民出版社1962年版。
章学诚：《章学诚遗书》，文物出版社1985年版。
叶瑛：《文史通义校注》上、下，中华书局1994年版。
陆德明：《经典释文》，中华书局1983年版。
梁启超：《中国学术思想变迁之大势》，《饮冰室合集》本。
章太炎：《国学讲演录》，华东师范大学出版社1995年版。
吕思勉：《论学集林》，上海教育出版社1987年版。
吕思勉：《先秦学术概论》，中国大百科全书出版社1985年版。
吴承仕：《经典释文序录疏证》，《吴检斋遗书》本，中华书局1984年版。
罗根泽：《古史辨》第四册，上海古籍出版社1982年据北京朴社1933年版影印。
罗根泽：《古史辨》第六册，上海古籍出版社1982年据开明书店1938年版影印。
马王堆汉墓帛书整理小组：《战国纵横家书》，文物出版社1976

年版。

朱熹：《论语集注》，中华书局1957年版。

刘宝楠：《论语正义》，《诸子集成》本。

钱穆：《论语新解》，巴蜀出版社1985年版。

杨伯峻：《论语译注》，中华书局1980年版。

焦循：《孟子正义》，《诸子集成》本。

钱穆：《孟子研究》，开明书店1948年版。

杨伯峻：《孟子译注》，中华书局1960年版。

陈训章：《孟子管窥》，《国学丛书》本，台湾黎明文化事业公司1984年版。

王先谦：《荀子集解》，《诸子集成》本。

梁启雄：《荀子简释》，古籍出版社1957年版。

杨柳桥：《荀子诂译》，齐鲁书社1985年版。

廖名春：《荀子新探》，台湾文津出版社1994年版。

王弼：《老子道德经注》，见楼宇烈校释《王弼集校释》，中华书局1980年版。

魏源：《老子本义》，《诸子集成》本。

马叙伦：《老子校诂》，中华书局1974年版。

高亨：《老子正诂》，开明书店1943年版，中国书店1988年影印。

钱穆：《老子辨》，中国书店1988年据大华书局1935年版影印。

马王堆汉墓帛书《老子》，文物出版社1976年版。

任继愈：《老子新译》，上海古籍出版社1978年版。

张松如：《老子说解》，齐鲁书社1989年版。

陈鼓应：《老子注译及评介》，中华书局1984年版。

王夫之：《庄子解》，中华书局1964年版。

郭庆藩:《庄子集释》,《诸子集成》本,《新编诸子集成》本。
陈鼓应:《庄子今注今译》,中华书局1983年版。
郎擎霄:《庄子学案》,天津古籍出版社1990年版。
陆钦:《庄子通义》,吉林人民出版社1994年版。
孙诒让:《墨子閒诂》,《诸子集成》本。
张纯一:《墨子集解》,成都古籍书店1988年据世界书局1936年版影印。
马宗霍:《墨子閒诂参正》,齐鲁书社1984年版。
梁启超:《墨子学案》,中华书局1936年版。
章诗同注:《商君书》,上海人民出版社1974年版。
高亨:《商君书注译》,中华书局1974年版。
蒋礼鸿:《商君书锥指》,中华书局1986年版,《新编诸子集成》本。
王先慎:《韩非子集解》,《诸子集成》本。
陈奇猷:《韩非子集释》,上海人民出版社1958年版。
梁启雄:《韩子浅解》,中华书局1960年版。
中国军事史编写组:《武经七书注释》,解放军出版社1986年版。
银雀山汉墓竹简整理小组:《孙子兵法》,文物出版社1976年版。
曹操等:《孙子十家注》,《诸子集成》本。
中国人民解放军军事科学院《孙子》注释小组:《孙子兵法新注》,中华书局1977年版。
杨炳安:《孙子会笺》,中州古籍出版社1986年版。
银雀山汉墓竹简整理小组:《孙膑兵法》,文物出版社1975年版。
刘心健:《孙膑兵法新编注译》,河南大学出版社1989年版。
李零:《司马法译注》,河北人民出版社1992年版。

钟兆华：《尉缭子校注》，中州书画社1982年版。

高诱：《吕氏春秋注》，《诸子集成》本。

陈奇猷：《吕氏春秋校释》，学林出版社1984年版。

张双棣等：《吕氏春秋译注》，吉林文史出版社1986年版。

毛礼锐等：《中国教育通史》第一卷，山东教育出版社1985年版。

喻本伐：《中国教育发展史》，华中师范大学出版社1991年版。

王越等：《中国古代教育史》，吉林教育出版社1988年版。

韩养民等：《中国古代节日风俗》，《中国风俗丛书》之一，陕西人民出版社1987年版。

李晓东：《中国封建家礼》，《中国风俗丛书》之一，陕西人民出版社1986年版。

常金仓：《周代礼俗研究》，台湾文津出版社1993年版。

李衡眉：《中国古代婚姻史论集》，吉林文史出版社1992年版。

李约瑟：《中国科学技术史》，科学出版社1975年版。

张汝舟：《二毋室古代天文历法论丛》，浙江古籍出版社1987年版。

陈遵妫：《中国天文学史》，上海人民出版社1980年版。

郭宝钧：《中国青铜器时代》，三联书店1963年版。

许嘉璐：《中国古代衣食住行》，北京出版社1988年版。

中国社会科学院考古研究所：《新中国的考古发现和研究》，文物出版社1984年版。

朱熹：《诗集传》，上海古籍出版社1980年版。

王安石撰、邱汉生辑校：《诗义钩沉》，中华书局1982年版。

吴闿生：《诗义会通》，中华书局1959年版。

高亨：《诗经新注》，上海古籍出版社1980年版。

王先谦:《诗三家义集疏》,中华书局1987年版。

陈子展:《诗经直解》上、下,复旦大学出版社1983年版。

王逸:《楚辞章句》,商务印书馆《万有文库》本。

朱熹:《楚辞集注》,上海古籍出版社1979年版。

洪兴祖:《楚辞补注》,中华书局1957年版。

王夫之:《楚辞通释》,上海人民出版社1975年版。

汤炳正:《屈赋新探》,齐鲁书社1984年版。

詹安泰:《离骚笺疏》,湖北人民出版社1981年版。

林庚:《天问论笺》,人民文学出版社1983年版。

魏炯若:《离骚发微》,四川人民出版社1980年版。

闻一多:《离骚解诂》,上海古籍出版社1985年版。

郭沫若:《屈原赋今译》,《郭沫若全集》文学编第5卷,人民文学出版社1984年版。

姜亮夫:《楚辞学论文集》,上海古籍出版社1984年版。

姜亮夫:《屈原赋今译》,北京出版社1987年版。

聂石樵:《楚辞新注》,上海古籍出版社1980年版。

张松如等:《中国诗歌史》(先秦两汉卷),吉林大学出版社1988年版。

赵明等:《先秦大文学史》,吉林大学出版社1993年版。

胡念贻:《先秦文学论集》,中国社会科学出版社1985年版。

游国恩等:《中国文学史》第一册,人民文学出版社1963年版。

萧兵:《楚辞与神话》,江苏古籍出版社1987年版。

谭家健等:《先秦散文纲要》,山西人民出版社1987年版。

游国恩主编:《离骚纂义》,中华书局1980年版。

杨公骥:《中国文学》(第一分册),吉林人民出版社1980年版。